CHINA
FORESTRY
STATISTICAL
YEARBOOK

中国林业统计年鉴 2017

国家林业和草原局 ◎ 编

中国林业出版社
CHINA FORESTRY PUBLISHING HOUSE

图书在版编目(CIP)数据

中国林业统计年鉴. 2017 / 国家林业和草原局编. —北京：中国林业出版社，2018. 9
ISBN 978-7-5038-9733-7

Ⅰ. ①中…　Ⅱ. ①国…　Ⅲ. ①林业经济 - 统计资料 - 中国 - 2017 - 年鉴
Ⅳ. ①F326. 2-66

中国版本图书馆 CIP 数据核字(2018)第 213230 号

中国林业统计年鉴（2017）

作者：国家林业和草原局
地址：北京市东城区和平里东街 18 号
电话：010 - 83143580
E-mail：luckyhr@ 163. com
出版：中国林业出版社(100009　北京市西城区德内大街刘海胡同 7 号)
发行：新华书店北京发行所
印刷：北京中科印刷有限公司
版次：2018 年 9 月第 1 版
印次：2018 年 9 月第 1 次
开本：880mm × 1230mm　1/16
印张：26
字数：1100 千字
定价：258. 00 元

中国林业统计年鉴 2017

CHINA

FORESTRY STATISTICAL YEARBOOK 2017

说明

一、为了适应改革开放的需要，便于国内外各界了解中国林业建设与发展情况，我们编辑的《中国林业统计年鉴》从 1987 年开始公开出版，每年出版一册，供广大读者作为资料性的工具书使用。

二、本书系根据各省、自治区、直辖市林业管理部门和国家林业局直属单位上报的 2017 年林业统计年报和其他有关资料编辑而成。全书分为：森林和湿地资源、生态建设、产业发展、从业人员和劳动报酬、林业投资、林业教育 6 个部分及东北、内蒙古重点国有林区森工企业主要统计指标、林业工作站和乡村林场基本情况、森林主要灾害情况、全国分县造林情况、全国历年主要统计指标完成情况、2008 ~ 2017 年主要林产品进出口情况、野生动植物进出口情况和世界主要国家林业情况 8 个附录。

三、本书中内蒙古集团、吉林集团、长白山集团、龙江集团和大兴安岭指内蒙古森工集团、吉林森工集团、长白山森工集团、龙江森工集团和大兴安岭林业集团。本书数据除特别标注外不包括香港特别行政区、澳门特别行政区以及台湾省。

四、“ - ”表示数据不足本表最小单位数、不详或无该项数据。

五、为了不断提高图书质量，竭诚欢迎广大读者提出改进意见。

编　者

2018 年 6 月

Preface

To meet requirements of reform and opening-up, *China Forestry Statistical Yearbook* has been annually published since 1987. The yearbook, as a reference tool, is used to help people from all walks of life at home and abroad to understand forestry construction and development in China.

China Forestry Statistical Yearbook 2017 is edited on the basis of some relevant information and the statistics submitted by the competent forestry departments of provinces, autonomous regions, municipalities directly under the Central Government and some institutions affiliated to the State Forestry Administration. The yearbook is composed of 6 components including forest and wetland resources, ecological improvement, development of forestry industry, employment, forestry investment and education. It also contains 8 appendices of major statistical data of forest industry enterprises in the key state-owned forest areas of the Northeast region and Inner Mongolia, forestry working stations and rural forest farms, major forest disasters, afforestation in counties, main forestry statistical indicators over years, import and export of primary forest products (2008 – 2017), import and export of wild fauna and flora and forestry in major countries of the world.

In the yearbook, Inner Mongolia Group, Jilin Group, Changbai Mountain Group, Longjiang Group and Daxinganling refer to Inner Mongolia Forest Industry Group, Jilin Forest Industry Group, Changbai Mountain Forest Industry Group, Longjiang Forest Industry Group and Daxinganling Forestry Group.

The yearbook (in case there are no specific notes) does not include the data of Hong Kong Special Administrative Region, Macao Special Administrative Region and Taiwan Province.

" – " indicates that the figure is not large enough to be measured with the smallest unit in the table or the data are not available.

In order to improve the quality of the yearbook, the suggestions and comments are warmly welcomed.

Editor

June, 2018

目录

CONTENTS

一、森林和湿地资源

Forest and Wetland Resources

二、生态建设

Ecological Development

三、产业发展

Forest Industrial Development

四、从业人员和劳动报酬

Employment and Wages

五、林业投资

Investment in Forestry

六、林业教育

Forestry Education

附录一：东北、内蒙古重点国有林区森工企业主要统计指标

Annex Ⅰ Main Statistical Indicators for Forest Industry Enterprises in the Key State-owned Forest Areas of the Northeast Region and Inner Mongolia

附录二：林业工作站和乡村林场基本情况

Annex Ⅱ　Forestry Working Stations and Rural Forest Farms

附录三：森林主要灾害情况

Annex Ⅲ　Major Forest Disasters

附录四：全国分县造林情况

Annex Ⅳ National Afforestation by County

附录五：全国历年主要统计指标完成情况

Annex Ⅴ Main Statistical Indicators in Calendar Years

附录六：2008～2017 年主要林产品进出口情况

Annex Ⅵ Import and Export of Major Forest Products between 2008 and 2017

附录七：野生动植物进出口情况

Annex Ⅶ Import and Export of Wild Fauna and Flora

附录八：世界主要国家林业情况

Annex Ⅷ Forestry in Major Countries in the World

1

森林和湿地资源

FOREST AND WETLAND RESOURCES

全国森林资源情况

单位:万公顷、万立方米、立方米/公顷

地区	森林覆盖率		林地面积	活立木总蓄积	森林面积①	森林蓄积	人工林		天然林		乔木林单位面积蓄积量
	森林覆盖率(%)①	排序					面积	蓄积	面积	蓄积	
全国合计	**21.63**	**—**	**31259.00**	**1643280.62**	**20768.73**	**1513729.72**	**6933.38**	**248324.85**	**12184.12**	**1229583.97**	**89.79**
北京	35.84	16	101.35	1828.04	58.81	1425.33	37.15	785.65	21.58	639.68	33.22
天津	9.87	29	15.62	453.98	11.16	374.03	10.56	354.89	0.60	19.14	49.74
河北	23.41	19	718.08	13082.23	439.33	10774.95	220.90	5683.81	173.93	5091.14	34.65
山西	18.03	22	765.55	11039.38	282.41	9739.12	131.81	2665.79	129.54	7073.33	46.28
内蒙古	21.03	21	4398.89	148415.92	2487.90	134530.48	331.65	9798.18	1401.20	124732.30	78.53
辽宁	38.24	14	699.89	25972.07	557.31	25046.29	307.08	9487.54	210.13	15558.75	64.28
吉林	40.38	11	856.19	96534.93	763.87	92257.37	160.56	10397.42	602.47	81859.95	122.45
黑龙江	43.16	9	2207.40	177720.97	1962.13	164487.01	246.53	16423.73	1715.60	148063.28	84.37
上海	10.74	28	7.73	380.25	6.81	186.35	6.81	186.35	—	—	42.74
江苏	15.80	24	178.70	8461.42	162.10	6470.00	156.82	6320.85	5.28	149.15	51.69
浙江	59.07	3	660.74	24224.93	601.36	21679.75	258.53	6831.76	342.83	14847.99	52.87
安徽	27.53	18	443.18	21710.12	380.42	18074.85	225.07	9374.77	155.23	8700.08	61.97
福建	65.95	1	926.82	66674.62	801.27	60796.15	377.69	24853.23	423.58	35942.92	100.20
江西	60.01	2	1069.66	47032.40	1001.81	40840.62	338.60	11121.88	663.21	29718.74	51.70
山东	16.73	23	331.26	12360.74	254.60	8919.79	244.52	8709.27	10.08	210.52	55.25
河南	21.50	20	504.98	22880.68	359.07	17094.56	227.12	10465.76	131.95	6628.80	55.98
湖北	38.40	13	849.85	31324.69	713.86	28652.97	194.85	6007.07	454.05	22645.90	50.06
湖南	47.77	8	1252.78	37311.50	1011.94	33099.27	474.61	14094.46	476.17	19004.81	45.26
广东	51.26	6	1076.44	37774.59	906.13	35682.71	557.89	15467.69	325.72	20215.02	49.92
广西	56.51	4	1527.17	55816.60	1342.70	50936.80	634.52	22272.16	481.86	28664.64	56.34
海南	55.38	5	214.49	9774.49	187.77	8903.83	136.20	2313.16	51.57	6590.67	91.69
重庆	38.43	12	406.28	17437.31	316.44	14651.76	92.55	3591.72	153.80	11060.04	69.47
四川	35.22	17	2328.26	177576.04	1703.74	168000.04	449.26	15964.49	891.42	152035.55	141.92
贵州	37.09	15	861.22	34384.40	653.35	30076.43	237.30	11557.35	299.07	18519.08	62.83
云南	50.03	7	2501.04	187514.27	1914.19	169309.19	414.11	11020.33	1335.98	158288.86	110.88
西藏	11.98	25	1783.64	228812.16	1471.56	226207.05	4.88	156.75	844.25	226050.30	266.59
陕西	41.42	10	1228.47	42416.05	853.24	39592.52	236.97	2812.14	532.16	36780.38	61.93
甘肃	11.28	27	1042.65	24054.88	507.45	21453.97	102.97	2831.83	168.94	18622.14	86.79
青海	5.63	30	808.04	4884.43	406.39	4331.21	7.44	430.72	34.05	3900.49	114.43
宁夏	11.89	26	180.10	872.56	61.80	660.33	14.43	317.44	5.72	342.89	41.66
新疆	4.24	31	1099.71	38679.57	698.25	33654.09	94.00	6026.66	142.15	27627.43	187.81
香港②	22.55	—	2.49	—	2.49	—	—	—	—	—	—
澳门③	30.00	—	0.09	—	0.09	—	—	—	—	—	—
台湾④	58.79	—	210.24	35874.40	210.24	35820.90	—	—	—	—	—

①全国森林覆盖率和森林面积中含国家特别规定的灌木林新增面积,各省(区、市)森林覆盖率和森林面积含国家特别规定的灌木林面积。

②香港特别行政区数据来源于《中国统计年鉴(2012)》。

③澳门特别行政区数据来源于《澳门统计年鉴(2011)》。

④台湾省数据来源于《第三次台湾森林资源及土地利用调查(1993年)》。

全国湿地资源情况

单位:万公顷

地　区	湿地总面积	按类型分				
		近海与海岸湿地	河流湿地	湖泊湿地	沼泽湿地	人工湿地
全国合计	**5360.26**	**579.59**	**1055.21**	**859.38**	**2173.29**	**674.59**
北　京	4.81	—	2.27	0.02	0.13	2.39
天　津	29.56	10.43	3.23	0.36	1.09	14.45
河　北	94.19	23.19	21.25	2.66	22.36	24.73
山　西	15.19	—	9.69	0.31	0.81	4.38
内蒙古	601.06	—	46.37	56.62	484.89	13.18
辽　宁	139.48	71.32	25.15	0.29	11.01	31.71
吉　林	99.76	—	22.35	11.20	52.74	13.47
黑龙江	514.33	—	73.35	35.60	386.43	18.95
上　海	46.46	38.66	0.73	0.58	0.93	5.56
江　苏	282.28	108.75	29.66	53.67	2.80	87.40
浙　江	111.01	69.25	14.12	0.89	0.07	26.68
安　徽	104.18	—	30.96	36.11	4.29	32.82
福　建	87.10	57.56	13.51	0.03	0.02	15.98
江　西	91.01	—	31.08	37.41	2.58	19.94
山　东	173.75	72.85	25.78	6.26	5.41	63.45
河　南	62.79	—	36.89	0.69	0.49	24.72
湖　北	144.50	—	45.04	27.69	3.69	68.08
湖　南	101.97	—	39.84	38.58	2.93	20.62
广　东	175.34	81.51	33.79	0.15	0.36	59.53
广　西	75.43	25.90	26.89	0.63	0.24	21.77
海　南	32.00	20.17	3.97	0.06	—	7.80
重　庆	20.72	—	8.73	0.03	0.01	11.95
四　川	174.78	—	45.23	3.74	117.59	8.22
贵　州	20.97	—	13.81	0.25	1.10	5.81
云　南	56.35	—	24.18	11.85	3.22	17.10
西　藏	652.90	—	143.45	303.52	205.43	0.50
陕　西	30.85	—	25.76	0.76	1.10	3.23
甘　肃	169.39	—	38.17	1.59	124.48	5.15
青　海	814.36	—	88.53	147.03	564.54	14.26
宁　夏	20.72	—	9.79	3.35	3.81	3.77
新　疆	394.82	—	121.64	77.45	168.74	26.99
香　港	4.47	—	—	—	—	—
澳　门	2.55	—	—	—	—	—
台　湾	11.18	—	—	—	—	—

注:湿地总面积按类型分不包括香港、澳门和台湾。

2

生态建设

ECOLOGICAL DEVELOPMENT

中国
林业统计年鉴2017

全国营造林生产主要指标

指 标 名 称	单位	2017 年
一、造林面积	**公顷**	**7680711**
1. 人工造林面积	公顷	4295890
其中:新造混交林面积	公顷	1416817
其中:新造灌木林面积	公顷	372593
其中:新造竹林面积	公顷	27319
2. 飞播造林面积	公顷	141220
①荒山飞播面积	公顷	136954
②飞播营林面积	公顷	4266
3. 当年新封山(沙)育林面积	公顷	1657169
①无林地和疏林地新封山育林面积	公顷	984741
②有林地和灌木林地新封山育林面积	公顷	672428
4. 退化林修复面积	公顷	1280993
其中:纯林改造混交林面积	公顷	93056
①低效林改造面积	公顷	764190
②退化防护林改造面积	公顷	516803
5. 人工更新面积	公顷	305439
其中:新造混交林面积	公顷	45936
其中:人工促进天然更新面积	公顷	36295
二、森林抚育面积	**公顷**	**8856398**
三、年末实有封山(沙)育林面积	**公顷**	**24682804**
四、四旁(零星)植树	**万株**	**174799**
五、林木种苗		
1. 林木种子采集量	吨	28763
2. 当年苗木产量	万株	7021893
3. 育苗面积	公顷	1419171
其中:国有育苗面积	公顷	72002

2017 年与 2016 年比较

2016 年	2017 年比 2016 年增减 （%）
7203509	**6.62**
3823656	12.35
765451	85.10
293437	26.98
31334	-12.81
162322	-13.00
156391	-12.43
5931	-28.07
1953638	-15.18
1399471	-29.63
554167	21.34
991088	29.25
46291	101.02
718305	6.39
272783	89.46
272805	11.96
44782	2.58
46979	-22.74
8500443	**4.19**
25497053	**-3.19**
183094	**-4.53**
31822	-9.61
7043827	-0.31
1407419	0.84
70415	2.25

各地区营造林

地　区	造　林								
	总计	人工造林面积					飞播造林面积		
		合　计	其中:新造混交林面积	其中:非林业用地造林面积	其中:新造灌木林面积	其中:新造竹林面积	合　计	荒山飞播面积	飞播营林面积
全国合计	**7680711**	**4295890**	**1416817**	**319287**	**372593**	**27319**	**141220**	**136954**	**4266**
北　京	40339	9280	7601	67	—	—	—	—	—
天　津	12224	9557	1667	—	—	—	—	—	—
河　北	481271	371770	79037	12171	10349	—	20239	20239	—
山　西	311968	279968	175839	10055	9497	—	—	—	—
内蒙古	680453	346309	70769	4786	112111	—	68313	68313	—
内蒙古集团	22457	4424	4391	—	33	—	—	—	—
辽　宁	144223	56929	20199	—	280	—	—	—	—
吉　林	153038	80840	9263	17	1674	—	—	—	—
吉林集团	26522	673	15	—	—	—	—	—	—
长白山集团	30182	1286	26	—	—	—	—	—	—
黑龙江	97591	36579	1600	216	4428	—	—	—	—
龙江集团	19588	3380	305	—	—	—	—	—	—
上　海	2680	2680	2461	2680	219	—	—	—	—
江　苏	36572	33968	10147	4684	3325	34	—	—	—
浙　江	44054	8450	3083	1482	96	118	—	—	—
安　徽	144926	56667	7548	12247	197	1877	—	—	—
福　建	233585	8094	1755	2335	—	13	—	—	—
江　西	282407	89405	27159	3560	14980	597	—	—	—
山　东	142195	92306	15366	5361	501	—	—	—	—
河　南	180929	126281	39750	5748	—	—	13733	13733	—
湖　北	400840	162328	12879	17139	475	1238	—	—	—
湖　南	554139	186088	77044	9575	25762	192	—	—	—
广　东	270588	80739	38168	—	21	—	—	—	—
广　西	176081	54578	2145	385	4109	81	—	—	—
海　南	12879	4626	255	929	—	—	—	—	—
重　庆	228052	100792	36286	28473	1386	570	—	—	—
四　川	658370	483900	31065	92143	12016	7037	—	—	—
贵　州	678300	584549	559843	15386	21379	12166	—	—	—
云　南	387158	277716	17590	25012	4802	3396	—	—	—
西　藏	82667	37480	—	—	—	—	—	—	—
陕　西	334786	163099	39917	17094	10852	—	34002	32002	2000
甘　肃	325431	280346	93271	39867	60704	—	—	—	—
青　海	198809	56631	—	—	24043	—	—	—	—
宁　夏	78238	45531	9747	257	27132	—	—	—	—
新　疆	282384	165737	25363	7618	22255	—	4933	2667	2266
新疆兵团	27105	16424	742	1162	1874	—	—	—	—
大兴安岭	23534	2667	—	—	—	—	—	—	—

生产情况(一)

单位:公顷

面积						
当年新封山(沙)育林面积			退化林修复面积			
合计	无林地和疏林地新封山育林面积	有林地和灌木林地新封山育林面积	合计	其中:纯林改造混交林面积	低效林改造面积	退化防护林改造面积
1657169	**984741**	**672428**	**1280993**	**93056**	**764190**	**516803**
12666	300	12366	18333	2000	18333	—
2667	—	2667	—	—	—	—
84790	83458	1332	1672	—	427	1245
32000	31333	667	—	—	—	—
138068	113701	24367	125597	11866	37878	87719
—	—	—	18033	—	18033	—
55330	41847	13483	25014	2434	4497	20517
—	—	—	62495	672	50245	12250
—	—	—	25476	—	25476	—
—	—	—	28323	—	22655	5668
42250	22240	20010	18688	—	18468	220
—	—	—	16208	—	16208	—
—	—	—	—	—	—	—
—	—	—	143	28	143	—
2223	1147	1076	24936	1312	2805	22131
41905	1195	40710	40241	2046	17179	23062
144338	—	144338	20024	2071	13346	6678
68592	33679	34913	118066	15962	94386	23680
534	—	534	17882	133	7732	10150
19836	19836	—	21079	—	21079	—
67459	37503	29956	167049	5743	63579	103470
160876	109715	51161	198630	31678	101151	97479
89007	6536	82471	66025	6726	54446	11579
26095	8551	17544	2740	96	2619	121
—	—	—	200	—	200	—
63263	20842	42421	63364	2866	33431	29933
61548	29085	32463	107986	—	107986	—
82151	82151	—	11600	133	11600	—
72461	17956	54505	36972	666	31640	5332
45187	—	45187	—	—	—	—
58403	44445	13958	75057	3268	40682	34375
35419	30253	5166	9666	1000	—	9666
138844	138844	—	3334	—	3334	—
19062	18929	133	7198	—	42	7156
92195	91195	1000	16135	2356	6095	10040
6334	6334	—	3526	23	2418	1108
—	—	—	20867	—	20867	—

各地区营造林

地　区	造林面积 人工更新面积 合　计	其中:新造混交林面积	其中:人工促进天然更新面积	森林抚育面积	年末实有封山(沙)育林面积
全国合计	**305439**	**45936**	**36295**	**8856398**	**24682804**
北　京	60	—	60	101914	36332
天　津	—	—	—	51759	26014
河　北	2800	442	105	403688	865042
山　西	—	—	—	63619	596447
内蒙古	2166	4	981	723160	4090568
内蒙古集团	—	—	—	391796	—
辽　宁	6950	700	47	93997	601778
吉　林	9703	181	732	214089	421313
吉林集团	373	—	353	73838	215647
长白山集团	573	61	6	107013	150127
黑龙江	74	—	—	663393	764856
龙江集团	—	—	—	541344	278407
上　海	—	—	—	23508	—
江　苏	2461	914	—	74138	2866
浙　江	8445	1860	1910	101983	1196208
安　徽	6113	1236	1066	616556	397205
福　建	61129	9343	15354	372773	662812
江　西	6344	2946	435	381459	885125
山　东	31473	3781	—	230031	59072
河　南	—	—	—	300746	403963
湖　北	4004	48	1085	405782	1151393
湖　南	8545	2885	1612	466932	1316399
广　东	34817	12504	2811	509687	846658
广　西	92668	1456	8312	869915	1549069
海　南	8053	170	—	61727	—
重　庆	633	—	—	160000	310321
四　川	4936	1500	—	175266	273022
贵　州	—	—	—	400000	638771
云　南	9	—	9	143332	1053638
西　藏	—	—	—	22532	1423442
陕　西	4225	—	486	150187	706945
甘　肃	—	—	—	175962	1026990
青　海	—	—	—	26039	1501179
宁　夏	6447	4447	—	23880	306472
新　疆	3384	1519	1290	617744	1568904
新疆兵团	821	180	—	194943	114581
大兴安岭	—	—	—	230600	—

生产情况(二)

单位:公顷

四旁(零星)植树(万株)	林木种苗			
	林木种子采集量(吨)	当年苗木产量(万株)	育苗面积	
			合计	其中:国有育苗面积
174799	**28763**	**7021893**	**1419171**	**72002**
238	14	9762	15621	426
235	—	7530	12930	603
9729	2263	458033	92373	4443
10775	2771	527451	74129	6074
974	921	288851	46837	6930
190	1	7673	137	127
6527	1532	194434	27458	1761
825	361	343206	9715	1885
—	67	8365	91	91
4	27	10992	71	68
1825	295	148828	11658	4109
74	238	31267	1245	681
58	—	7149	9757	597
6234	5626	574303	196087	4530
1567	29	467828	138199	1463
10774	189	133249	88727	1307
4413	10	24544	974	149
5656	36	153689	101146	3237
15073	1979	626946	202639	4850
13611	1002	257059	55534	1924
14577	329	205664	52046	3788
9016	228	72955	3931	504
8180	44	53609	3258	377
4354	400	113415	8965	510
1431	122	19054	1359	60
7416	99	72362	18972	425
13825	957	249717	27680	855
3442	536	116477	3882	251
9554	2989	82543	2098	305
8	2	3865	1205	658
7764	2220	444265	75459	2675
5638	1884	813189	49548	6685
—	124	104810	8900	662
701	1137	221123	35257	1994
1666	662	218389	42621	7845
335	18	12815	5597	4858
—	2	7594	206	120

指　标	总计	天然林资源保护工程	退耕还林工程	京津风沙源治理工程	石漠化治理工程
一、造林面积	**2991207**	**390298**	**1213338**	**207206**	**232503**
1. 人工造林	1891985	85627	1213338	102834	36904
2. 飞播造林	107914	73847	—	11333	—
3. 新封山育林	808755	108571	—	74706	195599
4. 退化林修复	176858	122253	—	18333	—
5. 人工更新	5695	—	—	—	—
二、森林抚育面积	**2014011**	**1890718**	**—**	**633**	**5797**
三、年末实有封山育林面积	**12018869**	**4165191**	**1176411**	**2587311**	**—**
四、全部林业投资完成额	**7180115**	**3763641**	**2221446**	**174385**	**89829**
其中：中央投资	6077418	3454840	1979471	98851	81520
地方投资	624628	160827	75846	60111	7004

工程建设情况

单位:公顷、万元

三北及长江流域等重点防护林体系工程						野生动物植物保护及自然保护区建设工程
合计	三北防护林工程	长江流域防护林体系工程	沿海防护林体系工程	珠江流域防护林体系工程	太行山绿化工程	
947862	**626400**	**174021**	**68073**	**47995**	**31373**	**—**
453282	282699	85539	40179	23430	21435	—
22734	20734	—	—	—	2000	—
429879	289452	83706	24663	24120	7938	—
36272	32775	2113	1262	122	—	—
5695	740	2663	1969	323	—	—
116863	**40693**	**44040**	**29493**	**2637**	**—**	**—**
4089956	**3082538**	**567069**	**145472**	**147799**	**147078**	**—**
676739	**397780**	**129902**	**95172**	**31473**	**22412**	**254075**
356513	217034	78685	29843	17879	13072	106223
190378	77644	42047	58998	2732	8957	130462

各地区林业重点生态工程造林面积

单位:公顷

地区	全部造林面积	林业重点生态工程造林面积						其他造林面积
		合计	天然林资源保护工程	退耕还林工程	京津风沙源治理工程	石漠化治理工程	三北及长江流域等重点防护林体系工程	
全国合计	**7680711**	**2991207**	**390298**	**1213338**	**207206**	**232503**	**947862**	**4689504**
北京	40339	35865	—	—	34665	—	1200	4474
天津	12224	4908	—	—	3575	—	1333	7316
河北	481271	99509	—	—	37027	—	62482	381762
山西	311968	217802	15137	108668	32868	—	61129	94166
内蒙古	680453	324946	80917	32045	85598	—	126386	355507
内蒙古集团	22457	22457	22457	—	—	—	—	—
辽宁	144223	67996	—	—	—	—	67996	76227
吉林	153038	62919	55196	—	—	—	7723	90119
吉林集团	26522	25476	25476	—	—	—	—	1046
长白山集团	30182	27847	27847	—	—	—	—	2335
黑龙江	97591	74720	19588	—	—	—	55132	22871
龙江集团	19588	19588	19588	—	—	—	—	—
上海	2680	—	—	—	—	—	—	2680
江苏	36572	3955	—	—	—	—	3955	32617
浙江	44054	—	—	—	—	—	—	44054
安徽	144926	40929	—	2002	—	—	38927	103997
福建	233585	2800	—	—	—	—	2800	230785
江西	282407	49733	—	—	—	—	49733	232674
山东	142195	27358	—	—	—	—	27358	114837
河南	180929	27334	3333	—	—	—	24001	153595
湖北	400840	71983	9997	17333	—	29113	15540	328857
湖南	554139	55222	—	5335	—	16047	33840	498917
广东	270588	35111	—	—	—	—	35111	235477
广西	176081	30582	—	498	—	20402	9682	145499
海南	12879	1830	200	71	—	—	1559	11049
重庆	228052	83538	22667	48724	—	9481	2666	144514
四川	658370	61927	29981	29094	—	2852	—	596443
贵州	678300	644529	6000	551600	—	80529	6400	33771
云南	387158	202985	18409	108497	—	74079	2000	184173
西藏	82667	12133	1466	—	—	—	10667	70534
陕西	334786	179835	75848	48243	13473	—	42271	154951
甘肃	325431	188725	5139	146509	—	—	37077	136706
青海	198809	58555	10219	19912	—	—	28424	140254
宁夏	78238	52028	8000	9542	—	—	34486	26210
新疆	282384	247916	4667	85265	—	—	157984	34468
新疆兵团	27105	16657	—	3775	—	—	12882	10448
大兴安岭	23534	23534	23534	—	—	—	—	—

天然林资源保护工程建设情况

指　　标	单位	总计	东北、内蒙古等重点国有林区	长江上游、黄河上中游地区
一、工程区木材产量	**立方米**	**4493388**	**402379**	**4091009**
其中:人工林木材产量	立方米	4282788	304774	3978014
二、造林面积	**公顷**	**390298**	**127662**	**262636**
1. 人工造林	公顷	85627	13851	71776
其中:灌木林面积	公顷	14781	33	14748
2. 飞播造林	公顷	73847	3866	69981
3. 当年新封山(沙)育林	公顷	108571	—	108571
(1)无林地和疏林地新封山育林面积	公顷	68774	—	68774
(2)有林地和灌木林地新封山育林面积	公顷	39797	—	39797
4. 退化林修复面积	公顷	122253	109945	12308
三、森林抚育面积	**公顷**	**1890718**	**1474598**	**416120**
四、年末实有封山(沙)育林面积	**公顷**	**4165191**	**740482**	**3424709**
五、年末实有森林管护面积	**公顷**	**115302657**	**39164670**	**76137987**
1. 国有林	公顷	71476894	39164670	32312224
2. 集体和个人所有的国家级公益林	公顷	20938904	—	20938904
3. 集体和个人所有的地方公益林	公顷	22886859	—	22886859
六、工程区项目实施单位人员情况				
1. 年末人数	人	698302	556273	142029
其中:混岗职工人数	人	89764	81761	8003
(1)在岗职工	人	478904	357055	121849
(2)其他从业人员	人	19434	541	18893
(3)离开本单位保留劳动关系人员	人	199964	198677	1287
2. 在岗职工年平均人数	人	450441	331656	118785
3. 在岗职工年工资总额	万元	1941440	1303598	637842
4. 年末实有离退休人员	人	714658	579526	135132
5. 当年离退休人员生活费	万元	2012137	1614103	398034
6. 年末参加基本养老保险人数	人	627684	485094	142590
其中:在岗职工	人	466673	354593	112080
7. 年末参加基本医疗保险人数	人	796783	599903	196880
其中:在岗职工	人	469520	356752	112768
七、全部林业投资完成额	**万元**	**3763641**	**2197457**	**1566184**
其中:中央投资	万元	3454840	2166394	1288446
地方投资	万元	160827	13603	147224
1. 营造林	万元	337965	219537	118428
2. 森林管护	万元	1276036	721331	554705
3. 生态效益补偿	万元	773275	145800	627475
4. 社会保险(养老、医疗、失业、工伤、生育)	万元	704799	534202	170597
5. 政社性支出	万元	358028	334957	23071
6. 其他	万元	313538	241630	71908

各地区天然林资源

地区	工程区木材产量（立方米）		造林面积（公顷）							
	合计	其中：人工林木材产量	总计	人工造林		飞播造林	当年新封山（沙）育林			退化林修复面积
				合计	其中：灌木林面积		合计	无林地和疏林地新封山育林面积	有林地和灌木林地新封山育林面积	
全国合计	**4493388**	**4282788**	**390298**	**85627**	**14781**	**73847**	**108571**	**68774**	**39797**	**122253**
北京	—	—	—	—	—	—	—	—	—	—
天津	—	—	—	—	—	—	—	—	—	—
河北	—	—	—	—	—	—	—	—	—	—
山西	79844	42902	15137	15137	—	—	—	—	—	—
内蒙古	133792	119280	80917	21904	9080	35979	3667	3667	—	19367
内蒙古集团	56210	41698	22457	4424	33	—	—	—	—	18033
辽宁	—	—	—	—	—	—	—	—	—	—
吉林	286365	207772	55196	559	—	—	—	—	—	54637
吉林集团	165456	143210	25476	—	—	—	—	—	—	25476
长白山集团	120909	64562	27847	559	—	—	—	—	—	27288
黑龙江	59804	55304	19588	3380	—	—	—	—	—	16208
龙江集团	59804	55304	19588	3380	—	—	—	—	—	16208
上海	—	—	—	—	—	—	—	—	—	—
江苏	—	—	—	—	—	—	—	—	—	—
浙江	—	—	—	—	—	—	—	—	—	—
安徽	—	—	—	—	—	—	—	—	—	—
福建	—	—	—	—	—	—	—	—	—	—
江西	—	—	—	—	—	—	—	—	—	—
山东	—	—	—	—	—	—	—	—	—	—
河南	177145	174203	3333	3333	—	—	—	—	—	—
湖北	48677	39766	9997	2000	—	—	7997	5320	2677	—
湖南	—	—	—	—	—	—	—	—	—	—
广东	—	—	—	—	—	—	—	—	—	—
广西	—	—	—	—	—	—	—	—	—	—
海南	—	—	200	—	—	—	—	—	—	200
重庆	94543	81063	22667	1334	200	—	21333	6899	14434	—
四川	1978127	1958271	29981	4657	—	—	25324	21659	3665	—
贵州	1095200	1072100	6000	2667	—	—	3333	3333	—	—
云南	518825	518482	18409	8360	1300	—	8989	1350	7639	1060
西藏	—	—	1466	133	—	—	1333	—	1333	—
陕西	14201	9645	75848	7337	134	34002	24595	15213	9382	9914
甘肃	6865	4000	5139	3805	67	—	1334	667	667	—
青海	—	—	10219	3553	—	—	6666	6666	—	—
宁夏	—	—	8000	4000	4000	—	4000	4000	—	—
新疆	—	—	4667	801	—	3866	—	—	—	—
新疆兵团	—	—	—	—	—	—	—	—	—	—
大兴安岭	—	—	23534	2667	—	—	—	—	—	20867

保护工程建设情况(一)

森林抚育面积(公顷)	年末实有封山(沙)育林面积(公顷)	年末实有森林管护面积(公顷)				工程区项目实施单位人员情况				
						年末人数(人)				
		合计	国有林	集体和个人所有的国家级公益林	集体和个人所有的地方公益林	合计	其中:混岗职工人数	在岗职工	其他从业人员	离开本单位保留劳动关系人员
1890718	**4165191**	**115302657**	**71476894**	**20938904**	**22886859**	**698302**	**89764**	**478904**	**19434**	**199964**
—	—	—	—	—	—	—	—	—	—	—
—	—	—	—	—	—	—	—	—	—	—
—	—	—	—	—	—	—	—	—	—	—
50167	184995	5164893	1639489	762480	2762924	10324	58	10007	307	10
518009	851081	20919523	13707164	2156452	5055907	158893	60813	59211	216	99466
391796	—	9685580	9685580	—	—	145112	60607	45678	—	99434
—	—	—	—	—	—	—	—	—	—	—
184023	365774	3960797	3960797	—	—	71199	675	44324	19	26856
73476	215647	1342699	1342699	—	—	29248	—	17314	—	11934
107013	150127	2335449	2335449	—	—	38309	675	23643	—	14666
541344	278407	9511565	9511565	—	—	272593	17193	202047	119	70427
541344	278407	9511565	9511565	—	—	272593	17193	202047	119	70427
—	—	—	—	—	—	—	—	—	—	—
—	—	—	—	—	—	—	—	—	—	—
—	—	—	—	—	—	—	—	—	—	—
—	—	—	—	—	—	—	—	—	—	—
—	—	—	—	—	—	—	—	—	—	—
—	—	—	—	—	—	—	—	—	—	—
—	—	—	—	—	—	—	—	—	—	—
2204	1933	1689960	195368	563985	930607	3470	—	3468	—	2
23733	234245	3322527	782000	1505860	1034667	8959	108	8910	49	—
—	—	—	—	—	—	—	—	—	—	—
—	—	—	—	—	—	—	—	—	—	—
—	—	—	—	—	—	—	—	—	—	—
7666	—	459334	459334	—	—	2058	—	1816	194	48
13334	92668	3088492	387945	1117100	1583447	3352	204	3309	1	42
77535	172281	17680011	12168333	4813330	698348	27573	—	24443	2355	775
—	28600	4617001	329207	2443127	1844667	7473	11	6720	595	158
75553	560574	10179032	4330366	3372666	2476000	8833	—	8833	—	—
—	1333	1276667	1276667	—	—	115	114	1	114	—
77861	375068	11359907	3613205	2904484	4842218	19172	1795	18527	374	271
65602	432369	4847769	3386208	924486	537075	22790	5397	22723	51	16
19000	416225	3678170	2816971	83868	777331	17982	—	3152	14830	—
7264	100648	1068665	433931	291066	343668	5895	152	5852	43	—
43490	68990	4379545	4379545	—	—	3317	78	3197	118	2
—	—	100000	100000	—	—	155	—	155	—	—
183933	—	8098799	8098799	—	—	54304	3166	52364	49	1891

地　区	工程区项目实施单位人员情况							
	在岗职工年平均人数(人)	在岗职工年工资总额(万元)	年末实有离退休人员(人)	当年离退休人员生活费(万元)	年末参加基本养老保险人数(人)		年末参加基本医疗保险人数(人)	
					合计	其中：在岗职工	合计	其中：在岗职工
全国合计	**450441**	**1941440**	**714658**	**2012137**	**627684**	**466673**	**796783**	**469520**
北　京	—	—	—	—	—	—	—	—
天　津	—	—	—	—	—	—	—	—
河　北	—	—	—	—	—	—	—	—
山　西	9940	54749	5095	19623	13266	9111	13362	9080
内蒙古	53811	284164	99326	344535	97573	58455	99919	58694
内蒙古集团	41327	206649	90013	309557	84505	45678	84505	45678
辽　宁	—	—	—	—	—	—	—	—
吉　林	45083	191886	77113	88658	68784	44324	70399	44324
吉林集团	18355	68740	34802	4471	29248	17314	29248	17314
长白山集团	23279	108148	39128	75666	35933	23643	37548	23643
黑龙江	181041	616806	328726	974951	268484	202047	375530	202047
龙江集团	181041	616806	328726	974951	268484	202047	375530	202047
上　海	—	—	—	—	—	—	—	—
江　苏	—	—	—	—	—	—	—	—
浙　江	—	—	—	—	—	—	—	—
安　徽	—	—	—	—	—	—	—	—
福　建	—	—	—	—	—	—	—	—
江　西	—	—	—	—	—	—	—	—
山　东	—	—	—	—	—	—	—	—
河　南	3468	12370	1798	4604	4496	2833	4496	2969
湖　北	8910	49216	5294	14782	8189	8140	8338	8289
湖　南	—	—	—	—	—	—	—	—
广　东	—	—	—	—	—	—	—	—
广　西	—	—	—	—	—	—	—	—
海　南	1898	8304	3203	3802	2032	1708	2032	1708
重　庆	3356	24220	3654	7298	3309	3309	3309	3309
四　川	24462	143533	66478	191961	37340	24443	78157	24443
贵　州	6750	34525	7479	34826	5978	5380	6874	5500
云　南	8735	33600	15118	23918	9432	8698	13316	8698
西　藏	1	11	—	—	1	1	1	1
陕　西	18267	91447	9717	33711	18910	14836	22546	14348
甘　肃	20103	98009	11296	39078	27337	21429	31205	21899
青　海	3152	32220	812	1442	3152	3152	3152	3152
宁　夏	5795	31328	4635	13537	5760	5600	6005	5693
新　疆	3299	21903	3110	6391	3286	3187	5791	3091
新疆兵团	155	540	129	301	230	155	230	155
大兴安岭	52370	213149	71804	209020	50355	50020	52351	52275

保护工程建设情况(二)

全部林业投资完成额(万元)								
合计	其中:中央投资	其中:地方投资	营造林	森林管护	生态效益补偿	社会保险(养老、医疗、失业、工伤、生育)	政社性支出	其他
3763641	**3454840**	**160827**	**337965**	**1276036**	**773275**	**704799**	**358028**	**313538**
—	—	—	—	—	—	—	—	—
—	—	—	—	—	—	—	—	—
—	—	—	—	—	—	—	—	—
97264	84170	13094	25740	33282	28970	8823	177	272
570978	503896	10	37967	204856	144247	86019	4823	93066
371325	370563	—	10459	129896	92891	67013	—	71066
—	—	—	—	—	—	—	—	—
391883	388320	2382	41049	59671	44003	92272	79198	75690
149439	147765	1674	22801	20012	—	38474	67494	658
218944	217168	595	16838	35303	44003	49151	10676	62973
939801	939801	—	106639	321470	—	292933	152948	65811
939801	939801	—	106639	321470	—	292933	152948	65811
—	—	—	—	—	—	—	—	—
—	—	—	—	—	—	—	—	—
—	—	—	—	—	—	—	—	—
—	—	—	—	—	—	—	—	—
—	—	—	—	—	—	—	—	—
—	—	—	—	—	—	—	—	—
—	—	—	—	—	—	—	—	—
11261	11261	—	2500	5799	—	2292	670	—
76840	70727	6113	2740	15437	37542	6958	2442	11721
—	—	—	—	—	—	—	—	—
—	—	—	—	—	—	—	—	—
—	—	—	—	—	—	—	—	—
17444	8303	9141	150	14705	—	2374	82	133
74321	48162	21288	4046	15647	43811	3593	1054	6170
414385	389316	25069	7300	166911	150395	65685	1599	22495
128055	109966	18088	2400	12710	103479	7545	1333	588
197257	138925	37603	18352	60870	97010	11861	1685	7479
19492	19492	—	300	19150	—	22	20	—
222885	179545	10181	21974	76001	88332	19844	3695	13039
132462	103467	12346	7700	62850	21129	27533	7269	5981
57030	55030	2000	7500	45753	—	3156	598	23
28241	23075	1432	3010	10324	7847	5064	1836	160
61678	59020	2080	4090	33510	6510	6563	95	10910
2958	2958	—	—	2100	—	667	—	191
322364	322364	—	44508	117090	—	62262	98504	—

东北、内蒙古等重点国有林区

地区	工程区木材产量（立方米）		造林面积（公顷）							
	合计	其中：人工林木材产量	总计	人工造林		飞播造林	当年新封山（沙）育林			退化林修复面积
				合计	其中：灌木林面积		合计	无林地和疏林地新封山育林面积	有林地和灌木林地新封山育林面积	
全国合计	**402379**	**304774**	**127662**	**13851**	**33**	**3866**	**—**	**—**	**—**	**109945**
北京	—	—	—	—	—	—	—	—	—	—
天津	—	—	—	—	—	—	—	—	—	—
河北	—	—	—	—	—	—	—	—	—	—
山西	—	—	—	—	—	—	—	—	—	—
内蒙古	56210	41698	24477	6444	33	—	—	—	—	18033
内蒙古集团	56210	41698	22457	4424	33	—	—	—	—	18033
辽宁	—	—	—	—	—	—	—	—	—	—
吉林	286365	207772	55196	559	—	—	—	—	—	54637
吉林集团	165456	143210	25476	—	—	—	—	—	—	25476
长白山集团	120909	64562	27847	559	—	—	—	—	—	27288
黑龙江	59804	55304	19588	3380	—	—	—	—	—	16208
龙江集团	59804	55304	19588	3380	—	—	—	—	—	16208
上海	—	—	—	—	—	—	—	—	—	—
江苏	—	—	—	—	—	—	—	—	—	—
浙江	—	—	—	—	—	—	—	—	—	—
安徽	—	—	—	—	—	—	—	—	—	—
福建	—	—	—	—	—	—	—	—	—	—
江西	—	—	—	—	—	—	—	—	—	—
山东	—	—	—	—	—	—	—	—	—	—
河南	—	—	—	—	—	—	—	—	—	—
湖北	—	—	—	—	—	—	—	—	—	—
湖南	—	—	—	—	—	—	—	—	—	—
广东	—	—	—	—	—	—	—	—	—	—
广西	—	—	—	—	—	—	—	—	—	—
海南	—	—	200	—	—	—	—	—	—	200
重庆	—	—	—	—	—	—	—	—	—	—
四川	—	—	—	—	—	—	—	—	—	—
贵州	—	—	—	—	—	—	—	—	—	—
云南	—	—	—	—	—	—	—	—	—	—
西藏	—	—	—	—	—	—	—	—	—	—
陕西	—	—	—	—	—	—	—	—	—	—
甘肃	—	—	—	—	—	—	—	—	—	—
青海	—	—	—	—	—	—	—	—	—	—
宁夏	—	—	—	—	—	—	—	—	—	—
新疆	—	—	4667	801	—	3866	—	—	—	—
新疆兵团	—	—	—	—	—	—	—	—	—	—
大兴安岭	—	—	23534	2667	—	—	—	—	—	20867

天然林资源保护工程建设情况(一)

森林抚育面积(公顷)	年末实有封山(沙)育林面积(公顷)	年末实有森林管护面积(公顷)				工程区项目实施单位人员情况				
						年末人数(人)				
		合计	国有林	集体和个人所有的国家级公益林	集体和个人所有的地方公益林	合计	其中:混岗职工人数	在岗职工	其他从业人员	离开本单位保留劳动关系人员
1474598	**740482**	**39164670**	**39164670**	**—**	**—**	**556273**	**81761**	**357055**	**541**	**198677**
—	—	—	—	—	—	—	—	—	—	—
—	—	—	—	—	—	—	—	—	—	—
—	—	—	—	—	—	—	—	—	—	—
—	—	—	—	—	—	—	—	—	—	—
514142	27311	12754630	12754630	—	—	152802	60649	53307	42	99453
391796	—	9685580	9685580	—	—	145112	60607	45678	—	99434
—	—	—	—	—	—	—	—	—	—	—
184023	365774	3960797	3960797	—	—	71199	675	44324	19	26856
73476	215647	1342699	1342699	—	—	29248	—	17314	—	11934
107013	150127	2335449	2335449	—	—	38309	675	23643	—	14666
541344	278407	9511565	9511565	—	—	272593	17193	202047	119	70427
541344	278407	9511565	9511565	—	—	272593	17193	202047	119	70427
—	—	—	—	—	—	—	—	—	—	—
—	—	—	—	—	—	—	—	—	—	—
—	—	—	—	—	—	—	—	—	—	—
—	—	—	—	—	—	—	—	—	—	—
—	—	—	—	—	—	—	—	—	—	—
—	—	—	—	—	—	—	—	—	—	—
—	—	—	—	—	—	—	—	—	—	—
—	—	—	—	—	—	—	—	—	—	—
—	—	—	—	—	—	—	—	—	—	—
—	—	—	—	—	—	—	—	—	—	—
—	—	—	—	—	—	—	—	—	—	—
—	—	—	—	—	—	—	—	—	—	—
7666	—	459334	459334	—	—	2058	—	1816	194	48
—	—	—	—	—	—	—	—	—	—	—
—	—	—	—	—	—	—	—	—	—	—
—	—	—	—	—	—	—	—	—	—	—
—	—	—	—	—	—	—	—	—	—	—
—	—	—	—	—	—	—	—	—	—	—
—	—	—	—	—	—	—	—	—	—	—
—	—	—	—	—	—	—	—	—	—	—
—	—	—	—	—	—	—	—	—	—	—
—	—	—	—	—	—	—	—	—	—	—
43490	68990	4379545	4379545	—	—	3317	78	3197	118	2
—	—	100000	100000	—	—	155	—	155	—	—
183933	—	8098799	8098799	—	—	54304	3166	52364	49	1891

东北、内蒙古等重点国有林区

地　区	工程区项目实施单位人员情况							
	在岗职工年平均人数（人）	在岗职工年工资总额（万元）	年末实有离退休人员（人）	当年离退休人员生活费（万元）	年末参加基本养老保险人数（人）		年末参加基本医疗保险人数（人）	
					合计	其中：在岗职工	合计	其中：在岗职工
全国合计	**331656**	**1303598**	**579526**	**1614103**	**485094**	**354593**	**599903**	**356752**
北　京	—	—	—	—	—	—	—	—
天　津	—	—	—	—	—	—	—	—
河　北	—	—	—	—	—	—	—	—
山　西	—	—	—	—	—	—	—	—
内蒙古	47965	251550	95570	331281	92153	53307	93800	53307
内蒙古集团	41327	206649	90013	309557	84505	45678	84505	45678
辽　宁	—	—	—	—	—	—	—	—
吉　林	45083	191886	77113	88658	68784	44324	70399	44324
吉林集团	18355	68740	34802	4471	29248	17314	29248	17314
长白山集团	23279	108148	39128	75666	35933	23643	37548	23643
黑龙江	181041	616806	328726	974951	268484	202047	375530	202047
龙江集团	181041	616806	328726	974951	268484	202047	375530	202047
上　海	—	—	—	—	—	—	—	—
江　苏	—	—	—	—	—	—	—	—
浙　江	—	—	—	—	—	—	—	—
安　徽	—	—	—	—	—	—	—	—
福　建	—	—	—	—	—	—	—	—
江　西	—	—	—	—	—	—	—	—
山　东	—	—	—	—	—	—	—	—
河　南	—	—	—	—	—	—	—	—
湖　北	—	—	—	—	—	—	—	—
湖　南	—	—	—	—	—	—	—	—
广　东	—	—	—	—	—	—	—	—
广　西	—	—	—	—	—	—	—	—
海　南	1898	8304	3203	3802	2032	1708	2032	1708
重　庆	—	—	—	—	—	—	—	—
四　川	—	—	—	—	—	—	—	—
贵　州	—	—	—	—	—	—	—	—
云　南	—	—	—	—	—	—	—	—
西　藏	—	—	—	—	—	—	—	—
陕　西	—	—	—	—	—	—	—	—
甘　肃	—	—	—	—	—	—	—	—
青　海	—	—	—	—	—	—	—	—
宁　夏	—	—	—	—	—	—	—	—
新　疆	3299	21903	3110	6391	3286	3187	5791	3091
新疆兵团	155	540	129	301	230	155	230	155
大兴安岭	52370	213149	71804	209020	50355	50020	52351	52275

天然林资源保护工程建设情况(二)

全部林业投资完成额(万元)								
合计	其中:中央投资	其中:地方投资	营造林	森林管护	生态效益补偿	社会保险(养老、医疗、失业、工伤、生育)	政社性支出	其他
2197457	**2166394**	**13603**	**219537**	**721331**	**145800**	**534202**	**334957**	**241630**
—	—	—	—	—	—	—	—	—
—	—	—	—	—	—	—	—	—
—	—	—	—	—	—	—	—	—
—	—	—	—	—	—	—	—	—
464287	448586	—	23101	174885	95287	77798	4130	89086
371325	370563	—	10459	129896	92891	67013	—	71066
—	—	—	—	—	—	—	—	—
391883	388320	2382	41049	59671	44003	92272	79198	75690
149439	147765	1674	22801	20012	—	38474	67494	658
218944	217168	595	16838	35303	44003	49151	10676	62973
939801	939801	—	106639	321470	—	292933	152948	65811
939801	939801	—	106639	321470	—	292933	152948	65811
—	—	—	—	—	—	—	—	—
—	—	—	—	—	—	—	—	—
—	—	—	—	—	—	—	—	—
—	—	—	—	—	—	—	—	—
—	—	—	—	—	—	—	—	—
—	—	—	—	—	—	—	—	—
—	—	—	—	—	—	—	—	—
—	—	—	—	—	—	—	—	—
—	—	—	—	—	—	—	—	—
—	—	—	—	—	—	—	—	—
—	—	—	—	—	—	—	—	—
—	—	—	—	—	—	—	—	—
17444	8303	9141	150	14705	—	2374	82	133
—	—	—	—	—	—	—	—	—
—	—	—	—	—	—	—	—	—
—	—	—	—	—	—	—	—	—
—	—	—	—	—	—	—	—	—
—	—	—	—	—	—	—	—	—
—	—	—	—	—	—	—	—	—
—	—	—	—	—	—	—	—	—
—	—	—	—	—	—	—	—	—
—	—	—	—	—	—	—	—	—
61678	59020	2080	4090	33510	6510	6563	95	10910
2958	2958	—	—	2100	—	667	—	191
322364	322364	—	44508	117090	—	62262	98504	—

长江上游、黄河上中游地区

地区	工程区木材产量（立方米）		造林面积（公顷）							
				人工造林			当年新封山（沙）育林			
	合计	其中：人工林木材产量	总计	合计	其中：灌木林面积	飞播造林	合计	无林地和疏林地新封山育林面积	有林地和灌木林地新封山育林面积	退化林修复面积
全国合计	**4091009**	**3978014**	**262636**	**71776**	**14748**	**69981**	**108571**	**68774**	**39797**	**12308**
北　京	—	—	—	—	—	—	—	—	—	—
天　津	—	—	—	—	—	—	—	—	—	—
河　北	—	—	—	—	—	—	—	—	—	—
山　西	79844	42902	15137	15137	—	—	—	—	—	—
内蒙古	77582	77582	56440	15460	9047	35979	3667	3667	—	1334
内蒙古集团	—	—	—	—	—	—	—	—	—	—
辽　宁	—	—	—	—	—	—	—	—	—	—
吉　林	—	—	—	—	—	—	—	—	—	—
吉林集团	—	—	—	—	—	—	—	—	—	—
长白山集团	—	—	—	—	—	—	—	—	—	—
黑龙江	—	—	—	—	—	—	—	—	—	—
龙江集团	—	—	—	—	—	—	—	—	—	—
上　海	—	—	—	—	—	—	—	—	—	—
江　苏	—	—	—	—	—	—	—	—	—	—
浙　江	—	—	—	—	—	—	—	—	—	—
安　徽	—	—	—	—	—	—	—	—	—	—
福　建	—	—	—	—	—	—	—	—	—	—
江　西	—	—	—	—	—	—	—	—	—	—
山　东	—	—	—	—	—	—	—	—	—	—
河　南	177145	174203	3333	3333	—	—	—	—	—	—
湖　北	48677	39766	9997	2000	—	—	7997	5320	2677	—
湖　南	—	—	—	—	—	—	—	—	—	—
广　东	—	—	—	—	—	—	—	—	—	—
广　西	—	—	—	—	—	—	—	—	—	—
海　南	—	—	—	—	—	—	—	—	—	—
重　庆	94543	81063	22667	1334	200	—	21333	6899	14434	—
四　川	1978127	1958271	29981	4657	—	—	25324	21659	3665	—
贵　州	1095200	1072100	6000	2667	—	—	3333	3333	—	—
云　南	518825	518482	18409	8360	1300	—	8989	1350	7639	1060
西　藏	—	—	1466	133	—	—	1333	—	1333	—
陕　西	14201	9645	75848	7337	134	34002	24595	15213	9382	9914
甘　肃	6865	4000	5139	3805	67	—	1334	667	667	—
青　海	—	—	10219	3553	—	—	6666	6666	—	—
宁　夏	—	—	8000	4000	4000	—	4000	4000	—	—
新　疆	—	—	—	—	—	—	—	—	—	—
新疆兵团	—	—	—	—	—	—	—	—	—	—
大兴安岭	—	—	—	—	—	—	—	—	—	—

天然林资源保护工程建设情况(一)

森林抚育面积(公顷)	年末实有封山(沙)育林面积(公顷)	年末实有森林管护面积(公顷)				工程区项目实施单位人员情况				
						年末人数(人)				
		合计	国有林	集体和个人所有的国家级公益林	集体和个人所有的地方公益林	合计	其中:混岗职工人数	在岗职工	其他从业人员	离开本单位保留劳动关系人员
416120	**3424709**	**76137987**	**32312224**	**20938904**	**22886859**	**142029**	**8003**	**121849**	**18893**	**1287**
—	—	—	—	—	—	—	—	—	—	—
—	—	—	—	—	—	—	—	—	—	—
—	—	—	—	—	—	—	—	—	—	—
50167	184995	5164893	1639489	762480	2762924	10324	58	10007	307	10
3867	823770	8164893	952534	2156452	5055907	6091	164	5904	174	13
—	—	—	—	—	—	—	—	—	—	—
—	—	—	—	—	—	—	—	—	—	—
—	—	—	—	—	—	—	—	—	—	—
—	—	—	—	—	—	—	—	—	—	—
—	—	—	—	—	—	—	—	—	—	—
—	—	—	—	—	—	—	—	—	—	—
—	—	—	—	—	—	—	—	—	—	—
—	—	—	—	—	—	—	—	—	—	—
—	—	—	—	—	—	—	—	—	—	—
—	—	—	—	—	—	—	—	—	—	—
—	—	—	—	—	—	—	—	—	—	—
—	—	—	—	—	—	—	—	—	—	—
—	—	—	—	—	—	—	—	—	—	—
—	—	—	—	—	—	—	—	—	—	—
2204	1933	1689960	195368	563985	930607	3470	—	3468	—	2
23733	234245	3322527	782000	1505860	1034667	8959	108	8910	49	—
—	—	—	—	—	—	—	—	—	—	—
—	—	—	—	—	—	—	—	—	—	—
—	—	—	—	—	—	—	—	—	—	—
—	—	—	—	—	—	—	—	—	—	—
13334	92668	3088492	387945	1117100	1583447	3352	204	3309	1	42
77535	172281	17680011	12168333	4813330	698348	27573	—	24443	2355	775
—	28600	4617001	329207	2443127	1844667	7473	11	6720	595	158
75553	560574	10179032	4330366	3372666	2476000	8833	—	8833	—	—
—	1333	1276667	1276667	—	—	115	114	1	114	—
77861	375068	11359907	3613205	2904484	4842218	19172	1795	18527	374	271
65602	432369	4847769	3386208	924486	537075	22790	5397	22723	51	16
19000	416225	3678170	2816971	83868	777331	17982	—	3152	14830	—
7264	100648	1068665	433931	291066	343668	5895	152	5852	43	—
—	—	—	—	—	—	—	—	—	—	—
—	—	—	—	—	—	—	—	—	—	—
—	—	—	—	—	—	—	—	—	—	—

长江上游、黄河上中游地区

地区	工程区项目实施单位人员情况							
	在岗职工年平均人数(人)	在岗职工年工资总额(万元)	年末实有离退休人员(人)	当年离退休人员生活费(万元)	年末参加基本养老保险人数(人)		年末参加基本医疗保险人数(人)	
					合计	其中:在岗职工	合计	其中:在岗职工
全国合计	**118785**	**637842**	**135132**	**398034**	**142590**	**112080**	**196880**	**112768**
北　京	—	—	—	—	—	—	—	—
天　津	—	—	—	—	—	—	—	—
河　北	—	—	—	—	—	—	—	—
山　西	9940	54749	5095	19623	13266	9111	13362	9080
内蒙古	5846	32614	3756	13254	5420	5148	6119	5387
内蒙古集团	—	—	—	—	—	—	—	—
辽　宁	—	—	—	—	—	—	—	—
吉　林	—	—	—	—	—	—	—	—
吉林集团	—	—	—	—	—	—	—	—
长白山集团	—	—	—	—	—	—	—	—
黑龙江	—	—	—	—	—	—	—	—
龙江集团	—	—	—	—	—	—	—	—
上　海	—	—	—	—	—	—	—	—
江　苏	—	—	—	—	—	—	—	—
浙　江	—	—	—	—	—	—	—	—
安　徽	—	—	—	—	—	—	—	—
福　建	—	—	—	—	—	—	—	—
江　西	—	—	—	—	—	—	—	—
山　东	—	—	—	—	—	—	—	—
河　南	3468	12370	1798	4604	4496	2833	4496	2969
湖　北	8910	49216	5294	14782	8189	8140	8338	8289
湖　南	—	—	—	—	—	—	—	—
广　东	—	—	—	—	—	—	—	—
广　西	—	—	—	—	—	—	—	—
海　南	—	—	—	—	—	—	—	—
重　庆	3356	24220	3654	7298	3309	3309	3309	3309
四　川	24462	143533	66478	191961	37340	24443	78157	24443
贵　州	6750	34525	7479	34826	5978	5380	6874	5500
云　南	8735	33600	15118	23918	9432	8698	13316	8698
西　藏	1	11	—	—	1	1	1	1
陕　西	18267	91447	9717	33711	18910	14836	22546	14348
甘　肃	20103	98009	11296	39078	27337	21429	31205	21899
青　海	3152	32220	812	1442	3152	3152	3152	3152
宁　夏	5795	31328	4635	13537	5760	5600	6005	5693
新　疆	—	—	—	—	—	—	—	—
新疆兵团	—	—	—	—	—	—	—	—
大兴安岭	—	—	—	—	—	—	—	—

天然林资源保护工程建设情况(二)

全部林业投资完成额(万元)								
合计	其中: 中央投资	其中: 地方投资	营造林	森林管护	生态效益补偿	社会保险(养老、医疗、失业、工伤、生育)	政社性支出	其他
1566184	**1288446**	**147224**	**118428**	**554705**	**627475**	**170597**	**23071**	**71908**
—	—	—	—	—	—	—	—	—
—	—	—	—	—	—	—	—	—
—	—	—	—	—	—	—	—	—
97264	84170	13094	25740	33282	28970	8823	177	272
106691	55310	10	14866	29971	48960	8221	693	3980
—	—	—	—	—	—	—	—	—
—	—	—	—	—	—	—	—	—
—	—	—	—	—	—	—	—	—
—	—	—	—	—	—	—	—	—
—	—	—	—	—	—	—	—	—
—	—	—	—	—	—	—	—	—
—	—	—	—	—	—	—	—	—
—	—	—	—	—	—	—	—	—
—	—	—	—	—	—	—	—	—
—	—	—	—	—	—	—	—	—
—	—	—	—	—	—	—	—	—
—	—	—	—	—	—	—	—	—
—	—	—	—	—	—	—	—	—
—	—	—	—	—	—	—	—	—
11261	11261	—	2500	5799	—	2292	670	—
76840	70727	6113	2740	15437	37542	6958	2442	11721
—	—	—	—	—	—	—	—	—
—	—	—	—	—	—	—	—	—
—	—	—	—	—	—	—	—	—
—	—	—	—	—	—	—	—	—
74321	48162	21288	4046	15647	43811	3593	1054	6170
414385	389316	25069	7300	166911	150395	65685	1599	22495
128055	109966	18088	2400	12710	103479	7545	1333	588
197257	138925	37603	18352	60870	97010	11861	1685	7479
19492	19492	—	300	19150	—	22	20	—
222885	179545	10181	21974	76001	88332	19844	3695	13039
132462	103467	12346	7700	62850	21129	27533	7269	5981
57030	55030	2000	7500	45753	—	3156	598	23
28241	23075	1432	3010	10324	7847	5064	1836	160
—	—	—	—	—	—	—	—	—
—	—	—	—	—	—	—	—	—
—	—	—	—	—	—	—	—	—

退耕还林工程建设情况

指　　标	单位	本年实际
一、造林情况		
1. 退耕地造林	公顷	1213267
其中：25°以上坡耕地退耕面积	公顷	977922
15°~25°水源地耕地退耕面积	公顷	25282
严重沙化耕地退耕面积	公顷	120168
退耕地造林按林种主导功能分		
(1)用材林	公顷	103682
(2)经济林	公顷	772332
(3)防护林	公顷	332540
(4)薪炭林	公顷	776
(5)特种用途林	公顷	3937
2. 荒山荒地造林	公顷	71
3. 当年新封山(沙)育林面积	公顷	—
(1)无林地和疏林地新封山育林面积	公顷	—
(2)有林地和灌木林地新封山育林面积	公顷	—
二、年末实有封山(沙)育林面积	**公顷**	**1176411**
三、全部林业投资完成额	**万元**	**2221446**
其中：中央投资	万元	1979471
地方投资	万元	75846
1. 种苗费	万元	442374
2. 完善政策补助资金	万元	971362
3. 巩固退耕还林成果专项资金	万元	32643
4. 新一轮退耕还林补助资金	万元	739024
5. 其他	万元	36043

各地区退耕还林工程建设情况(一)

地　区	营造林情况(公顷)								
	退耕地造林				退耕地造林按林种主导功能分				
	合　计	其中：25°以上坡耕地退耕面积	其中：15°～25°水源地耕地退耕面积	其中：严重沙化耕地退耕面积	用材林	经济林	防护林	薪炭林	特种用途林
全国合计	**1213267**	**977922**	**25282**	**120168**	**103682**	**772332**	**332540**	**776**	**3937**
北　京	—	—	—	—	—	—	—	—	—
天　津	—	—	—	—	—	—	—	—	—
河　北	—	—	—	—	—	—	—	—	—
山　西	108668	93120	—	—	—	60356	47752	560	—
内蒙古	32045	—	—	26740	1049	885	30111	—	—
内蒙古集团	—	—	—	—	—	—	—	—	—
辽　宁	—	—	—	—	—	—	—	—	—
吉　林	—	—	—	—	—	—	—	—	—
吉林集团	—	—	—	—	—	—	—	—	—
长白山集团	—	—	—	—	—	—	—	—	—
黑龙江	—	—	—	—	—	—	—	—	—
龙江集团	—	—	—	—	—	—	—	—	—
上　海	—	—	—	—	—	—	—	—	—
江　苏	—	—	—	—	—	—	—	—	—
浙　江	—	—	—	—	—	—	—	—	—
安　徽	2002	2002	—	—	127	1509	366	—	—
福　建	—	—	—	—	—	—	—	—	—
江　西	—	—	—	—	—	—	—	—	—
山　东	—	—	—	—	—	—	—	—	—
河　南	—	—	—	—	—	—	—	—	—
湖　北	17333	11547	5786	—	3622	10787	2924	—	—
湖　南	5335	5241	26	—	628	2969	1738	—	—
广　东	—	—	—	—	—	—	—	—	—
广　西	498	267	—	—	224	207	67	—	—
海　南	—	—	—	—	—	—	—	—	—
重　庆	48724	36581	11789	—	8393	29659	10672	—	—
四　川	29094	23221	5139	—	3623	22313	3128	—	30
贵　州	551600	551600	—	—	70533	449047	28182	—	3838
云　南	108497	100726	1123	—	10816	80062	17554	—	65
西　藏	—	—	—	—	—	—	—	—	—
陕　西	48243	46271	106	—	447	27881	19915	—	—
甘　肃	146509	91785	—	43215	3635	47762	95112	—	—
青　海	19912	—	—	—	—	—	19912	—	—
宁　夏	9542	6093	—	1915	—	667	8875	—	—
新　疆	85265	9468	1313	48298	585	38228	46232	216	4
新疆兵团	3775	—	—	2772	—	3392	383	—	—
大兴安岭	—	—	—	—	—	—	—	—	—

各地区退耕还林

地区	营造林情况（公顷）				年末实有封山（沙）育林面积（公顷）
	荒山荒地造林	当年新封山（沙）育林面积			
		合计	无林地和疏林地新封山育林面积	有林地和灌木林地新封山育林面积	
全国合计	**71**	**—**	**—**	**—**	**1176411**
北京	—	—	—	—	—
天津	—	—	—	—	—
河北	—	—	—	—	87824
山西	—	—	—	—	38476
内蒙古	—	—	—	—	109029
内蒙古集团	—	—	—	—	—
辽宁	—	—	—	—	13333
吉林	—	—	—	—	12001
吉林集团	—	—	—	—	—
长白山集团	—	—	—	—	—
黑龙江	—	—	—	—	106110
龙江集团	—	—	—	—	—
上海	—	—	—	—	—
江苏	—	—	—	—	—
浙江	—	—	—	—	—
安徽	—	—	—	—	15292
福建	—	—	—	—	—
江西	—	—	—	—	9533
山东	—	—	—	—	—
河南	—	—	—	—	8732
湖北	—	—	—	—	35409
湖南	—	—	—	—	11514
广东	—	—	—	—	—
广西	—	—	—	—	142330
海南	71	—	—	—	—
重庆	—	—	—	—	6339
四川	—	—	—	—	16431
贵州	—	—	—	—	—
云南	—	—	—	—	79609
西藏	—	—	—	—	—
陕西	—	—	—	—	60144
甘肃	—	—	—	—	159142
青海	—	—	—	—	109666
宁夏	—	—	—	—	4399
新疆	—	—	—	—	151098
新疆兵团	—	—	—	—	—
大兴安岭	—	—	—	—	—

工程建设情况(二)

全部林业投资完成额(万元)							
合计	其中：中央投资	其中：地方投资	种苗费	完善政策补助资金	巩固退耕还林成果专项资金	新一轮退耕还林补助资金	其他
2221446	**1979471**	**75846**	**442374**	**971362**	**32643**	**739024**	**36043**
545	545	—	—	545	—	—	—
440	440	—	—	440	—	—	—
60442	50921	3	—	55795	4083	510	54
241991	196740	42511	101704	53290	—	86569	428
161458	147766	15	13034	97957	8211	35033	7223
—	—	—	—	—	—	—	—
26417	26417	—	—	24917	—	1500	—
16885	15318	—	—	16548	337	—	—
—	—	—	—	—	—	—	—
—	—	—	—	—	—	—	—
26117	23250	—	373	25108	636	—	—
—	—	—	—	—	—	—	—
—	—	—	—	—	—	—	—
—	—	—	—	—	—	—	—
—	—	—	—	—	—	—	—
35925	27374	4289	75	32682	1990	909	269
—	—	—	—	—	—	—	—
25848	22885	—	—	25008	—	840	—
—	—	—	—	—	—	—	—
38602	38460	106	2000	36453	—	—	149
66739	53618	126	6109	39524	14	20294	798
70082	54448	3174	2250	56841	2256	4847	3888
—	—	—	—	—	—	—	—
25545	23214	759	925	19361	127	4962	170
3672	3504	—	—	3462	210	—	—
131455	125772	3129	23630	64178	6511	33285	3851
163389	155328	8061	18000	99828	—	37500	8061
364782	363000	1782	140000	—	—	223000	1782
217835	181034	8540	54724	50099	7104	100821	5087
4558	4558	—	—	3058	—	1500	—
156094	117694	1634	22330	95562	586	36182	1434
147323	124922	254	16800	76532	217	53378	396
29098	29098	—	—	20098	—	9000	—
42850	35660	178	760	34706	15	7210	159
163354	157505	1285	39660	39370	346	81684	2294
23169	18685	—	720	15786	346	5024	1293
—	—	—	—	—	—	—	—

京津风沙源治理工程建设情况

指　标	单位	合计	北京	天津	河北	山西	内蒙古	陕西
一、治理情况								
(一)造林面积	公顷	207206	34665	3575	37027	32868	85598	13473
1. 人工造林	公顷	102834	4333	908	27762	24803	38161	6867
其中:灌木林面积	公顷	14324	—	—	—	667	13657	—
2. 飞播造林	公顷	11333	—	—	—	—	11333	—
3. 当年新封山(沙)育林	公顷	74706	12666	2667	9265	8065	36104	5939
(1)无林地和疏林地新封山育林面积	公顷	56274	300	—	8599	7732	34437	5206
(2)有林地和灌木林地新封山育林面积	公顷	18432	12366	2667	666	333	1667	733
4. 退化林修复面积	公顷	18333	17666	—	—	—	—	667
(二)森林抚育面积	公顷	633	—	633	—	—	—	—
(三)年末实有封山(沙)育林面积	公顷	2587311	29399	26014	463588	138601	1907366	22343
(四)工程固沙面积	公顷	5451	—	—	—	—	5118	333
(五)草地治理面积	公顷	38965	—	—	16468	1133	21364	—
(六)暖棚建设面积	平方米	911502	—	—	339000	384002	188500	—
(七)饲料机械台数	台	149	—	—	—	—	149	—
(八)小流域治理	公顷	28707	—	—	17450	3690	7567	—
(九)水利设施	处	3066	—	—	937	1583	546	—
(十)易地搬迁人数	人	4359	—	—	—	2859	1500	—
(十一)易地搬迁户数	户	1425	—	—	—	925	500	—
二、全部投资完成额	**万元**	**210603**	**63818**	**1419**	**34752**	**48246**	**56128**	**6240**
其中:林业投资完成额	万元	174385	63818	1419	20041	32381	50486	6240
其中:中央投资	万元	98851	15940	1088	18991	21663	36230	4939
地方投资	万元	60111	46068	331	500	10676	2536	—
1. 营造林	万元	169871	63255	1419	19524	29928	50054	5691
2. 科技费用	万元	24	—	—	12	—	—	12
3. 其他	万元	4490	563	—	505	2453	432	537

石漠化综合治理工程建设情况

指　标	单位	合计	湖北	湖南	广西	重庆	四川	贵州	云南
一、治理情况									
(一)造林面积	公顷	232503	29113	16047	20402	9481	2852	80529	74079
1. 人工造林	公顷	36904	4180	6986	1068	2632	1559	4140	16339
其中:灌木林面积	公顷	2234	475	788	161	139	—	404	267
2. 当年新封山(沙)育林	公顷	195599	24933	9061	19334	6849	1293	76389	57740
(1)无林地和疏林地新封山育林面积	公顷	125395	15148	8517	7726	2686	72	76389	14857
(2)有林地和灌木林地新封山育林面积	公顷	70204	9785	544	11608	4163	1221	—	42883
3. 退化林修复面积	公顷	—	—	—	—	—	—	—	—
(二)森林抚育面积	公顷	5797	—	—	40	3871	—	—	1886
(三)草地治理面积	公顷	56	—	—	—	56	—	—	—
二、全部投资完成额	**万元**	**113757**	**14984**	**22144**	**10762**	**10065**	**12125**	**23677**	**20000**
其中:林业投资完成额	万元	89829	12580	16068	5277	7754	5054	23677	19419
其中:中央投资	万元	81520	12193	11573	4874	7048	5054	23677	17101
地方投资	万元	7004	387	4226	72	706	—	—	1613
1. 营造林	万元	82885	11201	14163	4730	6968	5054	23677	17092
2. 科技费用	万元	565	5	228	2	85	—	—	245
3. 其他	万元	6379	1374	1677	545	701	—	—	2082

三北及长江流域等重点防护林体系工程建设情况

单位:公顷、万元

指　标	三北及长江流域等重点防护林体系工程						
	合　计	三北防护林工程	长江流域防护林体系工程	沿海防护林体系工程	珠江流域防护林体系工程	太行山绿化工程	平原绿化工程
一、造林面积	**947862**	**626400**	**174021**	**68073**	**47995**	**31373**	**—**
1. 人工造林	453282	282699	85539	40179	23430	21435	—
其中:灌木林面积	50388	48908	1299	141	40	—	—
2. 飞播造林	22734	20734	—	—	—	2000	—
3. 当年新封山(沙)育林	429879	289452	83706	24663	24120	7938	—
(1)无林地和疏林地新封山育林	316357	244424	44578	6618	13199	7538	—
(2)有林地和灌木林地新封山育林	113522	45028	39128	18045	10921	400	—
4. 退化林修复	36272	32775	2113	1262	122	—	—
(1)低效林改造	7609	6330	1180	44	55	—	—
(2)退化防护林改造	28663	26445	933	1218	67	—	—
5. 人工更新	5695	740	2663	1969	323	—	—
二、森林抚育面积	**116863**	**40693**	**44040**	**29493**	**2637**	**—**	**—**
三、年末实有封山(沙)育林面积	**4089956**	**3082538**	**567069**	**145472**	**147799**	**147078**	**—**
四、全部林业投资完成额	**676739**	**397780**	**129902**	**95172**	**31473**	**22412**	**—**
其中:中央投资	356513	217034	78685	29843	17879	13072	—
地方投资	190378	77644	42047	58998	2732	8957	—
1. 营造林	595470	341461	114977	91594	25026	22412	—
2. 种苗	38725	26583	7714	1727	2701	—	—
3. 森林防火	3091	843	1190	62	996	—	—
4. 病虫害防治	5085	2811	1025	808	441	—	—
5. 科技费用	1497	471	889	13	124	—	—
6. 其他	32871	25611	4107	968	2185	—	—
五、群众投工投劳(折合资金)	**109796**	**54377**	**25780**	**7512**	**16638**	**5489**	**—**

各地区三北及长江流域等重点

地　区	造　林			
	总计	人工造林		飞播造林
		合　计	其中:灌木林面积	
全国合计	**947862**	**453282**	**50388**	**22734**
北　京	1200	1200	—	—
天　津	1333	1333	—	—
河　北	62482	39704	—	4333
山　西	61129	37194	—	—
内蒙古	126386	63485	22133	17334
内蒙古集团	—	—	—	—
辽　宁	67996	32664	—	—
吉　林	7723	7723	—	—
吉林集团	—	—	—	—
长白山集团	—	—	—	—
黑龙江	55132	21163	2720	—
龙江集团	—	—	—	—
上　海	—	—	—	—
江　苏	3955	3905	—	—
浙　江	—	—	—	—
安　徽	38927	12025	—	—
福　建	2800	639	—	—
江　西	49733	23715	—	—
山　东	27358	22823	141	—
河　南	24001	15999	—	—
湖　北	15540	8473	—	—
湖　南	33840	14028	1139	—
广　东	35111	10781	—	—
广　西	9682	9591	—	—
海　南	1559	1559	—	—
重　庆	2666	2666	—	—
四　川	—	—	—	—
贵　州	6400	6400	—	—
云　南	2000	2000	—	—
西　藏	10667	4000	—	—
陕　西	42271	13738	200	—
甘　肃	37077	6813	200	—
青　海	28424	12423	10000	—
宁　夏	34486	16000	8413	—
新　疆	157984	61238	5442	1067
新疆兵团	12882	6473	478	—
大兴安岭	—	—	—	—

防护林体系工程建设情况(一)

单位:公顷、万元

面积						
当年新封山(沙)育林			退化林修复面积			人工更新
合计	无林地和疏林地新封山育林	有林地和灌木林地新封山育林	合计	低效林改造面积	退化防护林改造面积	
429879	**316357**	**113522**	**36272**	**7609**	**28663**	**5695**
—	—	—	—	—	—	—
—	—	—	—	—	—	—
17400	16734	666	1045	—	1045	—
23935	23601	334	—	—	—	—
34900	21533	13367	10667	—	10667	—
—	—	—	—	—	—	—
35332	26286	9046	—	—	—	—
—	—	—	—	—	—	—
—	—	—	—	—	—	—
—	—	—	—	—	—	—
33802	13792	20010	167	—	167	—
—	—	—	—	—	—	—
—	—	—	—	—	—	—
—	—	—	—	—	—	50
—	—	—	—	—	—	—
26755	994	25761	—	—	—	147
1800	—	1800	—	—	—	361
26018	24885	1133	—	—	—	—
—	—	—	800	—	800	3735
8002	8002	—	—	—	—	—
7067	5564	1503	—	—	—	—
17866	13892	3974	1946	1180	766	—
23453	2667	20786	215	75	140	662
—	—	—	91	24	67	—
—	—	—	—	—	—	—
—	—	—	—	—	—	—
—	—	—	—	—	—	—
—	—	—	—	—	—	—
—	—	—	—	—	—	—
6667	—	6667	—	—	—	—
27666	23823	3843	867	334	533	—
30264	25765	4499	—	—	—	—
12667	12667	—	3334	3334	—	—
11330	11197	133	7156	—	7156	—
84955	84955	—	9984	2662	7322	740
6001	6001	—	41	36	5	367
—	—	—	—	—	—	—

各地区三北及长江流域等重点

地区	森林抚育面积	年末实有封山(沙)育林面积	合计	其中:中央投资
全国合计	**116863**	**4089956**	**676739**	**356513**
北　京	—	6933	27413	900
天　津	1333	—	5584	1000
河　北	—	109059	39990	26316
山　西	333	185359	46199	31072
内蒙古	—	597607	40200	38805
内蒙古集团	—	—	—	—
辽　宁	—	245732	25815	22561
吉　林	—	10000	5792	5792
吉林集团	—	—	—	—
长白山集团	—	—	—	—
黑龙江	24858	294025	25038	20672
龙江集团	—	—	—	—
上　海	—	—	—	—
江　苏	6253	—	31099	646
浙　江	—	—	—	—
安　徽	15101	132181	48567	14460
福　建	333	1800	511	298
江　西	—	151155	28660	21687
山　东	11100	—	31531	16955
河　南	—	96119	11349	10890
湖　北	—	147919	12264	9074
湖　南	24606	98987	22451	13128
广　东	15711	66482	20728	9155
广　西	—	66567	12816	6068
海　南	—	—	22	11
重　庆	1400	—	2000	1700
四　川	—	—	—	—
贵　州	—	—	4800	4800
云　南	333	4100	700	650
西　藏	—	17885	4000	4000
陕　西	667	192817	16463	13350
甘　肃	—	273450	16000	16000
青　海	—	408118	8500	8500
宁　夏	4841	102055	17517	9641
新　疆	9994	881606	170730	48382
新疆兵团	4996	44199	76741	6458
大兴安岭	—	—	—	—

防护林体系工程建设情况(二)

单位:公顷、万元

全部林业投资完成额							群众投工投劳（折合资金）
其中：地方投资	营造林	种苗	森林防火	病虫害防治	科技费用	其他	
190378	**595470**	**38725**	**3091**	**5085**	**1497**	**32871**	**109796**
26513	27413	—	—	—	—	—	—
4584	5584	—	—	—	—	—	—
8237	36277	2690	188	160	—	675	13904
15127	46199	—	—	—	—	—	—
—	38528	1202	199	204	—	67	1295
—	—	—	—	—	—	—	—
1654	23737	1683	—	50	15	330	1387
—	5792	—	—	—	—	—	—
—	—	—	—	—	—	—	—
—	—	—	—	—	—	—	—
1245	19842	1907	82	104	10	3093	5132
—	—	—	—	—	—	—	—
—	—	—	—	—	—	—	—
25015	29986	650	—	245	—	218	—
—	—	—	—	—	—	—	—
32807	45518	1918	92	109	249	681	5967
103	451	49	—	—	—	11	—
4879	22967	2167	656	467	365	2038	11381
13373	29601	1082	35	508	20	285	3754
309	11040	176	—	—	—	133	1099
1062	9106	1989	418	112	46	593	928
3225	17432	2186	427	341	281	1784	9111
10839	20037	39	52	93	2	505	75
—	10150	1099	558	349	49	611	10235
11	22	—	—	—	—	—	—
—	1651	165	—	—	4	180	—
—	—	—	—	—	—	—	—
—	4800	—	—	—	—	—	—
50	605	89	—	—	—	6	—
—	4000	—	—	—	—	—	—
366	14547	1552	10	—	8	346	1201
—	15368	9	25	100	—	498	14
—	8500	—	—	—	—	—	—
5164	17421	—	26	13	10	47	—
35815	128896	18073	323	2230	438	20770	44313
2771	54383	12301	251	1589	249	7968	6212
—	—	—	—	—	—	—	—

各地区三北防护林

地区	造林			
	总计	人工造林		飞播造林
		合计	其中:灌木林面积	
全国合计	**626400**	**282699**	**48908**	**20734**
北京	200	200	—	—
天津	—	—	—	—
河北	35097	22297	—	2333
山西	54291	30959	—	—
内蒙古	126386	63485	22133	17334
内蒙古集团	—	—	—	—
辽宁	54665	27998	—	—
吉林	7723	7723	—	—
吉林集团	—	—	—	—
长白山集团	—	—	—	—
黑龙江	55132	21163	2720	—
龙江集团	—	—	—	—
上海	—	—	—	—
江苏	—	—	—	—
浙江	—	—	—	—
安徽	—	—	—	—
福建	—	—	—	—
江西	—	—	—	—
山东	—	—	—	—
河南	—	—	—	—
湖北	—	—	—	—
湖南	—	—	—	—
广东	—	—	—	—
广西	—	—	—	—
海南	—	—	—	—
重庆	—	—	—	—
四川	—	—	—	—
贵州	—	—	—	—
云南	—	—	—	—
西藏	—	—	—	—
陕西	34935	12400	—	—
甘肃	37077	6813	200	—
青海	28424	12423	10000	—
宁夏	34486	16000	8413	—
新疆	157984	61238	5442	1067
新疆兵团	12882	6473	478	—
大兴安岭	—	—	—	—

工程建设情况(一)

单位:公顷、万元

面　积						
当年新封山(沙)育林			退化林修复面积			人工更新
合　计	无林地和疏林地新封山育林	有林地和灌木林地新封山育林	合计	低效林改造面积	退化防护林改造面积	
289452	**244424**	**45028**	**32775**	**6330**	**26445**	**740**
—	—	—	—	—	—	—
—	—	—	—	—	—	—
9867	9534	333	600	—	600	—
23332	23065	267	—	—	—	—
34900	21533	13367	10667	—	10667	—
—	—	—	—	—	—	—
26667	21868	4799	—	—	—	—
—	—	—	—	—	—	—
—	—	—	—	—	—	—
—	—	—	—	—	—	—
33802	13792	20010	167	—	167	—
—	—	—	—	—	—	—
—	—	—	—	—	—	—
—	—	—	—	—	—	—
—	—	—	—	—	—	—
—	—	—	—	—	—	—
—	—	—	—	—	—	—
—	—	—	—	—	—	—
—	—	—	—	—	—	—
—	—	—	—	—	—	—
—	—	—	—	—	—	—
—	—	—	—	—	—	—
—	—	—	—	—	—	—
—	—	—	—	—	—	—
—	—	—	—	—	—	—
—	—	—	—	—	—	—
—	—	—	—	—	—	—
—	—	—	—	—	—	—
—	—	—	—	—	—	—
—	—	—	—	—	—	—
21668	20048	1620	867	334	533	—
30264	25765	4499	—	—	—	—
12667	12667	—	3334	3334	—	—
11330	11197	133	7156	—	7156	—
84955	84955	—	9984	2662	7322	740
6001	6001	—	41	36	5	367
—	—	—	—	—	—	—

各地区三北防护林

地　区	森林抚育面积	年末实有封山（沙）育林面积	合计	其中：中央投资
全国合计	**40693**	**3082538**	**397780**	**217034**
北　京	—	—	19913	150
天　津	—	—	—	—
河　北	—	43377	18344	12670
山　西	333	129454	39786	26565
内蒙古	—	597607	40200	38805
内蒙古集团	—	—	—	—
辽　宁	—	165360	21507	18357
吉　林	—	10000	5792	5792
吉林集团	—	—	—	—
长白山集团	—	—	—	—
黑龙江	24858	294025	25038	20672
龙江集团	—	—	—	—
上　海	—	—	—	—
江　苏	—	—	—	—
浙　江	—	—	—	—
安　徽	—	—	—	—
福　建	—	—	—	—
江　西	—	—	—	—
山　东	—	—	—	—
河　南	—	—	—	—
湖　北	—	—	—	—
湖　南	—	—	—	—
广　东	—	—	—	—
广　西	—	—	—	—
海　南	—	—	—	—
重　庆	—	—	—	—
四　川	—	—	—	—
贵　州	—	—	—	—
云　南	—	—	—	—
西　藏	—	—	—	—
陕　西	667	177486	14453	11500
甘　肃	—	273450	16000	16000
青　海	—	408118	8500	8500
宁　夏	4841	102055	17517	9641
新　疆	9994	881606	170730	48382
新疆兵团	4996	44199	76741	6458
大兴安岭	—	—	—	—

工程建设情况(二)

单位:公顷、万元

全部林业投资完成额							群众投工投劳（折合资金）
其中：地方投资	营造林	种苗	森林防火	病虫害防治	科技费用	其他	
77644	**341461**	**26583**	**843**	**2811**	**471**	**25611**	**54377**
19763	19913	—	—	—	—	—	—
—	—	—	—	—	—	—	—
630	14941	2390	178	160	—	675	3165
13221	39786	—	—	—	—	—	—
—	38528	1202	199	204	—	67	1295
—	—	—	—	—	—	—	—
1550	19577	1620	—	—	5	305	100
—	5792	—	—	—	—	—	—
—	—	—	—	—	—	—	—
—	—	—	—	—	—	—	—
1245	19842	1907	82	104	10	3093	5132
—	—	—	—	—	—	—	—
—	—	—	—	—	—	—	—
—	—	—	—	—	—	—	—
—	—	—	—	—	—	—	—
—	—	—	—	—	—	—	—
—	—	—	—	—	—	—	—
—	—	—	—	—	—	—	—
—	—	—	—	—	—	—	—
—	—	—	—	—	—	—	—
—	—	—	—	—	—	—	—
—	—	—	—	—	—	—	—
—	—	—	—	—	—	—	—
—	—	—	—	—	—	—	—
—	—	—	—	—	—	—	—
—	—	—	—	—	—	—	—
—	—	—	—	—	—	—	—
—	—	—	—	—	—	—	—
—	—	—	—	—	—	—	—
—	—	—	—	—	—	—	—
256	12897	1382	10	—	8	156	358
—	15368	9	25	100	—	498	14
—	8500	—	—	—	—	—	—
5164	17421	—	26	13	10	47	—
35815	128896	18073	323	2230	438	20770	44313
2771	54383	12301	251	1589	249	7968	6212
—	—	—	—	—	—	—	—

各地区长江流域防护林

地区	造林			
	总计	人工造林		飞播造林
		合计	其中:灌木林面积	
全国合计	**174021**	**85539**	**1299**	**—**
北京	—	—	—	—
天津	—	—	—	—
河北	—	—	—	—
山西	—	—	—	—
内蒙古	—	—	—	—
内蒙古集团	—	—	—	—
辽宁	—	—	—	—
吉林	—	—	—	—
吉林集团	—	—	—	—
长白山集团	—	—	—	—
黑龙江	—	—	—	—
龙江集团	—	—	—	—
上海	—	—	—	—
江苏	—	—	—	—
浙江	—	—	—	—
安徽	38927	12025	—	—
福建	654	383	—	—
江西	39734	20382	—	—
山东	16792	14380	—	—
河南	13998	7331	—	—
湖北	15540	8473	—	—
湖南	23707	10561	1099	—
广东	—	—	—	—
广西	—	—	—	—
海南	—	—	—	—
重庆	2666	2666	—	—
四川	—	—	—	—
贵州	4000	4000	—	—
云南	—	—	—	—
西藏	10667	4000	—	—
陕西	7336	1338	200	—
甘肃	—	—	—	—
青海	—	—	—	—
宁夏	—	—	—	—
新疆	—	—	—	—
新疆兵团	—	—	—	—
大兴安岭	—	—	—	—

体系工程建设情况(一)

单位:公顷、万元

面　积						
当年新封山(沙)育林			退化林修复面积			人工更新
合　计	无林地和疏林地新封山育林	有林地和灌木林地新封山育林	合计	低效林改造面积	退化防护林改造面积	
83706	**44578**	**39128**	**2113**	**1180**	**933**	**2663**
—	—	—	—	—	—	—
—	—	—	—	—	—	—
—	—	—	—	—	—	—
—	—	—	—	—	—	—
—	—	—	—	—	—	—
—	—	—	—	—	—	—
—	—	—	—	—	—	—
—	—	—	—	—	—	—
—	—	—	—	—	—	—
—	—	—	—	—	—	—
—	—	—	—	—	—	—
—	—	—	—	—	—	—
—	—	—	—	—	—	—
—	—	—	—	—	—	—
—	—	—	—	—	—	—
26755	994	25761	—	—	—	147
—	—	—	—	—	—	271
19352	18219	1133	—	—	—	—
—	—	—	167	—	167	2245
6667	6667	—	—	—	—	—
7067	5564	1503	—	—	—	—
11200	9359	1841	1946	1180	766	—
—	—	—	—	—	—	—
—	—	—	—	—	—	—
—	—	—	—	—	—	—
—	—	—	—	—	—	—
—	—	—	—	—	—	—
—	—	—	—	—	—	—
—	—	—	—	—	—	—
6667	—	6667	—	—	—	—
5998	3775	2223	—	—	—	—
—	—	—	—	—	—	—
—	—	—	—	—	—	—
—	—	—	—	—	—	—
—	—	—	—	—	—	—
—	—	—	—	—	—	—
—	—	—	—	—	—	—

各地区长江流域防护林

地　　区	森林抚育面积	年末实有封山(沙)育林面积	合计	其中：中央投资
全国合计	**44040**	**567069**	**129902**	**78685**
北　京	—	—	—	—
天　津	—	—	—	—
河　北	—	—	—	—
山　西	—	—	—	—
内蒙古	—	—	—	—
内蒙古集团	—	—	—	—
辽　宁	—	—	—	—
吉　林	—	—	—	—
吉林集团	—	—	—	—
长白山集团	—	—	—	—
黑龙江	—	—	—	—
龙江集团	—	—	—	—
上　海	—	—	—	—
江　苏	—	—	—	—
浙　江	—	—	—	—
安　徽	15101	132181	48567	14460
福　建	—	—	325	260
江　西	—	104343	23685	18187
山　东	2933	—	12205	9931
河　南	—	62628	7154	6695
湖　北	—	147919	12264	9074
湖　南	24606	86782	14692	9528
广　东	—	—	—	—
广　西	—	—	—	—
海　南	—	—	—	—
重　庆	1400	—	2000	1700
四　川	—	—	—	—
贵　州	—	—	3000	3000
云　南	—	—	—	—
西　藏	—	17885	4000	4000
陕　西	—	15331	2010	1850
甘　肃	—	—	—	—
青　海	—	—	—	—
宁　夏	—	—	—	—
新　疆	—	—	—	—
新疆兵团	—	—	—	—
大兴安岭	—	—	—	—

体系工程建设情况(二)

单位:公顷、万元

全部林业投资完成额							群众投工投劳(折合资金)
其中:地方投资	营造林	种苗	森林防火	病虫害防治	科技费用	其他	
42047	**114977**	**7714**	**1190**	**1025**	**889**	**4107**	**25780**
—	—	—	—	—	—	—	—
—	—	—	—	—	—	—	—
—	—	—	—	—	—	—	—
—	—	—	—	—	—	—	—
—	—	—	—	—	—	—	—
—	—	—	—	—	—	—	—
—	—	—	—	—	—	—	—
—	—	—	—	—	—	—	—
—	—	—	—	—	—	—	—
—	—	—	—	—	—	—	—
—	—	—	—	—	—	—	—
—	—	—	—	—	—	—	—
—	—	—	—	—	—	—	—
—	—	—	—	—	—	—	—
—	—	—	—	—	—	—	—
32807	45518	1918	92	109	249	681	5967
65	265	49	—	—	—	11	—
3929	19516	1457	536	431	336	1409	8591
1230	11591	407	35	88	19	65	2854
309	6845	176	—	—	—	133	1099
1062	9106	1989	418	112	46	593	928
2535	11835	1383	109	285	235	845	5498
—	—	—	—	—	—	—	—
—	—	—	—	—	—	—	—
—	—	—	—	—	—	—	—
—	1651	165	—	—	4	180	—
—	—	—	—	—	—	—	—
—	3000	—	—	—	—	—	—
—	—	—	—	—	—	—	—
—	4000	—	—	—	—	—	—
110	1650	170	—	—	—	190	843
—	—	—	—	—	—	—	—
—	—	—	—	—	—	—	—
—	—	—	—	—	—	—	—
—	—	—	—	—	—	—	—
—	—	—	—	—	—	—	—
—	—	—	—	—	—	—	—

各地区沿海防护林

地　区	造　林			
	总计	人工造林		飞播造林
		合　计	其中:灌木林面积	
全国合计	**68073**	**40179**	**141**	—
北　京	—	—	—	—
天　津	1333	1333	—	—
河　北	13853	11875	—	—
山　西	—	—	—	—
内蒙古	—	—	—	—
内蒙古集团	—	—	—	—
辽　宁	13331	4666	—	—
吉　林	—	—	—	—
吉林集团	—	—	—	—
长白山集团	—	—	—	—
黑龙江	—	—	—	—
龙江集团	—	—	—	—
上　海	—	—	—	—
江　苏	3955	3905	—	—
浙　江	—	—	—	—
安　徽	—	—	—	—
福　建	2146	256	—	—
江　西	—	—	—	—
山　东	10566	8443	141	—
河　南	—	—	—	—
湖　北	—	—	—	—
湖　南	—	—	—	—
广　东	20263	7099	—	—
广　西	1067	1043	—	—
海　南	1559	1559	—	—
重　庆	—	—	—	—
四　川	—	—	—	—
贵　州	—	—	—	—
云　南	—	—	—	—
西　藏	—	—	—	—
陕　西	—	—	—	—
甘　肃	—	—	—	—
青　海	—	—	—	—
宁　夏	—	—	—	—
新　疆	—	—	—	—
新疆兵团	—	—	—	—
大兴安岭	—	—	—	—

体系工程建设情况(一)

单位:公顷、万元

面积						
当年新封山(沙)育林			退化林修复面积			人工更新
合　计	无林地和疏林地新封山育林	有林地和灌木林地新封山育林	合计	低效林改造面积	退化防护林改造面积	
24663	**6618**	**18045**	**1262**	**44**	**1218**	**1969**
—	—	—	—	—	—	—
—	—	—	—	—	—	—
1533	1533	—	445	—	445	—
—	—	—	—	—	—	—
—	—	—	—	—	—	—
—	—	—	—	—	—	—
8665	4418	4247	—	—	—	—
—	—	—	—	—	—	—
—	—	—	—	—	—	—
—	—	—	—	—	—	—
—	—	—	—	—	—	—
—	—	—	—	—	—	—
—	—	—	—	—	—	—
—	—	—	—	—	—	50
—	—	—	—	—	—	—
—	—	—	—	—	—	—
1800	—	1800	—	—	—	90
—	—	—	—	—	—	—
—	—	—	633	—	633	1490
—	—	—	—	—	—	—
—	—	—	—	—	—	—
—	—	—	—	—	—	—
12665	667	11998	160	20	140	339
—	—	—	24	24	—	—
—	—	—	—	—	—	—
—	—	—	—	—	—	—
—	—	—	—	—	—	—
—	—	—	—	—	—	—
—	—	—	—	—	—	—
—	—	—	—	—	—	—
—	—	—	—	—	—	—
—	—	—	—	—	—	—
—	—	—	—	—	—	—
—	—	—	—	—	—	—
—	—	—	—	—	—	—
—	—	—	—	—	—	—
—	—	—	—	—	—	—

各地区沿海防护林

地　　区	森林抚育面积	年末实有封山(沙)育林面积		
			合计	其中：中央投资
全国合计	**29493**	**145472**	**95172**	**29843**
北　京	—	—	—	—
天　津	1333	—	5584	1000
河　北	—	14933	17342	10026
山　西	—	—	—	—
内蒙古	—	—	—	—
内蒙古集团	—	—	—	—
辽　宁	—	80372	4308	4204
吉　林	—	—	—	—
吉林集团	—	—	—	—
长白山集团	—	—	—	—
黑龙江	—	—	—	—
龙江集团	—	—	—	—
上　海	—	—	—	—
江　苏	6253	—	31099	646
浙　江	—	—	—	—
安　徽	—	—	—	—
福　建	333	1800	186	38
江　西	—	—	—	—
山　东	8167	—	19326	7024
河　南	—	—	—	—
湖　北	—	—	—	—
湖　南	—	—	—	—
广　东	13407	48367	17041	6630
广　西	—	—	264	264
海　南	—	—	22	11
重　庆	—	—	—	—
四　川	—	—	—	—
贵　州	—	—	—	—
云　南	—	—	—	—
西　藏	—	—	—	—
陕　西	—	—	—	—
甘　肃	—	—	—	—
青　海	—	—	—	—
宁　夏	—	—	—	—
新　疆	—	—	—	—
新疆兵团	—	—	—	—
大兴安岭	—	—	—	—

体系工程建设情况（二）

单位：公顷、万元

全部林业投资完成额							群众投工投劳（折合资金）
其中：地方投资	营造林	种苗	森林防火	病虫害防治	科技费用	其他	
58998	**91594**	**1727**	**62**	**808**	**13**	**968**	**7512**
—	—	—	—	—	—	—	—
4584	5584	—	—	—	—	—	—
7306	17032	300	10	—	—	—	5250
—	—	—	—	—	—	—	—
—	—	—	—	—	—	—	—
—	—	—	—	—	—	—	—
104	4160	63	—	50	10	25	1287
—	—	—	—	—	—	—	—
—	—	—	—	—	—	—	—
—	—	—	—	—	—	—	—
—	—	—	—	—	—	—	—
—	—	—	—	—	—	—	—
—	—	—	—	—	—	—	—
25015	29986	650	—	245	—	218	—
—	—	—	—	—	—	—	—
—	—	—	—	—	—	—	—
38	186	—	—	—	—	—	—
—	—	—	—	—	—	—	—
12143	18010	675	—	420	1	220	900
—	—	—	—	—	—	—	—
—	—	—	—	—	—	—	—
—	—	—	—	—	—	—	—
9797	16350	39	52	93	2	505	75
—	264	—	—	—	—	—	—
11	22	—	—	—	—	—	—
—	—	—	—	—	—	—	—
—	—	—	—	—	—	—	—
—	—	—	—	—	—	—	—
—	—	—	—	—	—	—	—
—	—	—	—	—	—	—	—
—	—	—	—	—	—	—	—
—	—	—	—	—	—	—	—
—	—	—	—	—	—	—	—
—	—	—	—	—	—	—	—
—	—	—	—	—	—	—	—
—	—	—	—	—	—	—	—
—	—	—	—	—	—	—	—

各地区珠江流域防护林

地区	造林			
	总计	人工造林		飞播造林
		合计	其中:灌木林面积	
全国合计	**47995**	**23430**	**40**	**—**
北京	—	—	—	—
天津	—	—	—	—
河北	—	—	—	—
山西	—	—	—	—
内蒙古	—	—	—	—
内蒙古集团	—	—	—	—
辽宁	—	—	—	—
吉林	—	—	—	—
吉林集团	—	—	—	—
长白山集团	—	—	—	—
黑龙江	—	—	—	—
龙江集团	—	—	—	—
上海	—	—	—	—
江苏	—	—	—	—
浙江	—	—	—	—
安徽	—	—	—	—
福建	—	—	—	—
江西	9999	3333	—	—
山东	—	—	—	—
河南	—	—	—	—
湖北	—	—	—	—
湖南	10133	3467	40	—
广东	14848	3682	—	—
广西	8615	8548	—	—
海南	—	—	—	—
重庆	—	—	—	—
四川	—	—	—	—
贵州	2400	2400	—	—
云南	2000	2000	—	—
西藏	—	—	—	—
陕西	—	—	—	—
甘肃	—	—	—	—
青海	—	—	—	—
宁夏	—	—	—	—
新疆	—	—	—	—
新疆兵团	—	—	—	—
大兴安岭	—	—	—	—

体系工程建设情况(一)

单位:公顷、万元

面　积						
当年新封山(沙)育林			退化林修复面积			人工更新
合　计	无林地和疏林地新封山育林	有林地和灌木林地新封山育林	合计	低效林改造面积	退化防护林改造面积	
24120	**13199**	**10921**	**122**	**55**	**67**	**323**
—	—	—	—	—	—	—
—	—	—	—	—	—	—
—	—	—	—	—	—	—
—	—	—	—	—	—	—
—	—	—	—	—	—	—
—	—	—	—	—	—	—
—	—	—	—	—	—	—
—	—	—	—	—	—	—
—	—	—	—	—	—	—
—	—	—	—	—	—	—
—	—	—	—	—	—	—
—	—	—	—	—	—	—
—	—	—	—	—	—	—
—	—	—	—	—	—	—
—	—	—	—	—	—	—
—	—	—	—	—	—	—
—	—	—	—	—	—	—
6666	6666	—	—	—	—	—
—	—	—	—	—	—	—
—	—	—	—	—	—	—
—	—	—	—	—	—	—
6666	4533	2133	—	—	—	—
10788	2000	8788	55	55	—	323
—	—	—	67	—	67	—
—	—	—	—	—	—	—
—	—	—	—	—	—	—
—	—	—	—	—	—	—
—	—	—	—	—	—	—
—	—	—	—	—	—	—
—	—	—	—	—	—	—
—	—	—	—	—	—	—
—	—	—	—	—	—	—
—	—	—	—	—	—	—
—	—	—	—	—	—	—
—	—	—	—	—	—	—
—	—	—	—	—	—	—
—	—	—	—	—	—	—

各地区珠江流域防护林

地　区	森林抚育面积	年末实有封山(沙)育林面积		
			合计	其中：中央投资
全国合计	**2637**	**147799**	**31473**	**17879**
北　京	—	—	—	—
天　津	—	—	—	—
河　北	—	—	—	—
山　西	—	—	—	—
内蒙古	—	—	—	—
内蒙古集团	—	—	—	—
辽　宁	—	—	—	—
吉　林	—	—	—	—
吉林集团	—	—	—	—
长白山集团	—	—	—	—
黑龙江	—	—	—	—
龙江集团	—	—	—	—
上　海	—	—	—	—
江　苏	—	—	—	—
浙　江	—	—	—	—
安　徽	—	—	—	—
福　建	—	—	—	—
江　西	—	46812	4975	3500
山　东	—	—	—	—
河　南	—	—	—	—
湖　北	—	—	—	—
湖　南	—	12205	7759	3600
广　东	2304	18115	3687	2525
广　西	—	66567	12552	5804
海　南	—	—	—	—
重　庆	—	—	—	—
四　川	—	—	—	—
贵　州	—	—	1800	1800
云　南	333	4100	700	650
西　藏	—	—	—	—
陕　西	—	—	—	—
甘　肃	—	—	—	—
青　海	—	—	—	—
宁　夏	—	—	—	—
新　疆	—	—	—	—
新疆兵团	—	—	—	—
大兴安岭	—	—	—	—

体系工程建设情况(二)

单位:公顷、万元

全部林业投资完成额							
其中:地方投资	营造林	种苗	森林防火	病虫害防治	科技费用	其他	群众投工投劳(折合资金)
2732	**25026**	**2701**	**996**	**441**	**124**	**2185**	**16638**
—	—	—	—	—	—	—	—
—	—	—	—	—	—	—	—
—	—	—	—	—	—	—	—
—	—	—	—	—	—	—	—
—	—	—	—	—	—	—	—
—	—	—	—	—	—	—	—
—	—	—	—	—	—	—	—
—	—	—	—	—	—	—	—
—	—	—	—	—	—	—	—
—	—	—	—	—	—	—	—
—	—	—	—	—	—	—	—
—	—	—	—	—	—	—	—
—	—	—	—	—	—	—	—
—	—	—	—	—	—	—	—
—	—	—	—	—	—	—	—
—	—	—	—	—	—	—	—
—	—	—	—	—	—	—	—
950	3451	710	120	36	29	629	2790
—	—	—	—	—	—	—	—
—	—	—	—	—	—	—	—
—	—	—	—	—	—	—	—
690	5597	803	318	56	46	939	3613
1042	3687	—	—	—	—	—	—
—	9886	1099	558	349	49	611	10235
—	—	—	—	—	—	—	—
—	—	—	—	—	—	—	—
—	—	—	—	—	—	—	—
—	1800	—	—	—	—	—	—
50	605	89	—	—	—	6	—
—	—	—	—	—	—	—	—
—	—	—	—	—	—	—	—
—	—	—	—	—	—	—	—
—	—	—	—	—	—	—	—
—	—	—	—	—	—	—	—
—	—	—	—	—	—	—	—
—	—	—	—	—	—	—	—
—	—	—	—	—	—	—	—

各地区太行山绿化

地　区	造　林			
	总计	人工造林		飞播造林
		合　计	其中:灌木林面积	
全国合计	**31373**	**21435**	**—**	**2000**
北　京	1000	1000	—	—
天　津	—	—	—	—
河　北	13532	5532	—	2000
山　西	6838	6235	—	—
内蒙古	—	—	—	—
内蒙古集团	—	—	—	—
辽　宁	—	—	—	—
吉　林	—	—	—	—
吉林集团	—	—	—	—
长白山集团	—	—	—	—
黑龙江	—	—	—	—
龙江集团	—	—	—	—
上　海	—	—	—	—
江　苏	—	—	—	—
浙　江	—	—	—	—
安　徽	—	—	—	—
福　建	—	—	—	—
江　西	—	—	—	—
山　东	—	—	—	—
河　南	10003	8668	—	—
湖　北	—	—	—	—
湖　南	—	—	—	—
广　东	—	—	—	—
广　西	—	—	—	—
海　南	—	—	—	—
重　庆	—	—	—	—
四　川	—	—	—	—
贵　州	—	—	—	—
云　南	—	—	—	—
西　藏	—	—	—	—
陕　西	—	—	—	—
甘　肃	—	—	—	—
青　海	—	—	—	—
宁　夏	—	—	—	—
新　疆	—	—	—	—
新疆兵团	—	—	—	—
大兴安岭	—	—	—	—

工程建设情况(一)

单位:公顷、万元

面　积						
当年新封山(沙)育林			退化林修复面积			人工更新
合　计	无林地和疏林地新封山育林	有林地和灌木林地新封山育林	合计	低效林改造面积	退化防护林改造面积	
7938	**7538**	**400**	**—**	**—**	**—**	**—**
—	—	—	—	—	—	—
—	—	—	—	—	—	—
6000	5667	333	—	—	—	—
603	536	67	—	—	—	—
—	—	—	—	—	—	—
—	—	—	—	—	—	—
—	—	—	—	—	—	—
—	—	—	—	—	—	—
—	—	—	—	—	—	—
—	—	—	—	—	—	—
—	—	—	—	—	—	—
—	—	—	—	—	—	—
—	—	—	—	—	—	—
—	—	—	—	—	—	—
—	—	—	—	—	—	—
—	—	—	—	—	—	—
—	—	—	—	—	—	—
—	—	—	—	—	—	—
—	—	—	—	—	—	—
1335	1335	—	—	—	—	—
—	—	—	—	—	—	—
—	—	—	—	—	—	—
—	—	—	—	—	—	—
—	—	—	—	—	—	—
—	—	—	—	—	—	—
—	—	—	—	—	—	—
—	—	—	—	—	—	—
—	—	—	—	—	—	—
—	—	—	—	—	—	—
—	—	—	—	—	—	—
—	—	—	—	—	—	—
—	—	—	—	—	—	—
—	—	—	—	—	—	—
—	—	—	—	—	—	—
—	—	—	—	—	—	—
—	—	—	—	—	—	—
—	—	—	—	—	—	—

各地区太行山绿化

地　区	森林抚育面积	年末实有封山(沙)育林面积		
			合计	其中：中央投资
全国合计	**—**	**147078**	**22412**	**13072**
北　京	—	6933	7500	750
天　津	—	—	—	—
河　北	—	50749	4304	3620
山　西	—	55905	6413	4507
内蒙古	—	—	—	—
内蒙古集团	—	—	—	—
辽　宁	—	—	—	—
吉　林	—	—	—	—
吉林集团	—	—	—	—
长白山集团	—	—	—	—
黑龙江	—	—	—	—
龙江集团	—	—	—	—
上　海	—	—	—	—
江　苏	—	—	—	—
浙　江	—	—	—	—
安　徽	—	—	—	—
福　建	—	—	—	—
江　西	—	—	—	—
山　东	—	—	—	—
河　南	—	33491	4195	4195
湖　北	—	—	—	—
湖　南	—	—	—	—
广　东	—	—	—	—
广　西	—	—	—	—
海　南	—	—	—	—
重　庆	—	—	—	—
四　川	—	—	—	—
贵　州	—	—	—	—
云　南	—	—	—	—
西　藏	—	—	—	—
陕　西	—	—	—	—
甘　肃	—	—	—	—
青　海	—	—	—	—
宁　夏	—	—	—	—
新　疆	—	—	—	—
新疆兵团	—	—	—	—
大兴安岭	—	—	—	—

工程建设情况(二)

单位:公顷、万元

全部林业投资完成额							
其中:地方投资	营造林	种苗	森林防火	病虫害防治	科技费用	其他	群众投工投劳(折合资金)
8957	**22412**	**—**	**—**	**—**	**—**	**—**	**5489**
6750	7500	—	—	—	—	—	—
—	—	—	—	—	—	—	—
301	4304	—	—	—	—	—	5489
1906	6413	—	—	—	—	—	—
—	—	—	—	—	—	—	—
—	—	—	—	—	—	—	—
—	—	—	—	—	—	—	—
—	—	—	—	—	—	—	—
—	—	—	—	—	—	—	—
—	—	—	—	—	—	—	—
—	—	—	—	—	—	—	—
—	—	—	—	—	—	—	—
—	—	—	—	—	—	—	—
—	—	—	—	—	—	—	—
—	—	—	—	—	—	—	—
—	—	—	—	—	—	—	—
—	—	—	—	—	—	—	—
—	—	—	—	—	—	—	—
—	—	—	—	—	—	—	—
—	4195	—	—	—	—	—	—
—	—	—	—	—	—	—	—
—	—	—	—	—	—	—	—
—	—	—	—	—	—	—	—
—	—	—	—	—	—	—	—
—	—	—	—	—	—	—	—
—	—	—	—	—	—	—	—
—	—	—	—	—	—	—	—
—	—	—	—	—	—	—	—
—	—	—	—	—	—	—	—
—	—	—	—	—	—	—	—
—	—	—	—	—	—	—	—
—	—	—	—	—	—	—	—
—	—	—	—	—	—	—	—
—	—	—	—	—	—	—	—
—	—	—	—	—	—	—	—
—	—	—	—	—	—	—	—
—	—	—	—	—	—	—	—

濒危野生动植物抢救性保护及林业系统自然保护区工程建设情况

指　　标	单位	本年实际
一、年末实有自然保护区个数	**个**	**2249**
其中：国家级	个	375
二、年末实有自然保护区面积	**百公顷**	**1261299**
其中：国家级	百公顷	819827
三、国际重要湿地个数	**个**	**49**
国际重要湿地面积	百公顷	41124
四、野生动植物保护管理站	**个**	**1751**
五、野生动物救护中心	**个**	**250**
六、野生动物繁育机构	**个**	**6151**
七、野生动物基因库	**个**	**72**
八、野生动物疫源疫病监测站个数	**个**	**1547**
九、从事野生动植物及自然保护区建设的职工人数	**人**	**53726**
其中：各类专业技术人员	人	16310
十、野生动植物及自然保护区建设投资完成额	**万元**	**254075**
其中：中央投资	万元	106223
地方投资	万元	130462

各地区濒危野生动植物抢救性保护及林业系统自然保护区工程建设情况(一)

单位:个、百公顷、人、万元

地区	年末实有自然保护区个数		年末实有自然保护区面积		国际重要湿地	
	合计	其中:国家级	合计	其中:国家级	个数	面积
全国合计	**2249**	**375**	**1261299**	**819827**	**49**	**41124**
北京	17	2	1314	280	—	—
天津	5	1	536	10	—	—
河北	32	9	6081	2171	—	—
山西	45	7	10930	1170	—	—
内蒙古	150	24	91180	31170	2	7477
内蒙古集团	—	—	—	—	—	—
辽宁	75	13	11702	2192	2	1397
吉林	44	15	25745	10245	2	2495
吉林集团	—	—	—	—	—	—
长白山集团	—	—	—	—	—	—
黑龙江	157	43	67810	31870	7	7146
龙江集团	—	—	—	—	1	315
上海	1	1	242	242	2	364
江苏	15	1	1503	27	2	5310
浙江	23	8	1177	799	1	3
安徽	98	6	4064	1033	1	333
福建	89	15	4228	2164	1	24
江西	183	16	10189	2547	1	224
山东	48	4	6067	1751	1	960
河南	25	11	5087	3467	—	—
湖北	58	17	9040	4790	3	643
湖南	163	22	13562	6213	3	3930
广东	290	8	13017	1627	4	679
广西	63	19	12856	3354	2	70
海南	30	7	2327	1371	1	54
重庆	53	6	7450	2460	—	—
四川	123	24	72500	26300	1	1666
贵州	104	7	8872	2349	—	—
云南	132	17	26967	13903	4	136
西藏	60	10	420674	372023	2	1173
陕西	52	20	11027	5929	—	—
甘肃	48	16	77227	59929	2	2886
青海	10	7	216552	207338	3	1844
宁夏	10	6	4990	4291	—	—
新疆	46	13	116383	16814	—	—
新疆兵团	—	—	—	—	—	—
大兴安岭	—	—	—	—	1	2295

注:国际重要湿地包括香港特别行政区 1 处。

各地区濒危野生动植物抢救性保护

地 区	野生动植物保护管理站	野生动物救护中心	野生动物繁育机构	野生动物基因库	野生动物疫源疫病监测站个数
全国合计	**1751**	**250**	**6151**	**72**	**1547**
北 京	1	1	300	—	88
天 津	5	1	—	—	3
河 北	15	6	1	—	40
山 西	44	3	94	—	28
内蒙古	82	8	189	—	24
内蒙古集团	—	2	166	—	6
辽 宁	77	12	97	—	89
吉 林	78	6	45	—	10
吉林集团	20	—	—	—	1
长白山集团	—	—	—	—	—
黑龙江	157	8	3	1	59
龙江集团	74	1	—	—	27
上 海	10	1	1	—	43
江 苏	11	22	70	1	63
浙 江	42	14	539	—	29
安 徽	66	4	128	23	52
福 建	47	11	2	—	40
江 西	216	7	344	—	45
山 东	22	21	65	—	27
河 南	40	5	90	—	46
湖 北	105	16	220	—	45
湖 南	258	26	946	—	104
广 东	21	8	49	—	118
广 西	34	3	436	28	49
海 南	—	1	246	—	31
重 庆	32	12	177	—	45
四 川	36	15	1901	—	25
贵 州	72	3	32	1	65
云 南	1	7	10	—	78
西 藏	5	2	—	—	19
陕 西	79	4	45	17	52
甘 肃	37	5	103	—	64
青 海	7	1	2	—	16
宁 夏	26	2	6	1	24
新 疆	113	15	10	—	107
新疆兵团	5	1	—	—	1
大兴安岭	12	—	—	—	19

及自然保护区工程建设情况(二)

单位:个、百公顷、人、万元

从事野生动植物及自然保护区建设的职工人数		野生动植物及自然保护区建设投资完成额		
合计	其中:各类专业技术人员	合计	其中:中央投资	其中:地方投资
53726	**16310**	**254075**	**106223**	**130462**
243	88	7487	2257	5230
168	105	1082	600	482
1013	445	1593	1302	291
1213	348	2991	1847	1144
2016	592	6514	6108	406
724	275	174	174	—
1223	398	2801	2214	587
2395	472	3505	3233	272
261	131	1456	1456	—
75	5	—	—	—
2393	822	6175	5205	969
1056	370	612	612	—
241	127	15025	55	14970
1034	228	2769	—	39
1169	481	4204	675	2739
816	257	4580	3182	1308
1645	496	5345	4185	1160
2296	909	7200	3532	3665
2305	896	2498	150	837
2587	625	2327	800	1522
2771	838	8669	4213	2693
6097	1505	18115	11298	6482
1142	435	8034	408	7428
2063	570	26019	1750	23377
885	138	6939	1805	5125
1905	579	2902	1425	1477
3604	998	32243	14819	8664
2253	314	6970	6278	692
2523	1289	12791	3464	9128
226	55	8014	8014	—
1512	657	7076	2229	4745
2510	742	8874	7022	1852
544	60	3230	2930	300
1526	401	1469	1464	5
1158	315	26283	3408	22873
18	9	137	—	137
250	125	351	351	—

3

产业发展

FOREST INDUSTRIAL DEVELOPMENT

中国
林业统计年鉴2017

林业产业总产值（一）

（按现行价格计算） 单位：万元

指 标	总产值
总 计	**712670717**
一、第一产业	**233654654**
（一）涉林产业合计	221572311
其中：湿地产业	1676017
1. 林木育种和育苗	21446273
（1）林木育种	1490877
（2）林木育苗	19955396
2. 营造林	19200776
3. 木材和竹材采运	11102736
（1）木材采运	7620209
（2）竹材采运	3482527
4. 经济林产品的种植与采集	139225741
（1）水果种植	69343392
（2）坚果、含油果和香料作物种植	22617489
（3）茶及其他饮料作物的种植	13795239
（4）森林药材种植	10066902
（5）森林食品种植	12356414
（6）林产品采集	11046305
5. 花卉及其他观赏植物种植	24993275
6. 陆生野生动物繁育与利用	5603510
（二）林业系统非林产业	12082343
二、第二产业	**339527355**
（一）涉林产业合计	332106920
其中：湿地产业	2115668
1. 木材加工和木、竹、藤、棕、苇制品制造	127589748
（1）木材加工	23212392
（2）人造板制造	66165822

林业产业总产值(二)

(按现行价格计算) 单位:万元

指　　标	总产值
(3)木制品制造	28924731
(4)竹、藤、棕、苇制品制造	9286803
2. 木、竹、藤家具制造	63178766
3. 木、竹、苇浆造纸和纸制品	61793223
(1)木、竹、苇浆制造	7018048
(2)造纸	31535382
(3)纸制品制造	23239793
4. 林产化学产品制造	6700999
5. 木质工艺品和木质文教体育用品制造	7874735
6. 非木质林产品加工制造业	53229921
(1)木本油料、果蔬、茶饮料等加工制造	40417075
(2)野生动物食品与毛皮革等加工制造	2961407
(3)森林药材加工制造	9851439
7. 其他	11739528
(二)林业系统非林产业	7420435
三、第三产业	**139488708**
(一)涉林产业合计	129591323
其中:湿地产业	3644692
1. 林业生产服务	5191562
2. 林业旅游与休闲服务	106760021
3. 林业生态服务	9130706
4. 林业专业技术服务	2514792
5. 林业公共管理及其他组织服务	5994242
(二)林业系统非林产业	9897385
补充资料:竹产业产值	23460965
油茶产业产值	9118051
林下经济产值	75071418

各地区林业

（按现行

地区	总计	第一					
		合计	涉林				
			合计	其中：湿地产业	林木育种和育苗		
					小计	林木育种	林木育苗
全国合计	**712670717**	**233654654**	**221572311**	**1676017**	**21446273**	**1490877**	**19955396**
北京	1603882	1182500	1180708	—	112310	4488	107822
天津	281686	258506	258506	—	4329	—	4329
河北	15770188	8153983	8126097	3226	553179	33861	519318
山西	5557830	4225386	4210325	—	761229	24260	736969
内蒙古	5003272	2161261	1961471	218	379843	7198	372645
内蒙古集团	571045	250638	242208	—	2701	—	2701
辽宁	11479257	6415557	6322981	—	293878	44911	248967
吉林	14987965	4041474	3758303	8824	297928	20674	277254
吉林集团	1226815	288408	275960	5230	7509	627	6882
长白山集团	702189	227589	201237	—	2582	148	2434
黑龙江	14667033	6114365	4341180	8394	258430	12489	245941
龙江集团	5874828	2096407	1011756	—	13297	171	13126
上海	3135898	349417	349417	—	1015	—	1015
江苏	45270582	10770283	10438518	90195	2228353	126392	2101961
浙江	45338829	9522785	9500032	2700	2018886	653	2018233
安徽	36118650	10650136	10353548	165471	1383601	93789	1289812
福建	50023989	9012040	8467746	2618	103729	6080	97649
江西	41709515	11400985	10636851	66534	936747	205942	730805
山东	68875394	23757973	23652606	47042	5394470	6273	5388197
河南	19665430	9299637	9061302	922	674981	96784	578197
湖北	34535413	11177056	10353489	78840	790581	61943	728638
湖南	42554880	13844531	12595888	548077	1119601	320510	799091
广东	80223880	9460707	9338486	160	116958	9303	107655
广西	52262047	18090940	14942359	4849	595489	113300	482189
海南	6028450	3174322	3174109	105	10837	782	10055
重庆	10551966	4540440	4418136	25845	327881	72473	255408
四川	34022665	12805851	11830416	201972	476844	60758	416086
贵州	23346120	7334862	6961073	216553	547325	106770	440555
云南	19555370	12279326	12028616	161446	270568	10893	259675
西藏	321592	283478	283478	3596	42730	18	42712
陕西	12361813	9634847	9580628	3503	990394	27064	963330
甘肃	5025683	4329073	4199463	1285	186160	20402	165758
青海	569755	501020	501020	152	69798	926	68872
宁夏	1871040	964848	964848	32041	110039	1230	108809
新疆	9038094	7491743	7486947	1449	382311	711	381600
新疆兵团	2692134	2607994	2607994	—	44994	50	44944
大兴安岭	912549	425322	293764	—	5849	—	5849

产业总产值(一)

价格计算)

单位:万元

产　业							
产　业							
营造林	木材和竹材采运			经济林产品的种植与采集			
	小计	木材采运	竹材采运	小计	水果种植	坚果、含油果和香料作物种植	茶及其他饮料作物的种植
19200776	**11102736**	**7620209**	**3482527**	**139225741**	**69343392**	**22617489**	**13795239**
479650	9277	9277	—	440036	384507	55464	—
68944	9765	9765	—	166073	160676	4997	—
947392	55507	55507	—	5865545	4212691	1321962	310
978015	8361	8361	—	2408942	1463102	820592	18
1015878	35245	35245	—	459700	260908	38084	1591
208677	2593	2593	—	8557	69	—	—
245462	128800	128800	—	4445219	2417940	644458	27000
257820	119684	119684	—	2522166	330003	172784	10413
100568	12774	12774	—	140006	431	11341	—
59560	17219	17219	—	92709	185	19699	65
258472	54035	54035	—	3412615	153236	77411	7408
170410	3353	3353	—	810387	1760	932	—
67847	1391	25	1366	224017	223324	—	19
717604	413483	398802	14681	4581096	3244240	149523	349054
388247	386955	113351	273604	6061159	2572748	323665	1337518
1379823	727441	488913	238528	5479521	1726135	564476	1590184
341525	1518537	698878	819659	5163067	2067797	249327	1376728
924018	729210	413147	316063	5867115	2584770	424139	785014
673170	366559	366559	—	13510109	10472983	2219040	676142
691268	252649	246957	5692	5065384	2464567	755601	670781
906208	239352	174740	64612	6702026	2413685	661172	1632792
1752796	641333	381312	260021	6868199	2716659	1717267	863434
491837	849207	560107	289100	5574024	3784631	226054	311447
1141920	2481974	2142912	339062	9158193	5934272	696359	466671
107707	106599	101167	5432	2556777	1283914	710213	4352
577386	114543	56511	58032	2808387	1730458	409568	209408
825220	642137	340328	301809	7896441	3347965	1936343	771067
1131638	526558	146022	380536	3586662	1181703	381099	991495
570876	612108	500437	111671	9637745	2204135	2119104	1062510
153653	19645	19302	343	67094	35043	23416	1920
621873	27729	25507	2222	7599228	4340468	1934933	636035
341754	3496	3402	94	3641480	2342624	928755	11483
35243	353	353	—	392650	25599	1969	5
143426	83	83	—	687339	202247	43153	440
795121	20720	20720	—	6278870	3060362	3004610	—
306926	5942	5942	—	2243190	1613912	538292	—
168983	—	—	—	98862	—	1951	—

各地区林业

（按现行

地区	第一产业					
	涉林产业					林业系统非林产业
	经济林产品的种植与采集			花卉及其他观赏植物种植	陆生野生动物繁育与利用	
	森林药材种植	森林食品种植	林产品采集			
全国合计	**10066902**	**12356414**	**11046305**	**24993275**	**5603510**	**12082343**
北京	—	50	15	127179	12256	1792
天津	—	400	—	9395	—	—
河北	174910	68636	87036	400265	304209	27886
山西	84482	40625	123	41912	11866	15061
内蒙古	56913	53037	49167	18956	51849	199790
内蒙古集团	374	1698	6416	4	19676	8430
辽宁	404562	684223	267036	393335	816287	92576
吉林	1352553	544573	111840	130575	430130	283171
吉林集团	55075	56786	16373	248	14855	12448
长白山集团	3413	55524	13823	62	29105	26352
黑龙江	324027	2358250	492283	37650	319978	1773185
龙江集团	135772	524165	147758	5	14304	1084651
上海	—	174	500	55070	77	—
江苏	239299	125903	473077	2435539	62443	331765
浙江	388314	1312937	125977	443313	201472	22753
安徽	534321	567568	496837	1201769	181393	296588
福建	206490	712945	549780	1223026	117862	544294
江西	242727	988659	841806	1970691	209070	764134
山东	40705	101239	—	2740704	967594	105367
河南	373855	558824	241756	2092396	284624	238335
湖北	581492	1092000	320885	1471859	243463	823567
湖南	651932	499177	419730	1915248	298711	1248643
广东	191767	284520	775605	2278523	27937	122221
广西	445779	439099	1176013	1157656	407127	3148581
海南	52299	8984	497015	354522	37667	213
重庆	213608	130042	115303	537210	52729	122304
四川	411830	745651	683585	1705207	284567	975435
贵州	398945	205139	428281	1086630	82260	373789
云南	1170357	552006	2529633	813086	124233	250710
西藏	529	2571	3615	356	—	—
陕西	198800	217905	271087	294712	46692	54219
甘肃	329934	15148	13536	23327	3246	129610
青海	365067	10	—	—	2976	—
宁夏	429752	—	11747	23702	259	—
新疆	193263	—	20635	9328	597	4796
新疆兵团	90811	—	175	6892	50	—
大兴安岭	8390	46119	42402	134	19936	131558

产业总产值(二)

价格计算)

单位:万元

第二产业							
合计	涉林产业						
	合计	其中:湿地产业	木材加工和木、竹、藤、棕、苇制品制造				
			小 计	木材加工	人造板制造	木制品制造	竹、藤、棕、苇制品制造
339527355	**332106920**	**2115668**	**127589748**	**23212392**	**66165822**	**28924731**	**9286803**
1802	830	—	—	—	—	—	—
220	220	—	—	—	—	—	—
6646831	6636247	—	3321057	217392	2929447	171120	3098
741207	740407	—	100321	55149	39681	5491	—
1705019	1667720	—	1464542	1408006	47137	9388	11
29695	—	—	—	—	—	—	—
3089278	3049407	500	1519994	381881	334554	732381	71178
8567437	8261232	52634	2870782	601239	1066856	1197008	5679
463152	400679	—	303375	1556	189027	112792	—
125558	45742	—	38197	1117	6023	31057	—
5191067	3633783	—	1973096	965582	568168	423996	15350
1539677	372126	—	179748	46289	19457	100102	13900
2571000	2571000	—	571000	—	571000	—	—
28478698	27094542	1393973	17467798	1359635	12227455	3438554	442154
25609359	25603709	200	7363129	564898	1458776	4159001	1180454
16952190	16553010	115073	9872148	1271729	6158754	1404409	1037256
38166593	38117983	1086	12534153	1147783	2157205	6004572	3224593
19678616	18894854	5748	4691097	663246	1405495	2195569	426787
39948592	39741473	12750	21527299	4052596	16239309	1099628	135766
7622301	7583960	—	3601518	687764	2433458	322657	157639
12462832	12059370	37326	3736128	389907	1806173	1230751	309297
14673982	13761679	355883	4531179	784501	1547204	1198113	1001361
52431273	52424401	565	7010643	1173587	3636218	1818326	382512
28153833	27454811	8892	15963426	4649936	8921244	2200117	192129
2486342	2483714	—	1069889	1022586	40892	5556	855
3152824	3104596	5037	862004	307005	294253	164814	95932
9964345	9792755	—	2585933	578051	1235228	493020	279634
3059436	2974748	58397	1096590	301063	209785	303880	281862
5156848	5007317	39334	1400509	536863	562623	275161	25862
9513	9513	—	7113	7113	—	—	—
1360567	1341323	—	401874	71935	254848	59357	15734
222017	217178	—	6420	1305	3912	473	730
—	—	—	—	—	—	—	—
477665	477665	—	243	243	—	—	—
792315	789530	28270	33165	11383	16147	4705	930
21420	21420	—	3180	2780	400	—	—
153353	57943	—	6698	14	—	6684	—

各地区林业

（按现行

地　区	第　二					
	涉　林					
	木、竹、藤家具制造	木、竹、苇浆造纸和纸制品				林产化学产品制造
		小计	木、竹、苇浆制造	造纸	纸制品制造	
全国合计	**63178766**	**61793223**	**7018048**	**31535382**	**23239793**	**6700999**
北　京	—	—	—	—	—	—
天　津	220	—	—	—	—	—
河　北	586494	34355	1786	28569	4000	44368
山　西	30193	1211	—	600	611	384
内蒙古	12142	31000	—	31000	—	3000
内蒙古集团	—	—	—	—	—	—
辽　宁	456060	193072	26084	106990	59998	2203
吉　林	580854	507081	89141	132193	285747	14370
吉林集团	8216	—	—	—	—	9943
长白山集团	2751	—	—	—	—	—
黑龙江	516792	309919	4252	277192	28475	2267
龙江集团	57163	13584	—	13479	105	—
上　海	1000000	1000000	—	1000000	—	—
江　苏	1908908	4060684	648684	2073647	1338353	446004
浙　江	4360158	8966150	416749	4825433	3723968	132197
安　徽	2178377	606398	161894	292598	151906	154559
福　建	6991141	8063426	1342425	3224605	3496396	1081963
江　西	11003756	433390	46346	269357	117687	744752
山　东	3746667	5168262	1320631	3437648	409983	85615
河　南	1143592	917572	481925	298704	136943	21167
湖　北	1843822	1909798	138438	1402478	368882	56732
湖　南	1711452	2435614	290395	1912127	233092	304854
广　东	17923435	20741022	426454	9002087	11312481	968376
广　西	1744120	3245632	431969	1659785	1153878	2044404
海　南	40259	923140	300	922840	—	1047
重　庆	890584	679027	392383	205532	81112	9408
四　川	3798411	1100554	521328	323283	255943	79615
贵　州	278353	231780	136218	50542	45020	74728
云　南	344733	199324	137646	54992	6686	425976
西　藏	—	—	—	—	—	—
陕　西	79742	32535	3000	3180	26355	—
甘　肃	8386	—	—	—	—	—
青　海	—	—	—	—	—	—
宁　夏	115	—	—	—	—	—
新　疆	—	2277	—	—	2277	200
新疆兵团	—	—	—	—	—	200
大兴安岭	—	—	—	—	—	2810

产业总产值(三)

价格计算)　　单位:万元

产　　业						
产　业						林业系统非林产业
木质工艺品和木质文教体育用品制造	非木质林产品加工制造业				其他	
	小计	木本油料、果蔬、茶饮料等加工制造	野生动物食品与毛皮革等加工制造	森林药材加工制造		
7874735	**53229921**	**40417075**	**2961407**	**9851439**	**11739528**	**7420435**
—	830	—	830	—	—	972
—	—	—	—	—	—	—
31578	2541548	1835641	53248	652659	76847	10584
370	579068	571988	950	6130	28860	800
111	77529	51393	15968	10168	79396	37299
—	—	—	—	—	—	29695
56372	717299	303362	82621	331316	104407	39871
30415	4099179	1000004	97961	3001214	158551	306205
490	72343	61753	—	10590	6312	62473
—	186	186	—	—	4608	79816
87180	444355	277829	57674	108852	300174	1557284
6413	42753	15407	—	27346	72465	1167551
—	—	—	—	—	—	—
254344	2450268	878919	799144	772205	506536	1384156
2326703	2302054	1829449	209190	263415	153318	5650
531145	2940043	2470992	64229	404822	270340	399180
1405538	6014552	5739887	61725	212940	2027210	48610
255762	1525766	1460871	4041	60854	240331	783762
1859710	7047574	6901511	32900	113163	306346	207119
168024	1462526	878666	30834	553026	269561	38341
62676	3390084	2646551	271831	471702	1060130	403462
249251	3486499	2937944	123154	425401	1042830	912303
71385	4361982	3130843	638343	592796	1347558	6872
163872	2037520	1000592	236758	800170	2255837	699022
82021	366840	366840	—	—	518	2628
97167	324938	226855	8309	89774	241468	48228
80447	1500848	1222510	37237	241101	646947	171590
38575	1038637	811331	3496	223810	216085	84688
19614	2425218	2179536	102107	143575	191943	149531
—	2400	—	—	2400	—	—
2317	699981	530365	28283	141333	124874	19244
158	201065	195785	—	5280	1149	4839
—	—	—	—	—	—	—
—	476450	268539	5	207906	857	—
—	666548	657992	—	8556	87340	2785
—	18000	18000	—	—	40	—
—	48320	40880	569	6871	115	95410

各地区林业

(按现行

地区	第三					
		涉林				
	合计	合计	其中：湿地产业	林业生产服务	林业旅游与休闲服务	林业生态服务
全国合计	**139488708**	**129591323**	**3644692**	**5191562**	**106760021**	**9130706**
北京	419580	407931	—	54355	201013	29760
天津	22960	22960	—	—	22960	—
河北	969374	902310	1036	56894	706520	31997
山西	591237	566445	5109	39282	262154	126675
内蒙古	1136992	912119	82	75917	608864	108086
内蒙古集团	290712	82006	—	16861	5393	47357
辽宁	1974422	1886300	4066	41029	1587876	148821
吉林	2379054	1696374	3987	88110	1381607	78473
吉林集团	475255	90145	—	19774	30715	24055
长白山集团	349042	88852	—	16235	19641	10193
黑龙江	3361601	1693936	34676	34480	1330323	72887
龙江集团	2238744	734849	—	5102	660084	391
上海	215481	215481	—	—	131086	81940
江苏	6021601	5903578	423132	576859	3825505	629925
浙江	10206685	9896162	37847	84205	8765165	285520
安徽	8516324	8232409	75947	320449	6037187	1031369
福建	2845356	2789838	1742	79918	2486625	97689
江西	10629914	10411943	63516	227365	8343526	1434047
山东	5168829	4943759	292820	257906	3678621	527730
河南	2743492	2706768	12310	62667	1985520	471222
湖北	10895525	10230265	211344	1121338	7408952	852103
湖南	14036367	12965148	750063	681289	9916813	1213475
广东	18331900	18225227	769499	11516	17962268	225155
广西	6017274	4625880	196600	537424	3495436	218727
海南	367786	367469	148	3543	299333	31566
重庆	2858702	2764962	126476	49705	2367863	231338
四川	11252469	10069641	35344	126285	9614546	202138
贵州	12951822	12218654	524120	322810	10961000	583691
云南	2119196	1704977	56210	158610	1058894	187974
西藏	28601	28601	—	—	28601	—
陕西	1366399	1290793	14572	32462	973852	184073
甘肃	474593	429732	—	46490	173549	21014
青海	68735	68735	872	—	67863	872
宁夏	428527	426003	1205	63494	360288	2021
新疆	754036	740757	735	17787	549231	16905
新疆兵团	62720	57705	—	125	57455	—
大兴安岭	333874	246166	1234	19373	166980	3513

产业总产值(四)

价格计算)　　　　单位:万元

产业			补充资料		
产业					
林业专业技术服务	林业公共管理及其他组织服务	林业系统非林产业	竹产业产值	油茶产业产值	林下经济产值
2514792	**5994242**	**9897385**	**23460965**	**9118051**	**75071418**
5839	116964	11649	—	—	13695
—	—	—	—	—	—
25558	81341	67064	—	—	322526
5880	132454	24792	—	—	15506
24550	94702	224873	—	—	505187
8607	3788	208706	—	—	36091
47419	61155	88122	—	—	257871
22069	126115	682680	—	—	869488
1646	13955	385110	—	—	132598
1324	41459	260190	—	—	139056
32811	223435	1667665	—	—	5009869
15707	53565	1503895	—	—	3551432
—	2455	—	—	—	144
231807	639482	118023	8683	159	426235
100413	660859	310523	4855210	268458	13022650
186152	657252	283915	1858578	253976	2663237
26088	99518	55518	6064114	325448	4074718
99039	307966	217971	4066235	2695266	15332310
257190	222312	225070	—	—	2707243
61093	126266	36724	6958	57604	2595695
294406	553466	665260	483679	1356258	3481166
539751	613820	1071219	2604920	3052235	3094660
3118	23170	106673	120255	121879	957873
135562	238731	1391394	251442	662153	8804403
1727	31300	317	1979	27108	321197
51418	64638	93740	212352	31012	867111
94223	32449	1182828	2514897	43742	6332059
97882	253271	733168	326665	186857	577108
85768	213731	414219	83856	20642	1459234
—	—	—	16	—	—
25816	74590	75606	1057	15254	617356
24908	163771	44861	69	—	488825
—	—	—	—	—	144
182	18	2524	—	—	9921
32203	124631	13279	—	—	49247
—	125	5015	—	—	9213
1920	54380	87708	—	—	194740

全国主要林产工业产品产量2017年与2016年比较

主要指标	单位	2017年	2016年	2017年比 2016年增减(%)
木材产量	万立方米	8398.17	7775.87	8.00
1. 原木	万立方米	7670.40	7125.45	7.65
2. 薪材	万立方米	727.76	650.41	11.89
竹材产量	万根	272012.90	250630.00	8.53
锯材产量	万立方米	8602.37	7716.14	11.49
人造板产量	万立方米	29485.87	30042.22	-1.85
1. 胶合板	万立方米	17195.21	17755.62	-3.16
2. 纤维板	万立方米	6297.00	6651.22	-5.33
3. 刨花板	万立方米	2777.77	2650.10	4.82
4. 其他人造板	万立方米	3215.89	2985.29	7.72
木竹地板产量	万平方米	82568.31	83798.66	-1.47
松香类产品产量	吨	1664982	1838691	-9.45
栲胶类产品产量	吨	4667	4969	-6.08
紫胶类产品产量	吨	7098	4965	42.96

全国主要木材、竹材产品产量

产品名称	单　位	全部产量
木材及竹材采伐产品		
一、商品材	**万立方米**	**8398.17**
其中:热带木材	万立方米	1425.73
其中:针叶木材	万立方米	1486.22
1. 原木	万立方米	7670.40
2. 薪材	万立方米	727.76
按来源分:		
1. 天然林	万立方米	126.33
2. 人工林	万立方米	8271.84
按生产单位分:		
1. 系统内国有企业单位生产的木材	万立方米	325.11
2. 系统内国有林场、事业单位生产的木材	万立方米	999.41
3. 系统外企、事业单位采伐自营林地的木材	万立方米	366.07
4. 乡(镇)集体企业及单位生产的木材	万立方米	677.47
5. 村及村以下各级组织和农民个人生产的木材	万立方米	6030.12
二、非商品材	**万立方米**	**2331.21**
1. 农民自用材	万立方米	527.22
2. 农民烧材	万立方米	1803.99
三、竹材		
(一)大径竹①	万根	272012.90
其中:村及村以下各级组织和农民个人生产的大径竹	万根	156592.91
1. 毛竹	万根	160948.08
2. 其他	万根	111064.82
(二)小杂竹	万吨	1980.56

注:①大径竹一般指直径在5厘米以上,以根为计量单位的竹材。

各地区主要木材、

地区	木材及竹材						
	商品						
	合计	其中		原木	薪材	按来源分	
		热带木材	针叶木材			天然林	人工林
全国合计	**8398.17**	**1425.73**	**1486.22**	**7670.40**	**727.76**	**126.33**	**8271.84**
北京	12.74	—	0.34	12.28	0.46	0.11	12.63
天津	14.70	—	—	14.70	—	—	14.70
河北	78.70	—	3.83	70.95	7.75	—	78.70
山西	21.81	—	2.46	15.82	6.00	5.75	16.07
内蒙古	83.52	—	4.98	79.15	4.37	1.45	82.07
内蒙古集团	5.62	—	4.37	5.58	0.04	1.45	4.17
辽宁	194.49	—	51.31	176.51	17.98	6.36	188.13
吉林	185.63	—	28.24	181.81	3.82	16.61	169.02
吉林集团	19.63	—	2.34	18.91	0.72	2.22	17.41
长白山集团	12.09	—	4.57	12.02	0.07	5.63	6.46
黑龙江	91.18	—	27.63	85.27	5.91	4.22	86.96
龙江集团	5.98	—	2.64	5.20	0.78	0.45	5.53
上海	—	—	—	—	—	—	—
江苏	140.71	—	2.66	132.78	7.93	—	140.71
浙江	95.99	—	70.49	88.89	7.09	11.92	84.07
安徽	434.13	—	65.55	372.13	62.00	3.33	430.80
福建	524.06	—	209.01	481.01	43.05	4.13	519.92
江西	233.18	—	214.56	228.27	4.91	5.27	227.91
山东	421.79	—	0.31	369.14	52.66	—	421.79
河南	246.03	—	0.06	221.08	24.96	0.13	245.90
湖北	200.42	—	28.88	174.02	26.39	6.54	193.88
湖南	327.62	—	65.91	314.21	13.41	0.01	327.61
广东	793.50	151.02	121.62	722.05	71.45	0.54	792.95
广西	3059.21	1058.47	313.24	2791.15	268.06	1.44	3057.77
海南	174.20	126.12	2.65	167.79	6.41	0.04	174.16
重庆	51.75	—	4.52	40.92	10.82	4.15	47.59
四川	223.56	—	23.32	202.46	21.10	1.65	221.92
贵州	248.55	—	161.22	225.78	22.77	26.26	222.30
云南	487.51	90.12	83.17	451.55	35.95	25.17	462.34
西藏	0.60	—	—	—	0.60	0.60	—
陕西	7.57	—	—	6.93	0.64	0.14	7.42
甘肃	2.36	—	—	1.95	0.41	0.27	2.09
青海	—	—	—	—	—	—	—
宁夏	—	—	—	—	—	—	—
新疆	42.67	—	0.25	41.80	0.87	0.24	42.43
新疆兵团	14.47	—	—	14.44	0.04	—	14.47
大兴安岭	—	—	—	—	—	—	—

竹材产品产量(一)

单位:万立方米、万根

采伐产品							
材					非商品材		
按生产单位分					合计	农民自用材采伐量	农民烧材采伐量
系统内国有企业单位生产的木材	系统内国有林场、事业单位生产的木材	系统外企、事业单位采伐自营林地的木材	乡(镇)集体企业及单位生产的木材	村及村以下各级组织和农民个人生产的木材			
325.11	**999.41**	**366.07**	**677.47**	**6030.12**	**2331.21**	**527.22**	**1803.99**
0.02	0.04	1.62	0.25	10.81	14.81	14.76	0.05
—	—	—	—	14.70	—	—	—
—	15.31	0.02	4.38	59.00	2.01	1.36	0.64
0.08	9.68	0.28	0.38	11.39	1.10	0.95	0.15
5.69	3.30	4.31	10.21	60.00	3.17	2.61	0.56
5.62	—	—	—	—	0.02	0.02	—
6.87	60.42	0.00	26.31	100.89	5.87	2.21	3.66
35.71	32.10	7.73	27.99	82.09	—	—	—
19.63	—	—	—	—	—	—	—
12.09	—	—	—	—	—	—	—
14.18	27.15	0.33	6.10	43.42	4.43	4.43	0.01
5.98	—	—	—	—	—	—	—
—	—	—	—	—	—	—	—
2.96	7.63	8.15	23.99	97.98	22.96	21.30	1.66
1.16	9.97	0.05	16.76	68.05	19.32	6.29	13.03
0.69	12.38	10.13	33.65	377.27	121.49	63.35	58.14
35.43	80.51	9.68	67.61	330.83	921.34	67.88	853.46
8.57	84.97	13.31	28.57	97.76	68.91	19.77	49.14
1.26	4.98	0.55	28.07	386.93	16.19	13.55	2.64
—	7.71	2.29	10.09	225.95	55.15	31.87	23.28
0.16	9.95	7.48	18.13	164.69	76.55	32.66	43.89
89.33	25.64	11.88	38.80	161.97	49.55	24.75	24.81
21.93	70.98	57.08	50.55	592.96	5.58	1.10	4.49
19.00	467.20	128.89	180.67	2263.45	293.85	55.82	238.03
10.62	9.04	30.59	17.40	106.56	0.89	0.51	0.38
0.07	8.59	2.99	9.79	30.31	14.48	7.34	7.14
0.34	7.18	1.53	10.83	203.69	35.55	15.77	19.78
3.83	8.99	28.65	47.81	159.27	132.10	30.89	101.21
51.99	34.25	38.27	16.43	346.57	408.18	81.17	327.01
—	—	—	0.60	—	17.35	4.70	12.65
0.12	0.50	—	1.24	5.71	37.87	20.21	17.66
—	0.95	0.22	0.78	0.40	1.66	1.66	—
—	—	—	—	—	—	—	—
—	—	—	—	—	—	—	—
15.12	—	0.03	0.07	27.45	0.87	0.32	0.55
14.47	—	—	—	—	0.04	0.04	—
—	—	—	—	—	—	—	—

各地区主要木材、竹材产品产量(二)

单位:万立方米、万根

地区	木材及竹材采伐产品				
	竹材				
	大径竹				小杂竹(万吨)
	合计	其中:村及村以下各级组织和农民个人生产的大径竹	毛竹	其他	
全国合计	**272012.90**	**156592.91**	**160948.08**	**111064.82**	**1980.56**
北京	—	—	—	—	—
天津	—	—	—	—	—
河北	—	—	—	—	—
山西	—	—	—	—	—
内蒙古	—	—	—	—	—
内蒙古集团	—	—	—	—	—
辽宁	—	—	—	—	—
吉林	—	—	—	—	—
吉林集团	—	—	—	—	—
长白山集团	—	—	—	—	—
黑龙江	—	—	—	—	—
龙江集团	—	—	—	—	—
上海	—	—	—	—	—
江苏	213.82	1.11	211.23	2.59	82.56
浙江	20826.25	17907.96	20185.34	640.91	56.24
安徽	15724.72	4850.56	13470.64	2254.08	188.39
福建	84883.00	82389.00	55413.00	29470.00	289.39
江西	19077.14	3691.85	17045.70	2031.43	110.00
山东	—	—	—	—	—
河南	133.22	111.02	133.22	—	7.82
湖北	3825.89	2809.36	3016.70	809.19	11.78
湖南	16257.52	5276.67	15811.80	445.72	23.93
广东	20401.24	10364.59	5986.00	14415.24	404.06
广西	52331.62	19592.26	16304.79	36026.83	108.40
海南	959.86	—	0.20	959.66	0.28
重庆	10544.42	314.17	1318.01	9226.41	102.87
四川	9427.10	5501.33	923.09	8504.02	396.94
贵州	4080.07	371.76	3768.27	311.80	79.12
云南	12857.04	3304.53	6918.86	5938.18	117.36
西藏	—	—	—	—	0.07
陕西	470.00	106.75	441.23	28.77	1.26
甘肃	—	—	—	—	0.10
青海	—	—	—	—	—
宁夏	—	—	—	—	—
新疆	—	—	—	—	—
新疆兵团	—	—	—	—	—
大兴安岭	—	—	—	—	—

全国主要经济林产品生产情况

单位:吨

指　　标	产　量
各类经济林产品总量	**187811618**
一、水果	**157378578**
1. 苹果	40822036
2. 柑橘	33158629
3. 梨	18984171
4. 葡萄	14332998
5. 桃	15309969
6. 杏	2656300
7. 荔枝	2308026
8. 龙眼	1863125
9. 猕猴桃	2011568
10. 其他水果	25931756
二、干果	**11160441**
1. 板栗	2364548
2. 枣(干重)	5624741
3. 柿子(干重)	1054526
4. 仁用杏(大扁杏等甜杏仁)	115268
5. 榛子	128994
6. 松子	119588
7. 其他干果	1752776
三、林产饮料产品(干重)	**2539415**
1. 毛茶	2272439
2. 其他林产饮料产品	266976
四、林产调料产品(干重)	**775221**
1. 花椒	438361
2. 八角	172910
3. 桂皮	96021
4. 其他林产调料产品	67929
五、森林食品	**3840972**
1. 竹笋干	858083
2. 食用菌(干重)	2166319
3. 山野菜(干重)	405045
4. 其他森林食品(干重)	411525
六、森林药材	**3195966**
1. 银杏(白果)	192530
2. 山杏仁(苦杏仁)	80825
3. 杜仲	217666
4. 黄柏	61797
5. 厚朴	234531
6. 山茱萸	50904
7. 枸杞	410608
8. 沙棘	61727
9. 五味子	34829
10. 其他森林药材	1850549
七、木本油料	**6974034**
1. 油茶籽	2431647
2. 核桃	4171386
3. 油橄榄	61879
4. 油用牡丹籽	35016
5. 其他木本油料	274106
八、林产工业原料	**1946991**
1. 生漆	18145
2. 油桐籽	370083
3. 乌桕籽	25689
4. 五倍子	20198
5. 棕片	61429
6. 松脂	1443868
7. 紫胶(原胶)	7579

各地区主要经济林

地　区	各类经济林产品总量	水果产品								
		合　计	苹果	柑橘	梨	葡萄	桃	杏	荔枝	龙眼
全国合计	**187811618**	**157378578**	**40822036**	**33158629**	**18984171**	**14332998**	**15309969**	**2656300**	**2308026**	**1863125**
北　京	746145	693441	89961	—	122656	31296	322529	21966	—	—
天　津	320792	317013	52255	—	52619	85145	64267	1873	—	—
河　北	15220133	13681754	3713901	—	5126490	1763379	2094036	402027	—	—
山　西	7247429	5762842	3723028	—	883648	295918	605699	154616	—	—
内蒙古	736398	657146	178921	—	75523	84584	1770	31266	—	—
内蒙古集团	3500	981	—	—	—	—	—	—	—	—
辽　宁	6764862	5934887	2658663	—	1630266	615245	472193	134838	—	—
吉　林	902514	587669	207344	—	108692	160091	1844	4817	—	—
吉林集团	14745	235	—	—	—	—	—	—	—	—
长白山集团	18918	244	—	—	220	15	—	—	—	—
黑龙江	855907	281143	111798	—	27725	57177	58	1048	—	—
龙江集团	166865	3443	242	—	160	1185	—	—	—	—
上　海	292632	292455	15	109127	31357	78360	64553	80	—	—
江　苏	3645316	3389212	582417	32313	786369	1062126	721142	7353	—	—
浙　江	4834779	4244874	—	1588884	453375	816203	435605	—	—	—
安　徽	4433470	3844304	416657	34381	1275371	624418	1116899	35075	—	—
福　建	7208203	5476002	95842	2438871	236189	176740	287992	3301	169713	274944
江　西	5682019	4643620	70	3925477	169175	124445	64046	—	—	—
山　东	19559973	18340214	9416797	—	1452605	1247422	4292354	281855	—	—
河　南	7725676	6543807	3233106	103806	1189292	621556	876186	135043	—	—
湖　北	9447907	7715162	20296	5325729	639309	403952	1089033	7489	—	—
湖　南	7192659	5315472	—	4037505	278479	332639	177138	1154	—	—
广　东	11132542	10371713	—	2632688	93028	2598	73094	—	1247847	843134
广　西	15048556	13227401	19092	5744137	350268	443126	319868	481	682455	570800
海　南	3442408	2413976	—	40180	—	—	1760	—	158557	56931
重　庆	3926382	3555363	4798	2368469	366107	137739	127694	12494	1660	23844
四　川	8014897	6653399	658892	3245034	768368	403862	481773	148084	22038	75511
贵　州	2872027	1958173	117859	417682	335160	310314	340997	3050	1219	1051
云　南	8635862	6241615	293337	703821	446575	930858	433563	2894	24537	16910
西　藏	23827	18607	12209	2720	630	96	1847	30	—	—
陕　西	12408850	10689794	7605311	400805	299342	364657	388430	84998	—	—
甘　肃	7941862	7185671	5741074	7000	400003	440626	252784	200727	—	—
青　海	105808	7305	—	—	—	—	—	—	—	—
宁　夏	819196	581220	371008	—	19736	122284	10383	49144	—	—
新　疆	10607895	6753324	1497385	—	1365814	2596142	190432	930597	—	—
新疆兵团	3093689	1944424	593980	—	490734	694940	82243	43159	—	—
大兴安岭	14692	—	—	—	—	—	—	—	—	—

产品生产情况(一)

单位:吨

		干果产品							
猕猴桃	其他水果	合　计	板栗	枣（干重）	柿子（干重）	仁用杏（大扁杏等甜杏仁）	榛子	松子	其他干果
2011568	**25931756**	**11160441**	**2364548**	**5624741**	**1054526**	**115268**	**128994**	**119588**	**1752776**
14	105019	40132	25034	1350	7220	5420	—	—	1108
—	60854	2166	1751	415	—	—	—	—	—
1254	580667	1210746	381294	558396	204354	38664	9587	—	18451
42	99891	1123132	11764	735753	98044	27524	—	300	249747
—	285082	41302	—	1082	—	7963	19199	713	12345
—	981	722	—	—	—	—	9	713	—
1355	422327	500737	145237	220561	—	11175	83264	29621	10879
—	104881	48014	756	—	—	92	4796	33853	8517
—	235	3417	—	—	—	—	—	3047	370
—	9	6327	—	—	—	—	—	6322	5
—	83337	28764	—	—	—	—	10438	17452	874
—	1856	8846	—	—	—	—	2008	6063	775
1504	7459	—	—	—	—	—	—	—	—
11716	185776	57867	19149	6841	30431	—	—	—	1446
76332	874475	84053	69720	1333	6142	—	—	—	6858
26281	315222	150469	101839	15857	26929	460	23	—	5361
11308	1781102	164211	118596	4860	40270	—	—	—	485
50662	309745	28858	23564	702	1941	—	—	—	2651
14841	1634340	823011	271215	293118	80599	125	365	—	177589
67628	317190	383155	121034	108426	140776	1938	—	—	10981
50889	178465	495225	434780	19650	32567	165	—	—	8063
94755	393802	143714	103210	24673	12185	—	—	—	3646
4433	5474891	68516	25922	2100	36366	—	—	—	4128
8078	5089096	242986	106729	9289	108085	—	—	—	18883
—	2156548	953567	—	—	—	—	—	—	953567
37229	475329	33101	21717	3337	2792	—	—	675	4580
262009	587828	79936	49758	7468	6089	—	—	10510	6111
81129	349712	123838	84033	3249	6402	222	—	5615	24317
12334	3376786	234858	154243	1491	32883	—	844	15669	29728
—	1075	—	—	—	—	—	—	—	—
1197632	348619	900909	89764	611136	172889	13914	—	3180	10026
143	143314	182394	3439	140351	7562	1903	15	1229	27895
—	7305	—	—	—	—	—	—	—	—
—	8665	107589	—	102043	—	2265	—	—	3281
—	172954	2905957	—	2751260	—	3438	—	—	151259
—	39368	1099020	—	1098428	—	300	—	—	292
—	—	1234	—	—	—	—	463	771	—

各地区主要经济林

地　区	林产饮料产品(干重)			林产调料产品(干重)				
	合　计	毛茶	其他林产饮料产品	合　计	花椒	八角	桂皮	其他林产调料产品
全国合计	**2539415**	**2272439**	**266976**	**775221**	**438361**	**172910**	**96021**	**67929**
北　京	—	—	—	35	35	—	—	—
天　津	—	—	—	—	—	—	—	—
河　北	34	6	28	10325	10325	—	—	—
山　西	—	—	—	14294	14294	—	—	—
内蒙古	—	—	—	—	—	—	—	—
内蒙古集团	—	—	—	—	—	—	—	—
辽　宁	9000	—	9000	—	—	—	—	—
吉　林	—	—	—	—	—	—	—	—
吉林集团	—	—	—	—	—	—	—	—
长白山集团	—	—	—	—	—	—	—	—
黑龙江	3736	—	3736	—	—	—	—	—
龙江集团	—	—	—	—	—	—	—	—
上　海	3	3	—	—	—	—	—	—
江　苏	12965	12965	—	128	125	—	3	—
浙　江	168081	164272	3809	—	—	—	—	—
安　徽	130491	122585	7906	893	313	—	199	381
福　建	415793	414426	1367	106	—	—	—	106
江　西	91711	91164	547	280	4	35	24	217
山　东	72012	29082	42930	49627	39733	—	—	9894
河　南	21572	20761	811	26283	26248	—	—	35
湖　北	300736	297976	2760	2550	1916	59	8	567
湖　南	112291	110072	2219	1612	657	59	98	798
广　东	96955	96120	835	58881	—	5360	53128	393
广　西	71309	67555	3754	187553	—	145646	41273	634
海　南	974	32	942	20171	—	—	—	20171
重　庆	38120	28637	9483	71100	69626	412	180	882
四　川	137234	136216	1018	84497	83633	150	71	643
贵　州	266523	240935	25588	10087	8708	434	45	900
云　南	489945	367524	122421	115678	62008	20535	891	32244
西　藏	48	48	—	13	13	—	—	—
陕　西	77273	70686	6587	83227	82842	220	101	64
甘　肃	1374	1374	—	37881	37881	—	—	—
青　海	5	—	5	—	—	—	—	—
宁　夏	21230	—	21230	—	—	—	—	—
新　疆	—	—	—	—	—	—	—	—
新疆兵团	—	—	—	—	—	—	—	—
大兴安岭	—	—	—	—	—	—	—	—

产品生产情况(二)

单位:吨

森林食品					森林药材								
合　计	竹笋干	食用菌（干重）	山野菜（干重）	其他森林食品（干重）	合　计	银杏（白果）	山杏仁（苦杏仁）	杜仲	黄柏	厚朴	山茱萸	枸杞	沙棘
3840972	**858083**	**2166319**	**405045**	**411525**	**3195966**	**192530**	**80825**	**217666**	**61797**	**234531**	**50904**	**410608**	**61727**
75	—	75	—	—	—	—	—	—	—	—	—	—	—
—	—	—	—	—	—	—	—	—	—	—	—	—	—
9715	—	4826	3735	1154	79196	—	35808	—	—	—	—	14366	6000
54411	—	43362	33	11016	60133	—	7994	—	—	—	1438	—	6215
12360	—	9868	2129	363	25497	—	—	—	—	—	—	15230	150
873	—	235	638	—	924	—	—	—	—	—	—	—	—
232535	—	136190	76167	20178	48128	1486	21839	—	—	—	—	299	12
168084	—	100025	58925	9134	79307	—	—	—	—	—	—	260	4100
6827	—	5737	1033	57	3496	—	—	—	—	—	—	—	—
11473	—	9326	1359	788	551	—	—	—	—	—	—	—	—
457590	—	361066	49174	47350	84470	—	340	—	—	—	—	61	2259
124156	—	77105	39043	8008	30420	—	—	—	—	—	—	—	—
174	174	—	—	—	—	—	—	—	—	—	—	—	—
58336	746	55775	1665	150	124385	89603	—	—	—	—	—	—	—
236155	186580	47107	2435	33	18439	2073	—	557	—	1898	4040	—	—
122555	35628	59910	10046	16971	44231	2505	53	2031	200	731	396	93	—
656484	207796	398484	47945	2259	97910	432	—	—	—	2764	—	—	—
167310	54374	50449	7679	54808	64182	285	—	4707	96	3549	35	—	—
81801	—	30529	2064	49208	14369	6635	71	21	—	—	—	73	—
275809	1097	226337	37930	10445	208065	3647	140	21226	—	—	30409	1990	—
300230	22154	183932	23021	71123	278032	32816	15	23004	26369	15193	456	1834	—
157272	62041	36740	18680	39811	358058	2160	250	110941	4392	146524	77	1	—
76993	57503	18249	303	938	77722	903	—	48	—	—	—	—	—
133885	33598	97565	1152	1570	228477	8704	—	3094	454	5176	—	—	—
18017	686	100	—	17231	24740	—	—	—	—	—	—	—	—
45236	29148	10093	2478	3517	130145	2886	—	11664	7974	6720	332	256	20
239276	122376	78665	13308	24927	229049	21228	—	20315	13721	42052	116	80	—
128863	25818	79819	10655	12571	66263	7238	31	9547	7469	3132	25	173	—
124725	13495	84166	21874	5190	240495	164	—	155	599	10	—	—	—
52	—	35	16	1	3	—	—	—	—	—	—	3	—
66086	4859	44856	10772	5599	139002	9617	14083	10124	451	6676	13510	106	6800
5119	10	3599	1192	318	154930	148	—	232	72	106	70	105757	16858
—	—	—	—	—	96400	—	—	—	—	—	—	95000	1400
—	—	—	—	—	108674	—	201	—	—	—	—	108473	—
—	—	—	—	—	114030	—	—	—	—	—	—	66553	17913
—	—	—	—	—	24484	—	—	—	—	—	—	21859	2625
11824	—	4497	1667	5660	1634	—	—	—	—	—	—	—	—

各地区主要经济林

地　区	五味子	其他森林药材	木本油料					
			合　计	油茶籽	核桃	油橄榄	油用牡丹籽	其他木本油料
全国合计	**34829**	**1850549**	**6974034**	**2431647**	**4171386**	**61879**	**35016**	**274106**
北　京	—	—	12462	—	12462	—	—	—
天　津	—	—	1613	—	1613	—	—	—
河　北	—	23022	228363	—	227681	—	182	500
山　西	—	44486	232617	—	231553	—	188	876
内蒙古	—	10117	93	—	—	—	—	93
内蒙古集团	—	924	—	—	—	—	—	—
辽　宁	3490	21002	39575	—	1121	—	10	38444
吉　林	14721	60226	19440	—	19440	—	—	—
吉林集团	129	3367	770	—	770	—	—	—
长白山集团	296	255	323	—	323	—	—	—
黑龙江	8678	73132	204	—	204	—	—	—
龙江集团	7150	23270	—	—	—	—	—	—
上　海	—	—	—	—	—	—	—	—
江　苏	—	34782	2423	265	2076	—	82	—
浙　江	—	9871	82180	61039	21141	—	—	—
安　徽	18	38204	119051	85763	23758	—	9202	328
福　建	—	94714	242766	155172	11	—	—	87583
江　西	—	55510	454107	454077	2	—	—	28
山　东	—	7569	178939	—	168048	—	9741	1150
河　南	1370	149283	185437	32047	148650	—	3261	1479
湖　北	238	178107	270926	146879	121800	115	2132	—
湖　南	21	93692	1016597	1007523	8073	3	72	926
广　东	—	76771	129815	125195	—	—	—	4620
广　西	—	211049	230773	225213	2312	—	—	3248
海　南	—	24740	3499	3439	—	—	—	60
重　庆	36	100257	44542	9131	29495	1634	813	3469
四　川	160	131377	580630	20852	537474	14675	40	7589
贵　州	684	37964	212048	74528	103465	30	35	33990
云　南	40	239527	1046133	14237	1015728	209	—	15959
西　藏	—	—	5104	—	5104	—	—	—
陕　西	5306	72329	423330	16287	336099	42	8694	62208
甘　肃	28	31659	374202	—	317096	45171	540	11395
青　海	—	—	2098	—	2098	—	—	—
宁　夏	—	—	483	—	459	—	24	—
新　疆	—	29564	834584	—	834423	—	—	161
新疆兵团	—	—	25761	—	25740	—	—	21
大兴安岭	39	1595	—	—	—	—	—	—

产品生产情况(三)

单位:吨

林产工业原料							
合　计	生漆	油桐籽	乌桕籽	五倍子	棕片	松脂	紫胶（原胶）
1946991	**18145**	**370083**	**25689**	**20198**	**61429**	**1443868**	**7579**
—	—	—	—	—	—	—	—
—	—	—	—	—	—	—	—
—	—	—	—	—	—	—	—
—	—	—	—	—	—	—	—
—	—	—	—	—	—	—	—
—	—	—	—	—	—	—	—
—	—	—	—	—	—	—	—
—	—	—	—	—	—	—	—
—	—	—	—	—	—	—	—
—	—	—	—	—	—	—	—
—	—	—	—	—	—	—	—
—	—	—	—	—	—	—	—
—	—	—	—	—	—	—	—
—	—	—	—	—	—	—	—
997	20	168	—	—	522	287	—
21476	343	1894	145	56	3981	15057	—
154931	155	26972	438	167	18177	105171	3851
231951	655	12644	94	42	2803	215713	—
—	—	—	—	—	—	—	—
81548	2086	68173	7220	4062	—	7	—
85046	3217	21593	11701	2826	3044	42665	—
87643	1009	33347	616	867	4818	46986	—
251947	—	7469	1034	—	3871	238825	748
726172	423	83676	413	148	3292	638216	4
7464	—	—	—	—	—	7464	—
8775	1400	4310	479	1890	614	82	—
10876	458	6972	1237	398	1427	384	—
106232	6942	65902	1807	6971	5533	19077	—
142413	518	15475	298	108	10022	113016	2976
—	—	—	—	—	—	—	—
29229	885	21436	207	2472	3311	918	—
291	34	52	—	191	14	—	—
—	—	—	—	—	—	—	—
—	—	—	—	—	—	—	—
—	—	—	—	—	—	—	—
—	—	—	—	—	—	—	—
—	—	—	—	—	—	—	—

全国油茶与核桃产业发展情况

指　　标	单位	产量
一、油茶产业发展情况		
1. 年末实有油茶林面积	公顷	4071799
当年新造面积	公顷	137671
当年低改面积	公顷	141882
2. 繁殖圃个数	个	425
繁殖圃面积	公顷	4347
3. 苗木产量	万株	76059
其中：一年生苗木产量	万株	43650
二年留床苗木产量	万株	24575
4. 油茶籽产量	万吨	243
5. 油茶企业	个	2236
二、核桃产业发展情况		
1. 年末实有核桃种植面积	公顷	7954984
2. 定点苗圃个数	个	639
定点苗圃面积	公顷	9771
3. 苗木产量	万株	76956
4. 核桃产量（干重）	万吨	416

全国花卉产业发展情况

指　　标	单位	产量
花卉产业发展情况		
1. 年末实有花卉种植面积	公顷	1448852
2. 切花切叶产量	万支	1938033
3. 盆栽植物产量	万盆	504369
4. 观赏苗木产量	万株	1202223
5. 草坪产量	万平方米	48675
6. 花卉市场	个	4108
7. 花卉企业	个	59989
其中：大中型企业	个	10376
8. 花农	万户	149. 55
9. 花卉从业人员	万人	567. 52
其中：专业技术人员	万人	34. 48
10. 控温温室面积	万平方米	5790
11. 日光温室面积	万平方米	20651

各地区油茶与核桃

地区	油茶产业发展情况					
	年末实有油茶林面积（公顷）			定点苗圃		苗木产量
	合计	当年新造面积	当年低改面积	个数（个）	面积（公顷）	合计
全国合计	**4071799**	**137671**	**141882**	**425**	**4347**	**76059**
北　京	—	—	—	—	—	—
天　津	—	—	—	—	—	—
河　北	—	—	—	—	—	—
山　西	—	—	—	—	—	—
内蒙古	—	—	—	—	—	—
内蒙古集团	—	—	—	—	—	—
辽　宁	—	—	—	—	—	—
吉　林	—	—	—	—	—	—
吉林集团	—	—	—	—	—	—
长白山集团	—	—	—	—	—	—
黑龙江	—	—	—	—	—	—
龙江集团	—	—	—	—	—	—
上　海	—	—	—	—	—	—
江　苏	52	—	—	—	—	—
浙　江	172876	2848	7837	16	94	1333
安　徽	131941	4585	405	19	198	4040
福　建	173146	2115	6028	19	200	2431
江　西	915406	28252	16409	39	754	17569
山　东	—	—	—	—	—	—
河　南	49946	2557	2585	10	47	970
湖　北	271076	17823	10805	110	1398	9233
湖　南	1360555	41770	72491	63	455	17383
广　东	171432	2858	1219	8	80	1359
广　西	347106	12202	11917	68	364	8796
海　南	3306	797	—	12	33	447
重　庆	39523	4668	133	4	35	2764
四　川	29433	4281	232	6	15	592
贵　州	198860	8041	11002	31	548	3021
云　南	179607	3393	819	9	95	5338
西　藏	—	—	—	—	—	—
陕　西	27534	1481	—	11	31	783
甘　肃	—	—	—	—	—	—
青　海	—	—	—	—	—	—
宁　夏	—	—	—	—	—	—
新　疆	—	—	—	—	—	—
新疆兵团	—	—	—	—	—	—
大兴安岭	—	—	—	—	—	—

产业发展情况

				核桃产业发展情况				
（万株）		油茶籽产量（万吨）	油茶企业（个）	年末实有核桃种植面积（公顷）	定点苗圃		苗木产量（万株）	核桃产量（干重）（万吨）
其中：一年生苗木产量	其中：二年留床苗木产量				个数（个）	面积（公顷）		
43650	**24575**	**243**	**2236**	**7954984**	**639**	**9771**	**76956**	**416**
—	—	—	—	13816	—	—	169	1
—	—	—	—	1462	—	—	—	—
—	—	—	—	324961	88	789	3129	23
—	—	—	—	571484	35	—	1769	23
—	—	—	—	—	—	—	—	—
—	—	—	—	—	—	—	—	—
—	—	—	—	12526	1	24	40	—
—	—	—	—	30870	—	—	—	2
—	—	—	—	—	—	—	—	—
—	—	—	—	1464	—	—	—	—
—	—	—	—	891	2	9	17	—
—	—	—	—	—	—	—	—	—
—	—	—	—	—	—	—	—	—
—	—	—	—	3064	22	404	82	—
531	782	6	207	64204	8	46	57	2
1920	2121	9	216	56351	21	322	666	2
674	1757	16	151	100	—	—	—	—
8993	5160	45	255	344	1	13	62	—
—	—	—	—	152290	12	132	12601	17
890	110	3	19	202742	106	2661	16747	15
4881	3362	15	212	187957	18	756	993	12
11308	5340	101	760	6004	2	2	4	1
578	377	13	73	—	—	—	—	—
5713	2057	23	54	118540	7	70	31	—
245	198	—	20	—	—	—	—	—
1359	1270	1	140	74047	6	57	1380	3
329	262	2	13	1165266	50	1896	19958	54
1086	1061	7	53	445130	72	507	7599	10
4763	465	1	57	2866690	33	1354	5904	102
—	—	—	—	2610	2	16	—	1
380	253	2	6	894604	34	264	3323	34
—	—	—	—	352930	25	357	2189	32
—	—	—	—	16200	—	—	—	—
—	—	—	—	2639	—	—	—	—
—	—	—	—	387262	94	92	236	83
—	—	—	—	9941	—	—	—	3
—	—	—	—	—	—	—	—	—

各地区花卉产业

地区	花卉产业				
	年末实有花卉种植面积（公顷）	切花切叶产量（万支）	盆栽植物产量（万盆）	观赏苗木产量（万株）	草坪产量（万平方米）
全国合计	**1448852**	**1938033**	**504369**	**1202223**	**48675**
北　京	5191	3113	16686	1603	557
天　津	316	208	1902	333	54
河　北	43287	14744	8244	116628	421
山　西	1008	198	1888	382	94
内蒙古	951	2816	2238	1510	8
内蒙古集团	—	—	—	—	—
辽　宁	26724	10700	4572	9397	20
吉　林	2734	4166	2389	875	104
吉林集团	—	—	—	—	—
长白山集团	—	—	—	—	—
黑龙江	1541	2118	299	21836	7
龙江集团	—	—	—	23	—
上　海	1377	7971	18786	39	1159
江　苏	301715	122041	32029	388205	13181
浙　江	102275	63943	34788	177898	4117
安　徽	34879	9308	16635	32269	7622
福　建	60860	166296	66989	23423	2534
江　西	87524	21994	9266	24718	1742
山　东	161460	142550	92185	81986	393
河　南	129558	69703	11060	49423	268
湖　北	107138	13181	17190	40560	1087
湖　南	65609	6204	4092	25428	4560
广　东	75630	410193	88983	34442	2246
广　西	25666	16332	5638	16231	5182
海　南	8549	163215	6343	2083	538
重　庆	31874	4216	1544	15565	1188
四　川	52723	55339	31493	20143	986
贵　州	28280	6213	5645	29939	162
云　南	32482	603065	6929	21153	42
西　藏	1689	57	—	7	—
陕　西	52736	2494	8407	30817	367
甘　肃	2872	9487	1844	3740	15
青　海	50	60	450	2	—
宁　夏	977	6056	4553	13590	20
新　疆	1174	25	1304	17952	1
新疆兵团	80	—	178	434	—
大兴安岭	3	27	—	42	—

产业发展情况

发展情况

花卉市场（个）	花卉企业（个）		花农（万户）	花卉从业人员（万人）		控温温室面积（万平方米）	日光温室面积（万平方米）
	合计	其中：大中型企业		合计	其中：专业技术人员		
4108	**59989**	**10376**	**149.55**	**567.52**	**34.48**	**5790**	**20651**
16	180	69	0.08	0.93	0.10	103	329
16	9	4	0.16	0.50	0.04	82	69
288	1074	59	3.63	11.83	0.93	65	638
115	132	24	0.19	0.95	0.27	29	262
108	49	4	0.03	0.61	0.03	7	63
—	—	—	—	—	—	—	—
48	125	22	2.86	3.68	0.23	409	2551
34	97	9	0.25	0.84	0.09	17	11
—	—	—	—	—	—	—	—
—	—	—	—	—	—	—	—
17	118	22	0.12	0.87	0.03	16	9
—	1	1	—	0.00	—	0.15	0.09
14	165	60	0.08	0.51	0.07	426	1476
234	7275	1076	20.31	72.17	6.38	628	985
116	11060	3061	15.57	82.29	4.90	544	1153
397	4353	381	5.11	17.10	1.10	209	428
214	3764	911	6.04	27.48	1.82	1095	2681
232	1931	129	1.56	9.71	1.16	33	58
394	4225	937	20.17	59.75	3.26	1055	1691
228	3230	620	11.23	62.11	1.99	152	307
315	1652	241	7.12	25.29	2.02	102	227
297	2182	223	9.60	26.37	0.96	53	84
154	9610	1103	3.79	12.24	1.09	209	1600
64	1144	182	8.11	76.47	0.77	13	25
24	715	189	1.06	5.06	0.30	36	447
107	1959	152	4.05	17.02	0.89	18	127
307	2346	605	18.76	26.65	3.92	15	817
102	1020	69	0.77	2.85	0.30	20	41
49	665	48	3.53	9.64	1.04	65	2703
—	—	—	—	—	—	180	1219
60	515	98	4.06	12.03	0.53	54	112
84	245	48	0.98	1.58	0.15	118	129
12	61	10	0.02	0.26	0.03	1	1
15	42	13	0.17	0.39	0.03	7	348
47	46	7	0.14	0.34	0.04	28	59
4	2	1	0.01	0.04	—	12	43
—	—	—	—	0.01	—	1	1

全国主要林产工业产品产量(一)

产　品　名　称	单位	产量
木竹加工制品		
一、锯材	**万立方米**	**8602.37**
1. 普通锯材	万立方米	8405.54
2. 特种锯材	万立方米	196.83
二、木片、木粒加工产品	**万实积立方米**	**4438.15**
三、人造板	**万立方米**	**29485.87**
(一)胶合板	万立方米	17195.21
1. 木胶合板	万立方米	15692.57
2. 竹胶合板	万立方米	572.06
3. 其他胶合板	万立方米	930.59
(二)纤维板	万立方米	6297.00
1. 木质纤维板	万立方米	6002.24
(1)硬质纤维板	万立方米	349.29
(2)中密度纤维板	万立方米	5630.58
(3)软质纤维板	万立方米	22.37
2. 非木质纤维板	万立方米	294.76
(三)刨花板	万立方米	2777.77
1. 木质刨花板	万立方米	2750.60
其中:定向刨花板(OSB)	万立方米	134.26
2. 非木质刨花板	万立方米	27.16
(四)其他人造板	万立方米	3215.89
其中:细木工板	万立方米	1708.98
四、其他加工材	**万立方米**	**1356.89**
其中:改性木材	万立方米	185.29
指接材	万立方米	400.08

全国主要林产工业产品产量(二)

产　品　名　称	单位	产量
木竹加工制品		
五、木竹地板	**万平方米**	**82568.31**
1. 实木地板	万平方米	12934.03
2. 实木复合木地板	万平方米	20996.54
3. 浸渍纸层压木质地板(强化木地板)	万平方米	36115.95
4. 竹地板(含竹木复合地板)	万平方米	11947.83
5. 其他木地板(含软木地板、集成材地板等)	万平方米	573.97
林产化学产品		
一、松香类产品	**吨**	**1664982**
1. 松香	吨	1402860
2. 松香深加工产品	吨	262122
二、松节油类产品	**吨**	**278226**
1. 松节油	吨	230354
2. 松节油深加工产品	吨	47872
三、樟脑	**吨**	**14972**
其中:合成樟脑	吨	14381
四、冰片	**吨**	**1098**
其中:合成冰片	吨	960
五、栲胶类产品	**吨**	**4667**
1. 栲胶	吨	3867
2. 栲胶深加工产品	吨	800
六、紫胶类产品	**吨**	**7098**
1. 紫胶	吨	6171
2. 紫胶深加工产品	吨	927
七、林产天然香料	**吨**	**20021**
八、木竹热解产品	**吨**	**1767541**
九、木质生物质成型燃料	**吨**	**872859**

各地区主要木竹

地　区	锯　材			木片、木粒加工产品（万实积立方米）					
						胶合板			
	合计	普通锯材	特种锯材		总计	合计	木胶合板	竹胶合板	其他胶合板
全国合计	**8602.37**	**8405.54**	**196.83**	**4438.15**	**29485.87**	**17195.21**	**15692.57**	**572.06**	**930.59**
北　京	—	—	—	—	—	—	—	—	—
天　津	—	—	—	—	—	—	—	—	—
河　北	117.84	117.84	—	9.94	1658.61	676.90	676.25	—	0.65
山　西	16.41	16.41	—	21.26	36.10	2.18	2.18	—	—
内蒙古	1300.93	1300.93	—	4.51	34.78	22.52	22.52	—	—
内蒙古集团	—	—	—	—	—	—	—	—	—
辽　宁	253.68	249.06	4.62	79.39	196.97	90.88	90.86	—	0.02
吉　林	111.61	109.06	2.55	62.18	369.78	177.81	89.90	—	87.92
吉林集团	0.19	0.19	—	0.33	131.61	0.07	0.07	—	—
长白山集团	0.44	0.44	—	—	0.93	0.93	0.92	—	0.01
黑龙江	565.12	562.76	2.37	45.45	335.78	257.49	254.46	—	3.03
龙江集团	10.18	10.18	—	—	9.92	1.07	1.03	—	0.04
上　海	—	—	—	—	—	—	—	—	—
江　苏	324.11	323.34	0.77	170.23	5433.38	3603.31	3587.13	11.29	4.89
浙　江	349.49	315.81	33.68	36.53	550.58	209.11	105.87	102.18	1.06
安　徽	415.91	413.39	2.52	187.78	2425.71	1689.95	1569.77	73.68	46.49
福　建	213.94	200.29	13.65	118.20	992.45	541.78	395.72	128.89	17.17
江　西	276.07	271.27	4.80	140.01	560.86	244.53	120.70	96.24	27.59
山　东	1193.82	1137.69	56.14	2033.09	7639.82	5244.41	4873.53	—	370.88
河　南	260.18	260.18	—	287.53	1714.83	791.18	688.03	—	103.16
湖　北	221.78	193.14	28.63	109.27	773.14	230.93	207.15	9.33	14.46
湖　南	396.96	379.51	17.45	43.87	675.24	431.32	194.85	87.80	148.68
广　东	211.82	209.05	2.76	289.22	1056.88	316.70	295.89	4.70	16.10
广　西	1697.33	1679.45	17.88	549.93	3700.64	2195.15	2117.60	8.77	68.78
海　南	77.44	76.58	0.87	15.63	31.39	20.53	20.53	—	—
重　庆	75.87	75.83	0.04	53.86	149.77	57.40	46.32	10.25	0.83
四　川	150.09	148.14	1.95	83.03	625.40	169.41	122.90	32.78	13.73
贵　州	141.31	135.23	6.09	23.69	113.93	57.91	49.12	6.15	2.65
云　南	204.98	204.98	—	59.87	331.66	144.94	142.86	—	2.08
西　藏	2.02	2.02	—	—	—	—	—	—	—
陕　西	11.46	11.46	—	7.10	63.44	12.17	11.79	—	0.39
甘　肃	1.10	1.10	—	0.07	2.42	0.76	0.76	—	—
青　海	—	—	—	—	—	—	—	—	—
宁　夏	—	—	—	—	—	—	—	—	—
新　疆	11.07	10.99	0.08	6.45	12.30	5.92	5.89	—	0.03
新疆兵团	1.54	1.54	—	1.12	—	—	—	—	—
大兴安岭	0.01	0.01	—	0.04	—	—	—	—	—

加工产品产量(一)

单位:万立方米

人造板									
纤维板						刨花板			
合计	木质纤维板				非木质纤维板	合计	木质刨花板		非木质刨花板
	小计	硬质纤维板	中密度纤维板	软质纤维板			小计	其中:定向刨花板(OSB)	
6297.00	**6002.24**	**349.29**	**5630.58**	**22.37**	**294.76**	**2777.77**	**2750.60**	**134.26**	**27.16**
—	—	—	—	—	—	—	—	—	—
—	—	—	—	—	—	—	—	—	—
468.73	468.73	4.16	464.36	0.21	—	282.22	279.16	0.01	3.06
20.17	20.17	—	20.17	—	—	4.56	4.56	—	—
0.53	0.53	—	0.53	—	—	—	—	—	—
—	—	—	—	—	—	—	—	—	—
52.84	52.84	13.42	38.66	0.75	—	22.25	22.25	—	—
91.73	91.73	—	91.73	—	—	39.06	39.06	—	—
91.73	91.73	—	91.73	—	—	37.92	37.92	—	—
—	—	—	—	—	—	—	—	—	—
15.52	15.52	1.26	14.27	—	—	39.49	39.19	—	0.30
0.08	0.08	0.08	—	—	—	1.63	1.63	—	—
—	—	—	—	—	—	—	—	—	—
809.42	808.79	20.28	785.59	2.91	0.63	733.59	733.42	1.69	0.17
80.50	80.39	2.20	77.98	0.20	0.11	9.26	8.99	3.82	0.26
397.88	397.88	56.94	340.94	—	—	164.58	164.38	—	0.20
187.97	186.45	0.63	185.82	—	1.52	33.40	33.30	—	0.10
139.75	139.10	42.94	95.58	0.58	0.65	41.73	39.33	1.22	2.40
1344.81	1083.45	55.91	1017.36	10.19	261.35	621.21	621.21	30.00	—
383.58	383.58	11.11	369.12	3.35	—	129.12	129.12	18.68	—
415.31	403.31	38.43	364.71	0.17	12.00	77.05	74.68	53.72	2.38
59.02	51.02	—	51.02	—	8.00	31.33	30.23	0.96	1.10
513.74	506.84	70.56	436.28	—	6.90	208.89	198.32	8.53	10.57
774.35	774.35	19.76	754.59	—	—	213.83	213.83	15.24	—
3.00	3.00	—	3.00	—	—	7.86	7.86	—	—
46.63	45.03	0.83	44.21	—	1.60	29.83	23.63	—	6.20
316.59	314.59	9.17	301.42	4.00	2.00	32.73	32.51	0.14	0.22
8.44	8.44	0.44	8.00	—	—	9.20	9.20	0.25	—
108.82	108.82	—	108.82	—	—	45.73	45.73	—	—
—	—	—	—	—	—	—	—	—	—
49.83	49.83	1.28	48.55	—	—	0.86	0.66	—	0.20
1.66	1.66	—	1.66	—	—	—	—	—	—
—	—	—	—	—	—	—	—	—	—
—	—	—	—	—	—	—	—	—	—
6.20	6.20	—	6.20	—	—	—	—	—	—
—	—	—	—	—	—	—	—	—	—
—	—	—	—	—	—	—	—	—	—

各地区主要木竹

地区	人造板		其他加工材		
	其他人造板				
	合计	其中:细木工板	合计	其中:改性木材	其中:指接材
全国合计	**3215.89**	**1708.98**	**1356.89**	**185.29**	**400.08**
北京	—	—	—	—	—
天津	—	—	—	—	—
河北	230.77	218.53	10.81	4.40	—
山西	9.19	—	2.54	0.27	—
内蒙古	11.72	1.48	—	—	—
内蒙古集团	—	—	—	—	—
辽宁	31.01	2.50	12.98	—	12.78
吉林	61.17	49.44	6.71	1.78	4.78
吉林集团	1.89	1.56	—	—	—
长白山集团	—	—	—	—	—
黑龙江	23.28	16.28	10.32	0.40	3.13
龙江集团	7.13	5.13	8.35	—	1.85
上海	—	—	—	—	—
江苏	287.05	85.23	3.22	2.20	—
浙江	251.72	247.43	220.53	14.68	98.86
安徽	173.30	95.10	26.26	0.79	2.66
福建	229.32	157.38	171.64	38.60	131.04
江西	134.85	106.06	87.71	23.30	49.91
山东	429.39	203.89	337.60	42.55	25.66
河南	410.95	141.00	0.10	—	—
湖北	49.85	8.59	9.89	3.02	3.10
湖南	153.57	132.18	12.36	0.45	10.11
广东	17.55	10.22	46.90	—	4.91
广西	517.30	176.62	318.40	33.21	22.73
海南	—	—	—	—	—
重庆	15.91	3.09	15.10	2.46	6.61
四川	106.68	22.75	20.52	0.07	15.07
贵州	38.38	20.86	34.66	16.93	7.65
云南	32.17	9.86	8.03	0.19	1.08
西藏	—	—	—	—	—
陕西	0.58	0.33	—	—	—
甘肃	—	—	—	—	—
青海	—	—	—	—	—
宁夏	—	—	—	—	—
新疆	0.17	0.17	0.60	—	—
新疆兵团	—	—	—	—	—
大兴安岭	—	—	—	—	—

加工产品产量(二)

单位:万立方米

木竹地板					
总计	实木地板	实木复合木地板	浸渍纸层压木质地板(强化木地板)	竹地板(含竹木复合地板)	其他木地板(含软木地板、集成材地板等)
82568.31	**12934.03**	**20996.54**	**36115.95**	**11947.83**	**573.97**
—	—	—	—	—	—
—	—	—	—	—	—
—	—	—	—	—	—
—	—	—	—	—	—
8.60	1.10	7.50	—	—	—
—	—	—	—	—	—
2771.18	779.75	1381.43	610.00	—	—
4048.78	1207.57	2809.79	30.00	—	1.41
389.79	—	389.79	—	—	—
192.70	90.92	71.78	30.00	—	—
382.72	296.71	80.93	1.60	—	3.47
36.17	33.50	—	1.60	—	1.07
—	—	—	—	—	—
33153.37	2787.69	5715.35	23809.68	773.21	67.44
11108.05	4187.28	5516.21	460.84	902.22	41.50
7727.33	628.52	751.65	5270.28	916.86	160.01
3410.28	107.99	563.39	—	2667.03	71.88
7051.50	254.65	616.43	578.06	5526.31	76.06
4038.47	283.47	1197.15	2494.78	—	63.07
991.94	889.77	63.12	39.05	—	—
3296.13	100.86	638.28	2466.80	37.73	52.47
1878.41	472.37	241.68	139.46	995.06	29.85
1193.68	460.75	727.80	—	0.25	4.88
465.68	40.45	375.23	—	50.00	—
16.50	3.00	10.00	—	3.50	—
16.25	7.74	1.65	4.07	2.80	—
553.11	233.25	98.13	211.03	10.00	0.70
118.92	54.82	0.56	0.30	62.41	0.82
337.10	136.18	200.27	—	0.26	0.40
—	—	—	—	—	—
0.31	0.11	—	—	0.20	—
—	—	—	—	—	—
—	—	—	—	—	—
—	—	—	—	—	—
—	—	—	—	—	—
—	—	—	—	—	—
—	—	—	—	—	—

各地区主要林产化工

地　区	松香类产品			松节油类产品		
	合计	松香	松香深加工产品	合计	松节油	松节油深加工产品
全国合计	**1664982**	**1402860**	**262122**	**278226**	**230354**	**47872**
北　京	—	—	—	—	—	—
天　津	—	—	—	—	—	—
河　北	—	—	—	—	—	—
山　西	—	—	—	—	—	—
内蒙古	—	—	—	—	—	—
内蒙古集团	—	—	—	—	—	—
辽　宁	—	—	—	—	—	—
吉　林	—	—	—	—	—	—
吉林集团	—	—	—	—	—	—
长白山集团	—	—	—	—	—	—
黑龙江	—	—	—	—	—	—
龙江集团	—	—	—	—	—	—
上　海	—	—	—	—	—	—
江　苏	9600	9600	—	—	—	—
浙　江	19000	1500	17500	5000	—	5000
安　徽	9160	9160	—	2396	2396	—
福　建	137535	108772	28763	18321	16274	2047
江　西	124595	116028	8567	55566	22050	33516
山　东	—	—	—	—	—	—
河　南	—	—	—	—	—	—
湖　北	26055	26055	—	1335	1335	—
湖　南	74747	30423	44324	5203	5203	—
广　东	155828	101831	53997	33193	31599	1594
广　西	917622	850543	67079	130117	124557	5560
海　南	779	779	—	190	190	—
重　庆	1120	1120	—	—	—	—
四　川	—	—	—	—	—	—
贵　州	13396	9636	3760	1227	1227	—
云　南	175345	137213	38132	25678	25523	155
西　藏	—	—	—	—	—	—
陕　西	200	200	—	—	—	—
甘　肃	—	—	—	—	—	—
青　海	—	—	—	—	—	—
宁　夏	—	—	—	—	—	—
新　疆	—	—	—	—	—	—
新疆兵团	—	—	—	—	—	—
大兴安岭	—	—	—	—	—	—

产品产量(一)

单位:吨

樟脑		冰片		栲胶类产品			紫胶类产品		
合计	其中:合成樟脑	合计	其中:合成冰片	合计	栲胶	栲胶深加工产品	合计	紫胶	紫胶深加工产品
14972	**14381**	**1098**	**960**	**4667**	**3867**	**800**	**7098**	**6171**	**927**
—	—	—	—	—	—	—	—	—	—
—	—	—	—	—	—	—	—	—	—
—	—	—	—	1242	1242	—	—	—	—
—	—	—	—	—	—	—	—	—	—
—	—	—	—	—	—	—	—	—	—
—	—	—	—	—	—	—	—	—	—
—	—	—	—	—	—	—	—	—	—
—	—	—	—	—	—	—	—	—	—
—	—	—	—	—	—	—	—	—	—
—	—	—	—	—	—	—	—	—	—
—	—	—	—	—	—	—	—	—	—
—	—	—	—	—	—	—	—	—	—
—	—	—	—	—	—	—	—	—	—
—	—	—	—	—	—	—	—	—	—
—	—	—	—	—	—	—	—	—	—
—	—	—	—	—	—	—	—	—	—
13510	13510	—	—	—	—	—	37	37	—
560	5	43	—	—	—	—	—	—	—
—	—	—	—	—	—	—	—	—	—
—	—	—	—	1100	1100	—	—	—	—
—	—	—	—	—	—	—	—	—	—
86	50	44	—	—	—	—	—	—	—
—	—	—	—	—	—	—	702	702	—
—	—	—	—	1525	1525	—	3567	3567	—
—	—	—	—	—	—	—	—	—	—
—	—	—	—	—	—	—	—	—	—
816	816	200	200	—	—	—	—	—	—
—	—	51	—	800	—	800	—	—	—
—	—	760	760	—	—	—	2792	1865	927
—	—	—	—	—	—	—	—	—	—
—	—	—	—	—	—	—	—	—	—
—	—	—	—	—	—	—	—	—	—
—	—	—	—	—	—	—	—	—	—
—	—	—	—	—	—	—	—	—	—
—	—	—	—	—	—	—	—	—	—
—	—	—	—	—	—	—	—	—	—
—	—	—	—	—	—	—	—	—	—

各地区主要林产化工产品产量(二)

地　区	林产天然香料	木竹热解产品					木质生物质成型燃料
		合计	木炭	竹炭	木质活性炭	其他	
全国合计	**20021**	**1767541**	**872940**	**348892**	**462437**	**83272**	**872859**
北　京	—	—	—	—	—	—	—
天　津	—	—	—	—	—	—	—
河　北	—	46200	—	—	46200	—	10000
山　西	—	1280	—	—	1280	—	—
内蒙古	—	3000	—	—	3000	—	100000
内蒙古集团	—	—	—	—	—	—	—
辽　宁	—	—	—	—	—	—	—
吉　林	—	4232	1094	—	3138	—	210
吉林集团	—	—	—	—	—	—	—
长白山集团	—	—	—	—	—	—	—
黑龙江	—	1785	1785	—	—	—	15000
龙江集团	—	—	—	—	—	—	—
上　海	—	—	—	—	—	—	—
江　苏	—	—	—	—	—	—	—
浙　江	—	152886	18311	63729	51721	19125	217573
安　徽	252	167886	140492	10005	13017	4372	263227
福　建	—	412158	4822	191805	183531	32000	56741
江　西	6245	190423	28514	49607	107762	4540	2032
山　东	—	22238	7988	—	14250	—	—
河　南	—	15590	9070	—	6520	—	—
湖　北	—	545	—	280	265	—	106182
湖　南	402	138281	94536	29458	10815	3472	45261
广　东	850	10281	9264	—	1017	—	87
广　西	—	26337	19564	582	6191	—	5824
海　南	—	232	221	11	—	—	—
重　庆	—	4005	2860	1145	—	—	—
四　川	4300	13448	8548	1800	—	3100	—
贵　州	—	529523	503173	240	10568	15542	35605
云　南	7972	22275	21548	230	457	40	12000
西　藏	—	—	—	—	—	—	—
陕　西	—	—	—	—	—	—	—
甘　肃	—	—	—	—	—	—	—
青　海	—	—	—	—	—	—	—
宁　夏	—	—	—	—	—	—	—
新　疆	—	1000	1000	—	—	—	—
新疆兵团	—	1000	1000	—	—	—	—
大兴安岭	—	3936	150	—	2705	1081	3117

全国主要林产品销售实际平均价格

指　　标	单　位	本年实际		
		产品销售实际平均价格	产品销售收入（元）	产品销售量（立方米、根、实积立方米、平方米、吨）
一、木材	元/立方米	725	50869541520	70194497
二、竹材	元/根	9	21665448405	2501302771
三、锯材	元/立方米	1297	96134192217	74109939
四、木片	元/实积立方米	926	22431723717	24224736
五、木地板	元/平方米	179	106721797203	597561428
六、胶合板	元/立方米	2317	260084957208	112262195
七、硬质纤维板	元/立方米	1732	5091663951	2939829
八、中密度纤维板	元/立方米	1608	65479037723	40719528
九、刨花板	元/立方米	1508	28621101478	18983307
十、松香	元/吨	12234	13863706239	1133173
十一、栲胶	元/吨	12223	73056634	5977
十二、紫胶	元/吨	19121	92851370	4856

各地区主要林产品

地　区	木　材			竹　材			锯　材		
	产品销售实际平均价格	产品销售收入	产品销售量	产品销售实际平均价格	产品销售收入	产品销售量	产品销售实际平均价格	产品销售收入	产品销售量
全国合计	**725**	**50869541520**	**70194497**	**9**	**21665448405**	**2501302771**	**1297**	**96134192217**	**74109939**
北　京	364	26934450	74024	—	—	—	—	—	—
天　津	613	90128100	146953	—	—	—	—	—	—
河　北	667	381681602	572110	—	—	—	738	800382740	1083931
山　西	364	53940095	148033	—	—	—	684	88520600	129325
内蒙古	470	366967690	780498	—	—	—	1078	14001936967	12987997
内蒙古集团	534	114456727	214337	—	—	—	—	—	—
辽　宁	690	1071163788	1552377	—	—	—	1216	1737718785	1429102
吉　林	616	914614877	1485469	—	—	—	3047	2910089612	954913
吉林集团	754	86917070	115220	—	—	—	3166	6920000	2186
长白山集团	720	91525361	127171	—	—	—	2646	11580272	4376
黑龙江	568	525621578	925562	—	—	—	1351	7091098535	5246936
龙江集团	636	47432978	74598	—	—	—	2539	206787750	81452
上　海	—	—	—	—	—	—	—	—	—
江　苏	622	1030504844	1657204	5	14470602	3111084	1391	1922244267	1381846
浙　江	895	882210450	985710	11	2412688916	219335356	1475	5093368225	3453131
安　徽	885	2495454541	2818924	13	1954196525	146548285	1248	2557586174	2048603
福　建	788	3580955757	4542068	9	6245478507	711890490	1588	1232367428	776236
江　西	1145	2383796750	2082339	14	2347368735	165810235	1675	4265167300	2546402
山　东	772	2035070746	2635296	—	—	—	1358	20437969485	15052013
河　南	663	1541627096	2324514	11	14702000	1326000	1221	1384114168	1133825
湖　北	640	969363892	1515254	14	352384779	25617660	1059	1611678104	1521544
湖　南	1102	1736513537	1575159	15	806585962	54813946	1470	2453943916	1669025
广　东	684	4074438756	5958757	9	770484129	88750297	1333	2080989390	1561302
广　西	680	16851348054	24778809	6	2014653433	350059398	1186	19197235456	16182977
海　南	633	1180049063	1865097	6	62271636	10881950	2627	1614884414	614791
重　庆	931	418228503	449322	9	267301989	30989559	1408	549023273	389924
四　川	758	1776224896	2342559	8	881244842	110888127	1445	1992473690	1379299
贵　州	987	2179023406	2207724	10	1216803865	121680387	1253	1566631225	1250304
云　南	651	3966843762	6093762	5	2294812485	458962497	1229	1367522339	1112720
西　藏	576	25860000	44903	—	—	—	826	16725674	20249
陕　西	663	106212685	160201	16	10000000	637500	1977	74895300	37874
甘　肃	436	5880792	13486	—	—	—	484	3908000	8077
青　海	550	807974	1469	—	—	—	—	—	—
宁　夏	—	—	—	—	—	—	—	—	—
新　疆	434	198073836	456914	—	—	—	586	79357150	135494
新疆兵团	400	50289990	125635	—	—	—	503	2050400	4080
大兴安岭	—	—	—	—	—	—	1124	2360000	2099

销售实际平均价格(一)

单位:元/(立方米、根、实积立方米、平方米、吨),元,立方米,根,实积立方米,平方米,吨

木片			木地板			胶合板		
产品销售实际平均价格	产品销售收入	产品销售量	产品销售实际平均价格	产品销售收入	产品销售量	产品销售实际平均价格	产品销售收入	产品销售量
926	**22431723717**	**24224736**	**179**	**106721797203**	**597561428**	**2317**	**260084957208**	**112262195**
—	—	—	—	—	—	—	—	—
—	—	—	—	—	—	—	—	—
669	36202900	54143	—	—	—	1836	12483738265	6800586
937	135011935	144063	—	—	—	3039	66183246	21778
829	5739625	6925	243	20900000	86000	1330	299523040	225214
—	—	—	—	—	—	—	—	—
356	220114030	618776	108	2486505800	22920690	1420	1048339725	738224
411	81524965	198520	280	10905426692	38913835	4006	5304480492	1324138
—	—	—	186	746845789	4018746	5941	3819900	643
—	—	—	120	230268533	1917469	6464	63208892	9778
822	395105625	480458	258	619857093	2401325	1395	1234675680	885106
70	700000	10000	157	16466000	104730	3643	40166400	11026
—	—	—	—	—	—	—	—	—
959	2190513748	2283319	171	51989339696	303242863	2913	69460408410	23846445
1245	321379320	258136	208	21105920368	101470771	3276	6822296208	2082508
1099	743276260	676186	126	3271690590	26042065	2497	37490302957	15017063
947	840267881	887467	304	1881459050	6181895	1937	8322238216	4296088
1427	1790198700	1254363	260	3195384590	12295047	2082	4393634800	2109881
1108	5377439787	4851407	145	6038159350	41710655	2811	32983164821	11732834
875	1019765224	1165813	125	166980000	1331012	1081	9506089155	8793913
298	325375592	1092748	99	2289976626	23044567	2237	5248557936	2346436
1194	129739872	108696	158	663431700	4195196	3283	6542212480	1992798
377	1011753444	2683002	222	17085000	76900	2009	2260254000	1125291
1092	6170340845	5649593	88	385387000	4385610	1922	47779717236	24853652
874	157575459	180304	550	55000000	100000	1239	354847450	286420
775	36063500	46507	192	7398800	38586	889	117102193	131673
1194	650164530	544590	121	699195150	5759461	2801	4804184489	1714981
832	242376595	291318	349	121347198	347700	1745	967329434	554344
662	428829650	647679	266	801352500	3017250	1909	2299724901	1204424
—	—	—	—	—	—	—	—	—
2387	71269230	29858	—	—	—	1878	210048770	111849
—	—	—	—	—	—	2066	15752504	7626
—	—	—	—	—	—	—	—	—
—	—	—	—	—	—	—	—	—
757	50988000	67336	—	—	—	1191	70150800	58923
494	3950000	8000	—	—	—	—	—	—
200	707000	3529	—	—	—	—	—	—

各地区主要林产品

地　　区	硬质纤维板			中密度纤维板			刨花板		
	产品销售实际平均价格	产品销售收入	产品销售量	产品销售实际平均价格	产品销售收入	产品销售量	产品销售实际平均价格	产品销售收入	产品销售量
全国合计	**1732**	**5091663951**	**2939829**	**1608**	**65479037723**	**40719528**	**1508**	**28621101478**	**18983307**
北　京	—	—	—	—	—	—	—	—	—
天　津	—	—	—	—	—	—	—	—	—
河　北	1058	43830900	41420	1564	6986060500	4468095	1549	4296895320	2773960
山　西	—	—	—	1376	277630000	201713	368	16360000	44506
内蒙古	—	—	—	1400	7420000	5300	—	—	—
内蒙古集团	—	—	—	—	—	—	—	—	—
辽　宁	839	61820725	73650	865	110132375	127338	1202	218855000	182100
吉　林	—	—	—	1471	1549965327	1053689	1372	423416862	308606
吉林集团	—	—	—	1471	1549965327	1053689	1351	398038291	294707
长白山集团	—	—	—	—	—	—	—	—	—
黑龙江	1374	211381900	153875	2243	297614749	132677	1372	263934909	192368
龙江集团	3200	4320000	1350	—	—	—	1199	13709072	11433
上　海	—	—	—	—	—	—	—	—	—
江　苏	1889	34000000	18000	1904	11319433800	5945023	1548	8996195350	5811902
浙　江	1509	33265905	22045	1145	885891080	773704	1271	119838777	94287
安　徽	1789	650447600	363542	1817	5302370051	2917438	1587	1776796703	1119520
福　建	1900	10722600	5644	1414	1852795960	1310234	1402	211293654	150708
江　西	1603	819450000	511320	1674	1371293986	819082	1361	509002800	373908
山　东	1877	680722800	362600	1460	5262224897	3604794	1832	2770234729	1512210
河　南	1500	167130000	111420	1182	3266871320	2764442	1145	907118910	792440
湖　北	1746	97899521	56081	1746	3540184994	2027084	2044	687941190	336603
湖　南	2134	52076600	24400	1702	550129940	323132	1897	615773660	324638
广　东	1984	1850673400	932894	1568	3667581144	2339385	1357	2311229122	1703077
广　西	1500	232500000	155000	1768	11748292381	6646285	1357	3174037712	2338682
海　南	—	—	—	550	5500000	10000	838	49084000	58556
重　庆	1083	46957000	43370	1708	744495000	435921	1825	173150000	94900
四　川	1530	98785000	64568	1583	4488887692	2835865	1331	479890650	360505
贵　州	—	—	—	1342	96000000	71549	1736	40268800	23196
云　南	—	—	—	1557	1449365403	930593	1500	579783330	386635
西　藏	—	—	—	—	—	—	—	—	—
陕　西	—	—	—	685	615195331	897585	—	—	—
甘　肃	—	—	—	—	1793	16600	—	—	—
青　海	—	—	—	—	—	—	—	—	—
宁　夏	—	—	—	—	—	—	—	—	—
新　疆	—	—	—	1350	83700000	62000	—	—	—
新疆兵团	—	—	—	—	—	—	—	—	—
大兴安岭	—	—	—	—	—	—	—	—	—

销售实际平均价格（二）

单位：元/（立方米、根、实积立方米、平方米、吨），元，立方米，根，实积立方米，平方米，吨

松香			栲胶			紫胶		
产品销售实际平均价格	产品销售收入	产品销售量	产品销售实际平均价格	产品销售收入	产品销售量	产品销售实际平均价格	产品销售收入	产品销售量
12234	**13863706239**	**1133173**	**12223**	**73056634**	**5977**	**19121**	**92851370**	**4856**
—	—	—	—	—	—	—	—	—
—	—	—	—	—	—	—	—	—
—	—	—	17810	22120000	1242	—	—	—
—	—	—	—	—	—	—	—	—
—	—	—	—	—	—	—	—	—
—	—	—	—	—	—	—	—	—
—	—	—	—	—	—	—	—	—
—	—	—	—	—	—	—	—	—
—	—	—	—	—	—	—	—	—
—	—	—	—	—	—	—	—	—
—	—	—	—	—	—	—	—	—
—	—	—	—	—	—	—	—	—
—	—	—	—	—	—	—	—	—
—	—	—	—	—	—	—	—	—
12500	18750000	1500	—	—	—	—	—	—
10624	65456040	6161	—	—	—	—	—	—
12140	1301934029	107247	—	—	—	6500	240500	37
11901	1281490534	107679	—	—	—	—	—	—
—	—	—	—	—	—	—	—	—
—	—	—	15000	16500000	1100	—	—	—
8958	1035564260	115605	—	—	—	—	—	—
11198	104272550	9312	—	—	—	—	—	—
12243	616602144	50365	—	—	—	13798	7120000	516
13068	7965530916	609556	9474	34436634	3635	—	—	—
—	—	—	—	—	—	—	—	—
—	—	—	—	—	—	—	—	—
—	—	—	—	—	—	—	—	—
10387	9130231	879	—	—	—	15873	51000000	3213
11738	1463375535	124669	—	—	—	31643	34490870	1090
—	—	—	—	—	—	—	—	—
8000	1600000	200	—	—	—	—	—	—
—	—	—	—	—	—	—	—	—
—	—	—	—	—	—	—	—	—
—	—	—	—	—	—	—	—	—
—	—	—	—	—	—	—	—	—
—	—	—	—	—	—	—	—	—
—	—	—	—	—	—	—	—	—

各地区林业旅游与休闲产业发展情况

地　　区	旅游人次(人次)	旅游收入(万元)	人均花费(元)	直接带动的其他产业产值(万元)
全国合计	**3102286114**	**106760021**	**344**	**110500477**
北　京	263050203	201013	8	171901
天　津	4392000	22960	52	9437
河　北	41696712	706520	169	424659
山　西	28261196	262154	93	248160
内蒙古	27981045	608864	218	467233
内蒙古集团	265363	5393	203	1145
辽　宁	57695521	1587876	275	1199134
吉　林	29750925	1381607	464	441959
吉林集团	437471	30715	702	29509
长白山集团	303985	19641	646	40293
黑龙江	28398741	1330323	468	530349
龙江集团	11336056	660084	582	334690
上　海	13708575	131086	96	564
江　苏	134410959	3825505	285	2460870
浙　江	374934401	8765165	234	7846031
安　徽	125942861	6037187	479	7457438
福　建	62053522	2486625	401	1881438
江　西	158305525	8343526	527	20971368
山　东	131217004	3678621	280	4811633
河　南	122102279	1985520	163	1351412
湖　北	167886729	7408952	441	12207592
湖　南	194816614	9916813	509	6459438
广　东	257566092	17962268	697	3446902
广　西	98850447	3495436	354	3706788
海　南	15271944	299333	196	791752
重　庆	89488979	2367863	265	912472
四　川	347257814	9614546	277	7994766
贵　州	177176106	10961000	619	17906458
云　南	42758891	1058894	248	929378
西　藏	320500	28601	892	8313
陕　西	56397602	973852	173	1678760
甘　肃	12606994	173549	138	145525
青　海	5293163	67863	128	1046
宁　夏	13551850	360288	266	470006
新　疆	17400170	549231	316	3439524
新疆兵团	2621046	57455	219	270352
大兴安岭	1740750	166980	959	128171

各地区森林公园建设与经营情况主要指标(一)

地　区	森林公园总数(处)	森林公园总面积(公顷)	国家森林公园数量(处)	国家森林公园面积(公顷)	省级森林公园数量(处)	省级森林公园面积(公顷)	县级森林公园数量(处)	县级森林公园面积(公顷)
全国合计	**3505**	**20281900**	**882**	**14410502**	**1447**	**4481369**	**1176**	**1390029**
北　京	31	96260	15	68438	16	27822	—	—
天　津	1	2126	1	2126	—	—	—	—
河　北	101	514262	27	297502	74	216760	—	—
山　西	138	590086	21	408626	56	136744	61	44715
内蒙古	57	1290476	35	1078986	21	206120	1	5370
内蒙古集团	9	422118	9	422118	—	—	—	—
辽　宁	70	225812	31	144761	39	81051	—	—
吉　林	64	2479476	36	2016201	28	463275	—	—
吉林集团	8	91618	8	91618	—	—	—	—
黑龙江	106	2312442	64	2160641	42	151801	—	—
龙江集团	41	1745092	25	1685261	16	59832	—	—
上　海	5	2264	4	1964	1	300	—	—
江　苏	106	181040	21	52891	44	40360	41	87790
浙　江	262	461089	41	225651	82	138909	139	96528
安　徽	80	168397	34	116688	46	51708	—	—
福　建	177	238036	30	128098	126	86682	21	23256
江　西	179	526889	49	387692	118	111406	12	27791
山　东	246	417912	49	212000	67	91901	130	114012
河　南	178	398884	31	133893	87	166788	60	98203
湖　北	94	425988	37	317286	57	108702	—	—
湖　南	131	510195	63	345718	52	138719	16	25758
广　东	709	1157648	27	214475	79	116512	603	826660
广　西	67	277655	22	222863	35	53102	10	1689
海　南	28	168454	9	119102	17	47659	2	1693
重　庆	93	194368	26	136303	62	57034	5	1030
四　川	137	2324761	44	1731997	61	580955	32	11809
贵　州	95	268888	28	177694	44	71805	23	19388
云　南	58	181610	32	146056	15	33807	11	1748
西　藏	9	1186760	9	1186760	—	—	—	—
陕　西	93	368221	37	205814	54	161408	2	999
甘　肃	91	943380	22	471751	69	471628	—	—
青　海	22	539025	7	293297	15	245729	—	—
宁　夏	11	37629	4	28587	7	9042	—	—
新　疆	64	1661897	24	1246669	33	413638	7	1589
大兴安岭	2	129972	2	129972	—	—	—	—

注:国家级森林公园数据包括白山市国家级森林旅游区。

各地区森林公园建设与

地　区	森林公园旅游收入情况					
	收入总额	其中旅游收入(万元)				
		合计（万元）	门票收入（万元）	食宿收入（万元）	娱乐收入（万元）	其他收入（万元）
全国合计	**11006997**	**8784971**	**1647590**	**3566745**	**870303**	**2700332**
北　京	35892	35892	6831	22092	4017	2952
天　津	3059	3059	1843	—	—	1216
河　北	142200	141555	79471	34410	10703	16970
山　西	107643	107643	30059	50684	6793	20107
内蒙古	27286	27246	21623	2933	1644	1045
内蒙古集团	12650	12650	11801	617	200	32
辽　宁	116118	116118	24552	48210	22909	20448
吉　林	1650038	361820	22689	232638	58343	48149
吉林集团	2737	2737	306	2025	267	139
黑龙江	310501	310501	25031	147797	42176	95497
龙江集团	222502	222502	16730	77849	37942	89982
上　海	9322	9322	5529	670	1715	1409
江　苏	227367	174678	85122	34939	11634	42983
浙　江	2585069	2450013	192322	1030379	74566	1152746
安　徽	106085	87818	28367	38007	8062	13382
福　建	109312	101592	15962	42007	12787	30836
江　西	1280544	1222214	203566	643014	218569	157065
山　东	273403	264787	115524	54086	18605	76572
河　南	132984	132984	61133	48515	6214	17121
湖　北	498836	204277	30805	99505	48704	25263
湖　南	674442	400177	203023	101897	22149	73108
广　东	336845	327944	54687	157572	30446	85239
广　西	274869	245038	30143	97068	15091	102735
海　南	42826	42723	13932	14424	919	13448
重　庆	338833	338833	78462	168092	39193	53086
四　川	845044	845044	78246	356490	143846	266463
贵　州	659060	614275	116893	95972	55240	346171
云　南	51550	51550	14767	16266	1465	19052
西　藏	14434	14434	10082	2844	475	1033
陕　西	99116	99116	65851	15386	11570	6310
甘　肃	12328	12328	5453	4052	942	1880
青　海	11698	11698	3313	2706	906	4773
宁　夏	5882	5882	3754	1114	360	654
新　疆	22442	22442	18510	1493	62	2377
大兴安岭	1969	1969	46	1483	199	240

经营情况主要指标(二)

旅游接待人数		本年度投入资金				本年度生态建设情况		
旅游总人数（万人次）	海外旅游者（万人次）	合 计（万元）	国家投资（万元）	自筹资金（万元）	招商引资（万元）	生态建设投资（万元）	植树造林（公顷）	改造林相（公顷）
96189	**1361**	**5738942**	**1102013**	**2015300**	**2621629**	**603835**	**73571**	**135322**
1059	5	36600	21950	14650	—	12650	55	2671
39	6	2905	405	2500	—	1165	117	—
2177	32	131689	7996	39143	84550	20535	3580	3230
2816	23	112359	6288	34592	71479	8223	3201	1774
893	7	131123	25558	22641	82925	15433	5845	2707
138	—	18705	5814	12192	700	861	1805	1105
2308	31	64442	9284	29067	26091	8835	1097	900
1765	17	853717	8296	19875	825546	6717	4853	776
23	1	1035	100	735	200	33	30	76
1526	17	69014	8593	45784	14638	13321	3294	42560
594	3	42859	4315	30935	7610	10606	2277	40646
604	1	12240	10451	1789	—	5670	7	135
5956	80	453707	54425	307599	91682	66166	7102	5311
7362	71	215135	95284	75890	43961	23684	706	2327
2608	21	170630	85204	50628	34798	14932	1554	4081
2433	186	68532	17313	8573	42647	10179	1566	2176
8354	82	562395	134339	214697	213359	38429	3906	8172
4955	75	217302	26161	150698	40443	55359	4046	11553
3423	49	268324	30608	176005	61711	34442	3317	4812
2630	30	193104	48648	54229	90228	22403	3274	6226
5000	212	301305	75822	96088	129395	32639	2611	4163
18489	263	223758	86340	103985	33433	41920	5244	8240
1014	23	122373	45395	68877	8100	9988	1473	1314
200	10	3174	779	2094	300	1047	3	32
4873	51	133847	28403	37925	67520	18147	810	4539
3778	14	308181	46815	143129	118237	38243	2346	2768
6666	17	717198	109707	153362	454130	47892	1021	1937
1085	9	51738	18929	24330	8478	12773	936	504
156	—	4523	154	4370	—	135	13	—
1866	24	190885	50646	89588	50651	23008	1109	1632
972	6	45413	15781	17377	12254	3811	6639	2556
341	—	11070	2040	1380	7650	1975	2870	7932
272	—	24906	9340	15441	125	10744	302	264
553	1	36694	20911	8483	7300	3369	609	31
17	—	660	150	510	—	—	67	—

各地区森林公园建设与经营情况主要指标(三)

地　　区	从业人员现状		基础设施现状				社会旅游从业人员（人）
	职工总数（人）	导游人数（人）	车船总数（台/艘）	游步道总数（千米）	床位总数（张）	餐位总数（个）	
全国合计	**176282**	**15899**	**35060**	**87722**	**1056783**	**2053145**	**951095**
北　京	1145	223	276	984	4460	17274	17750
天　津	135	16	48	20	340	680	3050
河　北	6670	541	691	2739	134375	133725	95618
山　西	3725	601	702	2191	60602	81293	23675
内蒙古	2888	296	637	3672	25179	61280	18362
内蒙古集团	1166	74	141	1144	19090	47160	11088
辽　宁	3087	268	1236	2176	35167	60182	12208
吉　林	8636	708	2524	3796	33789	35640	28660
吉林集团	656	24	220	426	2455	6200	367
黑龙江	7268	769	3030	5171	66673	113823	30772
龙江集团	4826	514	1852	3020	49339	82905	21245
上　海	543	53	249	153	482	3755	730
江　苏	11005	793	1969	2613	16919	45881	16219
浙　江	15681	1131	3560	3764	116610	292789	78835
安　徽	4593	402	498	2404	9489	27505	28689
福　建	6189	580	725	3460	8435	28314	19328
江　西	7139	892	1504	9648	102593	157371	45491
山　东	13882	1403	2230	7089	47111	119014	144984
河　南	8636	1056	1994	3079	59196	101733	53429
湖　北	9099	745	738	3535	45047	93948	35800
湖　南	13203	861	1757	4855	52995	112950	54523
广　东	14972	1075	3555	6498	37485	139030	47465
广　西	3284	229	645	1142	12833	21660	9638
海　南	2287	210	230	306	1809	6230	2612
重　庆	6041	679	1040	3521	53545	123183	31636
四　川	6528	639	883	3228	59869	134524	75364
贵　州	6046	521	2069	2704	14986	38352	16110
云　南	2320	144	584	974	3960	15398	6274
西　藏	255	49	75	226	2334	1590	738
陕　西	4208	493	601	2037	21038	35840	39688
甘　肃	3693	213	259	2362	7733	17811	5445
青　海	526	114	178	671	8189	12480	3015
宁　夏	748	37	99	268	743	2755	502
新　疆	1662	148	459	1998	12321	16183	4152
大兴安岭	188	10	15	440	476	952	333

4

从业人员和劳动报酬

EMPLOYMENT AND WAGES

林业系统从业人员和劳动报酬主要指标2017年与2016年比较

主要指标	单位	2017年	2016年	2017年比2016年增减(%)
一、单位个数	个	**41285**	**42314**	**-2.43**
二、年末人数	人	**1400720**	**1471245**	**-4.79**
1. 从业人员	人	1162382	1180888	-1.57
①在岗职工	人	1059881	1103914	-3.99
②其他从业人员	人	102501	76974	33.16
2. 离开本单位仍保留劳动关系人员	人	238338	290357	-17.92
三、年末实有离退休人员	人	**1066626**	**1051641**	**1.42**
四、在岗职工年平均工资	元	**53060**	**46714**	**13.58**

林业系统按行业分全部单位个数、从业人员和劳动报酬情况(一)

指　　标	单位个数（个）	年末人数(人)			
		总计	单位从业人员		
			合计	在岗职工	
				小计	其中：女性
总　计	**41285**	**1400720**	**1162382**	**1059881**	**292055**
一、企业	2667	675865	470346	449272	127280
二、事业	33451	613607	581151	511461	145024
三、机关	5167	111248	110885	99148	19751
按行业分：					
一、农林牧渔业	17897	988166	776740	715209	197205
1. 林木育种育苗	2179	47053	41489	38593	12362
2. 营造林	9459	605855	481513	433287	115615
3. 木竹采运	803	263184	189642	184882	52109
4. 经济林产品种植与采集	247	4568	4357	4222	1507
5. 花卉及其他观赏植物种植	257	2412	2376	2357	725
6. 陆生野生动物繁育与利用	158	1153	1124	1016	283
7. 其他	4794	63941	56239	50852	14604
二、制造业	567	41749	36187	33050	11567
1. 木材加工及木、竹、藤、棕、苇制品业	365	24980	20563	18253	6941
2. 木、竹、藤家具制造业	41	5046	4924	4743	1624
3. 木、竹、苇浆造纸业	22	1814	1706	1706	318
4. 林产化学产品制造	17	1035	844	829	329
5. 其他	122	8874	8150	7519	2355
三、服务业	22515	338998	334829	298054	76698
1. 林业生产服务	5436	56081	55204	48218	12161
2. 野生动植物保护和自然保护区管理	1260	28302	27994	24612	7248
3. 林业工程技术与规划管理	1064	17049	16906	16256	5129
4. 林业科技交流和推广服务	2581	36880	36684	30656	10208
5. 林业公共管理和社会组织	10635	169179	167828	151959	33473
(1)林业行政管理、公安及监督检查机构	9610	156318	155107	140143	29696
(2)林业专业性、行业性团体	1025	12861	12721	11816	3777
6. 其他	1539	31507	30213	26353	8479
四、其他行业	306	31807	14626	13568	6585

林业系统按行业分全部单位个数、

指标	年末人数(人)			
	单位从业人员			离开本单位仍保留劳动关系人员
	在岗职工		其他从业人员	
	其中：非全日制	其中：专业技术人员		
总　计	**53230**	**306774**	**102501**	**238338**
一、企业	14524	109758	21074	205519
二、事业	34531	186001	69690	32456
三、机关	4175	11015	11737	363
按行业分：				
一、农林牧渔业	32205	193539	61531	211426
1. 林木育种育苗	3364	10568	2896	5564
2. 营造林	21241	114365	48226	124342
3. 木竹采运	3226	48923	4760	73542
4. 经济林产品种植与采集	216	1485	135	211
5. 花卉及其他观赏植物种植	207	579	19	36
6. 陆生野生动物繁育与利用	55	532	108	29
7. 其他	3896	17087	5387	7702
二、制造业	3041	7135	3137	5562
1. 木材加工及木、竹、藤、棕、苇制品业	1870	4436	2310	4417
2. 木、竹、藤家具制造业	729	538	181	122
3. 木、竹、苇浆造纸业	3	401	—	108
4. 林产化学产品制造	67	174	15	191
5. 其他	372	1586	631	724
三、服务业	16931	98450	36775	4169
1. 林业生产服务	3483	17640	6986	877
2. 野生动植物保护和自然保护区管理	2847	8379	3382	308
3. 林业工程技术与规划管理	815	10384	650	143
4. 林业科技交流和推广服务	1505	17690	6028	196
5. 林业公共管理和社会组织	6907	34334	15869	1351
（1）林业行政管理、公安及监督检查机构	6589	28657	14964	1211
（2）林业专业性、行业性团体	318	5677	905	140
6. 其他	1374	10023	3860	1294
四、其他行业	1053	7650	1058	17181

从业人员和劳动报酬情况(二)

年末实有离退休人员(人)	在岗职工年平均人数(人)	在岗职工年工资总额(千元)	离退休人员年生活费(千元)	在岗职工年平均工资(元)
1066626	**1042860**	**55334376**	**33157055**	**53060**
695586	421275	16032934	18463351	38058
317765	519519	30899140	11973661	59476
53275	102066	8402303	2720042	82322
865692	690371	30955872	25176984	44839
34220	39157	1885381	1040339	48149
494713	418702	19631047	15546978	46885
299397	174993	6118403	7288793	34964
2491	4091	189602	74595	46346
323	2213	83021	8780	37515
253	1042	52332	9725	50223
34295	50173	2996085	1207775	59715
29572	34134	1326911	612022	38874
14854	18963	701135	299579	36974
341	4307	182161	12857	42294
1209	1804	91124	5039	50512
253	834	32551	3567	39030
12915	8226	319939	290980	38894
138178	304311	22168054	6189782	72847
17821	48848	2916366	677895	59703
10170	25061	1635282	368996	65252
7197	16234	1567895	364375	96581
15452	30819	2267177	757267	73564
73074	155922	11947850	3566941	76627
67900	143886	11094694	3361349	77108
5174	12036	853156	205592	70884
14464	27427	1833484	454308	66850
33184	14044	883540	1178266	62912

各地区林业系统

地区	总计	按性质分				
		企业	事业	机关	合计	林木育种育苗
全国合计	**41285**	**2667**	**33451**	**5167**	**17897**	**2179**
北京	295	—	276	19	141	16
天津	68	1	60	7	56	16
河北	1351	35	1115	201	828	153
山西	1969	10	1820	139	699	149
内蒙古	1558	43	1219	296	678	100
内蒙古集团	47	23	24	—	19	—
辽宁	1336	96	1103	137	638	54
吉林	1412	296	973	143	406	48
吉林集团	75	75	—	—	10	—
长白山集团	19	14	4	1	11	—
黑龙江	1943	216	1546	181	779	78
龙江集团	223	113	77	33	64	1
上海	32	—	31	1	5	1
江苏	844	218	595	31	529	84
浙江	1002	12	867	123	173	48
安徽	1460	101	1130	229	678	84
福建	1835	214	1410	211	797	104
江西	1879	125	1533	221	433	39
山东	1925	22	1720	183	650	178
河南	1163	29	908	226	520	120
湖北	1965	98	1697	170	528	89
湖南	2386	99	2017	270	948	138
广东	1699	40	1396	263	574	49
广西	2273	235	1789	249	1166	50
海南	176	28	106	42	46	6
重庆	819	10	734	75	86	25
四川	3213	173	2698	342	2047	97
贵州	2024	195	1623	206	1214	62
云南	1691	100	1307	284	868	57
西藏	113	6	27	80	9	6
陕西	1393	65	1071	257	577	121
甘肃	1438	10	1220	208	873	101
青海	328	—	225	103	120	17
宁夏	294	5	250	39	193	19
新疆	1248	160	877	211	626	70
新疆兵团	—	—	—	—	—	—
局直属单位	153	25	108	20	12	—
大兴安岭	68	21	28	19	12	—

单位个数(一)

单位:个

按行业分							
农林牧渔业						制造业	
营造林	木竹采运	经济林产品种植与采集	花卉及其他观赏植物种植	陆生野生动物繁育与利用	其他	合计	木材加工及木、竹、藤、棕、苇制品业
9459	**803**	**247**	**257**	**158**	**4794**	**567**	**365**
30	—	1	1	—	93	—	—
23	—	4	—	2	11	—	—
243	13	25	4	4	386	5	2
454	9	5	—	3	79	2	—
329	3	4	2	1	239	1	1
19	—	—	—	—	—	—	—
362	43	27	30	15	107	53	38
325	18	1	—	1	13	43	19
1	8	1	—	—	—	38	16
1	10	—	—	—	—	3	3
457	62	2	—	2	178	26	15
17	42	—	—	—	4	24	14
2	—	—	—	—	2	—	—
329	7	36	8	—	65	—	—
98	7	—	—	1	19	—	—
502	33	—	1	1	57	31	27
270	165	7	9	7	235	11	7
203	73	1	5	17	95	11	1
396	25	14	5	5	27	—	—
181	35	15	19	16	134	5	1
320	35	21	4	9	50	17	14
499	72	2	5	34	198	66	46
254	27	11	1	2	230	12	6
604	29	19	66	6	392	123	85
23	—	2	1	1	13	1	1
54	1	1	—	—	5	4	4
795	47	3	4	15	1086	39	26
827	33	5	74	—	213	59	56
453	39	6	1	3	309	28	4
—	2	—	1	—	—	—	—
313	16	6	13	4	104	22	10
437	4	15	—	3	313	3	1
92	1	—	1	2	7	—	—
135	—	6	—	—	33	1	—
439	4	8	2	4	99	—	—
—	—	—	—	—	—	—	—
10	—	—	—	—	2	4	1
10	—	—	—	—	2	4	1

各地区林业系统

地区	按行					
	制造业					
	木、竹、藤家具制造业	木、竹、苇浆造纸业	林产化学产品制造	其他	合计	林业生产服务
全国合计	**41**	**22**	**17**	**122**	**22515**	**5436**
北京	—	—	—	—	152	27
天津	—	—	—	—	12	1
河北	—	—	—	3	518	74
山西	—	—	—	2	1268	644
内蒙古	—	—	—	—	856	236
内蒙古集团	—	—	—	—	7	—
辽宁	15	—	—	—	640	26
吉林	3	—	4	17	960	253
吉林集团	3	—	2	17	27	—
长白山集团	—	—	—	—	5	1
黑龙江	—	1	1	9	1098	198
龙江集团	—	1	—	9	108	5
上海	—	—	—	—	16	3
江苏	—	—	—	—	301	19
浙江	—	—	—	—	821	530
安徽	1	—	—	3	744	140
福建	—	—	3	1	1021	291
江西	2	—	1	7	1421	484
山东	—	—	—	—	1275	229
河南	3	—	—	1	629	78
湖北	—	—	1	2	1420	118
湖南	4	1	1	14	1351	140
广东	—	—	—	6	1105	117
广西	4	19	1	14	950	257
海南	—	—	—	—	129	16
重庆	—	—	—	—	729	519
四川	2	—	2	9	1111	257
贵州	—	1	1	1	748	237
云南	—	—	1	23	759	89
西藏	—	—	—	—	104	—
陕西	7	—	1	4	776	77
甘肃	—	—	—	2	561	93
青海	—	—	—	—	208	24
宁夏	—	—	—	1	98	29
新疆	—	—	—	—	616	226
新疆兵团	—	—	—	—	—	—
局直属单位	—	—	—	3	118	4
大兴安岭	—	—	—	3	33	4

单位个数(二)

单位:个

业　　分								
服　务　业								其他行业
野生动植物保护和自然保护区管理	林业工程技术与规划管理	林业科技交流和推广服务	林业公共管理和社会组织			其　他		
			小　计	林业行政管理、公安及监督检查机构	林业专业性、行业性团体			
1260	**1064**	**2581**	**10635**	**9610**	**1025**	**1539**		**306**
12	7	2	76	67	9	28		2
3	—	1	7	7	—	—		—
11	6	127	277	273	4	23		—
49	81	60	362	362	—	72		—
41	46	24	494	490	4	15		23
4	1	—	—	—	—	2		21
47	38	46	432	374	58	51		5
12	19	14	625	617	8	37		3
—	—	—	—	—	—	27		—
—	1	1	2	2	—	—		—
46	13	23	734	704	30	84		40
—	3	6	59	40	19	35		27
2	4	6	1	1	—	—		11
2	1	215	64	56	8	—		14
38	8	89	146	138	8	10		8
41	27	219	295	286	9	22		7
37	70	59	513	359	154	51		6
56	66	92	625	523	102	98		14
104	126	380	327	303	24	109		—
46	28	91	336	323	13	50		9
81	122	122	925	925	—	52		—
88	71	200	696	584	112	156		21
100	13	78	454	370	84	343		8
53	15	65	472	356	116	88		34
23	3	3	74	69	5	10		—
16	18	14	155	146	9	7		—
72	41	132	561	515	46	48		16
25	92	37	327	284	43	30		3
89	35	94	429	367	62	23		36
1	1	—	102	80	22	—		—
56	56	158	381	358	23	48		18
43	26	86	255	232	23	58		1
5	5	62	104	104	—	8		—
5	3	20	41	41	—	—		2
48	17	39	280	234	46	6		6
—	—	—	—	—	—	—		—
8	6	23	65	62	3	12		19
5	—	2	19	19	—	3		19

各地区林业系统

地　　区	总　计	按性质分				
		企　业	事　业	机　关	合　计	林木育种育苗
全国合计	**1400720**	**675865**	**613607**	**111248**	**988166**	**47053**
北　京	10166	—	9109	1057	5130	460
天　津	763	12	656	95	475	129
河　北	21541	1667	16960	2914	14058	2582
山　西	24350	216	21935	2199	10727	1426
内蒙古	190279	130541	53187	6551	155978	1983
内蒙古集团	145112	128737	16375	—	128413	—
辽　宁	28656	7092	19549	2015	14208	433
吉　林	129209	99569	25482	4158	103980	918
吉林集团	36543	36543	—	—	25295	—
长白山集团	38865	38309	117	439	36900	—
黑龙江	333956	269573	56827	7556	303957	10380
龙江集团	272593	259620	8068	4905	253092	9617
上　海	1358	—	1212	146	127	25
江　苏	18622	12128	6176	318	16463	3881
浙　江	10511	503	8082	1926	3341	1027
安　徽	24747	7145	15339	2263	16704	2873
福　建	23036	6524	12765	3747	12025	455
江　西	48921	9285	33426	6210	27126	929
山　东	20488	956	17079	2453	10493	2554
河　南	28783	2022	22407	4354	14676	2378
湖　北	29309	3348	22208	3753	12293	1341
湖　南	52761	7706	37430	7625	25498	1900
广　东	28563	2276	19941	6346	13346	565
广　西	47399	8304	35090	4005	29439	498
海　南	9554	2731	3253	3570	3271	275
重　庆	6806	298	5278	1230	2404	264
四　川	48797	20456	22066	6275	31540	1535
贵　州	20705	2071	16475	2159	13806	677
云　南	43415	10121	21487	11807	22267	1799
西　藏	3441	1403	648	1390	1281	230
陕　西	35787	6036	25953	3798	20590	2264
甘　肃	40423	8809	26123	5491	25249	1389
青　海	25779	—	24460	1319	15976	162
宁　夏	9909	521	8892	496	5933	686
新　疆	19313	4136	12315	2862	10547	1035
新疆兵团	—	—	—	—	—	—
局直属单位	63373	50416	11797	1160	45258	—
大兴安岭	54304	49812	3567	925	45258	—

单位年末人数(一)

单位:人

按行业分							
农林牧渔业						制造业	
营造林	木竹采运	经济林产品种植与采集	花卉及其他观赏植物种植	陆生野生动物繁育与利用	其他	合计	木材加工及木、竹、藤、棕、苇制品业
605855	**263184**	**4568**	**2412**	**1153**	**63941**	**41749**	**24980**
995	—	9	28	—	3638	—	—
136	—	53	—	35	122	—	—
5001	129	321	23	19	5983	21	8
8447	75	43	—	36	700	10	—
151166	31	31	9	2	2756	55	55
128413	—	—	—	—	—	—	—
8230	3203	328	590	82	1342	5974	3599
41906	60573	211	—	6	366	11048	7498
50	25034	211	—	—	—	9588	6089
1361	35539	—	—	—	—	1409	1409
116896	168740	16	—	10	7915	4199	3142
75709	167632	—	—	—	134	3829	2857
54	—	—	—	—	48	—	—
9510	188	609	101	—	2174	—	—
1968	138	—	—	12	196	—	—
12087	707	—	14	63	960	1405	1286
5470	4133	59	68	50	1790	947	693
19114	4947	31	81	53	1971	306	2
7293	193	129	46	49	229	—	—
8626	873	180	387	138	2094	1228	5
9853	402	83	75	55	484	1161	994
14705	4312	157	75	215	4134	3045	1806
8514	462	150	1	10	3644	134	67
23028	1801	113	321	36	3642	5107	2909
2358	—	203	12	57	366	1	1
2018	14	7	—	—	101	61	61
22806	1911	28	50	55	5155	345	143
9005	995	43	206	—	2880	262	152
11862	4373	30	14	10	4179	850	72
—	1005	—	46	—	—	—	—
11908	3957	121	234	27	2079	1764	1375
20852	14	199	—	84	2711	667	662
15664	4	—	19	31	96	—	—
3930	—	572	—	—	745	21	—
7633	4	842	12	18	1003	—	—
—	—	—	—	—	—	—	—
44820	—	—	—	—	438	3138	450
44820	—	—	—	—	438	3138	450

各地区林业系统

地区	制造业				按行	
	木、竹、藤家具制造业	木、竹、苇浆造纸业	林产化学产品制造	其他	合计	林业生产服务
全国合计	**5046**	**1814**	**1035**	**8874**	**338998**	**56081**
北京	—	—	—	—	4961	769
天津	—	—	—	—	288	39
河北	—	—	—	13	7462	1056
山西	—	—	—	10	13613	5267
内蒙古	—	—	—	—	18367	7183
内蒙古集团	—	—	—	—	850	—
辽宁	2375	—	—	—	8362	204
吉林	421	—	352	2777	13990	2068
吉林集团	421	—	301	2777	1660	—
长白山集团	—	—	—	—	556	11
黑龙江	—	16	85	956	20407	2576
龙江集团	—	16	—	956	10623	68
上海	—	—	—	—	668	80
江苏	—	—	—	—	1985	103
浙江	—	—	—	—	6951	3041
安徽	78	—	—	41	6067	927
福建	—	—	252	2	10027	2102
江西	111	—	1	192	20802	5340
山东	—	—	—	—	9995	1297
河南	1188	—	—	35	12747	1097
湖北	—	—	1	166	15855	1291
湖南	498	75	20	646	23371	1369
广东	—	—	—	67	14997	794
广西	160	1620	246	172	12307	3086
海南	—	—	—	—	6282	80
重庆	—	—	—	—	4341	1775
四川	16	—	20	166	16032	2109
贵州	—	103	4	3	6594	1568
云南	—	—	25	753	19759	1533
西藏	—	—	—	—	2160	—
陕西	199	—	29	161	12370	1421
甘肃	—	—	—	5	14499	1568
青海	—	—	—	—	9803	3601
宁夏	—	—	—	21	3805	537
新疆	—	—	—	—	8564	1493
新疆兵团	—	—	—	—	—	—
局直属单位	—	—	—	2688	11567	707
大兴安岭	—	—	—	2688	2498	707

单位年末人数(二)

单位:人

业分							
服务业							其他行业
野生动植物保护和自然保护区管理	林业工程技术与规划管理	林业科技交流和推广服务	林业公共管理和社会组织			其他	
			小计	林业行政管理、公安及监督检查机构	林业专业性、行业性团体		
28302	**17049**	**36880**	**169179**	**156318**	**12861**	**31507**	**31807**
201	330	95	2197	1799	398	1369	75
116	—	37	96	96	—	—	—
763	152	1017	4274	4105	169	200	—
865	685	597	4366	4366	—	1833	—
1042	1183	543	8203	8061	142	213	15879
397	365	—	—	—	—	88	15849
501	518	472	5025	4658	367	1642	112
358	1044	454	8246	8212	34	1820	191
—	—	—	—	—	—	1660	—
—	51	34	460	460	—	—	—
889	1057	1080	12116	10213	1903	2689	5393
—	756	976	6927	5029	1898	1896	5049
35	76	331	146	146	—	—	563
8	4	1072	798	723	75	—	174
570	127	839	2186	2121	65	188	219
332	195	1249	3178	3023	155	186	571
430	640	301	6228	4875	1353	326	37
659	660	765	10368	9080	1288	3010	687
906	1332	1824	3720	3584	136	916	—
1811	548	1736	6486	6394	92	1069	132
1133	1157	1662	9333	9333	—	1279	—
3432	755	1709	14166	13232	934	1940	847
1218	252	1173	8297	7305	992	3263	86
1414	136	741	5578	4941	637	1352	546
1291	203	119	4508	4187	321	81	—
272	188	187	1684	1622	62	235	—
1434	940	1752	7484	7274	210	2313	880
145	929	242	3392	3119	273	318	43
2266	406	915	14074	13486	588	565	539
36	66	—	2058	1390	668	—	—
1364	947	2658	5054	4619	435	926	1063
2031	589	2010	6193	6016	177	2108	8
42	86	4682	1319	1319	—	73	—
789	56	1865	558	558	—	—	150
1071	180	542	5205	3901	1304	73	202
—	—	—	—	—	—	—	—
878	1608	4211	2643	2560	83	1520	3410
513	—	178	925	925	—	175	3410

各地区林业系统单位

地　区	总　计	按性质分				
		企　业	事　业	机　关	合　计	林木育种育苗
全国合计	**1162382**	**470346**	**581151**	**110885**	**776740**	**41489**
北　京	10103	—	9047	1056	5096	426
天　津	763	12	656	95	475	129
河　北	21226	1541	16789	2896	13791	2516
山　西	24259	155	21908	2196	10704	1421
内蒙古	90773	45014	39212	6547	70397	1980
内蒙古集团	45678	43210	2468	—	42886	—
辽　宁	27998	7079	18904	2015	13576	421
吉　林	98485	69942	24515	4028	74479	894
吉林集团	27946	27946	—	—	17476	—
长白山集团	24072	23643	99	330	22441	—
黑龙江	252590	192214	52868	7508	226734	6179
龙江集团	202166	189342	7923	4901	186137	5480
上　海	1351	—	1205	146	127	25
江　苏	18253	11767	6168	318	16258	3801
浙　江	10121	472	7723	1926	3002	740
安　徽	24041	6706	15073	2262	16457	2781
福　建	21899	5789	12363	3747	11121	431
江　西	42637	6385	30053	6199	22077	790
山　东	20390	922	17015	2453	10395	2510
河　南	28563	2022	22194	4347	14602	2365
湖　北	27508	2911	20853	3744	10993	1189
湖　南	46269	5136	33540	7593	20078	1666
广　东	27975	2250	19388	6337	12794	565
广　西	45120	7319	33800	4001	27641	493
海　南	9337	2539	3228	3570	3066	254
重　庆	6756	255	5271	1230	2403	264
四　川	47636	19344	22018	6274	30848	1535
贵　州	20452	1854	16449	2149	13684	677
云　南	43140	9891	21449	11800	22111	1799
西　藏	3441	1403	648	1390	1281	230
陕　西	34956	5500	25666	3790	20156	2222
甘　肃	40366	8809	26067	5490	25234	1389
青　海	25778	—	24460	1318	15976	162
宁　夏	9909	521	8892	496	5933	686
新　疆	18817	4069	11944	2804	10396	949
新疆兵团	—	—	—	—	—	—
局直属单位	61470	48525	11785	1160	44855	—
大兴安岭	52413	47922	3566	925	44855	—

从业人员年末人数(一)

单位:人

按行业分							
农林牧渔业						制造业	
营造林	木竹采运	经济林产品种植与采集	花卉及其他观赏植物种植	陆生野生动物繁育与利用	其他	合计	木材加工及木、竹、藤、棕、苇制品业
481513	**189642**	**4357**	**2376**	**1124**	**56239**	**36187**	**20563**
995	—	9	28	—	3638	—	—
136	—	53	—	35	122	—	—
4912	129	313	23	19	5879	21	8
8439	75	43	—	36	690	10	—
65606	25	31	9	2	2744	55	55
42886	—	—	—	—	—	—	—
8196	2617	328	590	82	1342	5974	3599
34353	38708	211	—	6	307	10116	6792
50	17215	211	—	—	—	8863	5590
948	21493	—	—	—	—	1202	1202
96078	122069	16	—	9	2383	1443	654
59541	120984	—	—	—	132	1358	654
54	—	—	—	—	48	—	—
9385	188	609	101	—	2174	—	—
1916	138	—	—	12	196	—	—
11959	700	—	14	63	940	1319	1210
5150	3677	59	68	50	1686	840	586
15736	4007	31	81	53	1379	168	2
7249	193	129	46	49	219	—	—
8566	873	180	387	138	2093	1228	5
8761	371	83	50	55	484	1013	846
11968	2471	8	75	200	3690	2464	1554
8194	402	148	1	10	3474	134	67
22236	1156	108	321	36	3291	4841	2662
2235	—	158	12	44	363	1	1
2018	13	7	—	—	101	61	61
22190	1848	28	39	55	5153	345	143
8999	897	43	206	—	2862	159	149
11746	4359	30	14	10	4153	850	72
—	1005	—	46	—	—	—	—
11821	3699	121	234	27	2032	1484	1095
20845	14	199	—	84	2703	667	662
15664	4	—	19	31	96	—	—
3930	—	572	—	—	745	21	—
7631	4	840	12	18	942	—	—
—	—	—	—	—	—	—	—
44545	—	—	—	—	310	2973	340
44545	—	—	—	—	310	2973	340

各地区林业系统单位

地区	制造业				按行	
	木、竹、藤家具制造业	木、竹、苇浆造纸业	林产化学产品制造	其他	合计	林业生产服务
全国合计	**4924**	**1706**	**844**	**8150**	**334829**	**55204**
北京	—	—	—	—	4932	769
天津	—	—	—	—	288	39
河北	—	—	—	13	7414	1035
山西	—	—	—	10	13545	5256
内蒙古	—	—	—	—	18349	7183
内蒙古集团	—	—	—	—	850	—
辽宁	2375	—	—	—	8336	204
吉林	402	—	161	2761	13699	2051
吉林集团	402	—	110	2761	1607	—
长白山集团	—	—	—	—	429	11
黑龙江	—	8	85	696	20185	2571
龙江集团	—	8	—	696	10456	68
上海	—	—	—	—	668	80
江苏	—	—	—	—	1821	103
浙江	—	—	—	—	6926	3019
安徽	78	—	—	31	6040	926
福建	—	—	252	2	9902	2010
江西	8	—	1	157	19723	4827
山东	—	—	—	—	9995	1297
河南	1188	—	—	35	12602	1095
湖北	—	—	1	166	15502	1251
湖南	498	75	20	317	22920	1274
广东	—	—	—	67	14961	777
广西	160	1620	246	153	12228	3083
海南	—	—	—	—	6270	79
重庆	—	—	—	—	4292	1772
四川	16	—	20	166	15658	2105
贵州	—	3	4	3	6569	1561
云南	—	—	25	753	19741	1533
西藏	—	—	—	—	2160	—
陕西	199	—	29	161	12265	1415
甘肃	—	—	—	5	14457	1551
青海	—	—	—	—	9802	3601
宁夏	—	—	—	21	3805	537
新疆	—	—	—	—	8219	1493
新疆兵团	—	—	—	—	—	—
局直属单位	—	—	—	2633	11555	707
大兴安岭	—	—	—	2633	2498	707

从业人员年末人数(二)

单位:人

业 分							
服务业							其他行业
野生动植物保护和自然保护区管理	林业工程技术与规划管理	林业科技交流和推广服务	林业公共管理和社会组织			其他	
			小计	林业行政管理、公安及监督检查机构	林业专业性、行业性团体		
27994	**16906**	**36684**	**167828**	**155107**	**12721**	**30213**	**14626**
201	312	95	2186	1798	388	1369	75
116	—	37	96	96	—	—	—
755	152	1017	4255	4086	169	200	—
863	685	597	4363	4363	—	1781	—
1041	1175	543	8194	8055	139	213	1972
397	365	—	—	—	—	88	1942
501	518	471	5000	4633	367	1642	112
358	1014	445	8066	8032	34	1765	191
—	—	—	—	—	—	1607	—
—	42	25	351	351	—	—	—
889	1032	1080	12006	10165	1841	2607	4228
—	731	976	6861	5025	1836	1820	4215
35	76	331	146	146	—	—	556
8	4	1064	642	567	75	—	174
567	127	839	2186	2121	65	188	193
332	195	1246	3176	3021	155	165	225
430	627	299	6222	4874	1348	314	36
657	656	757	10327	9048	1279	2499	669
906	1332	1824	3720	3584	136	916	—
1759	541	1730	6408	6316	92	1069	131
1133	1157	1602	9164	9164	—	1195	—
3333	742	1631	14001	13067	934	1939	807
1216	252	1167	8286	7296	990	3263	86
1413	136	738	5526	4937	589	1332	410
1288	196	119	4507	4186	321	81	—
272	187	187	1681	1619	62	193	—
1434	940	1752	7483	7273	210	1944	785
144	924	241	3381	3109	272	318	40
2266	406	915	14066	13478	588	555	438
36	66	—	2058	1390	668	—	—
1300	947	2651	5046	4611	435	906	1051
2026	589	2006	6192	6015	177	2093	8
42	86	4682	1318	1318	—	73	—
789	56	1865	558	558	—	—	150
1006	180	542	4925	3621	1304	73	202
—	—	—	—	—	—	—	—
878	1596	4211	2643	2560	83	1520	2087
513	—	178	925	925	—	175	2087

各地区林业系统单位

地　区	总　计	按性质分				
		企　业	事　业	机　关	合　计	林木育种育苗
全国合计	**1059881**	**449272**	**511461**	**99148**	**715209**	**38593**
北　京	8216	—	7231	985	3720	414
天　津	763	12	656	95	475	129
河　北	20725	1516	16324	2885	13395	2470
山　西	22790	143	20476	2171	10120	1376
内蒙古	89669	45014	38221	6434	69811	1933
内蒙古集团	45678	43210	2468	—	42886	—
辽　宁	26690	7049	17933	1708	13335	419
吉　林	93074	68848	20713	3513	70095	873
吉林集团	27777	27777	—	—	17476	—
长白山集团	24072	23643	99	330	22441	—
黑龙江	252449	192176	52768	7505	226733	6179
龙江集团	202047	189305	7841	4901	186137	5480
上　海	1259	—	1113	146	125	24
江　苏	14031	7623	6091	317	12077	2959
浙　江	9659	400	7419	1840	2921	735
安　徽	21268	4508	14517	2243	14197	2595
福　建	19869	5029	11399	3441	9844	405
江　西	35015	4679	24387	5949	16606	649
山　东	19757	856	16497	2404	9919	2376
河　南	28067	2022	21738	4307	14373	2345
湖　北	26247	2680	19908	3659	10465	1161
湖　南	43899	4237	32558	7104	19097	1541
广　东	25526	2094	17318	6114	11520	557
广　西	38251	6486	28195	3570	24019	473
海　南	4865	2179	1632	1054	2616	145
重　庆	6513	254	5074	1185	2333	226
四　川	40917	14661	20262	5994	25706	1179
贵　州	14923	1775	11150	1998	9005	669
云　南	30474	7175	15581	7718	15559	1507
西　藏	2704	959	532	1213	865	114
陕　西	33835	5125	24957	3753	19636	2170
甘　肃	36763	8809	23614	4340	24098	1189
青　海	4086	—	3031	1055	1958	162
宁　夏	8248	502	7260	486	5433	671
新　疆	18613	3981	11828	2804	10298	948
新疆兵团	—	—	—	—	—	—
局直属单位	60716	48480	11078	1158	44855	—
大兴安岭	52364	47921	3518	925	44855	—

在岗职工年末人数(一)

单位:人

按行业分							
农林牧渔业						制造业	
营造林	木竹采运	经济林产品种植与采集	花卉及其他观赏植物种植	陆生野生动物繁育与利用	其他	合计	木材加工及木、竹、藤、棕、苇制品业
433287	**184882**	**4222**	**2357**	**1016**	**50852**	**33050**	**18253**
967	—	9	28	—	2302	—	—
136	—	53	—	35	122	—	—
4804	127	311	23	19	5641	21	8
7904	75	43	—	32	690	10	—
65085	25	29	9	2	2728	55	55
42886	—	—	—	—	—	—	—
7965	2617	328	588	82	1336	5974	3599
29990	38708	211	—	6	307	10025	6792
50	17215	211	—	—	—	8772	5590
948	21493	—	—	—	—	1202	1202
96077	122069	16	—	9	2383	1443	654
59541	120984	—	—	—	132	1358	654
54	—	—	—	—	47	—	—
6183	188	609	101	—	2037	—	—
1851	133	—	—	11	191	—	—
10005	649	—	14	9	925	911	878
4530	3105	58	64	50	1632	824	586
12010	2561	31	81	51	1223	94	2
6918	193	129	35	49	219	—	—
8406	847	177	385	135	2078	1228	5
8361	364	83	50	55	391	860	717
11364	2406	8	75	183	3520	2026	1322
7306	392	130	1	10	3124	134	67
19313	1025	108	321	29	2750	3429	1357
2055	—	65	12	44	295	1	1
1989	12	5	—	—	101	61	61
18773	1182	28	39	55	4450	327	143
5202	896	43	206	—	1989	159	149
7076	3027	30	14	10	3895	635	72
—	705	—	46	—	—	—	—
11565	3554	120	234	27	1966	1172	783
20224	14	190	—	64	2417	667	662
1646	4	—	19	31	96	—	—
3449	—	568	—	—	745	21	—
7534	4	840	12	18	942	—	—
—	—	—	—	—	—	—	—
44545	—	—	—	—	310	2973	340
44545	—	—	—	—	310	2973	340

各地区林业系统单位

地区	按行					
	制造业					
	木、竹、藤家具制造业	木、竹、苇浆造纸业	林产化学产品制造	其他	合计	林业生产服务
全国合计	**4743**	**1706**	**829**	**7519**	**298054**	**48218**
北京	—	—	—	—	4444	760
天津	—	—	—	—	288	39
河北	—	—	—	13	7309	1035
山西	—	—	—	10	12660	4458
内蒙古	—	—	—	—	17831	7006
内蒙古集团	—	—	—	—	850	—
辽宁	2375	—	—	—	7296	195
吉林	387	—	161	2685	12771	2049
吉林集团	387	—	110	2685	1529	—
长白山集团	—	—	—	—	429	11
黑龙江	—	8	85	696	20045	2571
龙江集团	—	8	—	696	10337	68
上海	—	—	—	—	607	80
江苏	—	—	—	—	1780	103
浙江	—	—	—	—	6617	2902
安徽	2	—	—	31	5939	884
福建	—	—	237	1	9168	1946
江西	8	—	1	83	17770	4383
山东	—	—	—	—	9838	1278
河南	1188	—	—	35	12335	1082
湖北	—	—	1	142	14922	1158
湖南	498	75	20	111	21969	1250
广东	—	—	—	67	13786	739
广西	70	1620	246	136	10496	2805
海南	—	—	—	—	2248	72
重庆	—	—	—	—	4119	1708
四川	16	—	20	148	14673	2025
贵州	—	3	4	3	5719	1391
云南	—	—	25	538	13842	833
西藏	—	—	—	—	1839	—
陕西	199	—	29	161	12018	1399
甘肃	—	—	—	5	11990	1105
青海	—	—	—	—	2128	240
宁夏	—	—	—	21	2644	522
新疆	—	—	—	—	8113	1493
新疆兵团	—	—	—	—	—	—
局直属单位	—	—	—	2633	10850	707
大兴安岭	—	—	—	2633	2498	707

在岗职工年末人数(二)

单位:人

业 分							
服务业							其他行业
野生动植物保护和自然保护区管理	林业工程技术与规划管理	林业科技交流和推广服务	林业公共管理和社会组织			其他	
			小计	林业行政管理、公安及监督检查机构	林业专业性、行业性团体		
24612	**16256**	**30656**	**151959**	**140143**	**11816**	**26353**	**13568**
201	297	95	2070	1682	388	1021	52
116	—	37	96	96	—	—	—
717	152	1015	4190	4021	169	200	—
847	681	596	4327	4327	—	1751	—
879	1175	522	8036	7920	116	213	1972
397	365	—	—	—	—	88	1942
481	493	467	4339	3983	356	1321	85
351	1014	445	7225	7191	34	1687	183
—	—	—	—	—	—	1529	—
—	42	25	351	351	—	—	—
889	1032	1006	11977	10144	1833	2570	4228
—	731	902	6853	5025	1828	1783	4215
34	69	278	146	146	—	—	527
8	4	1041	624	549	75	—	174
528	112	819	2072	2008	64	184	121
315	190	1242	3155	3000	155	153	221
390	570	259	5693	4472	1221	310	33
609	654	702	9567	8518	1049	1855	545
906	1332	1816	3643	3507	136	863	—
1745	540	1712	6191	6099	92	1065	131
1071	1048	1461	9035	9035	—	1149	—
3172	736	1608	13370	12447	923	1833	807
905	231	1065	7804	6826	978	3042	86
1227	133	726	4937	4408	529	668	307
431	196	107	1379	1298	81	63	—
272	187	177	1582	1522	60	193	—
1302	937	1604	7197	6993	204	1608	211
100	630	238	3042	2780	262	318	40
1718	401	889	9511	8929	582	490	438
36	66	—	1737	1213	524	—	—
1205	945	2639	4986	4556	430	844	1009
1660	589	1951	5006	4829	177	1679	8
42	86	632	1055	1055	—	73	—
764	56	754	548	548	—	—	150
900	180	542	4925	3621	1304	73	202
—	—	—	—	—	—	—	—
791	1520	4211	2494	2420	74	1127	2038
513	—	178	925	925	—	175	2038

各地区林业系统单位

地　区	总　计	按性质分				
		企　业	事　业	机　关	合　计	林木育种育苗
全国合计	**102501**	**21074**	**69690**	**11737**	**61531**	**2896**
北　京	1887	—	1816	71	1376	12
天　津	—	—	—	—	—	—
河　北	501	25	465	11	396	46
山　西	1469	12	1432	25	584	45
内蒙古	1104	—	991	113	586	47
内蒙古集团	—	—	—	—	—	—
辽　宁	1308	30	971	307	241	2
吉　林	5411	1094	3802	515	4384	21
吉林集团	169	169	—	—	—	—
长白山集团	—	—	—	—	—	—
黑龙江	141	38	100	3	1	—
龙江集团	119	37	82	—	—	—
上　海	92	—	92	—	2	1
江　苏	4222	4144	77	1	4181	842
浙　江	462	72	304	86	81	5
安　徽	2773	2198	556	19	2260	186
福　建	2030	760	964	306	1277	26
江　西	7622	1706	5666	250	5471	141
山　东	633	66	518	49	476	134
河　南	496	—	456	40	229	20
湖　北	1261	231	945	85	528	28
湖　南	2370	899	982	489	981	125
广　东	2449	156	2070	223	1274	8
广　西	6869	833	5605	431	3622	20
海　南	4472	360	1596	2516	450	109
重　庆	243	1	197	45	70	38
四　川	6719	4683	1756	280	5142	356
贵　州	5529	79	5299	151	4679	8
云　南	12666	2716	5868	4082	6552	292
西　藏	737	444	116	177	416	116
陕　西	1121	375	709	37	520	52
甘　肃	3603	—	2453	1150	1136	200
青　海	21692	—	21429	263	14018	—
宁　夏	1661	19	1632	10	500	15
新　疆	204	88	116	—	98	1
新疆兵团	—	—	—	—	—	—
局直属单位	754	45	707	2	—	—
大兴安岭	49	1	48	—	—	—

其他从业人员年末人数(一)

单位:人

按行业分							
农林牧渔业						制造业	
营造林	木竹采运	经济林产品种植与采集	花卉及其他观赏植物种植	陆生野生动物繁育与利用	其他	合计	木材加工及木、竹、藤、棕、苇制品业
48226	**4760**	**135**	**19**	**108**	**5387**	**3137**	**2310**
28	—	—	—	—	1336	—	—
—	—	—	—	—	—	—	—
108	2	2	—	—	238	—	—
535	—	—	—	4	—	—	—
521	—	2	—	—	16	—	—
—	—	—	—	—	—	—	—
231	—	—	2	—	6	—	—
4363	—	—	—	—	—	91	—
—	—	—	—	—	—	91	—
—	—	—	—	—	—	—	—
1	—	—	—	—	—	—	—
—	—	—	—	—	—	—	—
—	—	—	—	—	1	—	—
3202	—	—	—	—	137	—	—
65	5	—	—	1	5	—	—
1954	51	—	—	54	15	408	332
620	572	1	4	—	54	16	—
3726	1446	—	—	2	156	74	—
331	—	—	11	—	—	—	—
160	26	3	2	3	15	—	—
400	7	—	—	—	93	153	129
604	65	—	—	17	170	438	232
888	10	18	—	—	350	—	—
2923	131	—	—	7	541	1412	1305
180	—	93	—	—	68	—	—
29	1	2	—	—	—	—	—
3417	666	—	—	—	703	18	—
3797	1	—	—	—	873	—	—
4670	1332	—	—	—	258	215	—
—	300	—	—	—	—	—	—
256	145	1	—	—	66	312	312
621	—	9	—	20	286	—	—
14018	—	—	—	—	—	—	—
481	—	4	—	—	—	—	—
97	—	—	—	—	—	—	—
—	—	—	—	—	—	—	—
—	—	—	—	—	—	—	—
—	—	—	—	—	—	—	—

各地区林业系统单位

地区	按行					
	制造业					
	木、竹、藤家具制造业	木、竹、苇浆造纸业	林产化学产品制造	其他	合计	林业生产服务
全国合计	**181**	**—**	**15**	**631**	**36775**	**6986**
北京	—	—	—	—	488	9
天津	—	—	—	—	—	—
河北	—	—	—	—	105	—
山西	—	—	—	—	885	798
内蒙古	—	—	—	—	518	177
内蒙古集团	—	—	—	—	—	—
辽宁	—	—	—	—	1040	9
吉林	15	—	—	76	928	2
吉林集团	15	—	—	76	78	—
长白山集团	—	—	—	—	—	—
黑龙江	—	—	—	—	140	—
龙江集团	—	—	—	—	119	—
上海	—	—	—	—	61	—
江苏	—	—	—	—	41	—
浙江	—	—	—	—	309	117
安徽	76	—	—	—	101	42
福建	—	—	15	1	734	64
江西	—	—	—	74	1953	444
山东	—	—	—	—	157	19
河南	—	—	—	—	267	13
湖北	—	—	—	24	580	93
湖南	—	—	—	206	951	24
广东	—	—	—	—	1175	38
广西	90	—	—	17	1732	278
海南	—	—	—	—	4022	7
重庆	—	—	—	—	173	64
四川	—	—	—	18	985	80
贵州	—	—	—	—	850	170
云南	—	—	—	215	5899	700
西藏	—	—	—	—	321	—
陕西	—	—	—	—	247	16
甘肃	—	—	—	—	2467	446
青海	—	—	—	—	7674	3361
宁夏	—	—	—	—	1161	15
新疆	—	—	—	—	106	—
新疆兵团	—	—	—	—	—	—
局直属单位	—	—	—	—	705	—
大兴安岭	—	—	—	—	—	—

其他从业人员年末人数(二)

单位:人

业分							
服务业							其他行业
			林业公共管理和社会组织				
野生动植物保护和自然保护区管理	林业工程技术与规划管理	林业科技交流和推广服务	小计	林业行政管理、公安及监督检查机构	林业专业性、行业性团体	其他	
3382	**650**	**6028**	**15869**	**14964**	**905**	**3860**	**1058**
—	15	—	116	116	—	348	23
—	—	—	—	—	—	—	—
38	—	2	65	65	—	—	—
16	4	1	36	36	—	30	—
162	—	21	158	135	23	—	—
—	—	—	—	—	—	—	—
20	25	4	661	650	11	321	27
7	—	—	841	841	—	78	8
—	—	—	—	—	—	78	—
—	—	—	—	—	—	—	—
—	—	74	29	21	8	37	—
—	—	74	8	—	8	37	—
1	7	53	—	—	—	—	29
—	—	23	18	18	—	—	—
39	15	20	114	113	1	4	72
17	5	4	21	21	—	12	4
40	57	40	529	402	127	4	3
48	2	55	760	530	230	644	124
—	—	8	77	77	—	53	—
14	1	18	217	217	—	4	—
62	109	141	129	129	—	46	—
161	6	23	631	620	11	106	—
311	21	102	482	470	12	221	—
186	3	12	589	529	60	664	103
857	—	12	3128	2888	240	18	—
—	—	10	99	97	2	—	—
132	3	148	286	280	6	336	574
44	294	3	339	329	10	—	—
548	5	26	4555	4549	6	65	—
—	—	—	321	177	144	—	—
95	2	12	60	55	5	62	42
366	—	55	1186	1186	—	414	—
—	—	4050	263	263	—	—	—
25	—	1111	10	10	—	—	—
106	—	—	—	—	—	—	—
—	—	—	—	—	—	—	—
87	76	—	149	140	9	393	49
—	—	—	—	—	—	—	49

各地区林业系统单位离开本单位

地　区	总　计	按性质分				
		企　业	事　业	机　关	合　计	林木育种育苗
全国合计	**238338**	**205519**	**32456**	**363**	**211426**	**5564**
北　京	63	—	62	1	34	34
天　津	—	—	—	—	—	—
河　北	315	126	171	18	267	66
山　西	91	61	27	3	23	5
内蒙古	99506	85527	13975	4	85581	3
内蒙古集团	99434	85527	13907	—	85527	—
辽　宁	658	13	645	—	632	12
吉　林	30724	29627	967	130	29501	24
吉林集团	8597	8597	—	—	7819	—
长白山集团	14793	14666	18	109	14459	—
黑龙江	81366	77359	3959	48	77223	4201
龙江集团	70427	70278	145	4	66955	4137
上　海	7	—	7	—	—	—
江　苏	369	361	8	—	205	80
浙　江	390	31	359	—	339	287
安　徽	706	439	266	1	247	92
福　建	1137	735	402	—	904	24
江　西	6284	2900	3373	11	5049	139
山　东	98	34	64	—	98	44
河　南	220	—	213	7	74	13
湖　北	1801	437	1355	9	1300	152
湖　南	6492	2570	3890	32	5420	234
广　东	588	26	553	9	552	—
广　西	2279	985	1290	4	1798	5
海　南	217	192	25	—	205	21
重　庆	50	43	7	—	1	—
四　川	1161	1112	48	1	692	—
贵　州	253	217	26	10	122	—
云　南	275	230	38	7	156	—
西　藏	—	—	—	—	—	—
陕　西	831	536	287	8	434	42
甘　肃	57	—	56	1	15	—
青　海	1	—	—	1	—	—
宁　夏	—	—	—	—	—	—
新　疆	496	67	371	58	151	86
新疆兵团	—	—	—	—	—	—
局直属单位	1903	1891	12	—	403	—
大兴安岭	1891	1890	1	—	403	—

仍保留劳动关系人员年末人数(一)

单位:人

按行业分							
农林牧渔业						制造业	
营造林	木竹采运	经济林产品种植与采集	花卉及其他观赏植物种植	陆生野生动物繁育与利用	其他	合　计	木材加工及木、竹、藤、棕、苇制品业
124342	**73542**	**211**	**36**	**29**	**7702**	**5562**	**4417**
—	—	—	—	—	—	—	—
—	—	—	—	—	—	—	—
89	—	8	—	—	104	—	—
8	—	—	—	—	10	—	—
85560	6	—	—	—	12	—	—
85527	—	—	—	—	—	—	—
34	586	—	—	—	—	—	—
7553	21865	—	—	—	59	932	706
—	7819	—	—	—	—	725	499
413	14046	—	—	—	—	207	207
20818	46671	—	—	1	5532	2756	2488
16168	46648	—	—	—	2	2471	2203
—	—	—	—	—	—	—	—
125	—	—	—	—	—	—	—
52	—	—	—	—	—	—	—
128	7	—	—	—	20	86	76
320	456	—	—	—	104	107	107
3378	940	—	—	—	592	138	—
44	—	—	—	—	10	—	—
60	—	—	—	—	1	—	—
1092	31	—	25	—	—	148	148
2737	1841	149	—	15	444	581	252
320	60	2	—	—	170	—	—
792	645	5	—	—	351	266	247
123	—	45	—	13	3	—	—
—	1	—	—	—	—	—	—
616	63	—	11	—	2	—	—
6	98	—	—	—	18	103	3
116	14	—	—	—	26	—	—
—	—	—	—	—	—	—	—
87	258	—	—	—	47	280	280
7	—	—	—	—	8	—	—
—	—	—	—	—	—	—	—
—	—	—	—	—	—	—	—
2	—	2	—	—	61	—	—
—	—	—	—	—	—	—	—
275	—	—	—	—	128	165	110
275	—	—	—	—	128	165	110

各地区林业系统单位离开本单位

地区	按行					
	制造业					
	木、竹、藤家具制造业	木、竹、苇浆造纸业	林产化学产品制造	其他	合计	林业生产服务
全国合计	**122**	**108**	**191**	**724**	**4169**	**877**
北京	—	—	—	—	29	—
天津	—	—	—	—	—	—
河北	—	—	—	—	48	21
山西	—	—	—	—	68	11
内蒙古	—	—	—	—	18	—
内蒙古集团	—	—	—	—	—	—
辽宁	—	—	—	—	26	—
吉林	19	—	191	16	291	17
吉林集团	19	—	191	16	53	—
长白山集团	—	—	—	—	127	—
黑龙江	—	8	—	260	222	5
龙江集团	—	8	—	260	167	—
上海	—	—	—	—	—	—
江苏	—	—	—	—	164	—
浙江	—	—	—	—	25	22
安徽	—	—	—	10	27	1
福建	—	—	—	—	125	92
江西	103	—	—	35	1079	513
山东	—	—	—	—	—	—
河南	—	—	—	—	145	2
湖北	—	—	—	—	353	40
湖南	—	—	—	329	451	95
广东	—	—	—	—	36	17
广西	—	—	—	19	79	3
海南	—	—	—	—	12	1
重庆	—	—	—	—	49	3
四川	—	—	—	—	374	4
贵州	—	100	—	—	25	7
云南	—	—	—	—	18	—
西藏	—	—	—	—	—	—
陕西	—	—	—	—	105	6
甘肃	—	—	—	—	42	17
青海	—	—	—	—	1	—
宁夏	—	—	—	—	—	—
新疆	—	—	—	—	345	—
新疆兵团	—	—	—	—	—	—
局直属单位	—	—	—	55	12	—
大兴安岭	—	—	—	55	—	—

仍保留劳动关系人员年末人数(二)

单位:人

业分							
服务业							其他行业
野生动植物保护和自然保护区管理	林业工程技术与规划管理	林业科技交流和推广服务	林业公共管理和社会组织			其他	
			小计	林业行政管理、公安及监督检查机构	林业专业性、行业性团体		
308	**143**	**196**	**1351**	**1211**	**140**	**1294**	**17181**
—	18	—	11	1	10	—	—
—	—	—	—	—	—	—	—
8	—	—	19	19	—	—	—
2	—	—	3	3	—	52	—
1	8	—	9	6	3	—	13907
—	—	—	—	—	—	—	13907
—	—	1	25	25	—	—	—
—	30	9	180	180	—	55	—
—	—	—	—	—	—	53	—
—	9	9	109	109	—	—	—
—	25	—	110	48	62	82	1165
—	25	—	66	4	62	76	834
—	—	—	—	—	—	—	7
—	—	8	156	156	—	—	—
3	—	—	—	—	—	—	26
—	—	3	2	2	—	21	346
—	13	2	6	1	5	12	1
2	4	8	41	32	9	511	18
—	—	—	—	—	—	—	—
52	7	6	78	78	—	—	1
—	—	60	169	169	—	84	—
99	13	78	165	165	—	1	40
2	—	6	11	9	2	—	—
1	—	3	52	4	48	20	136
3	7	—	1	1	—	—	—
—	1	—	3	3	—	42	—
—	—	—	1	1	—	369	95
1	5	1	11	10	1	—	3
—	—	—	8	8	—	10	101
—	—	—	—	—	—	—	—
64	—	7	8	8	—	20	12
5	—	4	1	1	—	15	—
—	—	—	1	1	—	—	—
—	—	—	—	—	—	—	—
65	—	—	280	280	—	—	—
—	—	—	—	—	—	—	—
—	12	—	—	—	—	—	1323
—	—	—	—	—	—	—	1323

各地区林业系统单位

地区	总计	按性质分				
		企业	事业	机关	合计	林木育种育苗
全国合计	**1066626**	**695586**	**317765**	**53275**	**865692**	**34220**
北京	6559	—	6024	535	3137	546
天津	414	—	325	89	264	43
河北	11580	1195	8559	1826	7947	1497
山西	10479	216	8916	1347	5787	780
内蒙古	114654	79107	33259	2288	95765	1141
内蒙古集团	90013	78728	11285	—	78613	—
辽宁	12430	238	10905	1287	9614	239
吉林	105709	89936	13400	2373	98160	822
吉林集团	36487	36487	—	—	34802	—
长白山集团	39535	39128	50	357	38737	—
黑龙江	363301	321489	35494	6318	317714	6174
龙江集团	328726	319737	5748	3241	289112	5659
上海	1486	—	1223	263	48	—
江苏	8765	5505	3168	92	7828	2119
浙江	9314	806	7453	1055	4698	1445
安徽	13191	966	10814	1411	9974	2551
福建	23603	13266	7985	2352	16280	325
江西	11351	2638	7937	776	8467	229
山东	10294	586	8325	1383	6471	1551
河南	9302	569	6981	1752	5096	850
湖北	15001	2878	9947	2176	8359	885
湖南	33234	6561	22160	4513	19136	1191
广东	29572	4299	21089	4184	21292	780
广西	33865	5386	26582	1897	27165	552
海南	5518	4180	1014	324	4459	430
重庆	5114	146	3836	1132	2847	214
四川	74852	58705	12442	3705	64445	4961
贵州	10078	1416	7037	1625	6366	660
云南	21007	9940	7808	3259	14958	1317
西藏	—	—	—	—	—	—
陕西	15245	5479	8169	1597	10035	986
甘肃	16527	5528	9499	1500	11793	385
青海	1101	—	960	141	842	144
宁夏	5585	548	4820	217	4529	713
新疆	9803	3978	4580	1245	6598	690
新疆兵团	—	—	—	—	—	—
局直属单位	77692	70025	7054	613	65618	—
大兴安岭	71804	69608	1583	613	65618	—

实有离退休人员年末人数(一)

单位:人

按行业分							
农林牧渔业						制造业	
营造林	木竹采运	经济林产品种植与采集	花卉及其他观赏植物种植	陆生野生动物繁育与利用	其他	合计	木材加工及木、竹、藤、棕、苇制品业
494713	**299397**	**2491**	**323**	**253**	**34295**	**29572**	**14854**
767	—	—	56	—	1768	—	—
70	—	65	—	1	85	—	—
3118	34	124	14	4	3156	1	1
4770	2	8	—	3	224	39	—
93112	22	27	1	—	1462	31	31
78613	—	—	—	—	—	—	—
5192	3045	126	—	14	998	—	—
24194	72734	—	—	—	410	2007	804
—	34802	—	—	—	—	1616	413
805	37932	—	—	—	—	391	391
115216	195317	6	—	—	1001	16098	7793
89020	194404	—	—	—	29	16098	7793
16	—	—	—	—	32	—	—
4580	25	336	13	—	755	—	—
3139	46	—	—	5	63	—	—
6180	616	—	11	17	599	191	121
5989	8268	15	15	14	1654	2060	2018
5510	2510	2	5	2	209	45	—
4585	45	92	15	17	166	—	—
3453	87	16	77	18	595	—	—
6656	109	10	6	—	693	834	699
11107	3877	1	28	29	2903	2603	984
15746	863	156	—	1	3746	174	132
23433	1569	10	3	7	1591	1050	791
3607	—	158	—	54	210	9	9
2389	31	—	—	—	213	93	93
56263	935	1	60	15	2210	242	118
4026	770	11	12	—	887	65	50
5416	4399	8	5	—	3813	287	68
—	—	—	—	—	—	—	—
4349	4091	41	—	5	563	982	889
10748	—	17	—	19	624	180	177
649	—	—	—	28	21	—	—
2872	—	648	—	—	296	9	—
4773	2	613	2	—	518	—	—
—	—	—	—	—	—	—	—
62788	—	—	—	—	2830	2572	76
62788	—	—	—	—	2830	2572	76

各地区林业系统单位

地区	制造业				按行	
	木、竹、藤家具制造业	木、竹、苇浆造纸业	林产化学产品制造	其他	合计	林业生产服务
全国合计	**341**	**1209**	**253**	**12915**	**138178**	**17821**
北京	—	—	—	—	3420	226
天津	—	—	—	—	150	11
河北	—	—	—	—	3632	212
山西	—	—	—	39	4653	1083
内蒙古	—	—	—	—	7606	3580
内蒙古集团	—	—	—	—	177	—
辽宁	—	—	—	—	2811	25
吉林	26	—	137	1040	5452	895
吉林集团	26	—	137	1040	69	—
长白山集团	—	—	—	—	407	3
黑龙江	—	1135	—	7170	13499	549
龙江集团	—	1135	—	7170	7531	45
上海	—	—	—	—	629	94
江苏	—	—	—	—	924	5
浙江	—	—	—	—	4474	1469
安徽	27	—	—	43	2663	210
福建	—	—	—	42	5240	1037
江西	—	—	—	45	2798	1100
山东	—	—	—	—	3823	589
河南	—	—	—	—	4184	162
湖北	—	—	—	135	5808	384
湖南	258	52	—	1309	11135	730
广东	—	—	—	42	8085	426
广西	—	14	79	166	4943	1081
海南	—	—	—	—	1050	9
重庆	—	—	—	—	2174	545
四川	30	—	30	64	9919	1024
贵州	—	8	6	1	3611	306
云南	—	—	—	219	5633	724
西藏	—	—	—	—	—	—
陕西	—	—	1	92	4054	394
甘肃	—	—	—	3	4554	198
青海	—	—	—	—	259	26
宁夏	—	—	—	9	1011	219
新疆	—	—	—	—	3201	460
新疆兵团	—	—	—	—	—	—
局直属单位	—	—	—	2496	6783	48
大兴安岭	—	—	—	2496	895	48

实有离退休人员年末人数(二)

单位:人

业　　分							
服　务　业							其他行业
野生动植物保护和自然保护区管理	林业工程技术与规划管理	林业科技交流和推广服务	林业公共管理和社会组织			其　他	
			小　计	林业行政管理、公安及监督检查机构	林业专业性、行业性团体		
10170	**7197**	**15452**	**73074**	**67900**	**5174**	**14464**	**33184**
104	275	28	1564	1296	268	1223	2
30	—	19	90	90	—	—	—
488	62	323	2445	2372	73	102	—
328	272	254	2138	2138	—	578	—
221	482	561	2716	2674	42	46	11252
3	156	—	—	—	—	18	11223
193	113	253	2187	2013	174	40	5
111	607	269	3425	3406	19	145	90
—	—	—	—	—	—	69	—
—	5	33	366	366	—	—	—
172	871	822	8687	7560	1127	2398	15990
—	733	747	4431	3308	1123	1575	15985
9	24	239	263	263	—	—	809
—	—	289	630	515	115	—	13
827	59	790	1136	1129	7	193	142
204	93	496	1554	1539	15	106	363
49	251	393	3339	2722	617	171	23
134	96	145	994	906	88	329	41
258	410	536	1785	1723	62	245	—
788	124	451	2292	2246	46	367	22
301	287	598	3611	3611	—	627	—
1944	146	591	6527	5991	536	1197	360
179	149	1072	5195	4559	636	1064	21
577	29	358	2494	2255	239	404	707
458	101	110	371	360	11	1	—
180	57	129	1225	1206	19	38	—
502	668	812	3992	3926	66	2921	246
46	528	86	2420	2259	161	225	36
370	117	312	3892	3668	224	218	129
—	—	—	—	—	—	—	—
239	195	1121	1863	1790	73	242	174
555	215	773	1715	1655	60	1098	—
—	34	51	141	141	—	7	—
418	21	75	278	278	—	—	36
189	15	186	2337	1887	450	14	4
—	—	—	—	—	—	—	—
296	896	3310	1768	1722	46	465	2719
28	—	172	613	613	—	34	2719

各地区林业系统单位

地区	总计	按性质分				
		企业	事业	机关	合计	林木育种育苗
全国合计	**53060**	**38058**	**59476**	**82322**	**44839**	**48149**
北京	134855	—	129733	171153	128501	130723
天津	95921	41667	93407	120137	87162	69431
河北	55403	32895	55939	63890	53222	55654
山西	53740	32027	51764	74534	52867	43849
内蒙古	53569	48509	53838	83885	49520	51639
内蒙古集团	50003	49164	65072	—	49116	—
辽宁	43852	43667	41759	63691	37961	42895
吉林	41032	39762	41074	62780	37282	38421
吉林集团	40433	40433	—	—	37731	—
长白山集团	47399	46458	99332	95167	46944	—
黑龙江	34937	30887	42580	73366	31625	31396
龙江集团	34070	30930	73760	77684	30961	30285
上海	143078	—	133056	219014	102380	103619
江苏	69851	37356	97177	92578	70312	36278
浙江	114507	71837	109657	142842	100453	93307
安徽	51672	46149	49620	73345	44545	31193
福建	68616	44659	72954	90487	59162	68190
江西	53937	39412	52482	73223	44762	44161
山东	64145	53156	62024	82514	59064	59011
河南	37278	25914	35979	49219	31450	29901
湖北	49277	38283	48362	62302	38963	42271
湖南	51410	37563	51460	59484	47132	48178
广东	89339	36719	89700	106435	89799	58799
广西	50411	34728	51017	74975	48166	51150
海南	57911	41532	56516	97704	42094	44170
重庆	81969	44259	80307	96902	77837	73811
四川	66762	55829	69044	85656	60580	60218
贵州	70701	37236	70308	102286	62102	67595
云南	81393	52996	80737	109913	66623	58270
西藏	115314	58374	133736	141965	69060	120340
陕西	53672	42718	54277	65784	48968	52418
甘肃	59151	39677	62993	66756	56423	57932
青海	110520	—	107086	120457	108634	99702
宁夏	59240	44853	58999	77872	56749	56545
新疆	63816	52113	63291	83097	56888	62172
新疆兵团	—	—	—	—	—	—
局直属单位	56528	40441	119683	99346	38419	—
大兴安岭	40701	38086	64169	84266	38419	—

在岗职工年平均工资(一)

单位:元

按行业分							
农林牧渔业						制造业	
营造林	木竹采运	经济林产品种植与采集	花卉及其他观赏植物种植	陆生野生动物繁育与利用	其他	合　计	木材加工及木、竹、藤、棕、苇制品业
46885	**34964**	**46346**	**37515**	**50223**	**59715**	**38874**	**36974**
134370	—	152735	95162	—	126025	—	—
88472	—	92023	—	82373	103711	—	—
58481	48438	45006	47534	50552	48038	45250	36853
54131	52670	51828	—	56272	56012	63871	—
49221	88028	75123	72989	70000	53945	2545	2545
49116	—	—	—	—	—	—	—
42555	29657	43164	41073	48587	21830	45748	45200
30410	42458	30844	—	82167	31798	41234	37391
73058	37654	30844	—	—	—	41674	37380
54447	46608	—	—	—	—	37450	37450
33070	30389	54563	—	49467	37816	30918	35211
32671	30211	—	—	—	44652	30540	35211
118141	—	—	—	—	84308	—	—
99247	45366	45158	41295	—	46148	—	—
99570	114108	—	—	68000	129326	—	—
47200	38596	—	33113	34222	57170	37160	37191
66480	46810	35310	26904	31956	63084	44732	42040
45099	41245	53904	52778	54619	49381	42916	19200
59161	54804	66124	65340	46807	57615	—	—
31106	31906	38937	32322	31586	33737	23492	25200
38394	36212	39336	37700	40863	43675	38263	38717
47542	37349	52420	52442	48821	51822	37388	34425
102630	66630	64970	36000	92361	68896	25025	20382
48854	45211	42441	11137	54297	47939	37382	25170
45257	—	18451	17236	12573	38534	2400	2400
78737	43201	46636	—	—	76962	49474	49474
60272	53275	52055	64239	55197	63869	36844	41401
63202	34714	73932	40423	—	74251	30351	31244
65778	49921	102352	90816	81538	84308	43841	27315
—	59100	—	67339	—	—	—	—
48385	45870	55203	30084	47819	56062	35139	30782
56134	45647	63818	—	68404	57036	36810	36751
110134	143162	—	89611	118162	97230	—	—
57313	—	44921	—	—	63296	70273	—
57064	73262	39651	64226	75667	65396	—	—
—	—	—	—	—	—	—	—
38160	—	—	—	—	74684	33150	32931
38160	—	—	—	—	74684	33150	32931

各地区林业系统单位

地　　区	按　　行					
	制　　造　　业					
	木、竹、藤家具制造业	木、竹、苇浆造纸业	林产化学产品制造	其　他	合　计	林业生产服务
全国合计	**42294**	**50512**	**39030**	**38894**	**72847**	**59703**
北　京	—	—	—	—	140197	112274
天　津	—	—	—	—	110369	95328
河　北	—	—	—	50418	59413	48092
山　西	—	—	—	63871	54420	39598
内蒙古	—	—	—	—	67571	49487
内蒙古集团	—	—	—	—	63493	—
辽　宁	46725	—	—	—	52433	48157
吉　林	82019	—	43891	45681	60082	51319
吉林集团	82019	—	43096	45681	64266	—
长白山集团	—	—	—	—	96084	96882
黑龙江	—	46237	37300	25934	64318	36234
龙江集团	—	46237	—	25934	74707	72276
上　海	—	—	—	—	153391	118749
江　苏	—	—	—	—	69825	39351
浙　江	—	—	—	—	121114	117068
安　徽	35000	—	—	36595	70527	66419
福　建	—	—	51380	48300	81205	64649
江　西	40000	—	43990	43635	63567	54276
山　东	—	—	—	—	69502	70783
河　南	24000	—	—	6000	45552	39527
湖　北	—	—	48000	35903	57145	45122
湖　南	44489	44160	35000	41140	55289	54205
广　东	—	—	—	29668	89514	74931
广　西	38400	50850	26998	37124	60659	45398
海　南	—	—	—	—	76054	48216
重　庆	—	—	—	—	84772	78167
四　川	32244	—	30323	33512	80230	80498
贵　州	—	27600	8400	18000	85502	69125
云　南	—	—	14000	46667	101420	100354
西　藏	—	—	—	—	132087	—
陕　西	35921	—	50214	50715	64071	67105
甘　肃	—	—	—	44643	64955	44693
青　海	—	—	—	—	112237	104297
宁　夏	—	—	—	70273	64032	85685
新　疆	—	—	—	—	72095	64254
新疆兵团	—	—	—	—	—	—
局直属单位	—	—	—	33176	130401	36379
大兴安岭	—	—	—	33176	59642	36379

在岗职工年平均工资(二)

单位:元

业分 服务业 野生动植物保护和自然保护区管理	林业工程技术与规划管理	林业科技交流和推广服务	林业公共管理和社会组织 小计	林业行政管理、公安及监督检查机构	林业专业性、行业性团体	其他	其他行业
65252	**96581**	**73564**	**76627**	**77108**	**70884**	**66850**	**62912**
104714	158999	171444	152231	160615	113476	134126	118225
120808	—	69189	119736	119736	—	—	—
81265	91978	42723	60455	60924	49145	74467	—
67516	67170	61913	65681	65681	—	54871	—
68504	74974	83066	80977	81386	53507	67206	64572
54136	75430	—	—	—	—	55568	63925
55894	59326	63172	53234	53987	43897	44549	29560
69499	72891	72270	58791	58893	35000	63912	56657
—	—	—	—	—	—	64266	—
—	107918	90632	95090	95090	—	—	—
51568	72617	74226	70797	69553	77786	58916	56412
—	71264	75256	77535	77427	77837	65041	56388
160594	123672	135215	219014	219014	—	—	140556
33250	20400	61105	89195	87797	99355	—	45000
102459	123180	121154	137529	138644	101446	48674	89608
60707	57736	57625	79858	80122	74815	50423	39160
67880	61751	71213	91696	99161	64761	54900	67741
65448	83902	57505	66631	68758	50554	63130	41500
78055	53204	65023	74692	75314	58722	68137	—
34584	57866	38788	49224	49428	35808	53827	27080
52794	76032	58225	54641	54641	—	74405	—
50468	58313	51893	56037	56190	53935	60555	83589
92388	157268	100036	101276	103352	87723	51803	97708
62973	49713	57971	70395	72333	54229	54176	41889
55266	93023	72997	85302	87374	50000	53507	—
90904	96654	78854	94350	93667	111890	47056	—
67800	77929	73370	83349	83638	73162	83691	20319
71961	77507	72834	96610	98145	79686	77563	18322
96022	86572	98123	104931	106262	84293	71893	75976
128329	134877	—	132062	141965	105375	—	—
54106	51619	73261	63874	64424	58190	55589	46594
66195	66713	72454	67633	67999	56208	62433	54863
112589	120026	100689	120491	120491	—	113122	—
60059	58940	43981	76972	76972	—	—	64559
60550	53597	68357	77490	80421	69258	89967	88884
—	—	—	—	—	—	—	—
63654	319489	102683	117730	116476	156403	119627	77566
49674	—	74475	84266	84266	—	37714	77566

国民经济行业	轻　伤 （人次）
事故合计	**449**
按行业分：	
1. 营造林	186
2. 木竹采运	41
3. 木竹加工制造	7
4. 森林防火	23
5. 其他	192
按事故类别分：	
1. 物体打击	105
2. 车辆伤害	87
3. 机械伤害	25
4. 触电	1
5. 火灾	5
6. 其他	226

职工伤亡事故情况

重　伤 （人次）	死　亡 （人）
36	**34**
14	8
1	1
—	—
5	1
16	24
2	—
12	13
1	—
—	—
2	1
19	20

地　区	事故合计	按行业分			
		营造林	木材采运	木竹加工制造	森林防火
全国合计	**449**	**186**	**41**	**7**	**23**
北　京	5	1	—	—	—
天　津	—	—	—	—	—
河　北	8	—	—	—	8
山　西	—	—	—	—	—
内蒙古	82	82	—	—	—
内蒙古集团	81	81	—	—	—
辽　宁	—	—	—	—	—
吉　林	13	2	11	—	—
吉林集团	6	1	5	—	—
长白山集团	6	—	6	—	—
黑龙江	215	46	7	—	10
龙江集团	215	46	7	—	10
上　海	—	—	—	—	—
江　苏	—	—	—	—	—
浙　江	1	—	—	—	—
安　徽	1	1	—	—	—
福　建	1	1	—	—	—
江　西	3	2	1	—	—
山　东	—	—	—	—	—
河　南	—	—	—	—	—
湖　北	4	2	—	—	—
湖　南	45	10	11	7	3
广　东	7	7	—	—	—
广　西	2	2	—	—	—
海　南	6	2	—	—	1
重　庆	—	—	—	—	—
四　川	8	7	—	—	1
贵　州	—	—	—	—	—
云　南	19	2	7	—	—
西　藏	—	—	—	—	—
陕　西	4	—	4	—	—
甘　肃	11	7	—	—	—
青　海	—	—	—	—	—
宁　夏	3	3	—	—	—
新　疆	—	—	—	—	—
新疆兵团	—	—	—	—	—
大兴安岭	11	9	—	—	—

职工轻伤事故情况

单位:人次

	按事故类别分					
其他	物体打击	车辆伤害	机械伤害	触电	火灾	其他
192	**105**	**87**	**25**	**1**	**5**	**226**
4	—	—	—	—	—	5
—	—	—	—	—	—	—
—	—	7	—	—	—	1
—	—	—	—	—	—	—
—	64	12	3	—	3	—
—	64	12	2	—	3	—
—	—	—	—	—	—	—
—	4	—	—	—	—	9
—	1	—	—	—	—	5
—	3	—	—	—	—	3
152	24	33	3	1	—	154
152	24	33	3	1	—	154
—	—	—	—	—	—	—
—	—	—	—	—	—	—
1	—	1	—	—	—	—
—	—	—	—	—	—	1
—	—	—	—	—	—	1
—	1	—	—	—	—	2
—	—	—	—	—	—	—
—	—	—	—	—	—	—
2	—	—	2	—	—	2
14	8	2	7	—	2	26
—	—	4	1	—	—	2
—	1	—	—	—	—	1
3	1	4	—	—	—	1
—	—	—	—	—	—	—
—	—	4	1	—	—	3
—	—	—	—	—	—	—
10	—	10	2	—	—	7
—	—	—	—	—	—	—
—	—	—	4	—	—	—
4	—	4	—	—	—	7
—	—	—	—	—	—	—
—	—	2	1	—	—	—
—	—	—	—	—	—	—
—	—	—	—	—	—	—
2	2	4	1	—	—	4

地区	事故合计	按行业分			
		营造林	木材采运	木竹加工制造	森林防火
全国合计	**36**	**14**	**1**	**—**	**5**
北京	—	—	—	—	—
天津	—	—	—	—	—
河北	—	—	—	—	—
山西	—	—	—	—	—
内蒙古	—	—	—	—	—
内蒙古集团	—	—	—	—	—
辽宁	—	—	—	—	—
吉林	—	—	—	—	—
吉林集团	—	—	—	—	—
长白山集团	—	—	—	—	—
黑龙江	7	1	—	—	—
龙江集团	7	1	—	—	—
上海	—	—	—	—	—
江苏	—	—	—	—	—
浙江	—	—	—	—	—
安徽	—	—	—	—	—
福建	—	—	—	—	—
江西	2	1	1	—	—
山东	—	—	—	—	—
河南	—	—	—	—	—
湖北	1	—	—	—	—
湖南	5	1	—	—	1
广东	—	—	—	—	—
广西	—	—	—	—	—
海南	4	3	—	—	1
重庆	—	—	—	—	—
四川	1	1	—	—	—
贵州	—	—	—	—	—
云南	4	—	—	—	3
西藏	—	—	—	—	—
陕西	—	—	—	—	—
甘肃	4	1	—	—	—
青海	—	—	—	—	—
宁夏	4	4	—	—	—
新疆	—	—	—	—	—
新疆兵团	—	—	—	—	—
大兴安岭	4	2	—	—	—

职工重伤事故情况

单位:人次

	按事故类别分					
其他	物体打击	车辆伤害	机械伤害	触电	火灾	其他
16	**2**	**12**	**1**	—	**2**	**19**
—	—	—	—	—	—	—
—	—	—	—	—	—	—
—	—	—	—	—	—	—
—	—	—	—	—	—	—
—	—	—	—	—	—	—
—	—	—	—	—	—	—
—	—	—	—	—	—	—
—	—	—	—	—	—	—
—	—	—	—	—	—	—
—	—	—	—	—	—	—
6	—	1	—	—	—	6
6	—	1	—	—	—	6
—	—	—	—	—	—	—
—	—	—	—	—	—	—
—	—	—	—	—	—	—
—	—	—	—	—	—	—
—	—	—	—	—	—	—
—	—	2	—	—	—	—
—	—	—	—	—	—	—
—	—	—	—	—	—	—
1	—	—	—	—	—	1
3	—	3	1	—	—	1
—	—	—	—	—	—	—
—	—	—	—	—	—	—
—	1	1	—	—	—	2
—	—	—	—	—	—	—
—	1	—	—	—	—	—
—	—	—	—	—	—	—
1	—	1	—	—	2	1
—	—	—	—	—	—	—
—	—	—	—	—	—	—
3	—	3	—	—	—	1
—	—	—	—	—	—	—
—	—	1	—	—	—	3
—	—	—	—	—	—	—
—	—	—	—	—	—	—
2	—	—	—	—	—	4

地　区	事故合计	按行业分			
		营造林	木材采运	木竹加工制造	森林防火
全国合计	**34**	**8**	**1**	**—**	**1**
北　京	1	1	—	—	—
天　津	—	—	—	—	—
河　北	—	—	—	—	—
山　西	—	—	—	—	—
内蒙古	1	1	—	—	—
内蒙古集团	—	—	—	—	—
辽　宁	1	—	—	—	—
吉　林	1	—	—	—	—
吉林集团	—	—	—	—	—
长白山集团	—	—	—	—	—
黑龙江	6	1	1	—	—
龙江集团	6	1	1	—	—
上　海	—	—	—	—	—
江　苏	—	—	—	—	—
浙　江	1	—	—	—	—
安　徽	1	—	—	—	—
福　建	—	—	—	—	—
江　西	—	—	—	—	—
山　东	2	—	—	—	1
河　南	—	—	—	—	—
湖　北	—	—	—	—	—
湖　南	6	2	—	—	—
广　东	2	—	—	—	—
广　西	—	—	—	—	—
海　南	3	1	—	—	—
重　庆	1	—	—	—	—
四　川	—	—	—	—	—
贵　州	—	—	—	—	—
云　南	2	1	—	—	—
西　藏	—	—	—	—	—
陕　西	2	—	—	—	—
甘　肃	3	1	—	—	—
青　海	—	—	—	—	—
宁　夏	—	—	—	—	—
新　疆	—	—	—	—	—
新疆兵团	—	—	—	—	—
大兴安岭	1	—	—	—	—

职工死亡事故情况

单位:人

	按事故类别分					
其他	物体打击	车辆伤害	机械伤害	触电	火灾	其他
24	**—**	**13**	**—**	**—**	**1**	**20**
—	—	—	—	—	—	1
—	—	—	—	—	—	—
—	—	—	—	—	—	—
—	—	—	—	—	—	—
—	—	1	—	—	—	—
—	—	—	—	—	—	—
1	—	—	—	—	—	1
1	—	1	—	—	—	—
—	—	—	—	—	—	—
—	—	—	—	—	—	—
4	—	2	—	—	—	4
4	—	2	—	—	—	4
—	—	—	—	—	—	—
—	—	—	—	—	—	—
1	—	—	—	—	—	1
1	—	1	—	—	—	—
—	—	—	—	—	—	—
—	—	—	—	—	—	—
1	—	1	—	—	1	—
—	—	—	—	—	—	—
—	—	—	—	—	—	—
4	—	1	—	—	—	5
2	—	—	—	—	—	2
—	—	—	—	—	—	—
2	—	2	—	—	—	1
1	—	—	—	—	—	1
—	—	—	—	—	—	—
—	—	—	—	—	—	—
1	—	1	—	—	—	1
—	—	—	—	—	—	—
2	—	2	—	—	—	—
2	—	1	—	—	—	2
—	—	—	—	—	—	—
—	—	—	—	—	—	—
—	—	—	—	—	—	—
—	—	—	—	—	—	—
1	—	—	—	—	—	1

国家林业局机关及直属单位

指　　标	单位个数（个）	年　末　人　数（人）				
		总计	单　位　从　业　人　员			
			合计	在　岗　职　工		
				小计	其中：女性	其中：非全日制
总计	**153**	**63359**	**61456**	**60643**	**21023**	**486**
国家林业局机关	1	235	235	233	56	—
国家林业局信息中心	1	27	27	27	13	7
国家林业局国有林场和林木种苗工作总站	1	35	35	35	11	—
国家林业局林业工作站管理总站	1	8	8	8	8	—
国家林业局林业基金管理总站	1	39	39	39	21	—
国家林业局宣传中心	1	19	19	19	4	—
国家林业局濒危物种进出口管理中心	1	31	31	14	14	—
国家林业局天然林保护工程管理中心	1	28	28	26	8	—
国家林业局西北华北东北防护林建设局	1	79	79	66	18	—
国家林业局退耕还林（草）工程管理办公室	1	27	27	27	8	—
国家林业局防治荒漠化管理中心	1	18	18	17	8	—
国家林业局世界银行贷款项目管理中心	1	30	30	30	15	—
国家林业局科技发展中心	1	21	21	20	9	—
国家林业局森林资源监督管理办公室	1	19	19	19	2	—
国家林业局亚太森林网络管理中心	1	23	23	23	12	—
国家林业局湿地保护管理中心	1	14	14	14	6	—
国家林业局经济发展研究中心	1	112	112	65	35	—
国家林业局人才开发交流中心	1	24	24	22	9	—
国家林业局对外合作项目中心	1	23	23	23	12	—
国家林业局森林防火预警监测信息中心	1	28	28	28	8	—
中国林业科学研究院	20	3932	3932	3932	1032	222
国家林业局调查规划设计院	1	351	347	296	121	—
国家林业局林产工业规划设计院	1	359	358	358	211	—
国家林业局管理干部学院	1	255	255	157	151	151
中国绿色时报社	1	102	102	62	34	12
中国林业出版社	1	115	115	111	65	—
国家林业局国际竹藤中心	1	101	101	101	38	—
中国林学会	1	41	41	35	20	—
中国野生动物保护协会	1	20	20	17	8	—
中国绿化基金会	1	22	22	5	2	—
国家林业局机关服务中心	1	134	134	129	59	—
国家林业局离退休干部局	1	73	73	46	16	46
国家林业局幼儿园	1	86	86	86	72	—
驻内蒙古自治区森林资源监督专员办事处	1	32	32	7	7	—
驻长春森林资源监督专员办事处	1	26	26	25	4	5
驻黑龙江省森林资源监督专员办事处	1	35	35	30	6	—
驻大兴安岭森林资源监督专员办事处	1	18	18	18	2	—
驻福州森林资源监督专员办事处	1	18	18	15	5	—
驻云南省森林资源监督专员办事处	1	16	16	16	3	4
驻成都森林资源监督专员办事处	1	20	20	20	6	—
驻西安森林资源监督专员办事处	1	23	23	23	8	—
驻武汉森林资源监督专员办事处	1	15	15	15	3	—
驻贵阳森林资源监督专员办事处	1	12	12	12	3	—
驻广州森林资源监督专员办事处	1	25	25	23	7	—
驻合肥森林资源监督专员办事处	1	16	16	12	5	—
驻乌鲁木齐森林资源监督专员办事处	1	11	11	11	3	—
驻上海森林资源监督专员办事处	1	18	18	15	7	—
驻北京森林资源监督专员办事处	1	16	16	16	5	—
国家林业局森林病虫害防治总站	1	106	106	91	30	—
国家林业局北方航空护林总站	1	134	134	132	32	—
国家林业局南方航空护林总站	7	137	137	137	35	—
南京森林警察学院	1	655	655	414	320	—
国家林业局华东林业调查规划设计院	1	172	165	165	28	—
国家林业局中南林业调查规划设计院	1	210	210	185	33	—
国家林业局西北林业调查规划设计院	1	203	203	203	57	—
国家林业局昆明勘察设计院	1	313	313	313	82	—
陕西佛坪国家级自然保护区管理局	1	86	86	69	16	—
甘肃白水江国家级自然保护区管理局	1	114	114	102	32	39
国家林业局卧龙自然保护区管理局	1	165	165	107	45	—
国家林业局北戴河培训中心	1	28	28	13	3	—
大兴安岭林业集团公司	68	54304	52413	52364	18130	—

从业人员和劳动报酬情况

其中:专业技术人员	其他从业人员	离开本单位仍保留劳动关系人员	年末实有离退休人员(人)	在岗职工年平均人数(人)	在岗职工年工资总额(元)	离退休人员年生活费(元)	在岗职工年平均工资(元)
18486	**828**	**1903**	**77692**	**61185**	**3458646988**	**2548745825**	**56528**
—	2	—	—	239	37708000	—	157774
7	—	—	1	27	2653868	77677	98291
—	—	—	21	36	6839413	2683924	189984
—	—	—	17	22	4305994	227230	195727
3	—	—	6	36	3882141	519789	107837
2	—	—	10	20	3247266	1146047	162363
—	17	—	5	31	5940692	673044	191635
—	2	—	6	26	4961000	523589	190808
—	13	—	67	66	7684717	4026986	116435
—	—	—	5	28	5481657	704531	195773
—	1	—	4	17	3166116	375658	186242
15	—	—	7	30	3512903	980704	117097
—	1	—	6	20	3990658	668989	199533
—	—	—	1	18	3409311	171398	189406
1	—	—	—	23	2471665	—	107464
—	—	—	—	14	2863700	—	204550
46	47	—	34	63	8553316	3375032	135767
5	2	—	3	24	2460000	293455	102500
—	—	—	6	23	2383007	—	103609
4	—	—	2	28	2724196	182602	97293
2100	—	—	3126	3914	403418000	205066007	103071
266	51	4	149	301	109260384	17470534	362991
298	—	1	292	358	97597352	13468727	272618
94	98	—	99	251	28377000	8346695	113056
35	40	—	28	102	23256000	3739053	228000
61	4	—	81	120	14481000	7328403	120675
71	—	—	12	101	13961157	1190734	138229
20	6	—	26	41	7613000	4716600	185683
2	3	—	15	17	2620951	1873177	154174
—	17	—	5	22	2278255	581559	103557
4	5	—	57	125	16786323	11350241	134291
10	27	—	557	46	7663807	76648071	166605
47	—	—	6	86	7169000	507689	83360
—	25	—	12	25	2196779	938860	87871
14	1	—	12	25	1546262	773582	61850
—	5	—	19	30	1983226	1975096	66108
15	—	—	9	18	2410662	1252018	133926
5	3	—	4	15	2338115	401594	155874
—	—	—	3	16	2202048	303716	137628
—	—	—	2	20	2774000	192524	138700
—	—	—	1	23	2094766	76300	91077
—	—	—	2	15	1647000	226465	109800
—	—	—	1	12	848329	30677	70694
—	2	—	2	23	3365037	263612	146306
—	4	—	1	12	1237957	96564	103163
—	—	—	—	12	1179016	—	98251
—	3	—	4	15	2450288	384000	163353
11	—	—	2	18	1848384	273409	102688
66	15	—	70	88	6930000	4170000	78750
45	2	—	70	131	11386166	4322268	86917
53	15	—	73	122	13357500	5268754	109488
246	241	—	208	654	99172000	19182559	151639
132	—	7	76	166	42429564	6480612	255600
174	25	—	94	185	50398199	8077977	272423
164	—	—	103	205	89750000	7502371	437805
258	—	—	182	313	98744000	15494462	315476
38	17	—	35	88	8619000	2048200	97943
39	12	—	66	114	8327011	53293	73044
52	58	—	167	144	12376000	9838767	85944
—	15	—	16	51	2823830	—	55369
14083	49	1891	71804	52370	2131490000	2090200000	40701

5

林业投资

INVESTMENT IN FORESTRY

指　标	本　年	
	总　计	中央财政资金
自年初累计完成投资	**48002639**	**11076788**
1. 生态建设与保护	20162948	8931876
(1)造林抚育与森林质量提升	18759288	8265951
(2)湿地保护与恢复	806558	344480
(3)防沙治沙	221492	155135
(4)野生动植物保护及自然保护区	375610	166310
2. 林业产业发展	20077573	246658
(1)工业原料林	1464765	10279
(2)特色经济林(不含木本油料)	1936044	24926
(3)木本油料	873695	28874
(4)花卉	1098336	607
(5)林下经济	2609753	11593
(6)木竹制品加工制造	4009003	4102
(7)木竹家具制造	1621803	760
(8)木竹浆造纸	519630	—
(9)非木质林产品加工制造	381158	1854
(10)林业旅游休闲康养	2585411	14385
(11)其他	2977975	149278
3. 林业支撑与保障	6143511	1567396
(1)林业改革补助	1235034	887870
(2)林木种苗	841016	74427
(3)森林防火与森林公安	633689	200485
(4)林业有害生物防治	286036	77189
(5)林业科技、教育、法治、宣传等	207460	46800
(6)林业信息化	65020	8954
(7)林业管理财政事业费	2875256	271671
4. 林业基础设施建设	1618607	330858
(1)棚户区(危旧房)改造	175095	87098
(2)林区公益性基础设施建设	416230	105343
(3)其他	1027282	138417

完成情况

单位：万元

实　　际				
地方财政资金	国内贷款	利用外资	自筹资金	其他社会资金
11515490	**4667837**	**212983**	**13540394**	**6989147**
6495674	1154772	66719	2188985	1324922
5977500	1119757	66472	2061087	1268521
308490	33015	247	81874	38452
48737	—	—	11592	6028
160947	2000	—	34432	11921
1011126	3482277	137129	10356685	4843698
35079	329376	9290	979072	101669
162079	723585	3538	700684	321232
96191	219728	7643	275503	245756
40968	123754	13000	593445	326562
66278	47995	39	1700016	783832
4427	1056697	24720	2014213	904844
7387	48018	585	977334	587719
180	62717	972	402708	53053
1901	94116	13000	223793	46494
232729	55476	—	1247785	1035036
363907	720815	64342	1242132	437501
3661449	4420	2613	561809	345824
347164	—	—	—	—
102069	3920	—	382082	278518
371318	500	—	47561	13825
147871	—	—	34323	26653
67598	—	2613	66249	24200
21844	—	—	31594	2628
2603585	—	—	—	—
347241	26368	6522	432915	474703
22216	73	—	58398	7310
109655	2124	—	157533	41575
215370	24171	6522	216984	425818

各地区林业投资

地　　区	自年初累计						
	总　计	其中：中央投资	其中：地方投资	生态建设			
				合计	营造林抚育与森林质量提升	湿地保护与恢复	防沙治沙
全国合计	**48002639**	**11076788**	**11515490**	**20162948**	**18759288**	**806558**	**221492**
北　京	2074256	32076	1960296	1670571	1637223	7245	18616
天　津	426095	3217	115140	413315	412252	960	—
河　北	1222530	283812	505424	876811	862282	12934	—
山　西	1140098	375116	598466	936013	869246	7850	55658
内蒙古	1534901	1157236	346921	1259491	1200545	10823	40858
内蒙古集团	399384	377587	820	371499	369447	862	—
辽　宁	395110	181118	188311	247492	240413	4027	112
吉　林	932160	715233	74918	566176	547696	6091	2581
吉林集团	311551	192869	3054	158829	158821	8	—
长白山集团	281282	253636	4689	223040	219658	298	—
黑龙江	1527454	1356523	79157	1156347	1144694	6886	100
龙江集团	1147829	1052872	9689	941026	939801	460	—
上　海	180560	1635	178925	113335	97770	11210	—
江　苏	1382175	32392	440319	552320	491769	54743	—
浙　江	846310	43614	543240	479409	461576	7347	10
安　徽	967897	124553	298172	504820	477376	23012	—
福　建	2324943	113519	228030	117260	112360	3284	—
江　西	1558707	258575	483294	563074	539146	12534	114
山　东	3041117	84390	385778	806210	768138	33774	607
河　南	922295	138614	299978	684237	669911	10549	—
湖　北	1974281	284230	272024	575888	530918	33853	3468
湖　南	2716636	323463	636053	850487	780183	42999	6418
广　东	816578	64334	690860	451912	428498	6292	1915
广　西	10418614	339834	530014	1378281	1211148	108808	1261
海　南	131481	28539	96722	84670	72620	5034	—
重　庆	606762	234919	205407	283296	266209	4753	2542
四　川	2757320	738516	422984	1040776	883317	84719	29676
贵　州	1503286	628429	244647	601284	590145	6059	—
云　南	1247752	638911	496855	800894	727456	43027	7347
西　藏	360247	306757	53490	72539	52262	—	12263
陕　西	1293529	464155	392518	824993	780876	30079	5615
甘　肃	1065849	470636	319032	556496	526286	10640	8170
青　海	427591	260577	86681	254357	224165	12780	2000
宁　夏	240567	126287	67098	192676	178008	6786	5021
新　疆	1177899	482686	274736	694256	644982	7324	13692
新疆兵团	328826	42312	18653	178901	174357	55	4317
局直属单位	787639	782892	—	553262	329818	190136	3448
大兴安岭	348659	343912	—	329815	329364	100	—

完成情况(一)

单位:万元

完成投资与保护								
	林业产业发展							
野生动植物保护及自然保护区	合计	工业原料林	特色经济林（不含木本油料）	木本油料	花卉	林下经济	木竹制品加工制造	木竹家具制造
375610	**20077573**	**1464765**	**1936044**	**873695**	**1098336**	**2609753**	**4009003**	**1621803**
7487	103789	—	2514	—	3878	3448	—	—
103	98	—	—	—	—	—	—	—
1595	171547	4669	34737	10376	2493	9942	19013	5169
3259	34625	—	20556	2929	231	1155	—	30
7265	11724	—	168	—	76	123	—	—
1190	9869	—	—	—	—	48	—	—
2940	40051	26	1901	—	—	207	—	14000
9808	161290	19495	984	—	—	2430	83739	153
—	139439	19495	20	—	—	103	83220	—
3084	10828	—	—	—	—	325	479	—
4667	86802	—	600	—	817	11920	820	680
765	77308	—	600	—	—	11880	—	—
4355	36376	—	2557	—	—	—	—	—
5808	739578	800	42508	3321	42652	27248	482377	25795
10476	150900	117	5995	9158	28821	14737	4030	2345
4432	265215	148	20261	16619	27395	36972	24110	19088
1616	1962550	211725	540952	2535	18851	12545	815595	585
11280	342109	34330	29482	93922	14786	34357	55870	2803
3691	1826253	5719	304847	53770	219916	378899	143517	524633
3777	112345	1764	25986	8880	14309	10478	33607	5886
7649	1190165	19693	152855	81259	80889	287947	123166	151470
20887	1438317	76909	92870	209130	134059	224813	74798	60226
15207	46254	9989	2100	1512	2539	4851	262	90
57064	8001089	991693	284707	111607	284648	1285831	2036390	545686
7016	11344	—	—	—	4114	657	—	—
9792	170407	408	6737	10918	2520	23335	282	4780
43064	1505223	46093	77987	56020	173807	153525	72252	245153
5080	673933	1273	34559	101442	7209	18414	39175	13129
23064	135333	8203	7183	20937	70	3156	—	82
8014	12105	—	—	—	—	—	—	—
8423	294976	654	54069	43899	18152	41385	—	20
11400	233737	31057	80178	35237	12463	1445	—	—
15412	90329	—	5400	—	—	4089	—	—
2861	24035	—	16752	90	33	—	—	—
28258	204535	—	86599	134	3608	15844	—	—
172	122564	—	74711	134	3608	8864	—	—
29860	539	—	—	—	—	—	—	—
351	—	—	—	—	—	—	—	—

各地区林业投资

地　区							自年初累计
	林业产业发展				林业支撑		
	木竹浆造纸	非木质林产品加工制造	林业旅游休闲康养	其他	合计	林业改革补助	林木种苗
全国合计	**519630**	**381158**	**2585411**	**2977975**	**6143511**	**1235034**	**841016**
北　京	—	—	4374	89575	286063	22877	18284
天　津	—	—	—	98	12682	—	—
河　北	—	69061	4870	11217	160494	40141	13397
山　西	—	—	2739	6985	155760	7565	12182
内蒙古	—	—	3508	7849	239992	23784	3974
内蒙古集团	—	—	3508	6313	5627	—	1311
辽　宁	55	—	4100	19762	106748	30377	5738
吉　林	—	65	1186	53238	151172	96713	2888
吉林集团	—	—	366	36235	4845	897	670
长白山集团	—	—	—	10024	9326	883	291
黑龙江	—	—	18505	53460	163297	73959	2551
龙江集团	—	—	17154	47674	12247	—	—
上　海	—	661	—	33158	26017	14363	727
江　苏	21581	50	74615	18631	85814	15746	40562
浙　江	7000	20	34195	44482	191010	4945	28682
安　徽	2461	3382	96371	18408	178385	23752	56290
福　建	—	28600	1032	330130	231749	183220	4353
江　西	—	5355	14709	56495	310728	47022	19673
山　东	50139	28196	93317	23300	391107	17795	209629
河　南	20	202	4260	6953	120835	30726	18048
湖　北	8000	65275	205411	14200	198060	29764	55728
湖　南	18457	40165	388787	118103	362049	12676	38087
广　东	—	—	6411	18500	274735	25522	7580
广　西	251573	105511	514742	1588701	516939	53255	188725
海　南	—	—	—	6573	31818	7799	1676
重　庆	400	—	109274	11753	135181	18607	8971
四　川	159714	22379	414973	83320	159228	7605	7869
贵　州	230	20	397434	61048	209003	92856	7189
云　南	—	216	45068	50418	276295	54406	20440
西　藏	—	—	—	12105	262108	247069	4599
陕　西	—	—	115180	21617	147830	17975	34217
甘　肃	—	—	—	73357	266823	8020	2967
青　海	—	—	960	79880	54496	1530	—
宁　夏	—	—	6492	668	14856	3197	993
新　疆	—	12000	22898	63452	236462	21768	24997
新疆兵团	—	12000	22797	450	26942	100	20351
局直属单位	—	—	—	539	185775	—	—
大兴安岭	—	—	—	—	7386	—	—

完成情况（二）

单位：万元

完成投资与保障					林业基础设施建设			
森林防火与森林公安	林业有害生物防治	林业科技、教育、法治、宣传等	林业信息化	林业管理财政事业费	合计	棚户区（危旧房）改造	林区公益性基础设施建设	其他
633689	**286036**	**207460**	**65020**	**2875256**	**1618607**	**175095**	**416230**	**1027282**
19229	6023	1421	1628	216601	13833	42	758	13033
244	1459	—	—	10979	—	—	—	—
25555	7265	2832	48	71256	13678	2227	100	11351
23134	2642	1220	—	109017	13700	77	6396	7227
25610	1454	1722	7033	176415	23694	3866	801	19027
4221	95	—	—	—	12389	3778	134	8477
21366	3846	3084	4	42333	819	—	367	452
17590	2966	1076	1122	28817	53522	15061	17300	21161
2937	341	—	—	—	8438	—	6551	1887
7440	322	142	—	248	38088	13494	9812	14782
21418	2461	1685	31	61192	121008	65458	40522	15028
10630	1322	295	—	—	117248	65369	39707	12172
831	1591	1565	179	6761	4832	—	4832	—
14130	9042	1169	420	4745	4463	1450	780	2233
19768	17893	12892	782	106048	24991	585	15891	8515
12716	16005	2228	412	66982	19477	719	11522	7236
6160	8619	6704	100	22593	13384	6120	149	7115
33370	5472	2115	199	202877	342796	16245	4447	322104
50035	46977	4571	2693	59407	17547	163	12113	5271
13800	5496	2112	684	49969	4878	—	1040	3838
12718	7519	3574	670	88087	10168	2071	2760	5337
31243	12018	28428	1272	238325	65783	6914	16972	41897
56343	11949	14038	2328	156975	43677	1172	8645	33860
32933	47357	57360	32983	104326	522305	26677	157711	337917
5152	1553	2646	132	12860	3649	844	1445	1360
14427	11581	4907	1454	75234	17878	415	11683	5780
44204	11538	5886	3655	78471	52093	1418	39767	10908
14001	2304	2200	604	89849	19066	698	17101	1267
64026	3222	5700	1127	127374	35230	1338	9327	24565
3904	4318	—	—	2218	13495	2370	—	11125
6115	2736	4013	73	82701	25730	12433	2436	10861
10856	1553	10049	827	232551	8793	—	5562	3231
5795	1580	1704	—	43887	28409	—	—	28409
2894	673	686	—	6413	9000	250	1881	6869
8348	25960	10472	583	144334	42646	2865	20828	18953
1341	2208	434	85	2423	419	—	75	344
15774	964	9401	3977	155659	48063	3617	3094	41352
7364	22	—	—	—	11458	3617	3094	4747

林业固定资产投资完成情况

单位:万元

指　　标	总计
一、本年计划投资	**13929637**
二、自年初累计完成投资	**14080891**
其中:国家投资	2992486
按构成分	
1. 建筑工程	3854268
2. 安装工程	775357
3. 设备工器具购置	1319368
4. 其他	8131898
按性质分	
1. 新建	8683823
2. 扩建	2799196
3. 改建和技术改造	1870853
4. 单纯建造生活设施	46751
5. 迁建	42569
6. 恢复	128308
7. 单纯购置	509391
三、本年新增固定资产	**5859752**
四、房屋建筑面积及竣工价值	
本年房屋施工面积(平方米)	1772309
其中:住宅	885403
本年房屋竣工面积(平方米)	1030425
其中:住宅	555921
本年房屋竣工价值	168884
其中:住宅	91799
五、本年实际到位资金合计	**15599368**
1. 上年末结余资金	233944
2. 本年实际到位资金小计	15365424
(1)国家预算资金	5438176
①中央资金	3342898
②地方资金	2095278
(2)国内贷款	702562
(3)债券	
(4)利用外资	15686
(5)自筹资金	7164313
(6)其他资金	2044687
六、本年各项应付款合计	**1769123**
其中:工程款	532953

注:本表统计范围为按照项目管理的、且计划总投资在500万元以上的城镇林业固定资产投资项目和农村非农户林业固定资产投资项目。

各地区林业固定资产投资完成情况(一)

单位:万元

地　区	本年计划投资	自年初累计完成投资					
		总计	其中:国家投资	按构成分			
				建筑工程	安装工程	设备工器具购置	其他
全国合计	**13929637**	**14080891**	**2992486**	**3854268**	**775357**	**1319368**	**8131898**
北　京	1270396	1052474	334699	919818	6492	705	125459
天　津	—	—	—	—	—	—	—
河　北	—	4671	336	2	4290	87	292
山　西	17164	17257	10108	620	28	795	15814
内蒙古	93348	51254	36296	12917	6	9214	29117
内蒙古集团	74664	30232	18764	12034	6	7256	10936
辽　宁	81896	54350	39738	13933	—	732	39685
吉　林	34419	42330	31633	31539	1984	4492	4315
吉林集团	5353	7110	5912	6215	—	895	—
长白山集团	23584	31521	23960	23351	634	3221	4315
黑龙江	1071945	1068658	1042395	119776	14	1179	947689
龙江集团	1063907	1062173	1037023	117946	14	703	943510
上　海	32868	64443	—	32868	—	403	31172
江　苏	92436	151012	2000	22940	2400	15533	110139
浙　江	5953	7718	1471	2225	—	10	5483
安　徽	260882	273659	33035	39773	17330	6577	209979
福　建	25718	30703	7537	17632	703	3587	8781
江　西	19943	24679	3259	4818	—	—	19861
山　东	43740	54286	14318	9987	11990	8878	23431
河　南	—	—	—	—	—	—	—
湖　北	143176	188436	14089	56324	2660	10252	119200
湖　南	228857	382471	76564	69767	17979	50516	244209
广　东	9886	7413	33	5267	394	674	1078
广　西	7337262	8850982	304091	2276168	692036	1155818	4726960
海　南	934	775	—	775	—	—	—
重　庆	33944	40509	21050	4566	539	598	34806
四　川	168879	182437	86332	32385	4411	12268	133373
贵　州	1375332	8676	8676	2150	—	6526	—
云　南	114921	140193	60181	25506	4504	5342	104841
西　藏	122909	151825	77946	54541	1415	4365	91504
陕　西	278605	284472	94831	15378	146	517	268431
甘　肃	199480	199480	146302	30441	3042	5306	160691
青　海	89769	89769	67938	4803	—	1704	83262
宁　夏	6923	7747	6010	1220	94	20	6413
新　疆	651917	561486	390179	14250	2772	1889	542575
新疆兵团	600	—	—	—	—	—	—
局直属单位	116135	86726	81439	31879	128	11381	43338
大兴安岭	80258	37573	32826	14816	—	3959	18798

各地区林业固定资产

地区	自年初累计完成投资						
	按性质分						
	新建	扩建	改建和技术改造	单纯建造生活设施	迁建	恢复	单纯购置
全国合计	**8683823**	**2799196**	**1870853**	**46751**	**42569**	**128308**	**509391**
北京	670982	311887	69180	—	—	91	334
天津	—	—	—	—	—	—	—
河北	4582	—	—	—	—	2	87
山西	13194	1223	1145	145	—	217	1333
内蒙古	26042	15073	2677	44	—	—	7418
内蒙古集团	5949	14541	2546	44	—	—	7152
辽宁	53214	—	244	—	14	—	878
吉林	23352	—	13745	1063	—	1052	3118
吉林集团	2892	—	3323	—	—	—	895
长白山集团	18200	—	10422	—	—	1052	1847
黑龙江	98263	730833	239551	—	—	—	11
龙江集团	91879	730833	239451	—	—	—	10
上海	53040	—	—	—	—	11000	403
江苏	129762	6950	6600	—	—	4100	3600
浙江	6208	—	1000	—	—	—	510
安徽	238013	17060	11119	1000	—	60	6407
福建	18584	319	1752	72	—	5939	4037
江西	20649	1856	2174	—	—	—	—
山东	31506	5115	14329	220	—	399	2717
河南	—	—	—	—	—	—	—
湖北	168091	12431	6461	—	1284	114	55
湖南	311734	54891	8618	900	2000	980	3348
广东	5842	775	583	—	—	—	213
广西	5274606	1568345	1466120	41950	19271	41891	438799
海南	775	—	—	—	—	—	—
重庆	34996	2871	—	—	—	—	2642
四川	141660	18064	12140	1200	—	4864	4509
贵州	5139	—	—	—	—	—	3537
云南	125214	6949	4781	—	—	10	3239
西藏	133474	18203	—	—	—	148	—
陕西	283289	—	1109	—	—	—	74
甘肃	171344	20282	91	—	—	2437	5326
青海	73959	3470	—	—	—	9900	2440
宁夏	6923	180	540	94	—	—	10
新疆	532576	2419	—	—	20000	6229	262
新疆兵团	—	—	—	—	—	—	—
局直属单位	26810	—	6894	63	—	38875	14084
大兴安岭	12392	—	3792	63	—	14802	6524

投资完成情况(二)

单位:万元

本年新增固定资产	房屋建筑面积及竣工价值					
	本年房屋施工面积(平方米)		本年房屋竣工面积(平方米)		本年房屋竣工价值	
	合计	其中:住宅	合计	其中:住宅	合计	其中:住宅
5859752	**1772309**	**885403**	**1030425**	**555921**	**168884**	**91799**
379191	—	—	—	—	—	—
—	—	—	—	—	—	—
89	6	—	6	—	2	—
3329	2075	—	1435	—	214	—
32895	6281	—	3157	—	551	—
28282	3612	—	888	—	131	—
46548	—	—	—	—	—	—
22027	4647	—	20651	17769	3457	2794
3919	—	—	17769	17769	2794	2794
15194	4647	—	2882	—	663	—
520299	325908	305652	285958	265702	34340	25295
519508	325735	305652	285785	265702	34314	25295
20246	—	—	—	—	—	—
2709	120000	25000	110000	20000	18000	3300
2775	—	—	—	—	—	—
109033	2631	240	2240	240	443	83
16884	117962	115522	115522	115522	31191	31191
3513	34506	31906	34506	31906	6743	5663
20438	64078	—	64078	—	5138	—
—	—	—	—	—	—	—
86221	14351	—	30865	16514	7053	3465
108747	51187	14779	65187	40029	13798	7505
3459	117	—	2313	1956	446	381
3636004	813049	363436	137447	21515	18155	3474
—	—	—	—	—	—	—
71503	12396	—	9796	—	1162	—
19374	56485	3231	68631	18631	7837	5537
8676	2380	2380	2380	2380	2150	2150
31471	42819	1257	34139	1257	6718	461
90263	5402	—	—	—	1685	—
255222	40000	19500	1000	—	585	—
135828	25446	—	25446	—	6577	—
—	—	—	—	—	—	—
1348	2950	—	2950	—	720	—
210385	9244	2500	8744	2500	1217	500
—	—	—	—	—	—	—
21275	18389	—	3974	—	702	—
14802	—	—	—	—	—	—

各地区林业固定资产

地　区	本年实际到位					
	总计	上年末结余资金	本年实际			
			合计	国家预算资金		
				小计	中央资金	地方资金
全国合计	**15599368**	**233944**	**15365424**	**5438176**	**3342898**	**2095278**
北　京	1148188	84602	1063586	1026232	6900	1019332
天　津	—	—	—	—	—	—
河　北	17714	614	17100	14873	8276	6597
山　西	19672	10	19662	12964	10492	2472
内蒙古	58148	10590	47558	23133	19406	3727
内蒙古集团	46701	10590	36111	11711	9230	2481
辽　宁	104693	283	104410	87051	69231	17820
吉　林	51477	18119	33358	24679	23703	976
吉林集团	8297	2372	5925	5885	5885	—
长白山集团	37346	14985	22361	14800	14139	661
黑龙江	1076818	1026	1075792	1057883	1047216	10667
龙江集团	1065035	—	1065035	1051153	1041138	10015
上　海	54184	—	54184	54184	1125	53059
江　苏	144397	—	144397	55022	710	54312
浙　江	6765	—	6765	4961	500	4461
安　徽	206098	—	206098	76118	28602	47516
福　建	35292	—	35292	20087	2568	17519
江　西	26312	—	26312	24231	11089	13142
山　东	109307	150	109157	14416	5387	9029
河　南	—	—	—	—	—	—
湖　北	204224	—	204224	51568	26396	25172
湖　南	410766	2233	408533	178296	63316	114980
广　东	15043	253	14790	13972	1210	12762
广　西	8674093	33045	8641048	561374	230109	331265
海　南	934	—	934	934	714	220
重　庆	39724	1197	38527	24027	21691	2336
四　川	199493	1101	198392	137135	105350	31785
贵　州	1375332	—	1375332	750000	628429	121571
云　南	147139	10267	136872	115274	79445	35829
西　藏	141499	—	141499	141499	134137	7362
陕　西	295349	557	294792	139726	112254	27472
甘　肃	199480	—	199480	171641	146176	25465
青　海	89769	—	89769	89769	67983	21786
宁　夏	18175	574	17601	17601	10912	6689
新　疆	584619	34286	550333	449362	379407	69955
新疆兵团	558	—	558	—	—	—
局直属单位	144664	35037	109627	100164	100164	—
大兴安岭	83671	3413	80258	71335	71335	—

投资完成情况(三)

单位:万元

资金 到位资金 国内贷款	债券	利用外资	自筹资金	其他资金	本年各项应付款 合计	其中:工程款
702562	**—**	**15686**	**7164313**	**2044687**	**1769123**	**532953**
—	—	199	7751	29404	227464	145596
—	—	—	—	—	—	—
—	—	—	2227	—	—	—
117	—	—	4118	2463	2579	2447
—	—	—	18352	6073	—	—
—	—	—	18332	6068	—	—
—	—	3310	14004	45	2023	2013
—	—	—	6681	1998	12938	8726
—	—	—	40	—	10978	6766
—	—	—	5563	1998	—	—
—	—	—	14205	3704	3848	3662
—	—	—	13882	—	3720	3534
—	—	—	—	—	—	—
8200	—	—	71225	9950	8300	1250
—	—	—	1804	—	2000	1500
10254	—	—	61523	58203	48253	5640
—	—	—	15205	—	6525	6331
—	—	—	2081	—	2965	2955
33200	—	—	49241	12300	13341	10242
—	—	—	—	—	—	—
18200	—	—	128030	6426	19106	16695
—	—	1892	159084	69261	36206	9058
—	—	—	818	—	746	675
435999	—	10285	6100647	1532743	949369	181423
—	—	—	—	—	775	775
—	—	—	14500	—	35303	3565
—	—	—	13984	47273	50355	22910
195137	—	—	218420	211775	95432	63398
—	—	—	21258	340	23809	14574
—	—	—	—	—	14580	14580
—	—	—	149274	5792	4172	4172
1455	—	—	2082	24302	—	—
—	—	—	—	—	—	—
—	—	—	—	—	614	500
—	—	—	78336	22635	207443	9790
—	—	—	558	—	—	—
—	—	—	9463	—	977	476
—	—	—	8923	—	—	—

林业利用外资基本情况

单位：万美元

指　　标	项目个数（个）	实际利用外资金额				协议利用外资金额			
		合计	国外借款	外商投资	无偿援助	合计	国外借款	外商投资	无偿援助
总　计	**129**	**32718**	**10384**	**21157**	**1177**	**15814**	**13585**	**1859**	**370**
一、营造林	111	13522	10348	2378	796	15659	13540	1749	370
1. 公益林	51	5285	4442	47	796	4765	4563	2	200
2. 工业原料林	37	4528	2525	2003	—	1106	1007	99	—
3. 特色经济林	23	3709	3381	328	—	9788	7970	1648	170
二、木竹材加工	4	3896	—	3896	—	—	—	—	—
其中：木家具制造	—	—	—	—	—	—	—	—	—
人造板制造	—	—	—	—	—	—	—	—	—
木制品制造	1	2500	—	2500	—	—	—	—	—
三、林纸一体化	2	9385	—	9385	—	—	—	—	—
四、林产化工	—	—	—	—	—	—	—	—	—
五、非木质林产品加工	1	90	—	90	—	110	—	110	—
六、花卉、种苗	2	2006	—	2006	—	—	—	—	—
七、科学研究	1	402	—	402	—	—	—	—	—
八、其他	8	3417	36	3000	381	45	45	—	—

各地区林业利用外资项目个数

单位:个

地区	总计	营造林				木竹材加工				林纸一体化	林产化工	非木质林产品加工	花卉、种苗	科学研究	其他
		合计	公益林	工业原料林	特色经济林	合计	其中								
							木家具制造	人造板制造	木制品制造						
全国合计	**129**	**111**	**51**	**37**	**23**	**4**	**—**	**—**	**1**	**2**	**—**	**1**	**2**	**1**	**8**
北　京	1	1	1	—	—	—	—	—	—	—	—	—	—	—	—
天　津	—	—	—	—	—	—	—	—	—	—	—	—	—	—	—
河　北	1	1	—	1	—	—	—	—	—	—	—	—	—	—	—
山　西	6	6	6	—	—	—	—	—	—	—	—	—	—	—	—
内蒙古	—	—	—	—	—	—	—	—	—	—	—	—	—	—	—
内蒙古集团	—	—	—	—	—	—	—	—	—	—	—	—	—	—	—
辽　宁	11	11	9	1	1	—	—	—	—	—	—	—	—	—	—
吉　林	—	—	—	—	—	—	—	—	—	—	—	—	—	—	—
吉林集团	—	—	—	—	—	—	—	—	—	—	—	—	—	—	—
长白山集团	—	—	—	—	—	—	—	—	—	—	—	—	—	—	—
黑龙江	—	—	—	—	—	—	—	—	—	—	—	—	—	—	—
龙江集团	—	—	—	—	—	—	—	—	—	—	—	—	—	—	—
上　海	—	—	—	—	—	—	—	—	—	—	—	—	—	—	—
江　苏	—	—	—	—	—	—	—	—	—	—	—	—	—	—	—
浙　江	—	—	—	—	—	—	—	—	—	—	—	—	—	—	—
安　徽	1	—	—	—	—	—	—	—	—	—	—	—	—	—	1
福　建	11	1	—	—	1	4	—	—	1	—	—	1	2	1	2
江　西	24	24	1	19	4	—	—	—	—	—	—	—	—	—	—
山　东	1	1	1	—	—	—	—	—	—	—	—	—	—	—	—
河　南	—	—	—	—	—	—	—	—	—	—	—	—	—	—	—
湖　北	—	—	—	—	—	—	—	—	—	—	—	—	—	—	—
湖　南	33	32	15	8	9	—	—	—	—	—	—	—	—	—	1
广　东	1	1	—	1	—	—	—	—	—	—	—	—	—	—	—
广　西	9	7	—	7	—	—	—	—	—	2	—	—	—	—	—
海　南	—	—	—	—	—	—	—	—	—	—	—	—	—	—	—
重　庆	2	2	—	—	2	—	—	—	—	—	—	—	—	—	—
四　川	5	5	5	—	—	—	—	—	—	—	—	—	—	—	—
贵　州	—	—	—	—	—	—	—	—	—	—	—	—	—	—	—
云　南	—	—	—	—	—	—	—	—	—	—	—	—	—	—	—
西　藏	—	—	—	—	—	—	—	—	—	—	—	—	—	—	—
陕　西	6	6	1	—	5	—	—	—	—	—	—	—	—	—	—
甘　肃	12	12	11	—	1	—	—	—	—	—	—	—	—	—	—
青　海	4	1	1	—	—	—	—	—	—	—	—	—	—	—	3
宁　夏	1	—	—	—	—	—	—	—	—	—	—	—	—	—	1
新　疆	—	—	—	—	—	—	—	—	—	—	—	—	—	—	—
新疆兵团	—	—	—	—	—	—	—	—	—	—	—	—	—	—	—
大兴安岭	—	—	—	—	—	—	—	—	—	—	—	—	—	—	—

各地区林业实际利用外资情况

单位:万美元

地区	总计	营造林				木竹材加工				林纸一体化	林产化工	非木质林产品加工	花卉、种苗	科学研究	其他
		合计	公益林	工业原料林	特色经济林	合计	其中								
							木家具制造	人造板制造	木制品制造						
全国合计	**32718**	**13522**	**5285**	**4528**	**3709**	**3896**	**—**	**—**	**2500**	**9385**	**—**	**90**	**2006**	**402**	**3417**
北　京	30	30	30	—	—	—	—	—	—	—	—	—	—	—	—
天　津	—	—	—	—	—	—	—	—	—	—	—	—	—	—	—
河　北	3	3	—	3	—	—	—	—	—	—	—	—	—	—	—
山　西	226	226	226	—	—	—	—	—	—	—	—	—	—	—	—
内蒙古	—	—	—	—	—	—	—	—	—	—	—	—	—	—	—
内蒙古集团	—	—	—	—	—	—	—	—	—	—	—	—	—	—	—
辽　宁	1204	1204	1197	4	3	—	—	—	—	—	—	—	—	—	—
吉　林	—	—	—	—	—	—	—	—	—	—	—	—	—	—	—
吉林集团	—	—	—	—	—	—	—	—	—	—	—	—	—	—	—
长白山集团	—	—	—	—	—	—	—	—	—	—	—	—	—	—	—
黑龙江	—	—	—	—	—	—	—	—	—	—	—	—	—	—	—
龙江集团	—	—	—	—	—	—	—	—	—	—	—	—	—	—	—
上　海	—	—	—	—	—	—	—	—	—	—	—	—	—	—	—
江　苏	—	—	—	—	—	—	—	—	—	—	—	—	—	—	—
浙　江	—	—	—	—	—	—	—	—	—	—	—	—	—	—	—
安　徽	2	—	—	—	—	—	—	—	—	—	—	—	—	—	2
福　建	9634	240	—	—	240	3896	—	—	2500	—	—	90	2006	402	3000
江　西	2177	2177	12	1986	179	—	—	—	—	—	—	—	—	—	—
山　东	2241	2241	2241	—	—	—	—	—	—	—	—	—	—	—	—
河　南	—	—	—	—	—	—	—	—	—	—	—	—	—	—	—
湖　北	—	—	—	—	—	—	—	—	—	—	—	—	—	—	—
湖　南	2211	2180	752	374	1054	—	—	—	—	—	—	—	—	—	31
广　东	542	542	—	542	—	—	—	—	—	—	—	—	—	—	—
广　西	11004	1619	—	1619	—	—	—	—	—	9385	—	—	—	—	—
海　南	—	—	—	—	—	—	—	—	—	—	—	—	—	—	—
重　庆	1611	1611	—	—	1611	—	—	—	—	—	—	—	—	—	—
四　川	452	452	452	—	—	—	—	—	—	—	—	—	—	—	—
贵　州	—	—	—	—	—	—	—	—	—	—	—	—	—	—	—
云　南	—	—	—	—	—	—	—	—	—	—	—	—	—	—	—
西　藏	—	—	—	—	—	—	—	—	—	—	—	—	—	—	—
陕　西	214	214	100	—	114	—	—	—	—	—	—	—	—	—	—
甘　肃	580	580	72	—	508	—	—	—	—	—	—	—	—	—	—
青　海	584	203	203	—	—	—	—	—	—	—	—	—	—	—	381
宁　夏	3	—	—	—	—	—	—	—	—	—	—	—	—	—	3
新　疆	—	—	—	—	—	—	—	—	—	—	—	—	—	—	—
新疆兵团	—	—	—	—	—	—	—	—	—	—	—	—	—	—	—
大兴安岭	—	—	—	—	—	—	—	—	—	—	—	—	—	—	—

各地区林业协议利用外资情况

单位：万美元

地区	总计	营造林				木竹材加工				林纸一体化	林产化工	非木质林产品加工	花卉、种苗	科学研究	其他
		合计	公益林	工业原料林	特色经济林	合计	其中 木家具制造	人造板制造	木制品制造						
全国合计	**15814**	**15659**	**4765**	**1106**	**9788**	**—**	**—**	**—**	**—**	**—**	**—**	**110**	**—**	**—**	**45**
北京	30	30	30	—	—	—	—	—	—	—	—	—	—	—	—
天津	—	—	—	—	—	—	—	—	—	—	—	—	—	—	—
河北	—	—	—	—	—	—	—	—	—	—	—	—	—	—	—
山西	—	—	—	—	—	—	—	—	—	—	—	—	—	—	—
内蒙古	—	—	—	—	—	—	—	—	—	—	—	—	—	—	—
内蒙古集团	—	—	—	—	—	—	—	—	—	—	—	—	—	—	—
辽宁	535	535	470	40	25	—	—	—	—	—	—	—	—	—	—
吉林	—	—	—	—	—	—	—	—	—	—	—	—	—	—	—
吉林集团	—	—	—	—	—	—	—	—	—	—	—	—	—	—	—
长白山集团	—	—	—	—	—	—	—	—	—	—	—	—	—	—	—
黑龙江	—	—	—	—	—	—	—	—	—	—	—	—	—	—	—
龙江集团	—	—	—	—	—	—	—	—	—	—	—	—	—	—	—
上海	—	—	—	—	—	—	—	—	—	—	—	—	—	—	—
江苏	—	—	—	—	—	—	—	—	—	—	—	—	—	—	—
浙江	—	—	—	—	—	—	—	—	—	—	—	—	—	—	—
安徽	2	—	—	—	—	—	—	—	—	—	—	—	—	—	2
福建	110	—	—	—	—	—	—	—	—	—	—	110	—	—	—
江西	2187	2187	—	502	1685	—	—	—	—	—	—	—	—	—	—
山东	3760	3760	3760	—	—	—	—	—	—	—	—	—	—	—	—
河南	—	—	—	—	—	—	—	—	—	—	—	—	—	—	—
湖北	—	—	—	—	—	—	—	—	—	—	—	—	—	—	—
湖南	1112	1081	333	88	660	—	—	—	—	—	—	—	—	—	31
广东	—	—	—	—	—	—	—	—	—	—	—	—	—	—	—
广西	476	476	—	476	—	—	—	—	—	—	—	—	—	—	—
海南	—	—	—	—	—	—	—	—	—	—	—	—	—	—	—
重庆	3723	3723	—	—	3723	—	—	—	—	—	—	—	—	—	—
四川	100	100	100	—	—	—	—	—	—	—	—	—	—	—	—
贵州	—	—	—	—	—	—	—	—	—	—	—	—	—	—	—
云南	—	—	—	—	—	—	—	—	—	—	—	—	—	—	—
西藏	—	—	—	—	—	—	—	—	—	—	—	—	—	—	—
陕西	191	191	—	—	191	—	—	—	—	—	—	—	—	—	—
甘肃	3576	3576	72	—	3504	—	—	—	—	—	—	—	—	—	—
青海	—	—	—	—	—	—	—	—	—	—	—	—	—	—	—
宁夏	12	—	—	—	—	—	—	—	—	—	—	—	—	—	12
新疆	—	—	—	—	—	—	—	—	—	—	—	—	—	—	—
新疆兵团	—	—	—	—	—	—	—	—	—	—	—	—	—	—	—
大兴安岭	—	—	—	—	—	—	—	—	—	—	—	—	—	—	—

国家林业局机关及直属单位

地　区	总计	自　年　初				
		生态建设与保护				
		合计	造林抚育与森林质量提升	湿地保护与恢复	防沙治沙	野生动植物保护及自然保护区
总　计	**438980**	**223447**	**454**	**190036**	**3448**	**29509**
国家林业局机关	—	—	—	—	—	—
国家林业局信息中心	3571	—	—	—	—	—
国家林业局国有林场和林木种苗工作总站	900	—	—	—	—	—
国家林业局林业工作站管理总站	748	—	—	—	—	—
国家林业局林业基金管理总站	861	—	—	—	—	—
国家林业局宣传中心	662	—	—	—	—	—
国家林业局濒危物种进出口管理中心	1618	—	—	—	—	—
国家林业局天然林保护工程管理中心	664	—	—	—	—	—
国家林业局西北华北东北防护林建设局	3181	—	—	—	—	—
国家林业局退耕还林(草)工程管理办公室	1002	368	368	—	—	—
国家林业局防治荒漠化管理中心	3890	3441	—	—	3441	—
国家林业局世界银行贷款项目管理中心	1169	—	—	—	—	—
国家林业局科技发展中心	2807	—	—	—	—	—
国家林业局森林资源监督管理办公室	473	—	—	—	—	—
国家林业局亚太森林网络管理中心	4016	—	—	—	—	—
国家林业局湿地保护管理中心	190349	190000	—	190000	—	—
国家林业局经济发展研究中心	1261	—	—	—	—	—
国家林业局人才开发交流中心	1820	86	86	—	—	—
国家林业局对外合作项目中心	294	—	—	—	—	—
国家林业局森林防火预警监测信息中心	1006	7	—	—	7	—
中国林业科学研究院	57109	36	—	36	—	—
国家林业局调查规划设计院	6597	—	—	—	—	—
国家林业局林产工业规划设计院	350	—	—	—	—	—
国家林业局管理干部学院	4126	—	—	—	—	—
中国绿色时报社	5165	—	—	—	—	—
中国林业出版社	8073	—	—	—	—	—
国家林业局国际竹藤中心	14031	—	—	—	—	—
中国林学会	2856	—	—	—	—	—
中国野生动物保护协会	128	—	—	—	—	—
中国绿化基金会	5080	—	—	—	—	—

林业投资完成情况(一)

单位:万元

累计完成投资									
林业产业发展	林业支撑与保障								
	合计	林业改革补助	林木种苗	森林防火与森林公安	林业有害生物防治	林业科技、教育、法治、宣传	林业信息化	林业管理财政事业费	其他
539	**214994**	**—**	**—**	**8410**	**942**	**9401**	**3977**	**155659**	**36605**
—	—	—	—	—	—	—	—	—	—
—	3571	—	—	—	—	—	3273	298	—
—	900	—	—	—	—	—	—	900	—
—	748	—	—	—	—	—	—	741	7
—	861	—	—	—	—	—	—	861	—
—	662	—	—	—	—	—	—	662	—
—	1618	—	—	—	—	—	—	1618	—
—	664	—	—	—	—	—	—	664	—
—	3181	—	—	—	—	—	171	1592	1418
—	634	—	—	—	—	—	—	634	—
—	449	—	—	—	—	—	—	449	—
—	1169	—	—	—	—	—	—	—	1169
—	2807	—	—	—	—	2267	—	540	—
—	473	—	—	—	—	—	—	473	—
—	4016	—	—	—	—	—	—	292	3724
—	349	—	—	—	—	—	—	349	—
—	1261	—	—	—	—	—	—	1261	—
—	1734	—	—	20	—	—	118	458	1138
—	294	—	—	—	—	—	—	294	—
—	999	—	—	625	—	—	—	374	—
539	56534	—	—	160	—	—	36	45998	10340
—	6597	—	—	—	—	—	—	4562	2035
—	350	—	—	—	—	—	—	350	—
—	4126	—	—	—	—	—	—	4126	—
—	5165	—	—	—	—	5165	—	—	—
—	8073	—	—	—	—	1880	—	6193	—
—	14031	—	—	—	—	89	260	1598	12084
—	2856	—	—	—	—	—	—	1335	1521
—	128	—	—	—	—	—	—	128	—
—	5080	—	—	—	—	—	—	5080	—

国家林业局机关及直属单位

地区	总计	自年初				
		生态建设与保护				
		合计	造林抚育与森林质量提升	湿地保护与恢复	防沙治沙	野生动植物保护及自然保护区
国家林业局机关服务中心	5687	—	—	—	—	—
国家林业局离退休干部局	9116	—	—	—	—	—
国家林业局幼儿园	266	—	—	—	—	—
驻内蒙古自治区森林资源监督专员办事处	491	—	—	—	—	—
驻长春森林资源监督专员办事处	426	—	—	—	—	—
驻黑龙江省森林资源监督专员办事处	538	—	—	—	—	—
驻大兴安岭森林资源监督专员办事处	527	—	—	—	—	—
驻福州森林资源监督专员办事处	348	—	—	—	—	—
驻云南省森林资源监督专员办事处	243	—	—	—	—	—
驻成都森林资源监督专员办事处	291	—	—	—	—	—
驻西安森林资源监督专员办事处	428	—	—	—	—	—
驻武汉森林资源监督专员办事处	212	—	—	—	—	—
驻贵阳森林资源监督专员办事处	277	—	—	—	—	—
驻广州森林资源监督专员办事处	750	106	—	—	—	106
驻合肥森林资源监督专员办事处	169	—	—	—	—	—
驻乌鲁木齐森林资源监督专员办事处	322	—	—	—	—	—
驻上海森林资源监督专员办事处	473	—	—	—	—	—
驻北京森林资源监督专员办事处	435	—	—	—	—	—
国家林业局森林病虫害防治总站	3169	117	—	—	—	117
国家林业局北方航空护林总站	2111	—	—	—	—	—
国家林业局南方航空护林总站	8690	—	—	—	—	—
南京森林警察学院	21694	—	—	—	—	—
国家林业局华东林业调查规划设计院	7507	—	—	—	—	—
国家林业局中南林业调查规划设计院	10714	—	—	—	—	—
国家林业局西北林业调查规划设计院	1550	—	—	—	—	—
国家林业局昆明勘察设计院	2898	—	—	—	—	—
陕西佛坪国家级自然保护区管理局	887	—	—	—	—	—
甘肃白水江国家级自然保护区管理局	1452	114	—	—	—	114
国家林业局卧龙自然保护区管理局	33502	29172	—	—	—	29172
国家林业局北戴河培训中心	—	—	—	—	—	—
大兴安岭林业集团公司	—	—	—	—	—	—

林业投资完成情况(二)

单位:万元

累计完成投资									
林业产业发展	林业支撑与保障								
	合计	林业改革补助	林木种苗	森林防火与森林公安	林业有害生物防治	林业科技、教育、法治、宣传	林业信息化	林业管理财政事业费	其他
—	5687	—	—	—	—	—	—	3777	1910
—	9116	—	—	—	—	—	—	9116	—
—	266	—	—	—	—	—	—	266	—
—	491	—	—	—	—	—	—	491	—
—	426	—	—	—	—	—	—	426	—
—	538	—	—	—	—	—	—	538	—
—	527	—	—	—	—	—	—	375	152
—	348	—	—	—	—	—	—	348	—
—	243	—	—	—	—	—	—	243	—
—	291	—	—	—	—	—	—	291	—
—	428	—	—	—	—	—	—	319	109
—	212	—	—	—	—	—	—	212	—
—	277	—	—	—	—	—	—	222	55
—	644	—	—	—	—	—	—	529	115
—	169	—	—	—	—	—	—	169	—
—	322	—	—	—	—	—	—	164	158
—	473	—	—	—	—	—	—	473	—
—	435	—	—	—	—	—	—	326	109
—	3052	—	—	—	942	—	119	1693	298
—	2111	—	—	252	—	—	—	1859	—
—	8690	—	—	5753	—	—	—	2674	263
—	21694	—	—	—	—	—	—	21694	—
—	7507	—	—	—	—	—	—	7507	—
—	10714	—	—	—	—	—	—	10714	—
—	1550	—	—	—	—	—	—	1550	—
—	2898	—	—	—	—	—	—	2898	—
—	887	—	—	—	—	—	—	887	—
—	1338	—	—	—	—	—	—	1338	—
—	4330	—	—	1600	—	—	—	2730	—
—	—	—	—	—	—	—	—	—	—
—	—	—	—	—	—	—	—	—	—

6

林业教育

FORESTRY EDUCATION

2017～2018 学年初普通高、中等林业院校和其他高、中等院校林科基本情况

单位:人

产品	学校数(所、个)	毕业生数	招生数	在校学生数	毕业班学生数	教职工数	
						合计	其中:专任教师
总　计	**—**	**153594**	**157059**	**520814**	**179712**	**29422**	**14795**
一、研究生教育	**90**	**7820**	**12704**	**31887**	**11465**	**—**	**—**
1. 普通高等林业院校	6	5272	8268	21470	7876	19253	7782
2. 其他高等院校(林科)	83	2257	4079	9319	3157	—	—
3. 林业科研单位	1	291	357	1098	432	—	—
二、本科教育	**228**	**56399**	**57314**	**230290**	**65831**	**—**	**—**
1. 普通高等林业院校	7	27047	28864	111586	27624	19253	7782
2. 其他普通高等院校(林科)	221	29352	28450	118704	38207	—	—
三、高职(专科)教育	**228**	**45116**	**48536**	**147805**	**65395**	**—**	**—**
1. 高等林业(园林)职业学校	17	35489	35995	114294	38609	7699	5534
2. 其他高等职业学校(林科)	210	9089	11977	31798	26227	—	—
3. 普通林业学校专科	1	538	564	1713	559	3814	1541
四、中职教育	**268**	**44259**	**38505**	**110832**	**37021**	**—**	**—**
1. 中等林业(园林)职业学校	17	14579	12345	36562	13203	2470	1479
2. 其他中等职业学校(林科)	251	29680	26160	74270	23818	—	—

注:本表研究生教育、本科教育、高职(专科)教育中普通林业高等院校教职工数有重叠,均采用本科教育教职工数。

2017～2018学年初普通高等林业院校和其他高等院校、科研院所林科研究生分学科情况（一）

单位：人

学科名称	毕业生数	招生数	在校学生数	毕业班学生数
总　计	**7820**	**12704**	**31887**	**11465**
一、博士生	**739**	**1130**	**5466**	**3255**
1. 林业学科小计	592	884	4246	2539
林木遗传育种	55	80	300	152
森林培育	56	70	410	264
森林保护学	44	59	226	123
森林经理学	30	34	195	134
野生动植物保护与利用	22	32	129	72
园林植物与观赏园艺	35	35	217	138
水土保持与荒漠化防治	53	84	401	233
经济林学	—	6	15	5
自然保护区	6	7	54	41
其他林学学科	11	49	137	52
森林工程	16	28	218	159
木材科学与技术	56	56	281	168
林产化学加工工程	38	60	233	113
家居设计与工程	6	5	52	40
生物质能源与材料	—	1	8	2
林业装备与信息化	3	7	45	29
林业经济管理	30	56	357	249
其他林业工程学科	28	43	180	111
风景园林学学科	17	40	173	97
土壤学（森林土壤学）	1	4	21	14
植物学（森林植物学）	27	25	122	73
生态学（森林生态学）	50	97	427	241
其他林科专业	8	6	45	29
2. 草业学科小计	60	105	489	255
草原学	—	4	10	4
草学	47	93	414	209
草业科学	7	—	15	15
草地保护学	1	1	11	6
其他草业学科	5	7	39	21
3. 林业院校和科研单位其他学科	87	141	731	461
二、硕士	**7081**	**11574**	**26421**	**8210**
1. 林业学科小计	3812	6410	14772	4637
林木遗传育种	122	178	490	160
森林培育	246	240	764	267
森林保护学	155	194	607	199
森林经理学	150	146	495	190
野生动植物保护与利用	104	142	376	128

2017～2018 学年初普通高等林业院校和其他高等院校、科研院所林科研究生分学科情况(二)

单位:人

学科名称	毕业生数	招生数	在校学生数	毕业班学生数
园林植物与观赏园艺	289	227	844	333
水土保持与荒漠化防治	300	403	1217	396
森林工程	61	52	150	55
木材科学与技术	122	174	507	176
林产化学加工工程	68	108	315	106
家具与室内设计工程	4	—	14	7
生物质能源与材料工程	14	24	68	18
林业经济管理	49	50	137	49
其他林学学科	107	299	660	171
其他林业工程学科	99	222	462	126
土壤学(森林土壤学)	21	16	51	17
植物学(森林植物学)	71	80	260	95
生态学(森林生态学)	163	220	661	225
林业硕士	501	1110	1944	559
风景园林硕士	1165	2514	4734	1355
农业推广硕士(林业)	—	1	1	—
农业推广硕士(草业)	1	10	15	5
2. 草业学科小计	231	421	946	288
草原学	—	4	10	4
草业	56	140	229	75
草学	140	249	623	182
草地保护学	—	1	3	1
草地生物多样性	16	10	24	6
草地景观植物与绿地规划	1	—	1	1
草地资源利用与保护	3	—	6	3
草业科学	5	9	18	3
其他草业学科	10	8	32	13
3. 林业院校和科研单位其他学科	3038	4743	10703	3285
材料加工工程	7	7	17	6
材料科学与工程学科	—	1	2	—
材料物理与化学	7	3	18	8
材料学	7	11	36	12
测试计量技术及仪器	4	—	10	4
茶学	1	1	2	—
车辆工程	12	10	34	14
城乡规划学学科	41	41	144	59
道路与铁道工程	20	23	69	21
地理学学科	5	10	25	5
地图学与地理信息系统	42	40	128	46
电磁场与微波技术	—	3	3	—

2017～2018学年初普通高等林业院校和其他高等院校、科研院所林科研究生分学科情况（三）

单位：人

学科名称	毕业生数	招生数	在校学生数	毕业班学生数
电路与系统	—	4	4	—
动物学	27	25	79	22
动物遗传育种与繁殖	3	5	16	6
俄语语言文学	5	3	11	4
发酵工程	5	2	9	3
发育生物学	13	20	53	15
法律	6	44	80	23
法学理论	9	8	25	8
法学学科	22	30	91	31
翻译	71	114	250	73
防灾减灾工程及防护工程	1	—	—	—
概率论与数理统计	6	6	14	2
高分子化学与物理	9	8	29	11
工程	683	1145	2196	756
工程管理	1	34	47	12
工商管理	98	167	398	109
工商管理学科	33	14	87	41
公共管理	2	50	100	10
管理科学与工程学科	39	39	100	27
国际贸易学	10	13	45	17
国际商务	9	19	33	1
果树学	4	3	12	5
汉语言文字学	4	—	10	5
行政管理	27	20	71	24
化学工程	—	7	16	3
化学工程与技术学科	4	15	38	14
化学工艺	7	10	28	10
环境工程	13	15	49	19
环境科学	16	16	49	16
环境科学与工程学科	31	44	140	54
环境与资源保护法学	19	22	66	23
会计	54	245	302	26
会计学	32	23	68	17
机械电子工程	18	23	65	21
机械工程学科	14	12	35	12
机械设计及理论	23	19	61	24
机械制造及其自动化	20	18	56	17
计算机科学与技术学科	—	7	16	6
计算机软件与理论	13	5	30	13
计算机系统结构	3	4	14	6

2017～2018 学年初普通高等林业院校和其他高等院校、科研院所林科研究生分学科情况（四）

单位：人

学科名称	毕业生数	招生数	在校学生数	毕业班学生数
计算机应用技术	27	19	75	33
技术经济及管理	3	5	11	1
检测技术与自动化装置	8	6	18	7
建筑学学科	17	16	51	19
交通信息工程及控制	4	4	12	4
交通运输规划与管理	9	13	39	14
结构工程	18	26	75	26
金融	10	23	34	11
金融学	6	4	9	3
精密仪器及机械	4	—	4	2
科学技术哲学	—	2	5	1
控制理论与控制工程	21	24	66	19
伦理学	9	8	26	10
旅游管理	23	14	57	21
马克思主义发展史	7	2	7	2
马克思主义基本原理	8	17	29	7
马克思主义哲学	3	4	10	2
马克思主义中国化研究	18	19	53	17
美学	6	4	14	5
民商法学	11	10	28	11
模式识别与智能系统	5	4	14	5
农产品加工及贮藏工程	11	8	36	16
农业电气化与自动化	6	3	10	4
农业机械化工程	9	4	20	11
农业经济管理	12	7	27	9
农业生物环境与能源工程	2	—	1	—
农业推广	443	1040	1969	522
农业资源与环境学科	11	24	66	20
企业管理	28	28	96	31
桥梁与隧道工程	12	13	35	13
轻工技术与工程学科	2	4	9	—
人口、资源与环境经济学	8	4	20	9
人文地理学	3	8	16	4
软件工程学科	7	16	37	10
设计学学科	121	115	330	111
设计艺术学	—	—	4	4
生理学	8	15	39	13
生物工程学科	4	—	2	2
生物化工	8	13	35	8
生物化学与分子生物学	42	52	161	51

2017～2018 学年初普通高等林业院校和其他高等院校、科研院所林科研究生分学科情况(五)

单位:人

学科名称	毕业生数	招生数	在校学生数	毕业班学生数
生物物理学	22	19	59	20
生物学学科	12	50	76	9
生药学	14	15	47	16
食品科学	10	9	24	6
食品科学与工程学科	19	17	49	21
市政工程	1	2	6	1
兽医	—	8	8	—
蔬菜学	1	1	1	—
数学学科	6	6	16	5
水生生物学	6	6	18	5
思想政治教育	31	19	69	27
特种经济动物饲养	7	4	19	7
统计学	13	9	37	13
统计学学科	—	7	7	—
土木工程学科	39	26	86	36
外国语言学及应用语言学	27	16	57	24
微生物学	37	39	122	42
细胞生物学	16	26	73	22
宪法学与行政法学	13	6	24	13
心理学学科	10	13	39	10
新闻传播学学科	—	4	4	—
信息与通信工程学科	—	13	13	—
刑法学	—	4	16	6
岩土工程	9	12	37	11
药物化学	7	7	20	7
遗传学	17	23	77	26
艺术	112	203	401	100
艺术学理论学科	2	5	12	4
英语语言文学	14	17	51	15
应用化学	18	23	50	12
应用经济学学科	—	15	15	—
应用数学	8	7	19	5
应用统计	10	20	28	1
应用心理学	1	—	—	—
有机化学	8	6	18	6
载运工具运用工程	27	25	72	22
哲学学科	13	8	27	11
植物营养学	7	8	25	8
制浆造纸工程	17	19	62	25
资产评估	12	14	27	13
自然地理学	18	26	61	17

2017～2018学年初普通高等林业院校和其他高等院校林科本科学生分专业情况(一)

单位:人

专业名称	毕业生数	招生数	在校学生数	毕业班学生数
总　计	**56399**	**57314**	**230290**	**65831**
一、林科专业	**33998**	**32833**	**136748**	**42786**
1. 林业工程类	2625	2759	10176	2550
森林工程	313	288	1203	316
木材科学与工程	1815	1400	6470	1717
林产化工	497	426	1855	517
林业工程类专业	—	645	648	—
2. 森林资源类	4404	4805	18142	6221
林学	3409	3748	13937	5183
森林保护	687	676	2874	753
野生动物与自然保护区管理	308	381	1331	285
3. 环境生态类	21057	19789	85778	27185
园林	14839	9995	48055	19361
水土保持与荒漠化防治	1007	1053	4166	1013
风景园林	5211	8741	33557	6811
4. 农林经济管理类	4684	3903	17243	5648
农林经济管理	4684	3903	17243	5648
5. 草原类	1228	1577	5409	1182
草学类专业	75	94	358	83
草业科学	1153	1483	5051	1099
二、林业院校非林科专业	**22401**	**24481**	**93542**	**23045**
包装工程	180	146	612	171
保险学	57	73	258	58
材料成型及控制工程	84	64	258	74
材料化学	155	121	602	160
材料科学与工程	—	65	317	69
材料类专业	—	203	203	—
财务管理	156	48	337	143
测绘工程	201	174	684	206
测控技术与仪器	50	59	169	55
茶学	28	—	72	21
产品设计	256	281	1225	322
朝鲜语	28	32	138	27
车辆工程	323	235	1093	322
城市地下空间工程	61	70	245	68
城市管理	30	—	197	65

2017～2018学年初普通高等林业院校和其他高等院校林科本科学生分专业情况(二)

单位:人

专业名称	毕业生数	招生数	在校学生数	毕业班学生数
城乡规划	270	253	1194	278
地理科学	40	37	157	41
地理科学类专业	—	168	168	—
地理信息科学	243	213	958	236
电气工程及其自动化	202	123	750	239
电气类专业	—	192	568	—
电子科学与技术	112	108	427	117
电子商务	109	43	352	140
电子信息工程	372	262	1279	386
电子信息科学与技术	65	59	233	57
电子信息类专业	—	644	644	—
动画	79	62	308	68
动物科学	125	95	425	135
动物医学	103	62	454	125
动物医学类专业	—	90	90	—
俄语	70	84	342	83
法学	400	333	1778	452
法学类专业	—	227	227	—
法语	79	73	348	93
翻译	—	35	98	—
服装与服饰设计	33	—	139	45
高分子材料与工程	239	154	911	219
给排水科学与工程	134	117	412	93
工程管理	283	247	1041	276
工程力学	47	33	136	39
工商管理	328	57	888	345
工商管理类专业	—	973	1815	—
工业工程	87	90	334	80
工业设计	330	350	1583	413
公安管理学	71	154	592	143
公安情报学	387	282	1241	319
公共事业管理	157	46	288	111
公共艺术	19	49	190	51
管理科学与工程类专业	—	57	113	—
广播电视学	42	59	154	32
广告学	192	122	764	212

2017～2018学年初普通高等林业院校和其他高等院校林科本科学生分专业情况(三)

单位:人

专业名称	毕业生数	招生数	在校学生数	毕业班学生数
轨道交通信号与控制	—	33	33	—
国际经济与贸易	593	399	1754	497
国际商务	87	70	315	93
过程装备与控制工程	41	—	98	56
汉语国际教育	41	60	241	57
汉语言文学	181	122	714	196
行政管理	46	39	246	61
化工与制药类专业	—	21	21	—
化学	51	—	86	37
化学工程与工艺	198	280	914	203
化学类专业	—	117	231	—
化学生物学	33	32	147	43
环境工程	275	209	1214	287
环境科学	275	168	868	225
环境科学与工程类专业	—	213	213	—
环境设计	775	622	3127	846
会计学	1128	484	3997	1150
会展经济与管理	—	—	111	36
机械电子工程	207	55	534	215
机械类专业	—	1121	1794	—
机械设计制造及其自动化	767	371	2250	785
计算机科学与技术	657	287	2116	622
计算机类专业	—	580	777	—
建筑环境与能源应用工程	61	59	233	63
建筑类专业	—	122	122	—
建筑学	204	156	659	163
交通工程	100	92	382	117
交通运输	414	141	971	372
交通运输类专业	—	126	246	—
金融工程	73	62	482	109
金融学	325	300	1463	453
金融学类专业	—	293	293	—
经济统计学	61	—	136	56
经济学	75	71	293	80
经济学类专业	—	124	280	—
经济与贸易类专业	—	528	528	—

2017～2018 学年初普通高等林业院校和其他高等院校林科本科学生分专业情况（四）

单位：人

专业名称	毕业生数	招生数	在校学生数	毕业班学生数
警务指挥与战术	156	159	599	130
酒店管理	58	29	261	67
粮食工程	34	—	70	23
旅游管理	509	229	1547	554
旅游管理类专业	—	209	209	—
能源与动力工程	186	175	649	166
农村区域发展	40	36	110	42
农学	102	36	367	112
农业资源与环境	61	104	287	61
汽车服务工程	149	93	492	164
轻化工程	159	188	625	149
人力资源管理	105	56	347	110
人文地理与城乡规划	103	38	387	102
日语	172	164	697	180
软件工程	134	130	907	221
商务英语	44	115	337	48
设计学类专业	—	768	769	—
社会工作	83	89	307	77
社会体育指导与管理	27	—	96	32
摄影	21	23	41	—
生物工程	105	157	473	97
生物技术	317	340	1563	406
生物科学	121	392	739	110
生物制药	31	29	119	31
食品科学与工程	386	589	1751	357
食品质量与安全	96	49	400	87
市场营销	347	89	773	311
视觉传达设计	302	180	992	257
数学与应用数学	105	105	421	92
数字媒体技术	—	—	111	57
数字媒体艺术	78	24	432	116
泰语	44	37	151	40
体育教育	54	30	201	60
通信工程	177	123	731	216
统计学	29	156	252	32
土地资源管理	120	96	349	119
土木工程	944	937	3428	930

2017～2018学年初普通高等林业院校和其他高等院校林科本科学生分专业情况(五)

单位:人

专业名称	毕业生数	招生数	在校学生数	毕业班学生数
外国语言文学类专业	—	187	188	—
网络安全与执法	50	103	378	80
网络工程	31	—	54	28
文化产业管理	48	—	178	59
舞蹈学	—	20	65	—
物理学	55	52	193	37
物联网工程	—	60	304	57
物流工程	212	244	879	191
物流管理	200	135	619	154
物业管理	51	—	93	45
消防工程	165	146	629	152
新能源科学与工程	—	63	193	—
新闻传播学类专业	—	129	129	—
信息工程	43	34	218	56
信息管理与信息系统	379	115	1107	356
信息与计算科学	262	231	1096	274
刑事科学技术	230	214	908	223
音乐表演	44	60	283	77
音乐学	—	31	31	—
印刷工程	33	30	115	39
英语	538	379	1898	487
应用化学	185	54	482	172
应用生物科学	40	33	149	37
应用统计学	53	—	170	57
应用物理学	37	35	145	34
应用心理学	81	69	294	82
园艺	291	214	1122	335
越南语	40	30	88	29
侦查学	451	263	1290	402
政治学与行政学	51	59	229	59
植物保护	86	35	312	94
植物生产类专业	—	220	220	—
治安学	—	71	219	—
中药学	56	—	187	63
种子科学与工程	23	—	—	—
自动化	291	228	1057	308
自然地理与资源环境	81	82	330	91

2017～2018学年高等林业(生态)职业技术学院和其他高等职业学院林科分专业情况(一)

单位:人

专业名称	毕业生数	招生数	在校学生数	毕业班学生数
总　计	**45116**	**48536**	**147805**	**65395**
(一)林科专业	**16697**	**18686**	**53823**	**33958**
林业技术	2039	3341	9182	7489
园林技术	13022	12838	38695	22449
森林资源保护	241	446	933	205
经济林培育与利用	15	87	300	88
野生动物资源保护与利用	16	49	122	32
野生植物资源保护与利用	42	84	244	84
森林生态旅游	308	342	1407	476
森林防火指挥与通讯	10	7	35	14
自然保护区建设与管理	112	124	363	109
木材加工技术	129	116	437	181
林业调查与信息处理	62	22	113	52
林业信息技术与管理	162	122	396	114
其他林业类专业	539	1068	1484	2632
草业技术	—	40	112	33
(二)非林科专业	**28419**	**29850**	**93982**	**31437**
包装策划与设计	36	12	73	33
包装工程技术	7	—	7	7
表演艺术类专业	31	14	42	15
财务管理	472	481	1344	432
财务会计类专业	226	—	108	108
测绘地理信息技术	—	82	96	—
茶艺与茶叶营销	48	129	234	53
产品艺术设计	—	12	14	—
城市轨道交通车辆技术	—	26	26	—
城市轨道交通工程技术	—	184	267	38
城市轨道交通供配电技术	—	16	25	—
城市轨道交通运营管理	—	270	850	219
城乡规划	219	66	419	147
宠物养护与驯导	166	284	885	354
畜牧兽医	233	336	952	269
传播与策划	45	—	36	36
导游	23	1	84	41
道路桥梁工程技术	448	267	947	370
道路运输类专业	—	4	4	—
地图制图与数字传播技术	101	—	186	92
电气自动化技术	189	76	402	173
电子商务	552	1148	3860	1271
电子商务技术	—	295	427	—

2017～2018学年高等林业(生态)职业技术学院和其他高等职业学院林科分专业情况(二)

单位:人

专业名称	毕业生数	招生数	在校学生数	毕业班学生数
电子商务类专业	—	17	38	—
电子信息工程技术	112	64	314	106
雕刻艺术设计	26	—	11	11
动漫设计	—	—	13	12
动漫制作技术	159	155	590	229
动物防疫与检疫	24	34	100	29
动物医学	222	219	630	102
房地产检测与估价	10	—	—	—
服装与服饰设计	36	104	226	64
高尔夫球运动与管理	59	64	204	56
高速铁路客运乘务	—	218	318	—
给排水工程技术	53	9	102	46
工程测量技术	470	332	1296	481
工程造价	1409	867	3404	1420
工商企业管理	23	68	149	43
工业机器人技术	—	105	122	—
工业设计	6	25	28	1
供用电技术	—	29	98	42
广告设计与制作	179	387	1007	327
国际经济与贸易	—	89	206	—
国际邮轮乘务管理	—	280	464	—
国土资源调查与管理	—	—	15	—
焊接技术与自动化	11	—	4	4
互联网金融	—	—	12	—
护理	2372	1614	6118	2309
环境保护类专业	142	—	73	66
环境工程技术	259	404	1071	321
环境监测与控制技术	386	348	1033	395
环境评价与咨询服务	107	75	210	79
环境艺术设计	846	505	1856	728
会计	2776	2222	7607	2763
会计信息管理	—	55	116	—
会展策划与管理	89	66	269	95
婚庆服务与管理	—	51	136	—
机电设备维修与管理	5	—	25	12
机电一体化技术	845	646	1998	646
机械设计与制造	83	27	171	72
机械制造与自动化	49	62	127	31
计算机网络技术	431	1269	2965	752
计算机信息管理	112	68	216	57

2017～2018学年高等林业（生态）职业技术学院和其他高等职业学院林科分专业情况（三）

单位：人

专业名称	毕业生数	招生数	在校学生数	毕业班学生数
计算机应用技术	485	1341	3113	666
家具设计与制造	373	795	1987	475
家具艺术设计	87	29	331	267
家政服务与管理	45	33	121	37
建设工程管理	107	113	338	124
建设工程监理	226	82	363	182
建筑工程技术	1713	677	2650	1048
建筑设备工程技术	—	10	33	—
建筑设计类专业	11	—	15	10
建筑室内设计	1391	1516	4565	1561
建筑智能化工程技术	2	—	—	—
建筑装饰工程技术	121	102	305	77
金融管理	95	74	290	86
金融类专业	112	—	144	144
经济信息管理	24	72	111	19
景区开发与管理	28	—	82	46
酒店管理	492	565	1860	695
康复治疗技术	25	45	154	29
空中乘务	2	160	517	153
口腔医学技术	67	43	183	76
老年服务与管理	—	3	3	—
连锁经营管理	—	9	98	36
旅游管理	360	468	1323	463
旅游英语	37	29	72	21
绿色食品生产与检验	44	38	147	53
民航安全技术管理	—	28	64	—
模具设计与制造	71	17	118	65
酿酒技术	95	82	367	107
农产品加工与质量检测	59	83	299	108
农业经济管理	66	50	216	87
农业生物技术	105	91	345	81
农业装备应用技术	80	12	222	114
烹调工艺与营养	—	209	369	37
汽车电子技术	78	25	283	110
汽车检测与维修技术	412	775	2022	561
汽车营销与服务	311	146	853	414
汽车运用与维修技术	292	142	474	219
汽车制造类专业	76	55	278	95
汽车制造与装配技术	46	60	190	77
青少年工作与管理	—	19	35	—

2017～2018学年高等林业(生态)职业技术学院和其他高等职业学院林科分专业情况(四)

单位:人

专业名称	毕业生数	招生数	在校学生数	毕业班学生数
软件技术	142	434	1137	302
商务管理	30	21	179	80
商务日语	49	35	151	48
商务英语	73	94	370	166
设施农业与装备	48	68	171	78
社区管理与服务	42	30	98	34
摄影测量与遥感技术	—	71	140	—
审计	—	86	307	108
生物技术类专业	129	—	131	127
食品加工技术	44	40	127	37
食品检测技术	20	—	—	—
食品生物技术	193	84	327	167
食品药品管理类专业	52	—	66	66
食品营养与检测	227	264	807	265
食品质量与安全	—	41	43	—
市场营销	687	751	2341	717
市场营销类专业	73	—	97	97
市政工程技术	103	63	353	136
视觉传播设计与制作	122	15	236	159
室内环境检测与控制技术	—	4	15	5
室内艺术设计	27	9	52	12
兽药制药技术	37	—	27	27
数控技术	133	83	474	188
数控设备应用与维护	11	—	51	24
数字媒体艺术设计	75	116	335	122
数字媒体应用技术	236	179	578	243
水产养殖技术	71	64	202	67
水利工程	73	42	205	55
水利水电工程技术	—	33	33	—
水土保持技术	75	50	234	73
水文水资源类专业	—	—	28	28
水文与工程地质	—	—	23	—
通信技术	192	139	724	299
投资与理财	29	3	90	45
土建施工类专业	—	3	3	—
文秘	95	183	511	150
污染修复与生态工程技术	—	61	75	—
无人机应用技术	—	109	109	—
物联网应用技术	111	296	649	188

2017～2018学年高等林业(生态)职业技术学院和其他高等职业学院林科分专业情况(五)

单位:人

专业名称	毕业生数	招生数	在校学生数	毕业班学生数
物流管理	546	514	1687	569
物业管理	28	—	—	—
西餐工艺	39	70	204	66
现代农业技术	145	303	550	142
新能源汽车技术	—	94	94	—
新闻采编与制作	15	17	17	—
信息安全与管理	—	69	135	4
休闲服务与管理	28	38	108	24
休闲农业	—	70	70	—
学前教育	206	98	915	336
药品经营与管理	—	20	90	31
药品生产技术	49	126	658	180
药品生物技术	119	136	410	120
药品制造类专业	45	—	69	69
药品质量与安全	—	66	131	—
药学	206	223	755	263
医学检验技术	170	214	591	180
移动互联应用技术	30	83	229	74
艺术设计	244	118	354	117
艺术设计类专业	45	—	62	60
影视动画	14	31	78	26
应用电子技术	117	64	386	121
应用韩语	18	—	—	—
应用化工技术	38	40	115	35
园艺技术	899	1117	3095	965
展示艺术设计	—	14	34	—
证券与期货	28	11	91	33
智能产品开发	—	9	19	—
中草药栽培技术	37	84	177	46
中药生产与加工	—	23	23	—
中药学	65	126	324	69
种子生产与经营	21	36	113	44
助产	205	221	630	214
资产评估与管理	105	74	315	124
资源综合利用与管理技术	—	—	2	—
自动化类专业	16	18	57	12
作物生产技术	107	73	325	100

2017～2018学年初普通中等林业(园林)职业学校和其他中等职业学校林科分专业学生情况(一)

单位:人

专业名称	毕业生数	招生数	在校学生数	毕业班学生数
总　计	**44259**	**38505**	**110832**	**37021**
(一)林科专业	**34546**	**29231**	**84058**	**28288**
现代林业技术	4821	2957	9000	3911
森林资源保护与管理	845	815	1998	607
园林技术	22538	17992	53799	17488
园林绿化	4145	4147	11419	3890
木材加工	2033	3182	7508	2299
生态环境保护	164	138	334	93
(二)非林科专业	**9713**	**9274**	**26774**	**8733**
财经商贸类专业	—	—	65	36
城市轨道交通运营管理	69	45	179	69
宠物养护与经营	16	11	37	15
畜牧兽医	104	124	273	65
道路与桥梁工程施工	55	43	84	27
电气运行与控制	15	10	30	1
电子技术应用	45	1	46	42
电子商务	288	293	845	330
房地产营销与管理	2	—	—	—
服装设计与工艺	43	19	99	51
给排水工程施工与运行	32	—	42	—
工程测量	50	130	302	68
工程机械运用与维修	77	—	150	137
工程造价	277	243	421	82
工艺美术	12	1	4	1
古建筑修缮与仿建	—	6	11	—
果蔬花卉生产技术	49	105	244	5
焊接技术应用	2	—	—	—
航空服务	24	—	22	22
护理	3203	3016	9827	3162
化学工艺	—	267	267	—
会计	823	98	621	362
会计电算化	280	308	844	293
机电技术应用	140	41	178	79
机电设备安装与维修	21	—	25	10
机械加工技术	—	—	5	5
计算机动漫与游戏制作	92	28	135	47
计算机平面设计	193	523	1003	133
计算机网络技术	266	367	982	253
计算机应用	607	544	1387	506
计算机与数码产品维修	20	7	56	27
加工制造类专业	—	—	93	47
家具设计与制作	34	63	443	336

2017～2018 学年初普通中等林业(园林)职业学校和其他中等职业学校林科分专业学生情况(二)

单位:人

专业名称	毕业生数	招生数	在校学生数	毕业班学生数
建筑工程施工	353	240	755	377
建筑装饰	104	19	90	43
景区服务与管理	11	7	27	6
酒店服务与管理	3	—	—	—
康复技术	11	57	132	24
客户信息服务	—	86	243	78
口腔修复工艺	92	212	561	158
楼宇智能化设备安装与运行	—	23	23	—
旅游服务类专业	7	—	17	10
旅游服务与管理	89	417	778	104
美发与形象设计	18	17	24	7
美术设计与制作	24	14	73	32
民族民居装饰	—	68	181	26
模具制造技术	71	7	40	31
农村经济综合管理	135	50	247	130
农村医学	30	56	149	41
农业机械使用与维护	81	41	80	2
汽车电子技术应用	—	—	26	26
汽车美容与装潢	11	109	156	—
汽车运用与维修	867	749	1801	522
汽车整车与配件营销	25	—	16	16
汽车制造与检修	103	16	204	110
轻纺食品类专业	3	—	—	—
市场营销	41	21	74	24
市政工程施工	115	82	360	153
数控技术应用	97	80	256	94
太阳能与沼气技术利用	120	—	—	—
通信技术	53	—	1	1
土建工程检测	—	—	12	12
土木水利类专业	29	210	494	79
文化艺术类专业	38	63	209	48
物流服务与管理	35	20	51	26
现代农艺技术	65	20	63	36
橡胶工艺	8	—	—	—
信息技术类专业	27	—	18	18
学前教育	142	64	363	148
眼视光与配镜	66	94	289	118
植物保护	—	—	12	12
中草药种植	—	23	33	10
助产	—	95	155	—
其他类专业	—	21	41	—

附录一

东北、内蒙古重点国有林区森工企业主要统计指标

ANNEX Ⅰ

东北、内蒙古重点国有林区森工企业营林生产情况(一)

单位:公顷

指标名称	企业合计
一、营造林面积	**120217**
1. 人工造林面积	12368
其中：新造混交林面积	4678
其中：新造灌木林面积	33
其中：新造竹林面积	—
2. 飞播造林面积	—
(1)荒山飞播面积	—
(2)飞播营林面积	—
3. 当年新封山(沙)育林面积	—
(1)无林地和疏林地新封山育林面积	—
(2)有林地和灌木林地新封山育林面积	—
4. 退化林修复面积	106903
其中：纯林改造混交林面积	—
(1)低效林改造面积	101235
(2)退化林防护林改造面积	5668

东北、内蒙古重点国有林区森工企业营林生产情况(二)

单位:公顷

指标名称	企业合计
5. 人工更新面积	946
其中:新造混交林面积	61
其中:人工促进天然更新面积	359
二、森林抚育面积	**1337390**
三、年末实有封山(沙)育林面积	**637408**
四、森林管护面积	**28610637**
五、年末实有育苗面积	**1595**
其中:国有育苗面积	1015

注:东北、内蒙古重点国有林区 87 个森工企业包括:内蒙古森工集团:阿尔山、绰尔、绰源、乌尔旗汉、库都尔、图里河、伊图里河、克一河、甘河、吉文、阿里河、根河、金河、阿龙山、满归、得耳布尔、莫尔道嘎、大杨树、毕拉河。吉林森工集团:临江、三岔子、湾沟、松江河、泉阳、露水河、白石山、红石。长白山森工集团:黄泥河、敦化、大石头、八家子、和龙、汪清、大兴沟、天桥岭、白河、珲春。龙江森工集团:大海林、柴河、东京城、穆棱、绥阳、海林、林口、八面通、桦南、双鸭山、鹤立、鹤北、东方红、迎春、清河、双丰、铁力、桃山、朗乡、南岔、金山屯、美溪、乌马河、翠峦、友好、上甘岭、五营、红星、新青、汤旺河、乌伊岭、山河屯、苇河、亚布力、方正、兴隆、绥棱、通北、沾河、带岭。大兴安岭林业集团:松岭、新林、塔河、呼中、阿木尔、图强、西林吉、十八站、韩家园、加格达奇。

东北、内蒙古重点国有林区 87 个

企业名称	营造林面积											
	总计	人工造林面积				飞播造林面积			当年新封山(沙)育林面积		
		合计	其中:新造混交林面积	其中:新造灌木林面积	其中:新造竹林面积	合计	荒山飞播面积	飞播营林面积	合计	无林地和疏林地新封山育林面积	有林地和灌木林地新封山育林面积
全国合计	**120217**	**12368**	**4678**	**33**	**—**	**—**	**—**	**—**	**—**	**—**	**—**
内蒙古森工集团	**22418**	**4386**	**4352**	**33**	**—**	**—**	**—**	**—**	**—**	**—**	**—**
阿尔山	966	299	299	—	—	—	—	—	—	—	—
绰尔	916	247	247	—	—	—	—	—	—	—	—
绰源	868	200	200	—	—	—	—	—	—	—	—
乌尔旗汉	1667	334	334	—	—	—	—	—	—	—	—
库都尔	1533	200	200	—	—	—	—	—	—	—	—
图里河	1073	404	404	—	—	—	—	—	—	—	—
伊图里河	1528	194	194	—	—	—	—	—	—	—	—
克一河	1717	716	716	—	—	—	—	—	—	—	—
甘河	884	205	171	33	—	—	—	—	—	—	—
吉文	896	225	225	—	—	—	—	—	—	—	—
阿里河	1438	105	105	—	—	—	—	—	—	—	—
根河	1920	253	253	—	—	—	—	—	—	—	—
金河	1337	—	—	—	—	—	—	—	—	—	—
阿龙山	1502	167	167	—	—	—	—	—	—	—	—
满归	1334	—	—	—	—	—	—	—	—	—	—
得耳布尔	1000	—	—	—	—	—	—	—	—	—	—
莫尔道嘎	869	201	201	—	—	—	—	—	—	—	—
大杨树	464	264	264	—	—	—	—	—	—	—	—
毕拉河	506	372	372	—	—	—	—	—	—	—	—
吉林森工集团	**26522**	**673**	**—**	**—**	**—**	**—**	**—**	**—**	**—**	**—**	**—**
临江	3179	26	—	—	—	—	—	—	—	—	—
三岔子	2956	89	—	—	—	—	—	—	—	—	—
湾沟	3334	—	—	—	—	—	—	—	—	—	—
松江河	2823	15	—	—	—	—	—	—	—	—	—
泉阳	3000	—	—	—	—	—	—	—	—	—	—
露水河	3335	—	—	—	—	—	—	—	—	—	—
白石山	3668	—	—	—	—	—	—	—	—	—	—
红石	4227	543	—	—	—	—	—	—	—	—	—
长白山森工集团	**28160**	**1267**	**26**	**—**	**—**	**—**	**—**	**—**	**—**	**—**	**—**
黄泥河	2793	259	—	—	—	—	—	—	—	—	—
敦化	3546	100	—	—	—	—	—	—	—	—	—
大石头	3647	50	—	—	—	—	—	—	—	—	—
八家子	2693	26	26	—	—	—	—	—	—	—	—
和龙	2731	47	—	—	—	—	—	—	—	—	—
汪清	2000	—	—	—	—	—	—	—	—	—	—
大兴沟	1607	134	—	—	—	—	—	—	—	—	—
天桥岭	2360	125	—	—	—	—	—	—	—	—	—
白河	3375	41	—	—	—	—	—	—	—	—	—
珲春	3408	485	—	—	—	—	—	—	—	—	—
龙江森工集团	**19583**	**3375**	**300**	**—**	**—**	**—**	**—**	**—**	**—**	**—**	**—**
大海林	545	12	—	—	—	—	—	—	—	—	—
柴河	533	—	—	—	—	—	—	—	—	—	—
东京城	791	258	—	—	—	—	—	—	—	—	—
穆棱	1209	742	—	—	—	—	—	—	—	—	—

森工企业营林生产情况(一)

单位:公顷

退化林修复面积				人工更新面积			森林抚育面积	年末实有封山(沙)育林面积	森林管护面积	年末实有育苗面积	
合计	其中:纯林改造混交林面积	低效林改造面积	退休林防护林改造面积	合计	其中:新造混交林面积	其中:人工促进天然林更新面积				合计	其中:国有育苗面积
106903	**—**	**101235**	**5668**	**946**	**61**	**359**	**1337390**	**637408**	**28610637**	**1595**	**1015**
18032	**—**	**18032**	**—**	**—**	**—**	**—**	**391794**	**—**	**8449400**	**132**	**117**
667	—	667	—	—	—	—	11333	—	482676	2	2
669	—	669	—	—	—	—	25333	—	422014	25	25
668	—	668	—	—	—	—	21334	—	299786	5	—
1333	—	1333	—	—	—	—	26667	—	577020	4	4
1333	—	1333	—	—	—	—	21344	—	483600	5	—
669	—	669	—	—	—	—	21335	—	356233	1	1
1334	—	1334	—	—	—	—	21667	—	410549	5	—
1001	—	1001	—	—	—	—	20666	—	363301	2	2
679	—	679	—	—	—	—	24678	—	357258	1	1
671	—	671	—	—	—	—	23342	—	362438	9	9
1333	—	1333	—	—	—	—	25337	—	451958	17	17
1667	—	1667	—	—	—	—	28668	—	628824	42	42
1337	—	1337	—	—	—	—	22683	—	516319	1	1
1335	—	1335	—	—	—	—	22736	—	357427	3	3
1334	—	1334	—	—	—	—	23335	—	390295	1	1
1000	—	1000	—	—	—	—	20000	—	254367	5	5
668	—	668	—	—	—	—	26002	—	455225	2	2
200	—	200	—	—	—	—	3001	—	793033	1	1
134	—	134	—	—	—	—	2333	—	487077	1	1
25476	**—**	**25476**	**—**	**373**	**—**	**353**	**73476**	**215647**	**1342699**	**90**	**90**
2800	—	2800	—	353	—	353	10000	22270	172874	11	11
2867	—	2867	—	—	—	—	12000	22966	239157	15	15
3334	—	3334	—	—	—	—	8667	47429	101474	3	3
2803	—	2803	—	5	—	—	12002	—	161002	10	10
3000	—	3000	—	—	—	—	9002	—	106786	—	—
3335	—	3335	—	—	—	—	8000	1929	124178	10	10
3668	—	3668	—	—	—	—	10334	—	137538	26	26
3669	—	3669	—	15	—	—	3471	121053	299690	15	15
26320	**—**	**20652**	**5668**	**573**	**61**	**6**	**104346**	**150127**	**2223888**	**71**	**71**
2534	—	—	2534	—	—	—	10667	19234	209111	15	15
3446	—	3446	—	—	—	—	12000	21850	236683	12	12
3081	—	3081	—	516	61	—	12000	—	264206	3	3
2667	—	2667	—	—	—	—	9344	15399	154718	6	6
2667	—	2667	—	17	—	—	8667	—	174435	3	3
2000	—	2000	—	—	—	—	11333	17932	313833	12	12
1467	—	1467	—	6	—	6	6334	12473	122604	—	—
2201	—	2201	—	34	—	—	10000	—	193506	6	6
3334	—	200	3134	—	—	—	12000	63239	189663	7	7
2923	—	2923	—	—	—	—	12001	—	365129	7	7
16208	**—**	**16208**	**—**	**—**	**—**	**—**	**537174**	**271634**	**9511565**	**1246**	**681**
533	—	533	—	—	—	—	18380	18451	259775	11	11
533	—	533	—	—	—	—	19653	18218	318843	9	9
533	—	533	—	—	—	—	20687	36173	374170	18	18
467	—	467	—	—	—	—	12813	24833	253245	19	19

东北、内蒙古重点国有林区 87 个

企业名称	营造林面积										
	总计	人工造林面积				飞播造林面积			当年新封山(沙)育林面积		
		合计	其中:新造混交林面积	其中:新造灌木林面积	其中:新造竹林面积	合计	荒山飞播面积	飞播营林面积	合计	无林地和疏林地新封山育林面积	有林地和灌木林地新封山育林面积
绥阳	744	144	—	—	—	—	—	—	—	—	—
海林	467	—	—	—	—	—	—	—	—	—	—
林口	609	209	—	—	—	—	—	—	—	—	—
八面通	1131	798	—	—	—	—	—	—	—	—	—
桦南	1014	547	—	—	—	—	—	—	—	—	—
双鸭山	333	—	—	—	—	—	—	—	—	—	—
鹤立	333	—	—	—	—	—	—	—	—	—	—
鹤北	533	—	—	—	—	—	—	—	—	—	—
东方红	533	—	—	—	—	—	—	—	—	—	—
迎春	400	—	—	—	—	—	—	—	—	—	—
清河	400	—	—	—	—	—	—	—	—	—	—
双丰	267	—	—	—	—	—	—	—	—	—	—
铁力	402	67	—	—	—	—	—	—	—	—	—
桃山	334	67	19	—	—	—	—	—	—	—	—
朗乡	409	—	—	—	—	—	—	—	—	—	—
南岔	400	—	—	—	—	—	—	—	—	—	—
金山屯	400	67	67	—	—	—	—	—	—	—	—
美溪	400	67	—	—	—	—	—	—	—	—	—
乌马河	333	—	—	—	—	—	—	—	—	—	—
翠峦	334	67	—	—	—	—	—	—	—	—	—
友好	467	67	—	—	—	—	—	—	—	—	—
上甘岭	267	—	—	—	—	—	—	—	—	—	—
五营	267	—	—	—	—	—	—	—	—	—	—
红星	467	67	67	—	—	—	—	—	—	—	—
新青	467	67	27	—	—	—	—	—	—	—	—
汤旺河	333	—	—	—	—	—	—	—	—	—	—
乌伊岭	400	67	67	—	—	—	—	—	—	—	—
山河屯	533	—	—	—	—	—	—	—	—	—	—
苇河	400	—	—	—	—	—	—	—	—	—	—
亚布力	533	—	—	—	—	—	—	—	—	—	—
方正	467	—	—	—	—	—	—	—	—	—	—
兴隆	533	—	—	—	—	—	—	—	—	—	—
绥棱	400	—	—	—	—	—	—	—	—	—	—
通北	386	53	53	—	—	—	—	—	—	—	—
沾河	409	9	—	—	—	—	—	—	—	—	—
带岭	400	—	—	—	—	—	—	—	—	—	—
大兴安岭林业集团	**23534**	**2667**	**—**	**—**	**—**	**—**	**—**	**—**	**—**	**—**	**—**
松岭	2533	533	—	—	—	—	—	—	—	—	—
新林	1334	—	—	—	—	—	—	—	—	—	—
塔河	1467	134	—	—	—	—	—	—	—	—	—
呼中	4668	334	—	—	—	—	—	—	—	—	—
阿木尔	3000	333	—	—	—	—	—	—	—	—	—
图强	1333	—	—	—	—	—	—	—	—	—	—
西林吉	4333	1133	—	—	—	—	—	—	—	—	—
十八站	1333	—	—	—	—	—	—	—	—	—	—
韩家园	2133	133	—	—	—	—	—	—	—	—	—
加格达奇	1400	67	—	—	—	—	—	—	—	—	—

森工企业营林生产情况(二)

单位:公顷

退化林修复面积				人工更新面积			森林抚育面积	年末实有封山(沙)育林面积	森林管护面积	年末实有育苗面积	
合计	其中:纯林改造混交林面积	低效林改造面积	退休林防护林改造面积	合计	其中:新造混交林面积	其中:人工促进天然林更新面积				合计	其中:国有育苗面积
600	—	600	—	—	—	—	20433	64197	487352	15	6
467	—	467	—	—	—	—	10840	14452	150200	8	8
400	—	400	—	—	—	—	20400	26608	271544	5	5
333	—	333	—	—	—	—	10833	18166	151043	12	12
467	—	467	—	—	—	—	17233	—	225475	17	10
333	—	333	—	—	—	—	9333	—	134311	85	85
333	—	333	—	—	—	—	7647	—	70827	157	157
533	—	533	—	—	—	—	18667	—	381427	28	18
533	—	533	—	—	—	—	16860	—	353666	13	13
400	—	400	—	—	—	—	9067	—	153347	18	18
400	—	400	—	—	—	—	6747	—	142930	44	29
267	—	267	—	—	—	—	6580	17446	115124	115	18
335	—	335	—	—	—	—	16067	—	323655	129	14
267	—	267	—	—	—	—	9113	—	140139	1	1
409	—	409	—	—	—	—	15747	—	264696	15	15
400	—	400	—	—	—	—	15913	—	270589	19	5
333	—	333	—	—	—	—	10727	—	173862	117	5
333	—	333	—	—	—	—	11966	—	214573	27	5
333	—	333	—	—	—	—	7452	—	117154	6	6
267	—	267	—	—	—	—	7034	—	149379	13	6
400	—	400	—	—	—	—	13533	—	269533	6	6
267	—	267	—	—	—	—	8267	—	121772	4	4
267	—	267	—	—	—	—	7240	15964	117068	6	6
400	—	400	—	—	—	—	15813	—	215561	10	10
400	—	400	—	—	—	—	17387	1884	271852	13	13
333	—	333	—	—	—	—	10667	15242	200206	4	4
333	—	333	—	—	—	—	11113	—	276734	16	16
533	—	533	—	—	—	—	13415	—	202706	37	14
400	—	400	—	—	—	—	17280	—	186290	41	9
533	—	533	—	—	—	—	14360	—	279662	78	51
467	—	467	—	—	—	—	16627	—	199502	59	7
533	—	533	—	—	—	—	17580	—	304427	22	10
400	—	400	—	—	—	—	12400	—	212835	9	6
333	—	333	—	—	—	—	14000	—	309118	17	12
400	—	400	—	—	—	—	19400	—	751283	12	9
400	—	400	—	—	—	—	7900	—	95690	11	11
20867	**—**	**20867**	**—**	**—**	**—**	**—**	**230600**	**—**	**7083085**	**56**	**56**
2000	—	2000	—	—	—	—	21160	—	674117	13	13
1334	—	1334	—	—	—	—	28674	—	859201	2	2
1333	—	1333	—	—	—	—	30007	—	909479	10	10
4334	—	4334	—	—	—	—	26207	—	767108	2	2
2667	—	2667	—	—	—	—	17240	—	546596	2	2
1333	—	1333	—	—	—	—	16534	—	500587	2	2
3200	—	3200	—	—	—	—	18493	—	722001	3	3
1333	—	1333	—	—	—	—	20793	—	588605	3	3
2000	—	2000	—	—	—	—	25446	—	692988	6	6
1333	—	1333	—	—	—	—	26046	—	822403	13	13

东北、内蒙古重点国有林区森工企业产值与企业债务情况(一)

（按现行价格计算）　　单位：万元

指标名称	企业合计
一、企业总产值	**7617840**
1. 第一产业	3083311
（1）涉林产业	1888898
①林木育种和育苗	31757
②造林和更新	138954
③森林经营、管护和改培	560481
④木材和竹材采运	33547
⑤经济林产品的种植与采集	1010679
⑥花卉及其他观赏植物种植	391
⑦陆生野生动物繁育与利用	113089
（2）非林产业	1194413
2. 第二产业	1726868
（1）涉林产业	430668
①木材加工和木、竹、藤、棕、苇制品制造	173694
②木、竹、藤家具制造	57200
③木、竹、苇浆造纸和纸制品	2437

东北、内蒙古重点国有林区森工企业产值与企业债务情况(二)

（按现行价格计算）　　单位:万元

指标名称	企业合计
④林产化学产品制造	23487
⑤木质工艺品和木质文教体育用品制造	6903
⑥非木质林产品加工制造业	102191
⑦其他	64756
(2)非林产业	1296200
3. 第三产业	2807661
其中：林业生产服务	62466
林业旅游与休闲服务	814465
林业公共管理及其他组织服务	348206
二、企业销售产值	**2284263**
三、企业金融债务	**698619**
其中：与木材停伐相关债务	303995
棚户区改造相关债务	259663
经营性(非木材生产)相关债务	81171

东北、内蒙古重点国有林区 87 个

（按现行价

企业名称	企业总						
	总　计	第一					
		合　计	涉林				
			小计	林木育种和育苗	造林和更新	森林经营、管护和改培	木材和竹材采运
全国合计	**7617840**	**3083311**	**1888898**	**31757**	**138954**	**560481**	**33547**
内蒙古森工集团	**471877**	**250613**	**242183**	**2701**	**10315**	**198337**	**2593**
阿尔山	22667	12781	11961	164	514	9105	156
绰尔	28524	17016	16778	104	499	10814	33
绰源	14721	8527	8527	259	350	6713	142
乌尔旗汉	30652	16304	15935	398	890	10725	1552
库都尔	27754	15813	15663	93	750	13464	1
图里河	25246	10577	10577	45	450	9073	55
伊图里河	17061	10330	9872	—	733	8314	131
克一河	21844	11502	11409	63	550	9604	437
甘河	28275	11970	11736	65	450	10494	48
吉文	19767	10492	10422	249	400	9583	—
阿里河	26771	15065	14207	271	690	12262	29
根河	39374	20348	20338	296	775	18356	—
金河	30397	14528	13963	35	600	11931	9
阿龙山	22943	13817	13808	175	776	10830	—
满归	28509	16503	16503	168	600	11041	—
得耳布尔	25247	10890	10882	54	450	9790	—
莫尔道嘎	32218	18461	18461	70	393	16463	—
大杨树	16211	9780	5232	42	288	4807	—
毕拉河	13696	5909	5909	150	157	4968	—
吉林森工集团	**530431**	**280812**	**268364**	**7509**	**52287**	**48281**	**10408**
临江	100688	48175	45656	192	1170	17380	5299
三岔子	77316	52210	50791	5298	19143	2043	3227
湾沟	67011	9301	9301	40	1026	5804	851
松江河	57404	27571	26061	100	9610	2599	71
泉阳	34956	26556	26556	300	6507	—	194
露水河	41293	23332	23332	394	2601	8330	231
白石山	99079	63864	63864	676	1410	11116	70
红石	52684	29803	22803	509	10820	1009	465
长白山森工集团	**423683**	**139194**	**130558**	**2452**	**22221**	**36129**	**17219**
黄泥河	52422	7944	3944	401	193	2570	780
敦化	73216	24063	24063	592	7280	3690	1890
大石头	29695	8749	8749	19	365	5449	2916
八家子	28320	8107	8107	—	3259	2607	2241
和龙	24501	7274	7274	54	2216	4463	541
汪清	51624	18226	18226	410	—	6291	115
大兴沟	24149	18134	18134	—	5534	—	—
天桥岭	17918	2423	2423	129	52	2242	—
白河	92068	28816	24239	520	—	3340	8266
珲春	29770	15458	15399	327	3322	5477	470
龙江森工集团	**5514909**	**2064748**	**961265**	**13297**	**52131**	**117936**	**3327**
大海林	200130	35898	20173	224	290	4686	270
柴河	229087	33751	17870	110	340	8937	—
东京城	256790	80733	7510	—	290	5987	1233
穆棱	197514	79149	39589	5181	—	2566	—
绥阳	187256	124518	100310	—	320	14526	—

森工企业产值与企业债务情况(一)

格计算)

单位:万元

产值·产业·产业·经济林产品的种植与采集	产值·产业·产业·花卉及其他观赏植物种植	产值·产业·产业·陆生野生动物繁育与利用	产值·产业·非林产业	产值·第二产业·合计	产值·第二产业·涉林产业·小计	产值·第二产业·涉林产业·木材加工和木、竹、藤、棕、苇制品制造	产值·第二产业·涉林产业·木、竹、藤家具制造
1010679	**391**	**113089**	**1194413**	**1726868**	**430668**	**173694**	**57200**
8557	**4**	**19676**	**8430**	**24405**	**—**	**—**	**—**
62	—	1960	820	413	—	—	—
80	—	5248	238	—	—	—	—
484	—	579	—	—	—	—	—
—	—	2370	369	1600	—	—	—
187	—	1168	150	1422	—	—	—
333	—	621	—	4613	—	—	—
50	—	644	458	141	—	—	—
506	—	249	93	2240	—	—	—
80	—	599	234	1222	—	—	—
50	—	140	70	—	—	—	—
159	—	796	858	1149	—	—	—
398	—	513	10	165	—	—	—
79	—	1309	565	2049	—	—	—
851	—	1176	9	178	—	—	—
3840	—	854	—	1204	—	—	—
35	—	553	8	6208	—	—	—
1015	—	520	—	62	—	—	—
57	—	38	4548	314	—	—	—
291	4	339	—	1425	—	—	—
130829	**248**	**18802**	**12448**	**99947**	**43984**	**4970**	**—**
12415	—	9200	2519	20201	20201	3700	—
18887	—	2193	1419	2078	2078	720	—
1280	—	300	—	48400	400	400	—
11290	248	2143	1510	20677	20677	—	—
18520	—	1035	—	—	—	—	—
11586	—	190	—	628	628	150	—
50592	—	—	—	2415	—	—	—
6259	—	3741	7000	5548	—	—	—
42538	**—**	**9999**	**8636**	**75093**	**3851**	**1933**	**37**
—	—	—	4000	13921	—	—	—
9031	—	1580	—	11223	126	126	—
—	—	—	—	6706	377	—	37
—	—	—	—	6013	—	—	—
—	—	—	—	7086	186	—	—
9482	—	1928	—	9776	1260	1260	—
9039	—	3561	—	940	940	—	—
—	—	—	—	4141	334	331	—
11825	—	288	4577	12060	628	216	—
3161	—	2642	59	3227	—	—	—
729893	**5**	**44676**	**1103483**	**1473580**	**335696**	**166387**	**57163**
14703	—	—	15725	33446	8899	8899	—
8483	—	—	15881	111228	27767	21176	—
—	—	—	73223	33992	5992	5992	—
31842	—	—	39560	64119	7005	7005	—
85464	—	—	24208	42689	17473	17092	—

东北、内蒙古重点国有林区87个

（按现行价

企业名称	企业总						
	总计	第一					
		合计	涉林				
			小计	林木育种和育苗	营造林		木材和竹材采运
海林	128091	43063	34351	360	—	5397	—
林口	78715	47510	19201	—	230	3702	1796
八面通	69308	47330	11950	—	4230	—	—
桦南	118907	47464	6997	27	260	4366	—
双鸭山	110306	32881	4155	24	192	1025	—
鹤立	55758	35506	7835	3	754	2226	—
鹤北	132756	26785	11470	105	758	6217	—
东方红	154142	62547	34040	600	1141	7784	—
迎春	74621	38065	6193	10	150	3664	—
清河	220135	93016	60757	50	190	2077	—
双丰	104979	51412	19662	89	—	2132	—
铁力	254253	60702	24420	193	6091	—	—
桃山	97620	67987	14276	29	514	1738	—
朗乡	132699	42081	12790	124	3445	—	—
南岔	86988	40618	10483	42	609	—	—
金山屯	85180	26459	17510	89	222	1930	—
美溪	93985	19999	6111	805	5306	—	—
乌马河	139358	38316	15222	165	962	—	—
翠峦	121944	30788	13793	—	3636	—	—
友好	210207	112012	63108	74	276	3273	28
上甘岭	63970	40659	24034	—	1805	—	—
五营	154638	28260	28260	130	1473	—	—
红星	88080	39636	1892	10	1882	—	—
新青	86290	44281	24060	137	333	7222	—
汤旺河	249422	110033	74343	48	2164	—	—
乌伊岭	34380	17995	15291	67	3239	—	—
山河屯	123305	33899	14618	158	2584	—	—
苇河	119057	62583	35705	91	230	6478	—
亚布力	157685	60749	33677	2514	167	5423	—
方正	146309	60151	30919	93	274	2992	—
兴隆	144396	64853	19236	—	290	3164	—
绥棱	153000	42150	11741	845	230	5557	—
通北	122229	54691	6958	—	6958	—	—
沾河	132639	47408	47408	210	229	3492	—
带岭	198780	38810	13347	690	67	1375	—
大兴安岭林业集团	**676940**	**347944**	**286528**	**5798**	**2000**	**159798**	**—**
松岭	64980	26615	22953	279	400	14687	—
新林	96510	50555	40539	280	—	18591	—
塔河	86149	45477	35260	1001	100	19940	—
呼中	80566	39333	32458	680	250	18028	—
阿木尔	40320	26411	24038	899	250	12036	—
图强	41031	29542	26024	419	—	10930	—
西林吉	174160	56142	40025	549	850	16075	—
十八站	28890	19298	16615	110	—	13039	—
韩家园	36665	28037	24793	468	100	20017	—
加格达奇	27669	26534	23823	1113	50	16455	—

森工企业产值与企业债务情况(二)

格计算)

单位:万元

产值							
产业				第二产业			
产业			非林产业	合计	涉林产业		
经济林产品的种植与采集	花卉及其他观赏植物种植	陆生野生动物繁育与利用			小计	木材加工和木、竹、藤、棕、苇制品制造	木、竹、藤家具制造
27667	—	927	8712	45513	13880	13880	—
13473	—	—	28309	5658	1030	1030	—
7720	—	—	35380	5998	2310	—	—
2344	—	—	40467	28713	1602	1602	—
2914	—	—	28726	1569	430	430	—
4852	—	—	27671	8593	5927	384	—
4390	—	—	15315	50170	4080	1691	200
18043	5	6467	28507	34247	5072	2760	127
2369	—	—	31872	9139	451	451	—
58440	—	—	32259	96284	55378	3821	175
17441	—	—	31750	40937	26887	3021	23799
18136	—	—	36282	147661	3262	1709	1553
11995	—	—	53711	17088	2120	1094	418
9221	—	—	29291	26598	12178	3459	344
9832	—	—	30135	16380	6552	1600	4952
15269	—	—	8949	35758	16130	1400	11300
—	—	—	13888	35011	11659	10577	1082
14095	—	—	23094	45289	4333	1992	721
10157	—	—	16995	61053	4600	600	2500
59457	—	—	48904	73015	2955	1516	381
22229	—	—	16625	9269	5881	2305	202
26657	—	—	—	51080	1512	687	579
—	—	—	37744	17616	5700	5700	—
16368	—	—	20221	12022	6410	740	4850
72131	—	—	35690	9048	5868	645	2756
11985	—	—	2704	7135	73	—	73
6276	—	5600	19281	11010	3780	2180	—
27596	—	1310	26878	26282	6050	6050	—
25573	—	—	27072	15446	7069	6540	—
27560	—	—	29232	38515	6742	6742	—
15782	—	—	45617	37752	11189	5505	—
5109	—	—	30409	31064	4376	3101	251
—	—	—	47733	12208	—	—	—
13105	—	30372	—	18135	3211	3211	—
11215	—	—	25463	106850	19863	9800	900
98862	**134**	**19936**	**61416**	**53843**	**47137**	**404**	**—**
6027	—	1560	3662	8322	8135	24	—
19973	—	1695	10016	7682	7538	249	—
12015	—	2204	10217	12798	12433	—	—
13399	39	62	6875	3261	3121	110	—
10273	—	580	2373	8028	8028	—	—
5751	—	8924	3518	1503	1053	—	—
18562	30	3959	16117	4379	4329	19	—
2982	45	439	2683	6353	983	2	—
3708	20	480	3244	977	977	—	—
6172	—	33	2711	540	540	—	—

东北、内蒙古重点国有林区87个

（按现行价

企业名称	企业总产值 第二产业 涉林产业						
	木、竹、苇浆造纸和纸制品	林产化学产品制造	木质工艺品和木质文教体育用品制造	非木质林产品加工制造业	其 他	非林产业	合计
全国合计	**2437**	**23487**	**6903**	**102191**	**64756**	**1296200**	**2807661**
内蒙古森工集团	**—**	**—**	**—**	**—**	**—**	**24405**	**196859**
阿尔山	—	—	—	—	—	413	9473
绰尔	—	—	—	—	—	—	11508
绰源	—	—	—	—	—	—	6194
乌尔旗汉	—	—	—	—	—	1600	12748
库都尔	—	—	—	—	—	1422	10519
图里河	—	—	—	—	—	4613	10056
伊图里河	—	—	—	—	—	141	6590
克一河	—	—	—	—	—	2240	8102
甘河	—	—	—	—	—	1222	15083
吉文	—	—	—	—	—	—	9275
阿里河	—	—	—	—	—	1149	10557
根河	—	—	—	—	—	165	18861
金河	—	—	—	—	—	2049	13820
阿龙山	—	—	—	—	—	178	8948
满归	—	—	—	—	—	1204	10802
得耳布尔	—	—	—	—	—	6208	8149
莫尔道嘎	—	—	—	—	—	62	13695
大杨树	—	—	—	—	—	314	6117
毕拉河	—	—	—	—	—	1425	6362
吉林森工集团	**—**	**20677**	**490**	**16011**	**1836**	**55963**	**149672**
临江	—	—	490	16011	—	—	32312
三岔子	—	—	—	—	1358	—	23028
湾沟	—	—	—	—	—	48000	9310
松江河	—	20677	—	—	—	—	9156
泉阳	—	—	—	—	—	—	8400
露水河	—	—	—	—	478	—	17333
白石山	—	—	—	—	—	2415	32800
红石	—	—	—	—	—	5548	17333
长白山森工集团	**340**	**—**	**—**	**—**	**1541**	**71242**	**209396**
黄泥河	—	—	—	—	—	13921	30557
敦化	—	—	—	—	—	11097	37930
大石头	340	—	—	—	—	6329	14240
八家子	—	—	—	—	—	6013	14200
和龙	—	—	—	—	186	6900	10141
汪清	—	—	—	—	—	8516	23622
大兴沟	—	—	—	—	940	—	5075
天桥岭	—	—	—	—	3	3807	11354
白河	—	—	—	—	412	11432	51192
珲春	—	—	—	—	—	3227	11085
龙江森工集团	**2097**	**—**	**6413**	**42372**	**61264**	**1137884**	**1976581**
大海林	—	—	—	—	—	24547	130786
柴河	—	—	378	6213	—	83461	84108
东京城	—	—	—	—	—	28000	142065
穆棱	—	—	—	—	—	57114	54246
绥阳	—	—	—	—	381	25216	20049

森工企业产值与企业债务情况(三)

格计算)　　　　　　　　　　　　　　　　　　　　　　　　　　　单位:万元

第三产业			企业销售产值	企业金融债务			
其中:林业生产服务	林业旅游与休闲服务	林业公共管理及其他组织服务		总　计	其中:与木材停伐相关债务	其中:棚户区改造相关债务	其中:经营性(非木材生产)相关债务
62466	**814465**	**348206**	**2284263**	**698619**	**303995**	**259663**	**81171**
11417	**5393**	**32069**	**14919**	**170440**	**137875**	**13563**	**19000**
549	1020	1543	87	5813	5113	700	—
667	91	1875	2075	14651	14651	—	—
359	65	1009	741	18580	17869	711	—
739	180	2077	1663	9542	9542	—	—
610	—	1714	322	732	645	87	—
583	102	1638	218	926	926	—	—
382	3	1074	8	397	397	—	—
470	10	1320	828	1057	1057	—	—
875	17	2457	401	2874	1401	1471	—
538	195	1511	—	8313	7568	745	—
612	11	1720	562	17828	16412	1416	—
1094	1044	3072	27	6270	2424	3846	—
802	230	2251	1048	8089	8089	—	—
519	28	1458	356	10760	10313	447	—
627	930	1760	3870	18664	18636	28	—
473	35	1327	364	1932	486	1446	—
794	1356	2231	2345	25012	22346	2666	—
355	30	996	—	—	—	—	—
369	46	1036	4	19000	—	—	19000
17422	**27937**	**18078**	**112736**	**133436**	**88400**	**4766**	**16770**
2120	18890	3508	5259	3800	3800	—	—
3816	252	1469	31109	23970	7200	—	16770
3600	980	3600	710	1447	—	1447	—
4	1163	—	71	39600	20600	—	—
1600	4200	2600	28164	4500	—	—	—
5425	1030	2528	—	16000	16000	—	—
—	800	2000	22889	22900	22900	—	—
857	622	2373	24534	21219	17900	3319	—
14417	**19641**	**39140**	**152663**	**30468**	**9000**	**13968**	**7500**
193	300	987	50325	—	—	—	—
201	232	2133	70287	5000	—	—	5000
—	355	2885	—	6850	—	6850	—
1374	350	730	3078	9500	—	7000	2500
259	—	623	420	—	—	—	—
327	10	14040	1260	5500	5500	—	—
187	—	4888	20763	—	—	—	—
4079	—	7275	4304	118	—	118	—
452	18083	2488	367	—	—	—	—
7345	311	3091	1859	3500	3500	—	—
4772	**594514**	**223355**	**1781477**	**128980**	**15603**	**69332**	**15756**
—	76352	—	115070	—	—	—	—
437	32001	—	14234	—	—	—	—
—	11650	—	2437	—	—	—	—
—	4000	—	168304	—	—	—	—
50	3810	16189	—	—	—	—	—

东北、内蒙古重点国有林区 87 个

（按现行价

企业名称	企业总产值						
	第二产业						
	涉林产业					非林产业	合计
	木、竹、苇浆造纸和纸制品	林产化学产品制造	木质工艺品和木质文教体育用品制造	非木质林产品加工制造业	其　他		
海林	—	—	—	—	—	31633	39515
林口	—	—	—	—	—	4628	25547
八面通	—	—	—	—	2310	3688	15980
桦南	—	—	—	—	—	27111	42730
双鸭山	—	—	—	—	—	1139	75856
鹤立	—	—	66	337	5140	2666	11659
鹤北	—	—	505	164	1520	46090	55801
东方红	—	—	115	2070	—	29175	57348
迎春	—	—	—	—	—	8688	27417
清河	—	—	604	22225	28553	40906	30835
双丰	67	—	—	—	—	14050	12630
铁力	—	—	—	—	—	144399	45890
桃山	—	—	375	—	233	14968	12545
朗乡	—	—	97	—	8278	14420	64020
南岔	—	—	—	—	—	9828	29990
金山屯	2030	—	—	—	1400	19628	22963
美溪	—	—	—	—	—	23352	38975
乌马河	—	—	1620	—	—	40956	55753
翠峦	—	—	500	—	1000	56453	30103
友好	—	—	1058	—	—	70060	25180
上甘岭	—	—	—	—	3374	3388	14042
五营	—	—	246	—	—	49568	75298
红星	—	—	—	—	—	11916	30828
新青	—	—	820	—	—	5612	29987
汤旺河	—	—	—	—	2467	3180	130341
乌伊岭	—	—	—	—	—	7062	9250
山河屯	—	—	—	1600	—	7230	78396
苇河	—	—	—	—	—	20232	30192
亚布力	—	—	29	500	—	8377	81490
方正	—	—	—	—	—	31773	47643
兴隆	—	—	—	—	5684	26563	41791
绥棱	—	—	—	100	924	26688	79786
通北	—	—	—	—	—	12208	55330
沾河	—	—	—	—	—	14924	67096
带岭	—	—	—	9163	—	86987	53120
大兴安岭林业集团	**—**	**2810**	**—**	**43808**	**115**	**6706**	**275153**
松岭	—	26	—	8085	—	187	30043
新林	—	10	—	7279	—	144	38273
塔河	—	1977	—	10341	115	365	27874
呼中	—	12	—	2999	—	140	37972
阿木尔	—	90	—	7938	—	—	5881
图强	—	53	—	1000	—	450	9986
西林吉	—	561	—	3749	—	50	113639
十八站	—	81	—	900	—	5370	3239
韩家园	—	—	—	977	—	—	7651
加格达奇	—	—	—	540	—	—	595

森工企业产值与企业债务情况(四)

格计算)　　　　单位:万元

第三产业			企业销售产值	企业金融债务			
其中:林业生产服务	林业旅游与休闲服务	林业公共管理及其他组织服务		总　计	其中:与木材停伐相关债务	其中:棚户区改造相关债务	其中:经营性(非木材生产)相关债务
—	7500	—	89664	10791	—	—	—
—	4900	3336	55100	—	—	—	—
—	2720	—	59144	—	—	—	—
—	4300	—	20843	13853	—	8600	5253
—	9300	—	71699	—	—	—	—
16	2802	—	30538	—	—	—	—
1048	5268	—	72694	—	—	—	—
—	7003	4073	72587	3576	—	—	3576
2015	2000	—	30041	6680	—	4280	2400
300	10209	2056	174107	31	—	—	31
—	5520	—	—	—	—	—	—
—	32527	13363	—	—	—	—	—
—	7040	—	80216	6561	694	5867	—
—	23300	—	—	—	—	—	—
—	21630	—	—	—	—	—	—
—	16700	—	59626	—	—	—	—
—	15344	23631	—	—	—	—	—
—	5804	—	—	—	—	—	—
—	15484	14619	—	—	—	—	—
—	5610	—	189186	16753	2319	14434	—
—	14042	—	—	—	—	—	—
—	47190	28108	—	—	—	—	—
—	6975	23853	—	—	—	—	—
—	17310	—	44578	5625	1375	4250	—
—	50719	—	229008	24090	8289	15801	—
—	814	—	—	—	—	—	—
—	42500	35896	—	—	—	—	—
—	672	3162	3804	16041	—	9000	—
906	25500	5716	—	8654	—	—	—
—	11200	—	—	—	—	—	—
—	5700	—	—	—	—	—	—
—	7100	19242	4276	9522	2926	2100	4496
—	2009	—	12208	1803	—	—	—
—	7000	—	3211	5000	—	5000	—
—	23009	30111	178902	—	—	—	—
14438	**166980**	**35564**	**222468**	**235295**	**53117**	**158034**	**22145**
2132	15500	2176	18672	29989	3200	22590	2200
5062	11629	13624	36117	30203	7160	18683	4360
2050	6500	4914	37097	32080	5894	24186	2000
—	22498	6347	19649	34275	5460	28005	810
1280	—	1531	20901	16193	7956	8237	—
1432	3600	2126	19696	11599	2960	5739	2900
—	103650	1578	38458	41493	7780	29886	3827
—	1000	1575	13137	26269	9972	14297	2000
2400	2300	1483	8429	11136	2735	6411	1990
82	303	210	10312	2058	—	—	2058

东北、内蒙古重点国有林区森工企业主要产品产量(一)

指标名称	计量单位	企业合计
一、商品材产量	**立方米**	**401939**
1. 原木	立方米	385858
2. 薪材	立方米	16081
按来源分:		
1. 天然林	立方米	77164
2. 人工林	立方米	324775
二、木材销售量	**立方米**	**500010**
三、木材实际库存量	**立方米**	**130427**
四、锯材产量	**立方米**	**96773**
五、人造板产量	**立方米**	**97936**

东北、内蒙古重点国有林区森工企业主要产品产量(二)

指标名称	计量单位	企业合计
其中：胶合板	立方米	9081
纤维板	立方米	813
刨花板	立方米	16300
六、木片、木粒加工产品产量	**实积立方米**	**357**
七、木地板	**平方米**	**345700**
八、卫生筷子	**标准箱**	**209935**

东北、内蒙古重点国有林区 87 个

企业名称	商品材产量					木材销售量
	合计	原木	薪材	按来源分		
				天然林	人工林	
全国合计	**401939**	**385858**	**16081**	**77164**	**324775**	**500010**
内蒙古森工集团	**56210**	**55822**	**388**	**14512**	**41698**	**214337**
阿尔山	1536	1536	—	—	1536	1954
绰尔	498	498	—	498	—	31204
绰源	2207	2207	—	—	2207	11452
乌尔旗汉	34560	34560	—	—	34560	37061
库都尔	20	20	—	—	20	4537
图里河	741	741	—	741	—	2928
伊图里河	2096	2096	—	—	2096	128
克一河	6868	6858	10	6757	111	12835
甘河	1127	961	166	297	830	9064
吉文	5675	5675	—	5675	—	1635
阿里河	430	430	—	430	—	8318
根河	—	—	—	—	—	405
金河	241	143	98	—	241	28571
阿龙山	—	—	—	—	—	11018
满归	—	—	—	—	—	7649
得耳布尔	—	—	—	—	—	7718
莫尔道嘎	—	—	—	—	—	37626
大杨树	211	97	114	114	97	—
毕拉河	—	—	—	—	—	234
吉林森工集团	**165456**	**158233**	**7223**	**1805**	**163651**	**84344**
临江	61381	54158	7223	—	61381	58806
三岔子	41193	41193	—	597	40596	15473
湾沟	10081	10081	—	187	9894	8411
松江河	25202	25202	—	—	25202	1226
泉阳	2777	2777	—	—	2777	—
露水河	7128	7128	—	213	6915	428
白石山	5015	5015	—	808	4207	—
红石	12679	12679	—	—	12679	—
长白山森工集团	**120909**	**120234**	**675**	**56347**	**64562**	**127171**
黄泥河	11002	11002	—	6932	4070	9682
敦化	24717	24717	—	3126	21591	24717
大石头	38426	38396	30	5503	32923	37896
八家子	26094	26094	—	23197	2897	24873
和龙	6081	6081	—	3000	3081	3213
汪清	2958	2958	—	2958	—	2958
大兴沟	—	—	—	—	—	—
天桥岭	—	—	—	—	—	4022
白河	4254	4134	120	4254	—	3646
珲春	7377	6852	525	7377	—	16164
龙江森工集团	**59364**	**51569**	**7795**	**4500**	**54864**	**74158**
大海林	4500	4500	—	4500	—	4500
柴河	—	—	—	—	—	—
东京城	24662	16867	7795	—	24662	37289
穆棱	—	—	—	—	—	—
绥阳	—	—	—	—	—	—

森工企业主要产品产量(一)

单位:立方米

木材实际库存量	锯材产量	人造板产量				木片、木粒加工产品产量(实积立方米)	木地板(平方米)	卫生筷子(标准箱)
		合计	其中					
			胶合板	纤维板	刨花板			
130427	**96773**	**97936**	**9081**	**813**	**16300**	**357**	**345700**	**209935**
22623	**—**	**—**	**—**	**—**	**—**	**—**	**—**	**—**
1586	—	—	—	—	—	—	—	—
2182	—	—	—	—	—	—	—	—
886	—	—	—	—	—	—	—	—
—	—	—	—	—	—	—	—	—
1048	—	—	—	—	—	—	—	—
1595	—	—	—	—	—	—	—	—
2152	—	—	—	—	—	—	—	—
1695	—	—	—	—	—	—	—	—
1190	—	—	—	—	—	—	—	—
4197	—	—	—	—	—	—	—	—
3015	—	—	—	—	—	—	—	—
—	—	—	—	—	—	—	—	—
1472	—	—	—	—	—	—	—	—
—	—	—	—	—	—	—	—	—
—	—	—	—	—	—	—	—	—
—	—	—	—	—	—	—	—	—
1605	—	—	—	—	—	—	—	—
—	—	—	—	—	—	—	—	—
—	—	—	—	—	—	—	—	—
81112	**1200**	—	—	—	—	—	—	—
2575	—	—	—	—	—	—	—	—
25720	—	—	—	—	—	—	—	—
1670	1200	—	—	—	—	—	—	—
23976	—	—	—	—	—	—	—	—
2777	—	—	—	—	—	—	—	—
6700	—	—	—	—	—	—	—	—
5015	—	—	—	—	—	—	—	—
12679	—	—	—	—	—	—	—	—
23051	**2406**	**—**	**—**	**—**	**—**	**—**	**300000**	**—**
10267	—	—	—	—	—	—	—	—
—	—	—	—	—	—	—	—	—
530	—	—	—	—	—	—	—	—
1221	—	—	—	—	—	—	—	—
3000	—	—	—	—	—	—	—	—
—	—	—	—	—	—	—	300000	—
—	—	—	—	—	—	—	—	—
—	1770	—	—	—	—	—	—	—
608	636	—	—	—	—	—	—	—
7425	—	—	—	—	—	—	—	—
3641	**93049**	**97936**	**9081**	**813**	**16300**	**—**	**45700**	**194335**
—	2976	972	972	—	—	—	—	44815
—	8258	3467	667	—	—	—	—	—
—	1600	—	—	—	—	—	—	38000
—	—	16300	—	—	16300	—	20000	31900
—	10640	—	—	—	—	—	—	—

东北、内蒙古重点国有林区 87 个

企业名称	商品材产量					木材销售量
	合　计	原　木	薪　材	按来源分		
				天然林	人工林	
海林	—	—	—	—	—	—
林口	28605	28605	—	—	28605	31565
八面通	—	—	—	—	—	—
桦南	—	—	—	—	—	—
双鸭山	—	—	—	—	—	—
鹤立	—	—	—	—	—	—
鹤北	—	—	—	—	—	—
东方红	—	—	—	—	—	—
迎春	—	—	—	—	—	—
清河	—	—	—	—	—	—
双丰	—	—	—	—	—	—
铁力	—	—	—	—	—	—
桃山	—	—	—	—	—	—
朗乡	—	—	—	—	—	—
南岔	793	793	—	—	793	—
金山屯	—	—	—	—	—	—
美溪	—	—	—	—	—	—
乌马河	—	—	—	—	—	—
翠峦	—	—	—	—	—	—
友好	804	804	—	—	804	804
上甘岭	—	—	—	—	—	—
五营	—	—	—	—	—	—
红星	—	—	—	—	—	—
新青	—	—	—	—	—	—
汤旺河	—	—	—	—	—	—
乌伊岭	—	—	—	—	—	—
山河屯	—	—	—	—	—	—
苇河	—	—	—	—	—	—
亚布力	—	—	—	—	—	—
方正	—	—	—	—	—	—
兴隆	—	—	—	—	—	—
绥棱	—	—	—	—	—	—
通北	—	—	—	—	—	—
沾河	—	—	—	—	—	—
带岭	—	—	—	—	—	—
大兴安岭林业集团	**—**	**—**	**—**	**—**	**—**	**—**
松岭	—	—	—	—	—	—
新林	—	—	—	—	—	—
塔河	—	—	—	—	—	—
呼中	—	—	—	—	—	—
阿木尔	—	—	—	—	—	—
图强	—	—	—	—	—	—
西林吉	—	—	—	—	—	—
十八站	—	—	—	—	—	—
韩家园	—	—	—	—	—	—
加格达奇	—	—	—	—	—	—

森工企业主要产品产量(二)

单位:立方米

木材实际库存量	锯材产量	人造板产量				木片、木粒加工产品产量(实积立方米)	木地板(平方米)	卫生筷子(标准箱)
		合计	其中					
			胶合板	纤维板	刨花板			
—	—	3033	3033	—	—	—	—	—
3641	1095	15890	—	—	—	—	10700	—
—	—	—	—	—	—	—	—	—
—	—	—	—	—	—	—	—	30000
—	2150	—	—	—	—	—	—	—
—	—	500	500	—	—	—	—	—
—	480	—	—	—	—	—	—	40000
—	1551	—	—	—	—	—	—	—
—	—	—	—	—	—	—	—	—
—	5000	1100	—	—	—	—	—	—
—	15000	650	280	—	—	—	—	—
—	550	970	970	—	—	—	—	—
—	—	1464	552	—	—	—	15000	—
—	—	1540	—	—	—	—	—	—
—	—	—	—	—	—	—	—	—
—	—	—	—	—	—	—	—	—
—	—	7965	—	—	—	—	—	—
—	9041	—	—	—	—	—	—	—
—	—	10000	—	—	—	—	—	—
—	—	813	—	813	—	—	—	—
—	—	5129	2107	—	—	—	—	—
—	—	—	—	—	—	—	—	—
—	—	850	—	—	—	—	—	—
—	—	3700	—	—	—	—	—	—
—	—	2500	—	—	—	—	—	—
—	—	—	—	—	—	—	—	—
—	7530	—	—	—	—	—	—	—
—	13058	402	—	—	—	—	—	—
—	9320	—	—	—	—	—	—	9620
—	1300	—	—	—	—	—	—	—
—	1500	600	—	—	—	—	—	—
—	—	13091	—	—	—	—	—	—
—	—	—	—	—	—	—	—	—
—	2000	2000	—	—	—	—	—	—
—	—	5000	—	—	—	—	—	—
—	**118**	**—**	**—**	**—**	**—**	**357**	**—**	**15600**
—	—	—	—	—	—	—	—	—
—	—	—	—	—	—	—	—	15600
—	—	—	—	—	—	—	—	—
—	—	—	—	—	—	357	—	—
—	—	—	—	—	—	—	—	—
—	—	—	—	—	—	—	—	—
—	118	—	—	—	—	—	—	—
—	—	—	—	—	—	—	—	—
—	—	—	—	—	—	—	—	—
—	—	—	—	—	—	—	—	—

东北、内蒙古重点国有林区森工企业非木材产品产量

指标名称	计量单位	企业合计
一、各类经济林产品产量合计	吨	208677
二、森林药材	吨	36210
三、食用菌	吨	96985
四、山野菜	吨	43714
五、年末大牲畜存栏数	万只	74.05
六、年末家禽存栏数	万只	632.50
七、森林旅游人数	万人次	1417.25

东北、内蒙古重点国有林区87个森工企业非木材产品产量(一)

企业名称	各类经济林产品产量合计(吨)	森林药材(吨)	食用菌(吨)	山野菜(吨)	年末大牲畜存栏数(万只)	年末家禽存栏数(万只)	森林旅游人数(万人次)
重点森工企业合计	**208677**	**36210**	**96985**	**43714**	**74.05**	**632.50**	**1417.25**
内蒙古森工集团	**3500**	**924**	**235**	**638**	**6.41**	**16.24**	**26.54**
阿尔山	72	—	2	70	1.65	0.20	3.19
绰尔	19	—	3	—	0.77	0.09	0.26
绰源	814	783	17	14	0.19	0.38	0.11
乌尔旗汉	—	—	—	—	0.42	—	1.00
库都尔	48	—	12	—	0.59	0.37	—
图里河	78	38	5	—	0.35	1.13	0.34
伊图里河	12	—	2	3	0.25	—	0.01
克一河	79	19	58	—	0.15	0.03	0.15
甘河	56	48	—	2	0.30	0.19	0.09
吉文	28	—	8	20	0.08	0.40	0.39
阿里河	38	—	21	—	0.29	1.00	0.15
根河	199	12	6	50	0.20	0.64	5.00
金河	46	—	1	—	0.25	0.12	6.21
阿龙山	477	—	27	—	0.17	3.50	0.08
满归	1165	—	35	430	0.26	6.06	3.10
得耳布尔	13	—	2	—	0.16	0.54	0.10
莫尔道嘎	225	24	26	20	0.18	1.26	5.90
大杨树	28	—	—	—	0.05	0.02	0.15
毕拉河	103	—	10	29	0.11	0.32	0.32
吉林森工集团	**13856**	**2735**	**5737**	**1034**	**1.66**	**7.24**	**52.64**
临江	1191	406	110	220	1.00	2.00	7.84
三岔子	901	156	102	75	0.15	1.28	0.35
湾沟	215	—	15	—	0.01	1.00	2.16
松江河	2010	1069	137	370	0.20	0.29	3.87
泉阳	1060	610	48	86	0.27	2.60	0.77
露水河	1169	361	254	96	0.02	0.07	26.10
白石山	5468	3	5000	40	—	—	1.20
红石	1842	130	71	147	0.01	—	10.35
长白山森工集团	**17952**	**497**	**9411**	**1323**	**1.96**	**10.09**	**30.40**
黄泥河	2462	45	1619	363	0.20	0.50	1.50
敦化	1755	35	504	111	0.16	2.10	1.16
大石头	3580	64	2226	43	0.62	6.92	0.76
八家子	570	31	154	163	0.38	0.38	0.80
和龙	755	49	485	85	0.32	0.10	—
汪清	1861	36	878	49	0.04	—	0.50
大兴沟	1417	62	1000	65	0.03	—	—
天桥岭	2366	12	1964	350	0.04	—	—
白河	2953	154	500	90	0.15	0.10	24.00
珲春	233	9	81	4	0.02	—	1.68
龙江森工集团	**167709**	**30420**	**77105**	**39043**	**49.45**	**544.95**	**1133.61**
大海林	2456	311	1302	723	1.24	6.00	77.05
柴河	1556	30	1372	120	0.79	4.60	60.00
东京城	7455	35	5500	430	2.35	7.05	30.00
穆棱	3831	413	2658	230	4.34	4.79	21.00
绥阳	11568	918	9650	500	1.09	55.00	13.27

东北、内蒙古重点国有林区 87 个森工企业非木材产品产量(二)

企业名称	各类经济林产品产量合计(吨)	森林药材(吨)	食用菌(吨)	山野菜(吨)	年末大牲畜存栏数(万只)	年末家禽存栏数(万只)	森林旅游人数(万人次)
海林	2132	557	350	620	0.27	2.50	30.00
林口	4208	37	1910	266	0.20	0.24	11.01
八面通	1366	—	556	370	0.19	3.02	11.01
桦南	504	44	25	50	1.70	5.50	14.00
双鸭山	497	16	23	36	0.88	2.75	35.00
鹤立	1172	252	635	190	2.45	4.20	10.10
鹤北	1294	631	530	20	1.26	3.50	20.70
东方红	2120	500	1220	300	0.67	4.18	26.01
迎春	526	141	40	315	2.32	6.00	9.00
清河	10492	4850	3022	100	1.25	0.68	34.20
双丰	890	350	140	—	1.07	14.51	7.59
铁力	2623	623	363	648	0.03	3.20	43.37
桃山	4224	2162	587	869	2.99	2.28	10.73
朗乡	6370	220	3745	2053	1.82	17.84	42.35
南岔	—	—	—	—	1.49	65.00	34.31
金山屯	2893	290	2100	215	0.84	5.20	75.00
美溪	2810	—	2010	800	2.78	12.50	21.88
乌马河	9255	144	625	8104	0.11	6.91	3.61
翠峦	2096	253	914	389	2.04	4.00	19.14
友好	5071	20	2720	2050	0.32	107.71	7.00
上甘岭	3208	742	1805	430	1.83	12.20	22.21
五营	7017	392	3112	2841	0.07	11.31	75.00
红星	2694	304	1018	905	0.07	2.98	15.78
新青	5162	671	1984	2454	0.65	2.51	38.03
汤旺河	17091	10216	3059	1650	0.14	13.20	63.35
乌伊岭	9262	35	8394	795	—	—	1.00
山河屯	1255	—	900	355	2.00	22.00	49.03
苇河	6440	716	3985	68	0.38	6.50	1.23
亚布力	7512	1624	4802	1011	0.38	8.00	45.00
方正	4699	322	2904	825	4.11	30.00	35.90
兴隆	2897	428	1710	503	0.27	12.31	23.00
绥棱	973	165	750	33	1.17	1.80	28.00
通北	926	—	6	895	0.61	2.20	7.17
沾河	7596	780	179	5780	1.49	0.80	22.00
带岭	3568	1228	500	1100	1.79	70.00	39.58
大兴安岭林业集团	**5660**	**1634**	**4497**	**1676**	**14.56**	**53.97**	**174.08**
松岭	82	59	496	—	0.99	5.62	18.20
新林	1094	766	650	120	0.76	4.10	11.63
塔河	850	300	553	100	3.61	20.82	1.89
呼中	695	67	925	521	1.31	8.54	24.19
阿木尔	743	185	170	90	0.37	1.09	—
图强	621	20	321	10	1.01	1.07	3.79
西林吉	1435	23	785	465	1.17	8.11	108.88
十八站	35	135	235	110	1.19	2.02	1.20
韩家园	30	35	228	50	1.17	0.98	1.12
加格达奇	75	44	134	210	2.99	1.63	3.18

东北、内蒙古重点国有林区森工企业从业人员和劳动报酬情况

指标名称	计量单位	企业合计
一、年末人数	**人**	**493796**
其中:混岗职工人数	人	71883
1. 在岗职工	人	315285
其中:混岗职工人数	人	3277
其中:非全日制	人	2521
2. 其他从业人员	人	—
3. 离开本单位仍保留劳动关系人员	人	178511
二、年末参加基本养老保险人数	**人**	**416701**
其中:混岗职工人数	人	16078
三、年末参加基本医疗保险人数	**人**	**414306**
其中:混岗职工人数	人	7779
四、在岗职工平均人数	**人**	**288542**
五、在岗职工工资总额	**千元**	**10301364**
六、年末离退休人员人数	**人**	**514016**
七、离退休人员年生活费	**千元**	**13924466**

东北、内蒙古重点国有林区 87 个

企业名称	年末人数					
	总计	其中：混岗职工人数	在岗职工			其他从业人员
			合计	其中：混岗职工人数	其中：非全日制	
全国合计	**493796**	**71883**	**315285**	**3277**	**2521**	**—**
内蒙古森工集团	**128413**	**54948**	**42886**	**—**	**—**	**—**
阿尔山	9395	6058	2412	—	—	—
绰尔	4455	969	2453	—	—	—
绰源	3521	1137	1376	—	—	—
乌尔旗汉	10731	6314	2505	—	—	—
库都尔	11502	6487	2720	—	—	—
图里河	5540	2426	1745	—	—	—
伊图里河	4824	1590	1831	—	—	—
克一河	6213	1999	2529	—	—	—
甘河	9168	3764	3113	—	—	—
吉文	5224	1257	2196	—	—	—
阿里河	8354	4366	2313	—	—	—
根河	13098	6898	3836	—	—	—
金河	7466	3139	2430	—	—	—
阿龙山	5797	1665	2268	—	—	—
满归	5289	1747	1835	—	—	—
得耳布尔	5487	1253	2252	—	—	—
莫尔道嘎	7340	1738	3242	—	—	—
大杨树	3177	1767	951	—	—	—
毕拉河	1832	374	879	—	—	—
吉林森工集团	**29248**	**—**	**19154**	**—**	**—**	**—**
临江	2679	—	1750	—	—	—
三岔子	4693	—	2443	—	—	—
湾沟	2212	—	1258	—	—	—
松江河	5071	—	4041	—	—	—
泉阳	2627	—	2544	—	—	—
露水河	5257	—	2080	—	—	—
白石山	2913	—	2070	—	—	—
红石	3796	—	2968	—	—	—
长白山森工集团	**36948**	**675**	**22695**	**197**	**—**	**—**
黄泥河	4332	—	2115	—	—	—
敦化	7092	—	3746	—	—	—
大石头	3654	—	2642	—	—	—
八家子	2664	478	1661	—	—	—
和龙	2928	197	2452	197	—	—
汪清	4142	—	2459	—	—	—
大兴沟	2541	—	1481	—	—	—
天桥岭	3696	—	1949	—	—	—
白河	3292	—	2177	—	—	—
珲春	2607	—	2013	—	—	—
龙江森工集团	**254367**	**13804**	**186005**	**632**	**2521**	**—**
大海林	4688	—	4038	—	—	—
柴河	4052	—	3901	—	—	—
东京城	6432	—	6022	—	—	—
穆棱	3792	—	3663	—	—	—
绥阳	4448	—	4448	—	—	—

森工企业从业人员和劳动报酬情况(一)

单位:人

离开本单位仍保留劳动关系人员	年末参加基本养老保险人数		年末参加基本医疗保险人数		在岗职工平均人数	在岗职工工资总额（千元）	年末离退休人员人数	离退休人员年生活费（千元）
	合计	其中:混岗职工人数	合计	其中:混岗职工人数				
178511	**416701**	**16078**	**414306**	**7779**	**288542**	**10301364**	**514016**	**13924466**
85527	**73465**	**—**	**73465**	**—**	**38825**	**1906911**	**78613**	**2690029**
6983	3337	—	3337	—	2204	106138	4311	154725
2002	3486	—	3486	—	2245	107259	2927	107063
2145	2384	—	2384	—	1242	63160	2182	58312
8226	4417	—	4417	—	2069	99414	5143	184200
8782	5015	—	5015	—	2612	127727	5781	209700
3795	3114	—	3114	—	1665	83806	4236	151028
2993	3234	—	3234	—	1708	82471	3454	122489
3684	4214	—	4214	—	1793	87707	3817	125505
6055	5404	—	5404	—	3012	145699	6791	228155
3028	3967	—	3967	—	1904	87006	3717	124788
6041	3988	—	3988	—	2220	106108	5842	189019
9262	6200	—	6200	—	3809	188921	7762	262150
5036	4327	—	4327	—	2359	115046	4956	177064
3529	4132	—	4132	—	1925	94014	3725	127601
3454	3542	—	3542	—	1697	84879	4549	144450
3235	4234	—	4234	—	1814	89236	2858	106158
4098	5602	—	5602	—	2808	147823	3969	128978
2226	1410	—	1410	—	892	48154	2037	69371
953	1458	—	1458	—	847	42343	556	19273
10094	**29248**	**—**	**29248**	**—**	**18355**	**687405**	**34862**	**44754**
929	2679	—	2679	—	1818	72660	6991	5569
2250	4693	—	4693	—	2491	104815	7030	17202
954	2212	—	2212	—	1269	63699	1783	1746
1030	5071	—	5071	—	4041	140690	6009	4794
83	2627	—	2627	—	1657	68058	3288	2487
3177	5257	—	5257	—	2274	79817	3786	7408
843	2913	—	2913	—	1972	63685	3037	2197
828	3796	—	3796	—	2833	93980	2938	3350
14253	**34572**	**197**	**36187**	**197**	**22330**	**1029818**	**38323**	**730025**
2217	4332	—	4332	—	2180	87068	3931	9031
3346	6157	—	6157	—	3790	155791	6966	205528
1012	3281	—	3281	—	2730	128761	5528	10983
1003	2118	—	2130	—	1677	88865	3065	1299
476	2917	197	2908	197	1920	98477	3128	91331
1683	3757	—	3793	—	2459	118425	4671	136964
1060	2541	—	3137	—	1437	66000	1907	59396
1747	3630	—	4610	—	1908	80056	3079	82940
1115	3292	—	3292	—	2171	115135	4768	129615
594	2547	—	2547	—	2058	91238	1280	2936
68362	**236768**	**14746**	**230826**	**6447**	**164796**	**4989191**	**299430**	**8688628**
650	4688	—	4688	—	3847	151602	9008	246434
151	3688	—	3656	—	3026	126486	11844	354195
410	6432	—	6432	—	4166	177084	10586	298030
129	3663	—	3792	—	2292	96607	8806	294216
—	4443	—	4443	—	4503	162123	7743	234053

东北、内蒙古重点国有林区87个

企业名称	年末人数					
	总计	其中:混岗职工人数	在岗职工			其他从业人员
			合计	其中:混岗职工人数	其中:非全日制	
海林	3571	—	3571	—	—	—
林口	3709	—	3354	—	—	—
八面通	4568	—	3042	—	—	—
桦南	7181	—	4078	—	—	—
双鸭山	3716	99	3401	—	—	—
鹤立	3317	—	3098	—	—	—
鹤北	6305	—	5082	—	—	—
东方红	5311	35	4009	21	—	—
迎春	2780	—	2632	—	—	—
清河	2391	—	2262	—	—	—
双丰	13230	4956	6623	—	—	—
铁力	9578	—	5139	—	—	—
桃山	7293	2057	4423	—	301	—
朗乡	7780	—	7041	—	—	—
南岔	10682	—	8538	—	—	—
金山屯	8683	—	5418	—	—	—
美溪	9894	798	5460	—	—	—
乌马河	11264	4739	5008	—	—	—
翠峦	10228	611	5480	611	—	—
友好	9636	—	6649	—	—	—
上甘岭	5628	48	3995	—	—	—
五营	7712	—	5488	—	—	—
红星	6338	—	5135	—	—	—
新青	9653	375	5695	—	—	—
汤旺河	7080	—	4583	—	—	—
乌伊岭	6821	—	4672	—	—	—
山河屯	5686	—	4983	—	441	—
苇河	5226	—	4842	—	—	—
亚布力	4792	18	3604	—	—	—
方正	5101	—	3437	—	—	—
兴隆	5392	68	4650	—	—	—
绥棱	5366	—	5290	—	—	—
通北	5021	—	4103	—	135	—
沾河	5889	—	5049	—	1644	—
带岭	4133	—	4099	—	—	—
大兴安岭林业集团	**44820**	**2456**	**44545**	**2448**	**—**	**—**
松岭	4656	614	4656	614	—	—
新林	5267	—	5267	—	—	—
塔河	6988	—	6988	—	—	—
呼中	5286	—	5286	—	—	—
阿木尔	3636	521	3601	513	—	—
图强	4001	1321	4001	1321	—	—
西林吉	7078	—	7078	—	—	—
十八站	3015	—	3015	—	—	—
韩家园	2758	—	2518	—	—	—
加格达奇	2135	—	2135	—	—	—

森工企业从业人员和劳动报酬情况(二)

单位:人

离开本单位仍保留劳动关系人员	年末参加基本养老保险人数		年末参加基本医疗保险人数		在岗职工平均人数	在岗职工工资总额(千元)	年末离退休人员人数	离退休人员年生活费(千元)
	合计	其中:混岗职工人数	合计	其中:混岗职工人数				
—	3571	—	3571	—	2173	79164	5717	167874
355	3709	—	3709	—	3354	125019	5145	153319
1526	4520	—	3215	—	2985	96166	2544	74914
3103	6982	—	7181	—	4102	109297	4825	146485
315	3503	—	3617	—	2992	90483	4054	126916
219	3203	—	3317	—	3060	64250	2459	83410
1223	6057	—	6305	—	5102	153568	4427	131215
1302	5013	35	5311	35	3395	135134	8692	260429
148	2422	—	2532	—	2305	77690	2486	74736
129	2149	—	2262	—	1381	60608	4375	113794
6607	10076	4377	9536	—	5472	95064	10494	298740
4439	7057	—	5522	—	4358	138419	11720	329205
2870	7293	—	7293	—	4423	126186	12308	394133
739	8003	—	7420	—	8145	162056	14202	439326
2144	9876	—	8538	—	8609	192662	8098	70132
3265	8683	—	8683	—	5450	135795	12303	335160
4434	9096	798	9096	798	5377	170945	5298	169684
6256	6525	4228	5696	—	5008	144664	5380	151709
4748	9311	5174	9617	5480	5477	165870	16006	466671
2987	9636	—	7762	—	5020	170599	8658	252174
1633	5628	48	5628	48	2488	85345	4981	137768
2224	7436	—	7712	—	5658	158667	6606	190491
1203	6338	—	6338	—	5135	12367	8963	255145
3958	9029	—	9278	—	5040	170472	8689	289679
2497	6678	—	6616	—	4445	145174	5827	199863
2149	6139	—	6139	—	4672	121417	7883	233830
703	5686	—	5686	—	3773	138833	5810	180950
384	5226	—	5226	—	3074	92555	15165	411608
1188	4792	18	4792	18	2927	115575	5641	182981
1664	5101	—	5101	—	3216	129959	6291	202448
742	5392	68	5392	68	3052	113462	6844	199171
76	4681	—	4681	—	3924	103276	6418	189930
918	5021	—	5021	—	3070	119598	5579	115611
840	5889	—	5889	—	4201	153081	3824	115457
34	4133	—	4133	—	4099	121869	3731	116740
275	**42648**	**1135**	**44580**	**1135**	**44236**	**1688040**	**62788**	**1771030**
—	4451	614	4656	614	4662	187980	8504	209600
—	5011	—	5267	—	5448	238930	16102	426540
—	6667	—	6988	—	6395	234450	6404	229050
—	5103	—	5286	—	5379	213970	7307	225770
35	3498	521	3636	521	3696	145180	3214	97250
—	3864	—	4001	—	3951	155710	5343	152410
—	6724	—	7078	—	7078	214490	7574	200520
—	2862	—	3015	—	3015	108190	3748	104970
240	2417	—	2518	—	2518	109970	1241	31790
—	2051	—	2135	—	2094	79170	3351	93130

东北、内蒙古重点国有林区森工企业林业投资完成情况(一)

指标名称	计量单位	企业合计
一、自年初累计完成投资	**万元**	**2136810**
1. 生态建设与保护	万元	1825098
(1)造林抚育与森林质量提升	万元	1819705
(2)湿地保护与恢复	万元	1718
(3)防沙治沙	万元	—
(4)野生动植物保护及自然保护区	万元	3675
2. 林业产业发展	万元	93186
(1)工业原料林	万元	—
(2)特色经济林(不含木本油料)	万元	620
(3)木本油料	万元	—
(4)花卉	万元	—
(5)林下经济	万元	12356
(6)木竹制品加工制造	万元	—
(7)木竹家具制造	万元	—
(8)木竹浆造纸	万元	—

东北、内蒙古重点国有林区森工企业林业投资完成情况(二)

指标名称	计量单位	企业合计
(9)非木质林产品加工制造	万元	—
(10)林业旅游休闲康养	万元	21392
(11)其他	万元	58818
3. 林业支撑与保障	万元	35266
(1)林业改革补助	万元	917
(2)林木种苗	万元	2242
(3)森林防火与森林公安	万元	30579
(4)林业有害生物防治	万元	933
(5)林业科技、教育、法治、宣传等	万元	347
(6)林业信息化	万元	—
(7)林业管理财政事业费	万元	248
4. 林业基础设施建设	万元	183260
(1)棚户区(危旧房)改造	万元	83024
(2)林区公益性基础设施建设	万元	62238
(3)其他	万元	37998
二、本年房屋竣工面积	**平方米**	**397169**
本年房屋竣工价值	万元	28167
三、本年新增公路里程	**千米**	**87**

东北、内蒙古重点国有林区87个

企业名称	自年初				
	总 计	生态建设与保护			
		合计	造林抚育与森林质量提升	湿地保护与恢复	防沙治沙
全国合计	**2136810**	**1825098**	**1819705**	**1718**	**—**
内蒙古森工集团	**383448**	**367673**	**366365**	**862**	**—**
阿尔山	17335	16956	16956	—	—
绰尔	21662	20601	20601	—	—
绰源	12989	12593	12593	—	—
乌尔旗汉	20910	20607	20561	—	—
库都尔	24739	24329	24329	—	—
图里河	21151	18077	18077	—	—
伊图里河	15444	15434	15434	—	—
克一河	16617	16253	16253	—	—
甘河	25691	25409	25409	—	—
吉文	16749	16168	16168	—	—
阿里河	22495	22092	22092	—	—
根河	37005	34685	34685	—	—
金河	22593	22305	21743	562	—
阿龙山	18239	18061	18061	—	—
满归	21123	18943	18943	—	—
得耳布尔	19255	18362	18062	300	—
莫尔道嘎	29859	28524	28124	—	—
大杨树	10011	9409	9409	—	—
毕拉河	9581	8865	8865	—	—
吉林森工集团	**172108**	**158829**	**158821**	**8**	**—**
临江	25787	20810	20810	—	—
三岔子	28574	28367	28367	—	—
湾沟	17606	14872	14872	—	—
松江河	21913	21693	21693	—	—
泉阳	15108	15019	15017	2	—
露水河	18054	17466	17464	2	—
白石山	19996	17730	17728	2	—
红石	25070	22872	22870	2	—
长白山森工集团	**266220**	**210253**	**207501**	**288**	**—**
黄泥河	22474	19412	18665	2	—
敦化	32143	26526	26524	2	—
大石头	29596	22814	22604	210	—
八家子	27699	20569	20569	—	—
和龙	32224	22865	22759	—	—
汪清	28603	24836	24243	2	—
大兴沟	14537	12526	12458	2	—
天桥岭	20000	17635	17347	70	—
白河	37209	24772	24772	—	—
珲春	21735	18298	17560	—	—
龙江森工集团	**1033042**	**823622**	**822397**	**460**	**—**
大海林	30013	22904	22894	—	—
柴河	28168	23853	23853	—	—
东京城	65604	28243	28203	—	—
穆棱	27397	19923	19923	—	—
绥阳	32327	26129	25514	—	—

森工企业林业投资完成情况(一)

单位:万元

累计完成情况					
	林业产业发展				
野生动植物保护及自然保护区	合计	工业原料林	特色经济林(不含木本油料)	木本油料	花　卉
3675	**93186**	**—**	**620**	**—**	**—**
446	**1484**	**—**	**—**	**—**	**—**
—	—	—	—	—	—
—	—	—	—	—	—
—	—	—	—	—	—
46	—	—	—	—	—
—	—	—	—	—	—
—	—	—	—	—	—
—	—	—	—	—	—
—	—	—	—	—	—
—	—	—	—	—	—
—	—	—	—	—	—
—	60	—	—	—	—
—	752	—	—	—	—
—	—	—	—	—	—
—	48	—	—	—	—
—	—	—	—	—	—
—	143	—	—	—	—
400	200	—	—	—	—
—	—	—	—	—	—
—	281	—	—	—	—
—	**391**	**—**	**20**	**—**	**—**
—	50	—	—	—	—
—	43	—	—	—	—
—	50	—	20	—	—
—	138	—	—	—	—
—	—	—	—	—	—
—	30	—	—	—	—
—	50	—	—	—	—
—	30	—	—	—	—
2464	**9796**	**—**	**—**	**—**	**—**
745	40	—	—	—	—
—	45	—	—	—	—
—	3625	—	—	—	—
—	5612	—	—	—	—
106	38	—	—	—	—
591	—	—	—	—	—
66	30	—	—	—	—
218	55	—	—	—	—
—	—	—	—	—	—
738	351	—	—	—	—
765	**81515**	**—**	**600**	**—**	**—**
10	6204	—	—	—	—
—	3600	—	600	—	—
40	35600	—	—	—	—
—	4150	—	—	—	—
615	3600	—	—	—	—

东北、内蒙古重点国有林区87个

企业名称	自年初				
	总　计	其中：中央财政资金	其中：地方财政资金	合　计	营造林
海林	31306	17421	17421	—	—
林口	26956	18883	18883	—	—
八面通	26927	14605	14605	—	—
桦南	26077	23027	23027	—	—
双鸭山	16787	15756	15676	—	—
鹤立	15530	13495	13495	—	—
鹤北	26723	25664	25664	—	—
东方红	31979	24954	24944	—	—
迎春	17080	14446	14436	—	—
清河	18032	13944	13944	—	—
双丰	17552	16357	16357	—	—
铁力	26716	22847	22847	—	—
桃山	25801	19749	19749	—	—
朗乡	29095	25287	25287	—	—
南岔	33297	27775	27775	—	—
金山屯	22621	21264	20804	460	—
美溪	24429	21325	21325	—	—
乌马河	22697	20556	20556	—	—
翠峦	16867	16867	16867	—	—
友好	28492	24403	24403	—	—
上甘岭	16504	15280	15280	—	—
五营	29150	18268	18268	—	—
红星	20161	18971	18971	—	—
新青	28349	23723	23723	—	—
汤旺河	21925	18889	18889	—	—
乌伊岭	19512	18858	18858	—	—
山河屯	23449	19279	19279	—	—
苇河	25220	21346	21346	—	—
亚布力	25203	21994	21994	—	—
方正	27172	21737	21737	—	—
兴隆	24399	22652	22652	—	—
绥棱	21002	19356	19356	—	—
通北	20589	20589	20589	—	—
沾河	37304	26487	26487	—	—
带岭	24630	16516	16516	—	—
大兴安岭林业集团	**281992**	**264721**	**264621**	**100**	**—**
松岭	28792	27203	27203	—	—
新林	32997	32178	32178	—	—
塔河	35636	33179	33179	—	—
呼中	33869	33316	33316	—	—
阿木尔	23359	22242	22242	—	—
图强	24331	23586	23586	—	—
西林吉	33267	31997	31997	—	—
十八站	22936	20753	20753	—	—
韩家园	25038	21221	21221	—	—
加格达奇	21767	19046	18946	100	—

森工企业林业投资完成情况(二)

单位：万元

累计完成情况					
	林业产业发展				
野生动植物保护及自然保护区	合计	工业原料林	特色经济林（不含木本油料）	木本油料	花　卉
—	8434	—	—	—	—
—	2500	—	—	—	—
—	7720	—	—	—	—
—	600	—	—	—	—
80	500	—	—	—	—
—	—	—	—	—	—
—	404	—	—	—	—
10	2000	—	—	—	—
10	—	—	—	—	—
—	—	—	—	—	—
—	—	—	—	—	—
—	—	—	—	—	—
—	—	—	—	—	—
—	—	—	—	—	—
—	—	—	—	—	—
—	—	—	—	—	—
—	—	—	—	—	—
—	—	—	—	—	—
—	—	—	—	—	—
—	—	—	—	—	—
—	—	—	—	—	—
—	—	—	—	—	—
—	—	—	—	—	—
—	—	—	—	—	—
—	—	—	—	—	—
—	—	—	—	—	—
—	796	—	—	—	—
—	—	—	—	—	—
—	600	—	—	—	—
—	—	—	—	—	—
—	—	—	—	—	—
—	—	—	—	—	—
—	—	—	—	—	—
—	600	—	—	—	—
—	4207	—	—	—	—
—	—	—	—	—	—
—	—	—	—	—	—
—	—	—	—	—	—
—	—	—	—	—	—
—	—	—	—	—	—
—	—	—	—	—	—
—	—	—	—	—	—
—	—	—	—	—	—
—	—	—	—	—	—
—	—	—	—	—	—
—	—	—	—	—	—

东北、内蒙古重点国有林区 87 个

企业名称	自年初				
	林业产业发展				
	林下经济	木竹制品加工制造	木竹家具制造	木竹浆造纸	非木质林产品加工制造
全国合计	**12356**	—	—	—	—
内蒙古森工集团	**48**	—	—	—	—
阿尔山	—	—	—	—	—
绰尔	—	—	—	—	—
绰源	—	—	—	—	—
乌尔旗汉	—	—	—	—	—
库都尔	—	—	—	—	—
图里河	—	—	—	—	—
伊图里河	—	—	—	—	—
克一河	—	—	—	—	—
甘河	—	—	—	—	—
吉文	—	—	—	—	—
阿里河	—	—	—	—	—
根河	—	—	—	—	—
金河	—	—	—	—	—
阿龙山	48	—	—	—	—
满归	—	—	—	—	—
得耳布尔	—	—	—	—	—
莫尔道嘎	—	—	—	—	—
大杨树	—	—	—	—	—
毕拉河	—	—	—	—	—
吉林森工集团	**103**	—	—	—	—
临江	—	—	—	—	—
三岔子	43	—	—	—	—
湾沟	—	—	—	—	—
松江河	—	—	—	—	—
泉阳	—	—	—	—	—
露水河	30	—	—	—	—
白石山	—	—	—	—	—
红石	30	—	—	—	—
长白山森工集团	**325**	—	—	—	—
黄泥河	—	—	—	—	—
敦化	45	—	—	—	—
大石头	—	—	—	—	—
八家子	—	—	—	—	—
和龙	—	—	—	—	—
汪清	—	—	—	—	—
大兴沟	30	—	—	—	—
天桥岭	55	—	—	—	—
白河	—	—	—	—	—
珲春	195	—	—	—	—
龙江森工集团	**11880**	—	—	—	—
大海林	—	—	—	—	—
柴河	—	—	—	—	—
东京城	—	—	—	—	—
穆棱	—	—	—	—	—
绥阳	—	—	—	—	—

森工企业林业投资完成情况(三)

单位:万元

累计完成情况					
		林业支撑与保障			
林业旅游休闲康养	其　他	合　计	林业改革补助	林木种苗	森林防火与森林公安
21392	**58818**	**35266**	**917**	**2242**	**30579**
1436	**—**	**3581**	**—**	**1311**	**2240**
—	—	10	—	—	10
—	—	79	—	79	—
—	—	—	—	—	—
—	—	48	—	48	—
—	—	69	—	69	—
—	—	—	—	—	—
—	—	—	—	—	—
—	—	78	—	78	—
—	—	49	—	49	—
—	—	351	—	66	285
60	—	127	—	127	—
752	—	718	—	296	422
—	—	35	—	35	—
—	—	20	—	20	—
—	—	567	—	167	400
143	—	533	—	128	375
200	—	572	—	72	500
—	—	49	—	49	—
281	—	276	—	28	248
—	**268**	**4845**	**897**	**670**	**2937**
—	50	2677	897	196	1465
—	—	164	—	126	—
—	30	7	—	—	—
—	138	82	—	39	—
—	—	89	—	55	10
—	—	558	—	200	318
—	50	300	—	30	244
—	—	968	—	24	900
—	**9471**	**8302**	**20**	**261**	**7408**
—	40	904	—	—	900
—	—	282	20	—	238
—	3625	823	—	40	762
—	5612	1148	—	—	1148
—	38	1099	—	30	1054
—	—	176	—	150	—
—	—	30	—	11	10
—	—	317	—	30	104
—	—	2765	—	—	2482
—	156	758	—	—	710
19956	**49079**	**11152**	**—**	**—**	**10630**
6204	—	50	—	—	—
3000	—	55	—	—	—
—	35600	—	—	—	—
—	4150	—	—	—	—
1000	2600	1297	—	—	1247

东北、内蒙古重点国有林区 87 个

企业名称	自年初				
	林业产业发展				
	林下经济	木竹制品加工制造	木竹家具制造	木竹浆造纸	非木质林产品加工制造
海林	2280	—	—	—	—
林口	2500	—	—	—	—
八面通	7100	—	—	—	—
桦南	—	—	—	—	—
双鸭山	—	—	—	—	—
鹤立	—	—	—	—	—
鹤北	—	—	—	—	—
东方红	—	—	—	—	—
迎春	—	—	—	—	—
清河	—	—	—	—	—
双丰	—	—	—	—	—
铁力	—	—	—	—	—
桃山	—	—	—	—	—
朗乡	—	—	—	—	—
南岔	—	—	—	—	—
金山屯	—	—	—	—	—
美溪	—	—	—	—	—
乌马河	—	—	—	—	—
翠峦	—	—	—	—	—
友好	—	—	—	—	—
上甘岭	—	—	—	—	—
五营	—	—	—	—	—
红星	—	—	—	—	—
新青	—	—	—	—	—
汤旺河	—	—	—	—	—
乌伊岭	—	—	—	—	—
山河屯	—	—	—	—	—
苇河	—	—	—	—	—
亚布力	—	—	—	—	—
方正	—	—	—	—	—
兴隆	—	—	—	—	—
绥棱	—	—	—	—	—
通北	—	—	—	—	—
沾河	—	—	—	—	—
带岭	—	—	—	—	—
大兴安岭林业集团	**—**	**—**	**—**	**—**	**—**
松岭	—	—	—	—	—
新林	—	—	—	—	—
塔河	—	—	—	—	—
呼中	—	—	—	—	—
阿木尔	—	—	—	—	—
图强	—	—	—	—	—
西林吉	—	—	—	—	—
十八站	—	—	—	—	—
韩家园	—	—	—	—	—
加格达奇	—	—	—	—	—

森工企业林业投资完成情况(四)

单位:万元

累计完成情况					
		林业支撑与保障			
林业旅游休闲康养	其　他	合　计	林业改革补助	林木种苗	森林防火与森林公安
6154	—	—	—	—	—
—	—	2217	—	—	2217
—	620	456	—	—	456
—	600	295	—	—	—
—	500	—	—	—	—
—	—	973	—	—	973
—	404	22	—	—	—
—	2000	976	—	—	976
—	—	337	—	—	337
—	—	—	—	—	—
—	—	—	—	—	—
—	—	—	—	—	—
—	—	—	—	—	—
—	—	—	—	—	—
—	—	—	—	—	—
—	—	—	—	—	—
—	—	460	—	—	460
—	—	620	—	—	620
—	—	—	—	—	—
—	—	—	—	—	—
—	—	529	—	—	529
—	—	—	—	—	—
—	—	744	—	—	744
—	—	—	—	—	—
—	—	—	—	—	—
—	—	—	—	—	—
796	—	—	—	—	—
—	—	50	—	—	—
—	600	—	—	—	—
—	—	1165	—	—	1165
—	—	—	—	—	—
—	—	—	—	—	—
—	—	—	—	—	—
600	—	906	—	—	906
2202	2005	—	—	—	—
—	**—**	**7386**	**—**	**—**	**7364**
—	—	1589	—	—	1589
—	—	385	—	—	385
—	—	700	—	—	700
—	—	370	—	—	370
—	—	700	—	—	700
—	—	700	—	—	700
—	—	140	—	—	140
—	—	—	—	—	—
—	—	1245	—	—	1245
—	—	1557	—	—	1535

东北、内蒙古重点国有林区87个

企业名称	自年初累计完成投资				
	林业支撑与保障				
	林业有害生物防治	林业科技、教育、法治、宣传等	林业信息化	林业管理财政事业费	合 计
全国合计	**933**	**347**	**—**	**248**	**183260**
内蒙古森工集团	**30**	**—**	**—**	**—**	**10710**
阿尔山	—	—	—	—	369
绰尔	—	—	—	—	982
绰源	—	—	—	—	396
乌尔旗汉	—	—	—	—	255
库都尔	—	—	—	—	341
图里河	—	—	—	—	3074
伊图里河	—	—	—	—	10
克一河	—	—	—	—	286
甘河	—	—	—	—	233
吉文	—	—	—	—	230
阿里河	—	—	—	—	216
根河	—	—	—	—	850
金河	—	—	—	—	253
阿龙山	—	—	—	—	110
满归	—	—	—	—	1613
得耳布尔	30	—	—	—	217
莫尔道嘎	—	—	—	—	563
大杨树	—	—	—	—	553
毕拉河	—	—	—	—	159
吉林森工集团	**341**	**—**	**—**	**—**	**8043**
临江	119	—	—	—	2250
三岔子	38	—	—	—	—
湾沟	7	—	—	—	2677
松江河	43	—	—	—	—
泉阳	24	—	—	—	—
露水河	40	—	—	—	—
白石山	26	—	—	—	1916
红石	44	—	—	—	1200
长白山森工集团	**313**	**52**	**—**	**248**	**37869**
黄泥河	4	—	—	—	2118
敦化	24	—	—	—	5290
大石头	21	—	—	—	2334
八家子	—	—	—	—	370
和龙	15	—	—	—	8222
汪清	26	—	—	—	3591
大兴沟	9	—	—	—	1951
天桥岭	131	52	—	—	1993
白河	35	—	—	248	9672
珲春	48	—	—	—	2328
龙江森工集团	**227**	**295**	**—**	**—**	**116753**
大海林	50	—	—	—	855
柴河	55	—	—	—	660
东京城	—	—	—	—	1761
穆棱	—	—	—	—	3324
绥阳	50	—	—	—	1301

森工企业林业投资完成情况(五)

单位:万元

情况					
林业基础设施建设			本年房屋竣工面积(平方米)	本年房屋竣工价值	本年新增公路里程(千米)
棚户区(危旧房)改造	林区公益性基础设施建设	其他			
83024	**62238**	**37998**	**397169**	**28167**	**87**
3778	**—**	**6932**	**888**	**131**	**3**
—	—	369	30	10	—
—	—	982	—	—	—
—	—	396	—	—	—
—	—	255	—	—	—
96	—	245	120	50	—
2887	—	187	—	—	—
—	—	10	—	—	—
—	—	286	—	—	—
—	—	233	—	—	—
—	—	230	—	—	—
—	—	216	497	41	—
165	—	685	—	—	—
—	—	253	—	—	—
—	—	110	—	—	—
580	—	1033	—	—	3
50	—	167	241	30	—
—	—	563	—	—	—
—	—	553	—	—	—
—	—	159	—	—	—
—	**6551**	**1492**	**17769**	**2794**	**30**
—	1223	1027	17769	2794	30
—	—	—	—	—	—
—	2252	425	—	—	—
—	—	—	—	—	—
—	—	—	—	—	—
—	—	—	—	—	—
—	1876	40	—	—	—
—	1200	—	—	—	—
13285	**10830**	**13754**	**52102**	**1242**	**21**
708	—	1410	—	—	—
1798	2603	889	—	—	—
1435	899	—	—	—	—
370	—	—	—	—	—
2096	4754	1372	575	34	—
545	—	3046	48645	545	—
—	1556	395	—	—	—
1761	—	232	—	—	—
3262	—	6410	—	—	—
1310	1018	—	2882	663	21
62344	**42307**	**12102**	**326410**	**24000**	**33**
—	855	—	—	—	—
—	630	30	—	—	—
714	1047	—	—	—	—
—	3324	—	—	—	—
—	1301	—	10010	3163	—

东北、内蒙古重点国有林区87个

企业名称	自年初累计完成投资				
	林业支撑与保障				
	林业有害生物防治	林业科技、教育、法治、宣传等	林业信息化	林业管理财政事业费	合　计
海林	—	—	—	—	5451
林口	—	—	—	—	3356
八面通	—	—	—	—	4146
桦南	—	295	—	—	2155
双鸭山	—	—	—	—	531
鹤立	—	—	—	—	1062
鹤北	22	—	—	—	633
东方红	—	—	—	—	4049
迎春	—	—	—	—	2297
清河	—	—	—	—	4088
双丰	—	—	—	—	1195
铁力	—	—	—	—	3869
桃山	—	—	—	—	6052
朗乡	—	—	—	—	3808
南岔	—	—	—	—	5522
金山屯	—	—	—	—	1357
美溪	—	—	—	—	2644
乌马河	—	—	—	—	1521
翠峦	—	—	—	—	—
友好	—	—	—	—	4089
上甘岭	—	—	—	—	695
五营	—	—	—	—	10882
红星	—	—	—	—	446
新青	—	—	—	—	4626
汤旺河	—	—	—	—	3036
乌伊岭	—	—	—	—	654
山河屯	—	—	—	—	3374
苇河	50	—	—	—	3824
亚布力	—	—	—	—	2609
方正	—	—	—	—	4270
兴隆	—	—	—	—	1747
绥棱	—	—	—	—	1646
通北	—	—	—	—	—
沾河	—	—	—	—	9311
带岭	—	—	—	—	3907
大兴安岭林业集团	**22**	**—**	**—**	**—**	**9885**
松岭	—	—	—	—	—
新林	—	—	—	—	434
塔河	—	—	—	—	1757
呼中	—	—	—	—	183
阿木尔	—	—	—	—	417
图强	—	—	—	—	45
西林吉	—	—	—	—	1130
十八站	—	—	—	—	2183
韩家园	—	—	—	—	2572
加格达奇	22	—	—	—	1164

森工企业林业投资完成情况(六)

单位:万元

情况			本年房屋竣工面积(平方米)	本年房屋竣工价值	本年新增公路里程(千米)
林业基础设施建设					
棚户区(危旧房)改造	林区公益性基础设施建设	其他			
2751	2700	—	—	—	—
—	—	3356	—	—	—
—	—	4146	—	—	—
—	2155	—	—	—	—
314	217	—	—	—	—
503	559	—	4500	828	—
—	633	—	—	—	—
1955	2094	—	16440	2945	—
—	2297	—	—	—	—
2711	1167	210	64254	—	—
1195	—	—	—	—	—
3869	—	—	—	—	—
6052	—	—	87997	6052	—
3808	—	—	—	—	—
5522	—	—	82085	5522	—
1357	—	—	—	—	—
2644	—	—	—	—	—
—	—	1521	—	—	—
—	—	—	—	—	—
4079	—	10	—	—	—
695	—	—	—	—	—
10882	—	—	—	—	—
446	—	—	—	—	—
4586	—	40	48476	4626	—
2217	—	819	—	—	—
654	—	—	—	—	—
428	2946	—	—	—	—
—	3824	—	—	—	—
326	2283	—	8200	326	—
—	4190	80	—	—	—
443	1094	210	—	—	—
—	1646	—	—	—	—
—	—	—	—	—	—
3368	4533	1410	4448	538	33
825	2812	270	—	—	—
3617	**2550**	**3718**	**—**	**—**	**—**
—	—	—	—	—	—
—	434	—	—	—	—
—	1500	257	—	—	—
—	126	57	—	—	—
245	—	172	—	—	—
—	—	45	—	—	—
—	490	640	—	—	—
1100	—	1083	—	—	—
2272	—	300	—	—	—
—	—	1164	—	—	—

附录二

林业工作站和乡村林场基本情况

ANNEX Ⅱ

各地区乡镇林业

地区	至本年底实有站数							本年新建站数	已加挂野保站牌子站数	已加挂科技推广站牌子站数
	总站数				派出机构	双重领导	乡镇管理			
	合计	片站		其中:农业综合服务中心加挂林业总站数						
		小计	管理乡镇数							
全国总计	**23162**	**2414**	**7115**	**3440**	**8456**	**3215**	**11491**	**158**	**6488**	**3914**
北京	162	1	5	29	29	64	69	—	4	1
天津	102	—	—	—	14	—	88	—	—	—
河北	1041	534	1457	115	515	110	416	20	88	175
山西	1072	68	157	178	64	445	563	—	114	75
内蒙古	712	31	78	10	499	101	112	6	10	98
辽宁	916	3	10	176	70	83	763	—	447	186
吉林	690	3	9	7	529	111	50	—	211	134
黑龙江	874	17	43	142	385	146	343	—	171	159
上海	104	—	—	19	15	10	79	—	1	1
江苏	237	5	11	25	6	6	225	25	—	—
浙江	343	51	165	92	98	27	218	—	28	—
安徽	791	149	442	70	453	208	130	1	242	63
福建	908	21	54	—	905	—	3	3	642	311
江西	920	272	777	64	777	72	71	8	706	265
山东	819	—	—	211	31	53	735	1	2	32
河南	1951	45	131	451	171	171	1609	12	200	175
湖北	861	141	411	10	753	62	46	—	262	157
湖南	1552	130	354	71	859	—	693	27	1134	931
广东	817	41	109	31	390	—	427	1	134	177
广西	1075	11	28	25	514	78	483	1	9	7
海南	—	—	—	—	—	—	—	—	—	—
重庆	369	10	36	139	10	153	206	4	40	9
四川	1462	551	1988	313	946	219	297	15	521	233
贵州	1323	13	36	74	3	335	985	6	507	152
云南	1371	—	—	514	12	14	1345	4	402	281
西藏	—	—	—	—	—	—	—	—	—	—
陕西	769	130	300	326	157	84	528	—	283	95
甘肃	627	120	351	84	156	195	276	3	58	77
青海	266	11	31	102	7	78	181	15	7	6
宁夏	110	56	132	9	88	5	17	—	29	16
新疆	918	—	—	153	—	385	533	6	236	98
新疆兵团	146	—	—	16	—	146	—	—	9	13

工作站基本情况

单位:个、人

已加挂公益林管护站牌子站数	已加挂森林防火指挥部牌子站数	已加挂病虫害防治站牌子站数	已加挂仲裁委员会牌子站数	至本年底已核定编制数	年末在岗职工总数		经费渠道				至本年底自有办公用房站数	
					合计	长期职工	财政全额	财政差额	林业经费	自收自支	合计	本年新建
5346	**3003**	**3492**	**412**	**84651**	**94017**	**92799**	**81942**	**3606**	**4432**	**4037**	**12139**	**265**
3	—	3	—	847	1005	948	615	114	54	222	52	—
—	—	—	—	246	206	206	152	19	—	35	54	—
54	21	44	15	2846	3720	3642	2505	418	106	691	475	2
294	24	102	21	1784	2323	2252	1867	134	45	277	406	12
122	12	32	—	2426	2721	2687	2479	42	200	—	215	4
309	136	137	8	3045	3313	3291	3049	74	74	116	151	1
141	57	114	14	3567	3633	3543	2971	180	358	124	427	—
74	49	135	8	2512	2537	2522	1812	123	276	326	623	3
—	—	1	—	40	347	346	294	27	6	20	55	1
13	—	—	—	488	705	702	586	72	1	46	227	3
83	—	—	—	1262	1354	1354	1267	70	16	1	83	—
25	41	99	—	2870	2735	2735	2461	199	33	42	457	12
76	244	133	1	3724	3400	3330	2724	292	273	111	614	12
519	173	538	50	4322	4659	4626	3626	161	449	423	496	15
5	2	32	—	1680	2397	2384	2236	136	1	24	375	2
205	135	138	42	3147	5133	5051	4334	111	275	413	885	21
274	92	103	20	4221	5320	5308	3892	389	566	473	524	9
1251	610	862	102	9231	10151	10073	9622	274	99	156	858	15
124	60	31	11	3628	3740	3726	3172	256	191	121	301	9
7	70	7	—	3939	3956	3926	3474	49	299	134	893	4
—	—	—	—	—	—	—	—	—	—	—	—	—
3	43	1	—	696	1271	1219	1262	1	4	4	140	13
382	108	212	42	6069	6435	6406	5672	63	544	156	772	40
338	233	192	38	5556	4617	4354	4285	212	93	27	768	5
464	779	206	12	8229	7255	7179	7247	1	6	1	1012	36
—	—	—	—	—	—	—	—	—	—	—	—	—
214	31	101	—	2206	3070	3043	2683	73	306	8	247	—
113	11	22	10	1371	2404	2404	2261	23	81	39	244	7
31	—	1	—	434	477	477	474	—	—	3	137	15
8	—	8	—	720	593	593	585	—	5	3	14	2
214	72	238	18	3545	4540	4472	4335	93	71	41	634	22
96	—	35	—	704	1071	1071	1071	—	—	—	66	8

地 区	地(市)								
	林业站总数	管理人员							
		文化程度				专业技术人员			
		合计	大专以上学历	中专学历	高中以下文化	合计	高级	中级	初级
全国总计	**216**	**2209**	**2068**	**90**	**51**	**1514**	**476**	**654**	**384**
北 京	—	—	—	—	—	—	—	—	—
天 津	—	—	—	—	—	—	—	—	—
河 北	11	131	119	10	2	105	52	29	24
山 西	11	91	80	6	5	71	17	39	15
内蒙古	12	237	209	13	15	137	47	61	29
辽 宁	14	86	86	—	—	62	10	38	14
吉 林	11	107	102	5	—	47	12	22	13
黑龙江	6	52	48	4	—	42	9	22	11
上 海	—	—	—	—	—	—	—	—	—
江 苏	11	152	148	2	2	126	57	50	19
浙 江	1	11	11	—	—	8	4	2	2
安 徽	7	66	65	1	—	48	15	26	7
福 建	2	44	35	5	4	29	9	9	11
江 西	11	62	57	2	3	32	7	16	9
山 东	13	59	58	1	—	46	21	21	4
河 南	18	289	276	5	8	217	71	100	46
湖 北	4	47	41	6	—	19	7	10	2
湖 南	14	34	34	—	—	18	5	7	6
广 东	—	41	41	—	—	9	—	6	3
广 西	13	86	80	4	2	49	5	27	17
海 南	—	—	—	—	—	—	—	—	—
重 庆	—	—	—	—	—	—	—	—	—
四 川	5	63	62	1	—	38	14	19	5
贵 州	1	11	11	—	—	9	2	5	2
云 南	1	39	39	—	—	7	4	3	—
西 藏	—	—	—	—	—	—	—	—	—
陕 西	12	112	102	9	1	91	31	38	22
甘 肃	6	44	42	2	—	25	4	12	9
青 海	8	90	83	1	6	79	25	31	23
宁 夏	5	70	67	2	1	58	25	15	18
新 疆	19	185	172	11	2	142	23	46	73
新疆兵团	13	89	85	3	1	84	13	26	45

工作站及管理人员情况

单位:个、人

县(市、区)								
林业站总数	管理人员							
	文化程度				专业技术人员			
	合计	大专以上学历	中专学历	高中以下文化	合计	高级	中级	初级
1820	**21182**	**16123**	**3237**	**1822**	**14934**	**2493**	**6783**	**5658**
13	314	276	17	21	61	11	25	25
11	130	118	9	3	109	23	45	41
147	1511	1049	314	148	1203	252	575	376
105	1265	908	249	108	972	66	457	449
101	1253	1045	125	83	828	210	299	319
64	371	328	29	14	282	31	180	71
60	512	389	96	27	426	94	173	159
94	694	574	113	7	617	146	291	180
9	232	204	11	17	188	40	80	68
77	1016	824	141	51	869	296	344	229
33	341	299	28	14	264	72	150	42
49	482	416	56	10	396	97	190	109
14	179	167	10	2	159	37	74	48
87	666	427	111	128	448	35	158	255
130	543	493	36	14	471	96	249	126
157	2322	1472	471	379	1435	148	608	679
—	463	351	87	25	349	21	213	115
116	820	462	250	108	443	35	228	180
4	198	170	20	8	107	9	48	50
61	480	392	75	13	343	9	193	141
—	—	—	—	—	—	—	—	—
8	66	54	7	5	31	8	18	5
86	1250	865	155	230	698	95	310	293
56	1213	957	167	89	774	70	368	336
16	388	374	14	—	200	64	97	39
—	—	—	—	—	—	—	—	—
100	1036	795	192	49	789	156	367	266
83	1371	1047	161	163	965	115	425	425
39	556	462	58	36	434	56	208	170
20	390	357	23	10	326	114	125	87
80	1120	848	212	60	747	87	285	375
—	—	—	—	—	—	—	—	—

各地区乡镇林业工作站

地区	林业站长期职工总数	文化程度情况				专业技术人员			本(专)科班		
		大专以上学历人数	中专学历人数	高中文化人数	初中以下文化人数	高级	中级	初级	本年毕业生数	在校生总数	本年入学人数
全国总计	**92799**	**55961**	**19662**	**13290**	**3886**	**4145**	**21704**	**27610**	**966**	**713**	**229**
北京	948	722	69	79	78	7	33	45	392	7	4
天津	206	152	33	15	6	37	28	30	1	—	—
河北	3642	2243	849	485	65	272	1132	938	28	15	9
山西	2252	939	625	582	106	135	352	545	3	3	1
内蒙古	2687	2004	421	247	15	294	765	633	6	12	2
辽宁	3291	2460	526	171	134	64	1026	961	16	36	5
吉林	3543	1700	1209	487	147	153	870	1213	11	30	6
黑龙江	2522	1599	763	132	28	251	909	840	5	1	2
上海	346	272	31	33	10	16	57	82	2	—	—
江苏	702	335	206	135	26	42	265	211	8	2	1
浙江	1354	1013	182	143	16	18	726	346	57	7	2
安徽	2735	1947	601	154	33	285	1089	932	6	6	3
福建	3330	2134	623	451	122	257	989	1100	40	102	45
江西	4626	1981	958	1291	396	177	747	1308	63	97	9
山东	2384	1414	664	184	122	72	566	911	9	8	2
河南	5051	2500	1485	975	91	74	785	1395	8	19	2
湖北	5308	2582	1331	1004	391	71	1459	1670	—	11	—
湖南	10073	4387	2485	2708	493	78	1604	2365	83	93	46
广东	3726	1810	845	798	273	13	402	957	10	14	8
广西	3926	2638	734	438	116	16	669	1508	14	19	5
海南	—	—	—	—	—	—	—	—	—	—	—
重庆	1219	968	126	83	42	44	228	246	9	3	—
四川	6406	3925	1035	914	532	187	1301	1844	32	26	10
贵州	4354	3275	677	264	138	166	939	1451	32	15	5
云南	7179	5776	812	354	237	1018	2407	2010	72	103	39
西藏	—	—	—	—	—	—	—	—	—	—	—
陕西	3043	1722	936	337	48	130	690	947	31	42	11
甘肃	2404	1581	335	365	123	55	490	709	20	20	10
青海	477	320	53	81	23	17	126	163	—	—	—
宁夏	593	454	97	30	12	72	191	211	—	14	—
新疆	4472	3108	951	350	63	124	859	2039	8	8	2
新疆兵团	1071	905	88	78	—	50	241	377	8	8	2

人员素质和培训情况

单位:人

学历教育情况			年龄结构情况			年度培训情况			
中专班						站长			站员
本年毕业生数	在校生总数	本年入学人数	35岁以下	36~50岁	51岁以上	合计	初任培训人数	能力提升培训人次	
98	**39**	**13**	**19461**	**56340**	**16998**	**30046**	**4633**	**25413**	**104715**
61	3	3	305	355	288	36	5	31	10
—	—	—	27	129	50	69	14	55	76
13	20	7	1053	2162	427	875	178	697	3227
1	—	—	407	1082	763	794	149	645	653
—	1	—	504	1730	453	911	188	723	3738
—	—	—	646	2067	578	786	147	639	1511
1	1	—	563	2004	976	522	141	381	2737
—	—	—	332	1605	585	675	120	555	772
—	—	—	119	132	95	129	20	109	117
—	—	1	112	318	272	46	8	38	91
—	—	—	274	457	623	249	49	200	678
—	—	—	313	1959	463	785	50	735	2719
2	—	—	643	1836	851	588	118	470	2162
—	—	—	765	2974	887	1549	164	1385	3805
1	—	—	450	1615	319	539	130	409	691
2	9	—	1327	3076	648	2055	370	1685	2735
—	—	—	590	3584	1134	1077	153	924	2801
12	—	1	1841	6462	1770	2355	363	1992	7376
—	2	—	582	2190	954	812	99	713	2424
1	—	—	678	2469	779	1296	118	1178	2998
—	—	—	—	—	—	—	—	—	—
—	—	—	305	691	223	434	171	263	604
—	—	—	1217	3952	1237	1422	185	1237	4010
—	—	—	1324	2580	450	1715	359	1356	2087
2	1	—	1984	4245	950	7749	891	6858	47156
—	—	—	—	—	—	—	—	—	—
1	—	—	709	1869	465	566	115	451	1485
1	2	1	986	1168	250	595	137	458	983
—	—	—	97	329	51	66	18	48	88
—	—	—	71	432	90	585	5	580	1854
—	—	—	1237	2868	367	766	168	598	5127
—	—	—	286	660	125	282	55	227	3262

各地区乡镇林业工作

地区	本年累计完成投资						
	合计	国家投资			地方投资		
		小计	局投资	其他	小计	省(区、市)	地(市)、县、乡
全国总计	**36263**	**9592**	**8200**	**1392**	**26671**	**8958**	**17713**
北　京	575	180	180	—	395	—	395
天　津	—	—	—	—	—	—	—
河　北	345	320	320	—	25	—	25
山　西	403	300	300	—	103	20	83
内蒙古	1129	656	500	156	474	239	235
辽　宁	771	460	460	—	311	—	311
吉　林	1257	520	520	—	737	543	194
黑龙江	468	378	360	18	90	—	90
上　海	179	—	—	—	179	90	89
江　苏	443	181	120	61	262	150	112
浙　江	2816	135	60	75	2681	216	2466
安　徽	1542	380	360	20	1162	26	1136
福　建	2771	460	460	—	2311	1348	963
江　西	3896	761	440	321	3135	631	2504
山　东	71	—	—	—	71	—	71
河　南	1740	400	400	—	1340	329	1011
湖　北	620	420	420	—	200	—	200
湖　南	4552	630	440	190	3922	510	3412
广　东	1650	315	200	115	1335	974	361
广　西	1068	360	360	—	708	216	492
海　南	—	—	—	—	—	—	—
重　庆	614	95	80	15	519	455	64
四　川	2397	549	340	209	1848	1312	536
贵　州	1285	329	180	149	956	385	571
云　南	3517	300	300	—	3217	1315	1902
西　藏	—	—	—	—	—	—	—
陕　西	685	200	200	—	485	200	285
甘　肃	409	300	300	—	109	—	109
青　海	230	220	180	40	10	—	10
宁　夏	231	205	180	25	26	—	26
新　疆	600	540	540	—	60	—	60
新疆兵团	202	160	160	—	42	—	42

站建设完成投资情况

单位:万元、个、台、套

至本年底工作器械和办公设备配置情况					
有交通工具站数		有通讯设备站数		有计算机站数	
小计	本年新增	小计	本年新增	小计	本年新增
8360	**478**	**14208**	**632**	**17286**	**1353**
59	8	152	1	159	1
44	—	58	7	58	3
306	18	576	17	728	22
379	4	453	12	632	4
292	24	383	26	605	60
394	13	615	24	618	20
311	22	422	27	659	32
201	13	434	7	630	11
19	1	104	7	104	8
43	19	150	23	149	19
115	3	235	5	245	18
388	14	608	6	675	60
557	16	747	12	809	78
404	18	607	19	847	90
202	5	479	6	458	54
446	24	926	80	900	97
374	—	690	40	731	44
420	35	1089	26	1400	71
371	28	645	44	685	108
476	45	631	18	891	32
—	—	—	—	—	—
144	15	252	39	280	67
296	10	928	33	1044	34
513	49	654	44	1016	196
853	65	1271	58	1314	102
—	—	—	—	—	—
122	4	260	19	432	59
109	6	246	7	264	20
74	9	43	4	93	15
67	1	28	4	102	9
381	9	522	17	758	19
55	—	146	—	146	—

各地区乡镇林业工作站

地　区	营林情况							森林病虫鼠害防治面积	受委托行使林业行政执法权站数
	本年新造林面积		本年新封山育林面积	本年育苗面积	本年抚育作业面积	四旁植树株数（万株）			
	合计	林业重点工程造林面积							
全国总计	**3807453**	**2574949**	**1391503**	**370548**	**4282831**	**123709**		**6956809**	**9593**
北　京	11408	11408	12666	5659	75893	235		29888	16
天　津	9557	7620	2667	7715	33086	141		47777	—
河　北	286977	145222	50365	22675	282683	6982		446893	185
山　西	160697	132848	17786	20388	28833	5940		164983	99
内蒙古	359288	224879	76376	6802	109222	954		258416	234
辽　宁	72182	63329	47537	9140	36209	4279		353633	458
吉　林	68644	43850	—	8186	33238	821		146091	558
黑龙江	18322	17349	12365	4243	52781	1318		69492	402
上　海	2488	2230	—	1772	23508	58		11714	—
江　苏	18527	2529	—	15456	31791	1941		81086	20
浙　江	10161	3794	2223	2850	67801	1567		177314	124
安　徽	61480	29105	38849	7594	325659	9236		432798	247
福　建	89247	24157	144338	974	274223	2454		161070	446
江　西	113231	65459	68592	57338	304301	2977		231660	773
山　东	75118	16271	534	17033	148427	7421		463140	32
河　南	161093	126520	19836	55534	208198	13610		510911	150
湖　北	293283	193984	55490	37515	151526	9092		372545	613
湖　南	157004	67647	159625	3931	284763	9015		272106	1057
广　东	93400	46335	89007	2951	346804	4304		161836	235
广　西	131259	38509	26665	7014	289349	4354		46343	199
海　南	—	—	—	—	—	—		—	—
重　庆	164789	103210	17689	1586	45018	1158		123561	264
四　川	113839	54664	21953	6073	100137	9862		304875	843
贵　州	542640	501739	266470	3882	315230	2836		182758	749
云　南	295731	220707	97943	2098	143332	8126		423443	1110
西　藏	—	—	—	—	—	—		—	—
陕　西	91015	76389	22384	10227	49009	7043		103795	298
甘　肃	174072	153301	24856	22458	40971	5638		224636	130
青　海	39764	38818	24013	1197	12982	—		119274	32
宁　夏	42974	41669	14776	9711	23880	682		100264	—
新　疆	149262	121405	76496	18546	443978	1665		934507	319
新疆兵团	8360	5446	6334	1729	194943	335		238605	146

职能作用主要指标情况

单位:公顷、个

具有林业行政执法证人数(人)	受理林政案件(件)	参与调处林权纠纷(件)	受理林业承包合同纠纷(件)	开展一站式、全程代理服务站数	指导、扶持的林业经济合作组织个数		培训林农(人次)	科技推广	
					合计	带动农户(户)		站办示范基地面积	本年推广面积
37900	**40962**	**35613**	**6555**	**6114**	**110355**	**2733044**	**7595278**	**303600**	**932512**
110	1	—	—	43	236	28825	—	260	3315
84	84	—	—	—	5665	6568	3300	3520	1904
634	523	820	180	35	2382	223725	779549	27663	106624
250	174	262	82	17	3176	90554	155258	1862	11265
655	1081	665	305	349	627	16756	117168	29113	129690
1159	1333	1439	380	240	2047	82385	44089	1021	7083
2139	3857	1077	359	580	501	10780	74256	5075	3083
948	591	430	209	58	178	5597	20187	134	6967
—	—	—	—	—	803	10028	6452	675	3413
162	28	135	64	58	576	27627	25075	4876	6552
599	300	326	57	53	1369	64295	93083	6793	24032
1554	1060	1951	335	196	3319	144364	166784	9143	43632
2036	2130	673	195	154	4241	56875	67857	5266	7999
3106	2665	1986	358	221	3138	78099	64347	11212	49130
211	411	48	62	5	9869	154773	344958	6944	76809
552	843	1027	399	128	3243	137788	283517	13151	28664
3110	7328	3212	408	846	2778	160025	381426	26366	61165
4503	2228	4959	656	1283	4184	276555	370546	25113	31009
1187	650	1604	251	44	2597	14045	36709	1922	3160
1504	1262	4349	311	100	2401	41300	226954	476	5132
—	—	—	—	—	—	—	—	—	—
736	519	666	166	34	5718	87312	133050	7814	22596
3418	2179	1467	159	269	1919	329346	955411	18639	42941
1922	2773	2486	490	220	32837	209949	561052	12602	14343
4844	6705	4756	845	841	5448	197703	823420	5691	36491
—	—	—	—	—	—	—	—	—	—
1047	683	651	207	99	4137	77479	260017	13572	49490
513	304	277	21	79	3103	98553	450679	12282	55582
42	2	—	—	—	313	3482	5213	27	138
82	303	40	23	10	575	14724	79638	2306	14469
793	945	307	33	152	2975	83532	1065283	50083	85834
269	140	13	5	146	198	18387	150286	2503	15181

各地区乡村

地区	合计	人员类别		文化程度		
		专职	兼职	大专以上	中专高中	初中以下
全国总计	**647592**	**299095**	**348497**	**19081**	**135924**	**492587**
北 京	50330	44835	5495	4935	3451	41944
天 津	1888	334	1554	32	421	1435
河 北	58689	29587	29102	675	12033	45981
山 西	33210	14327	18883	654	8202	24354
内蒙古	34446	17008	17438	1225	8535	24686
辽 宁	15404	14322	1082	654	4131	10619
吉 林	4512	2351	2161	316	1338	2858
黑龙江	2352	519	1833	47	875	1430
上 海	9954	9730	224	155	1304	8495
江 苏	4068	3109	959	210	543	3315
浙 江	11204	7711	3493	216	2252	8736
安 徽	23631	7202	16429	262	2498	20871
福 建	16451	8328	8123	571	4955	10925
江 西	26253	15028	11225	326	6897	19030
山 东	26247	11196	15051	320	7000	18927
河 南	36514	8805	27709	681	8645	27188
湖 北	31803	5872	25931	1167	11582	19054
湖 南	32764	12620	20144	831	10637	21296
广 东	17791	12584	5207	516	6056	11219
广 西	16877	1736	15141	140	4611	12126
海 南	—	—	—	—	—	—
重 庆	15383	3006	12377	1099	4425	9859
四 川	32224	3723	28501	692	3718	27814
贵 州	32574	17257	15317	706	4650	27218
云 南	54448	29031	25417	1193	6487	46768
西 藏	—	—	—	—	—	—
陕 西	17222	5372	11850	581	4086	12555
甘 肃	16043	8633	7410	399	3783	11861
青 海	18513	1404	17109	181	827	17505
宁 夏	2579	606	1973	17	321	2241
新 疆	4218	2859	1359	280	1661	2277
新疆兵团	3684	2627	1057	254	1488	1942

护林员情况

单位:人

年龄结构			报酬来源		
45 岁以下	46～60 岁	61 岁以上	财政补助	林业经费	村组自筹
204310	**374104**	**69178**	**309440**	**225207**	**112945**
9917	29212	11201	42216	7417	697
519	1240	129	443	20	1425
13367	36726	8596	35329	8837	14523
8423	20182	4605	13905	15366	3939
11133	21160	2153	14127	19727	592
8905	6452	47	8283	6841	280
1591	2585	336	1728	678	2106
1236	1042	74	181	36	2135
2004	7250	700	9915	13	26
372	1488	2208	2211	1012	845
1920	6861	2423	8643	2293	268
2320	17231	4080	7125	1757	14749
5572	10078	801	10482	4155	1814
8457	16086	1710	15718	6806	3729
5762	16533	3952	13176	3903	9168
9361	21696	5457	16555	5883	14076
5045	19245	7513	3216	7849	20738
9298	19957	3509	17304	8514	6946
9377	8109	305	15169	1969	653
4245	11699	933	4155	10682	2040
—	—	—	—	—	—
3580	9687	2116	3766	10324	1293
15343	15284	1597	18835	8014	5375
14701	16913	960	13899	17825	850
25910	27100	1438	18462	33980	2006
—	—	—	—	—	—
5359	10940	923	7266	9549	407
6569	8527	947	6902	8166	975
11055	7136	322	23	18490	—
794	1666	119	129	2450	—
2175	2019	24	277	2651	1290
1686	1979	19	—	2621	1063

各地区乡村

地区	林场个数				经营	
	合计	按经营形式分			合计	公益林
		集体林场	联办林场	户办林场		
全国总计	**39933**	**16947**	**5961**	**17025**	**7427366**	**3694744**
北京	31	28	—	3	25638	18964
天津	13	10	3	—	13200	13200
河北	521	74	52	395	45682	19997
山西	262	89	32	141	135863	114402
内蒙古	197	10	31	156	67346	47321
辽宁	527	41	154	332	182292	77637
吉林	69	37	2	30	80964	14967
黑龙江	4	4	—	—	1676	1393
上海	1	1	—	—	100	—
江苏	86	80	2	4	60922	27552
浙江	529	158	20	351	68242	24768
安徽	5677	2350	1295	2032	457358	123415
福建	975	452	197	326	677531	222909
江西	2588	1101	485	1002	587900	115087
山东	891	587	34	270	240915	192405
河南	3177	496	504	2177	261249	161368
湖北	7695	1584	535	5576	467465	118378
湖南	9760	5965	1680	2115	768708	330759
广东	837	424	184	229	464156	206579
广西	628	449	83	96	148677	24945
海南	—	—	—	—	—	—
重庆	169	135	11	23	41257	26360
四川	724	500	109	115	863775	726072
贵州	2298	1489	388	421	1592673	979936
云南	162	98	30	34	39230	14789
西藏	—	—	—	—	—	—
陕西	443	291	4	148	63793	51095
甘肃	816	401	41	374	45711	30275
青海	75	74	—	1	10453	8028
宁夏	778	19	85	674	14592	2143
新疆	—	—	—	—	—	—
新疆兵团	—	—	—	—	—	—

林场基本情况

单位:公顷、百立方米、百根、万元

面积		本年林业生产				年末实有从业人员	年经营收入
商品林	其他	造林面积	育苗面积	木材产量	毛竹产量		
3514069	**218553**	**321869**	**38003**	**181397**	**302695**	**273012**	**843780**
2120	4554	359	207	7	—	777	2645
—	—	1070	201	18	—	194	280
20112	5573	9855	2701	11421	—	10021	8608
11142	10319	1501	1732	40	—	2501	9894
4409	15616	3502	130	30	—	752	227
99439	5215	2747	705	1180	—	1828	7473
62015	3982	838	109	44	—	381	297
283	—	—	—	—	—	8	—
100	—	—	—	—	—	—	—
32032	1337	1523	868	121	69	18449	69707
36582	6891	507	200	2493	26631	3094	17680
322360	11583	6354	1676	4530	33894	26877	82534
450687	3936	9288	99	34858	33726	9979	14938
461482	11331	26663	3441	16468	46572	14981	32377
31992	16518	4609	3876	33801	—	11229	15880
83461	16420	17190	4042	9312	1978	37948	31993
324960	24128	28894	3809	13214	29368	39723	47487
424604	13345	53396	1311	7173	104762	69218	47440
255997	1580	26286	170	21256	8543	2872	8090
119377	4355	1706	11	1072	—	3291	4815
—	—	—	—	—	—	—	—
14457	439	4130	451	4008	240	586	1286
132528	5176	8016	133	1897	2495	1259	5003
588678	24060	95634	5972	15579	4057	9293	404420
21952	2489	632	5	657	1017	624	947
—	—	—	—	—	—	—	—
5289	7409	6353	599	2040	6143	912	704
3750	11686	10115	1798	179	3200	1549	11225
1867	558	10	1	—	—	71	—
2395	10054	691	3758	—	—	4595	17832
—	—	—	—	—	—	—	—
—	—	—	—	—	—	—	—

附录三

森林主要灾害情况

ANNEX Ⅲ

全国森林主要灾害情况(一)

指 标 名 称	单 位	2017 年	2016 年	2017 年比 2016 年增减%
一、森林火灾				
1. 火灾次数	次	3223	2034	58.46
其中:重大火灾	次	4	1	300
特大火灾	次	3	—	300
2. 火场总面积	公顷	44428	18161	144.63
其中:受害森林面积	公顷	24502	6224	293.69
3. 扑火经费	万元	9259.33	12017.39	-22.95
4. 出动扑火人工数	工日	315934	254592	24.09
5. 伤亡人数				
(1)受伤人数	人	16	16	—
(2)死亡人数	人	30	20	50.00
二、林业有害生物				
1. 发生面积	千公顷	12531	12113	3.45
2. 防治面积	千公顷	9622	8338	15.39
3. 防治率	%	76.78	68.83	7.95

全国森林主要灾害情况(二)

指　标　名　称	单　　位	2017 年	2016 年	2017 年比 2016 年增减%
(一)森林病害				
1. 发生面积	千公顷	1331	1389	-4.19
2. 防治面积	千公顷	1017	959	6.06
3. 防治率	%	76.42	69.05	7.37
(二)森林虫害				
1. 发生面积	千公顷	9060	8570	5.71
2. 防治面积	千公顷	7144	6150	16.16
3. 防治率	%	78.86	71.76	7.10
(三)森林鼠害				
1. 发生面积	千公顷	1942	1955	-0.67
2. 防治面积	千公顷	1332	1121	18.86
3. 防治率	%	68.61	57.35	11.26
(四)有害植物				
1. 发生面积	千公顷	199	199	-0.12
2. 防治面积	千公顷	128	108	18.67
3. 防治率	%	64.48	54.06	10.42

各地区森林

地区	森林火灾次数(次)					火场总面积(公顷)	受害森林面积(公顷)			损失林木	
	合计	一般火灾	较大火灾	重大火灾	特大火灾		合计	其中 公益林	商品林	成林蓄积(立方米)	幼林株数(万株)
全国合计	**3223**	**2258**	**958**	**4**	**3**	**44428**	**24502**	**20327**	**4176**	**911836**	**5957**
北京	3	1	2	—	—	23	19	16	3	—	—
天津	2	2	—	—	—	9	1	1	—	—	—
河北	38	24	14	—	—	1157	319	291	28	281	—
山西	6	2	4	—	—	299	69	13	56	1188	—
内蒙古	177	91	80	3	3	24805	16780	16517	263	699180	4640
辽宁	80	47	33	—	—	802	356	220	136	10281	14
吉林	90	80	10	—	—	450	174	121	52	7521	3
黑龙江	97	85	12	—	—	883	239	216	23	86	1
上海	—	—	—	—	—	—	—	—	—	—	—
江苏	11	11	—	—	—	18	2	1	1	3	—
浙江	70	18	52	—	—	512	251	111	140	3075	36
安徽	127	117	10	—	—	242	47	5	43	413	2
福建	52	10	42	—	—	467	319	103	215	7452	17
江西	67	9	58	—	—	1739	707	103	604	7101	54
山东	19	8	11	—	—	70	50	46.5	3	816	4
河南	81	76	5	—	—	237	14	3	11	105	2
湖北	466	427	39	—	—	822	217	56	161	2368	10
湖南	334	199	135	—	—	2196	961	220	741	9101	72
广东	302	195	107	—	—	1505	733	319	414	17338	705
广西	644	424	220	—	—	4380	1351	314	1036	27770	54
海南	15	8	7	—	—	24	16	—	16	219	—
重庆	12	11	1	—	—	33	12	8	3	904	1
四川	171	152	18	1	—	1611	1015	986	29	108710	124
贵州	18	13	5	—	—	234	42	15	28	3166	10
云南	49	20	29	—	—	1032	395	231	164	4589	168
西藏	1	—	1	—	—	7	7	7	—	—	—
陕西	181	136	45	—	—	362	148	145	4	105	19
甘肃	6	4	2	—	—	15	11	11	—	16	1
青海	16	13	3	—	—	178	129	129	—	—	10
宁夏	30	24	6	—	—	287	91	91	—	—	5
新疆	58	51	7	—	—	33	30	29	1	51	3

火灾情况(一)

人员伤亡(人)				其他损失折款(万元)	出动扑火人员(工日)	出动车辆(台)	出动飞机						扑火经费(万元)
							有人机				无人机		
							固定翼		直升机				
合计	轻伤	重伤	死亡				数量	飞行小时	数量	飞行小时	数量	飞行小时	
46	**8**	**8**	**30**	**4624**	**315934**	**40955**	**17**	**56**	**169**	**692**	**86**	**166**	**9259**
—	—	—	—	2	1520	88	—	—	—	—	—	—	14
—	—	—	—	—	453	99	—	—	—	—	2	11	—
—	—	—	—	4	21538	5256	—	—	3	5	—	—	141
4	—	—	4	61	6156	627	—	—	—	—	—	—	65
9	3	3	3	635	37989	4041	16	54	50	260	—	—	1234
—	—	—	—	181	11626	1689	—	—	2	2	1	—	153
1	—	—	1	396	6671	1085	—	—	11	59	—	—	275
—	—	—	—	—	29561	236	—	—	4	—	—	—	1868
—	—	—	—	—	—	—	—	—	—	—	—	—	—
—	—	—	—	5	1080	83	—	—	—	—	—	—	13
1	—	—	1	314	7279	972	—	—	18	31	5	3	229
—	13	5750	582	42	—	—	—	—	—	—	—	—	—
—	—	—	—	33	8003	1028	—	—	1	1	10	60	126
—	—	—	—	478	10359	1167	—	—	4	9	—	—	143
7	—	4	3	16	6426	558	—	—	10	26	11	20	114
—	—	—	—	14	2628	351	—	—	—	—	—	—	39
2	—	—	2	85	10639	1797	—	—	4	7	—	—	105
5	—	—	5	323	20853	2421	—	—	3	3	8	0	367
1	1	—	—	373	28390	3248	—	—	22	59	30	59	928
4	—	—	4	943	23615	3457	—	—	2	2	12	6	375
1	—	—	1	3	950	186	—	—	—	—	—	—	11
3	—	—	3	16	2168	263	—	—	5	12	2	4	12
1	—	—	1	380	35451	6011	1	2	17	148	1	1	1816
—	—	—	—	8	1882	238	—	—	—	—	—	—	22
7	4	1	2	110	20929	3045	—	—	11	66	—	—	960
—	—	—	—	—	400	80	—	—	—	—	—	—	14
—	—	—	—	6	4813	493	—	—	—	—	4	1	41
—	—	—	—	13	844	61	—	—	—	—	—	—	4
—	—	—	—	183	3996	910	—	—	—	—	—	—	78
—	—	—	—	12	2205	504	—	—	—	—	—	—	12
—	—	—	—	21	1760	379	—	—	2	3	—	—	57

各地区森林

地　区	已查明火									
	合计	农事用火	炼山造林	烧隔离带	施工作业	野外吸烟	野外生活用火	祭祀用火	痴呆弄火	未成年人玩火
全国合计	**2574**	**618**	**60**	**3**	**25**	**108**	**51**	**1205**	**60**	**30**
北　京	2	—	—	—	—	1	—	1	—	—
天　津	2	—	—	—	—	1	—	—	—	—
河　北	23	7	—	—	—	2	—	5	2	1
山　西	5	1	—	—	—	—	—	4	—	—
内蒙古	156	27	—	—	2	8	1	66	—	1
辽　宁	61	16	—	—	1	2	2	27	3	—
吉　林	82	35	—	—	—	15	1	22	1	1
黑龙江	93	15	—	—	—	—	1	—	1	—
上　海										
江　苏	10	1	—	—	—	3	—	6	—	—
浙　江	70	23	1	—	4	8	3	18	2	—
安　徽	113	14	16	8	2	63	2	1		
福　建	41	11	2	—	—	6	1	13	—	—
江　西	65	13	—	—	1	—	1	47	1	—
山　东	11	—	—	—	2	—	—	5	—	—
河　南	56	24	1	—	—	1	—	14	1	1
湖　北	337	93	4	—	—	12	6	166	7	3
湖　南	314	58	13	—	—	1	6	215	5	2
广　东	195	19	4	—	5	9	6	123	2	1
广　西	570	151	17	2	4	12	9	275	19	6
海　南	3	1	—	—	—	—	—	1	—	—
重　庆	10	5	—	—	—	1	—	—	—	—
四　川	138	43	1	—	6	5	5	48	8	8
贵　州	15	7	1	—	—	1	—	2	—	—
云　南	35	12	5	2	4	3				
西　藏	—	—	—	—	—	—	—	—	—	—
陕　西	76	8	—	—	—	—	3	58	2	—
甘　肃	6	1	—	—	—	2	—	3	—	—
青　海	13	—	—	—	—	1	2	8	—	2
宁　夏	23	1	—	1	—	1	—	13	—	—
新　疆	49	32	—	—	—	3	2	—	—	—

火灾情况(二)

源次数(次)						未查明火源次数(次)	火案处理情况					
							已处理起数(起)	已处理人数(人)				
电线短路	纵火	外省(区)烧入	境外烧入	雷击火	其他			合计	刑事处罚	行政处罚	行政处分	纪律处分
52	**18**	**39**	**8**	**126**	**171**	**649**	**1748**	**1920**	**481**	**906**	**216**	**317**
—	—	—	—	—	—	1	2	1	1	—	—	—
—	—	1	—	—	—	—	—	—	—	—	—	—
2	—	—	—	—	4	15	19	41	11	6	3	21
—	—	—	—	—	—	1	5	23	3	—	10	10
10	—	—	1	38	2	21	73	69	20	49	—	—
2	2	2	—	—	4	19	47	40	26	14	—	—
—	—	—	1	—	6	8	83	234	8	70	79	77
1	—	1	1	72	1	4	77	18	1	5	12	—
—	—	—	—	—	—	1	8	1	—	1	—	—
3	—	—	—	2	6	—	51	49	24	25	—	—
3	1	3	14	86	99	3	76	6	14			
2	1	—	—	—	5	11	33	39	24	8	5	2
—	—	1	—	—	1	2	47	179	19	27	68	65
1	—	2	—	—	1	8	10	14	11	1	2	—
—	—	1	—	—	13	25	28	2	1	1	—	—
6	1	17	—	—	22	129	166	150	25	91	2	32
1	—	5	—	1	7	20	226	275	126	101	17	31
—	7	2	—	—	17	107	96	90	47	36	3	4
8	4	4	2	—	57	74	436	326	77	195	3	51
—	—	—	—	—	1	12	—	—	—	—	—	—
3	1	—	—	—	—	2	7	5	1	3	1	—
6	—	1	—	3	4	33	117	114	20	90	3	1
1	—	—	—	—	3	3	12	13	4	7	—	2
2	1	3	1	2	14	26	31	16	7	1	7	
—	—	—	—	—	—	1	—	—	—	—	—	—
1	—	1	—	1	2	105	28	55	6	48	1	—
—	—	—	—	—	—	—	3	5	—	5	—	—
—	—	—	—	—	—	3	10	8	5	3	—	—
—	—	1	—	—	6	7	15	14	1	13	—	—
—	—	—	—	8	4	9	37	25	1	24	—	—

各地区林业有害

地　区	发生面积				寄主树种面积	发生率（%）	
	总计	轻度	中度	重度			总　计
全国合计	**12531245**	**9468650**	**2293992**	**768603**	**258871332**	**4.84**	**9621704**
北　京	30222	30114	108	—	1641080	1.84	29888
天　津	49326	39004	8988	1334	245079	20.13	47777
河　北	472973	401118	52304	19551	4933333	9.59	446893
山　西	235958	210934	23359	1666	3316967	7.11	183559
内蒙古	1095076	535483	362705	196889	21551569	5.08	683195
辽　宁	587828	492833	78643	16352	8257597	7.12	523689
吉　林	242815	200951	30944	10920	8237285	2.95	220253
黑龙江	417282	202448	189364	25470	17499414	2.38	342202
上　海	11765	10320	1343	101	93333	12.61	11714
江　苏	103254	91298	7726	4230	1815333	5.69	96754
浙　江	190284	171598	15033	3654	2546084	7.47	177314
安　徽	468520	428117	27291	13111	3616640	12.95	432798
福　建	200498	180446	13173	6879	8961982	2.24	183675
江　西	265094	219451	27764	17879	9778764	2.71	231660
山　东	478721	460701	14488	3533	3906095	12.26	463140
河　南	585971	517503	55482	12986	4598884	12.74	510911
湖　北	504766	327626	93635	83505	8498500	5.94	424176
湖　南	461354	352689	71535	37130	5853465	7.88	272106
广　东	273181	244231	26930	2020	14387296	1.90	162586
广　西	362321	296678	48634	17009	12527838	2.89	46343
海　南	23686	17639	4570	1477	1720633	1.38	10541
重　庆	301658	269900	25895	5863	2764023	10.91	295661
四　川	681316	465239	147098	68980	22800000	2.99	469030
贵　州	199018	179571	17242	2205	4788715	4.16	182758
云　南	444221	318208	95697	30317	22735600	1.95	423443
西　藏	359049	143619	161572	53858	15443441	2.32	219003
陕　西	397400	330547	54431	12422	10139386	3.92	316307
甘　肃	356191	271966	73082	11143	7483925	4.76	248758
青　海	273197	186006	69002	18189	5853265	4.67	202786
宁　夏	318437	251147	56928	10363	4440747	7.17	137908
新　疆	2011457	1564116	368439	78902	11239398	17.90	1606176
大兴安岭	128406	57151	70589	667	7195660	1.78	18699

生物发生防治情况

单位:公顷

防治面积						累计防治面积(公顷次)	防治率(%)	无公害防治率(%)
化学药剂防治	无公害防治							
	生物化学农药防治	人工物理防治	生物防治	营造林措施防治	其 他			
900555	**4595558**	**2338891**	**1176337**	**610363**	—	**16117520**	**76.78**	**90.64**
518	19387	9983	—	—	—	30422	98.90	98.27
381	39788	6340	743	526	—	237273	96.86	99.20
39838	359286	43258	833	3678	—	815850	94.49	91.09
17029	77351	75269	10504	3406	—	333565	77.79	90.72
97752	487295	61298	28927	7923	—	751166	62.39	85.69
24453	239427	177024	68688	14097	—	721268	89.09	95.33
13962	139757	53959	4495	8080	—	259544	90.71	93.66
23791	117089	144730	40561	16031	—	348358	82.01	93.05
2594	7082	1364	335	340	—	33118	99.57	77.86
37017	50129	5337	451	3820	—	388405	93.70	61.74
4512	38311	32884	11197	90410	—	262412	93.18	97.46
46169	269093	64277	30078	23181	—	1315285	92.38	89.33
533	18883	24963	99621	39675	—	306415	91.61	99.71
20642	43587	55118	43747	68566	—	292075	87.39	91.09
45007	345124	45013	18991	9005	—	2429209	96.75	90.28
79195	394996	24656	5110	6953	—	982613	87.19	84.50
43506	248340	76838	32966	22525	—	582368	84.03	89.74
37449	98225	38871	88630	8932	—	339263	58.98	86.24
29307	48128	42480	20437	22235	—	227152	59.52	81.97
8829	267	8025	27500	1722	—	54534	12.79	80.95
2060	1391	798	3467	2824	—	11831	44.50	80.46
—	73934	170167	27438	24121	—	298022	98.01	100.00
27587	145947	224118	12648	58729	—	600068	68.84	94.12
2776	18767	96146	39797	25272	—	240942	91.83	98.48
33576	153721	138553	42104	55489	—	446279	95.32	92.07
—	97053	81111	32344	8495	—	220870	61.00	100
17397	92552	163078	16752	26529	—	478025	79.59	94.50
47951	83374	75856	9470	32107	—	312105	69.84	80.72
7838	59760	118718	6154	10316	—	212111	74.23	96.13
38063	30246	64276	401	4923	—	180967	43.31	72.40
148522	780972	214282	451950	10450	—	2380574	79.85	90.75
2303	16296	100	—	—	—	25431	14.56	87.68

各地区森林病害

地　区	发生面积				寄主树种面积	发生率（%）	
	总计	轻度	中度	重度			总　计
全国合计	**1330863**	**1011807**	**237802**	**81253**	**258871332**	**0.51**	**1017085**
北　京	1719	1719	—	—	1641080	0.10	1719
天　津	6889	6176	544	169	245079	2.81	6889
河　北	23685	20565	2373	747	4933333	0.48	23050
山　西	7056	6669	262	125	3316967	0.21	6007
内蒙古	160764	69357	66188	25220	21551569	0.75	82287
辽　宁	53251	42679	8805	1768	8257597	0.64	43472
吉　林	23316	22005	1231	80	8237285	0.28	20437
黑龙江	27554	16906	9814	834	17499414	0.16	21754
上　海	1289	999	251	39	93333	1.38	1277
江　苏	7111	2550	512	4049	1815333	0.39	7101
浙　江	16393	15327	262	804	2546084	0.64	16302
安　徽	50349	43981	3059	3309	3616640	1.39	40390
福　建	19929	15003	2001	2925	8961982	0.22	18542
江　西	50525	47342	818	2364	9778764	0.52	47920
山　东	78607	76375	1446	785	3906095	2.01	76191
河　南	110372	97200	10203	2969	4598884	2.40	97217
湖　北	39268	32289	3965	3014	8498500	0.46	29488
湖　南	29264	26924	832	1508	5853465	0.50	16210
广　东	16313	14366	826	1120	14387296	0.11	15864
广　西	39278	28274	7812	3192	12527838	0.31	4143
海　南	144	130	9	5	1720633	0.01	45
重　庆	17832	16633	997	202	2764023	0.65	15724
四　川	80526	63885	11837	4804	22800000	0.35	40144
贵　州	13878	12090	1608	180	4788715	0.29	13104
云　南	73816	61147	9836	2833	22735600	0.32	72318
西　藏	64015	25605	28807	9603	15443441	0.41	39032
陕　西	36540	31312	4084	1144	10139386	0.36	27832
甘　肃	54073	38671	13536	1866	7483925	0.72	44381
青　海	23382	17488	5139	755	5853265	0.40	18583
宁　夏	1476	1159	98	220	4440747	0.03	1447
新　疆	182534	145309	32604	4622	11239398	1.62	166112
大兴安岭	19715	11671	8044	—	7195660	0.27	2102

发生防治情况

单位:公顷

防治面积						累计防治面积（公顷次）	防治率（%）	无公害防治率（%）
化学药剂防治	无公害防治							
	生物化学农药防治	人工物理防治	生物防治	营造林措施防治	其 他			
304203	**363981**	**187471**	**20526**	**140904**	—	**1366492**	**76.42**	**70.09**
—	63	1656	—	—	—	1853	100.00	100.00
2	3587	2795	—	506	—	8248	100.00	99.98
7842	9629	3723	—	1856	—	25725	97.32	65.98
412	3102	1797	336	361	—	9217	85.13	93.14
51475	26339	3377	913	183	—	118743	51.18	37.44
6731	27734	6629	—	2378	—	44820	81.63	84.52
9932	5209	1456	87	3753	—	24528	87.65	51.40
2129	11547	7402	—	676	—	22514	78.95	90.21
681	272	35	11	278	—	3250	99.07	46.67
144	201	3099	—	3657	—	12052	99.85	97.97
386	2873	3338	292	9414	—	34093	99.45	97.63
13130	12886	7761	1157	5458	—	60434	80.22	67.49
92	2858	3832	81	11679	—	42411	93.04	99.50
12555	4794	10484	1032	19056	—	63134	94.85	73.80
17946	38755	13006	—	6484	—	105077	96.93	76.45
42946	44740	5465	—	4067	—	109467	88.08	55.82
10177	9633	4656	539	4483	—	39041	75.09	65.49
2751	1542	2903	3147	5867	—	21430	55.39	83.03
3073	815	3079	—	8897	—	22839	97.25	80.63
1296	206	875	188	1578	—	4476	10.55	68.72
—	—	—	—	45	—	52	31.52	100.00
—	6180	5236	—	4308	—	15823	88.18	100.00
8937	2588	14400	160	14059	—	54194	49.85	77.74
1573	2399	4880	5	4246	—	46839	94.42	87.99
16448	21910	17111	5337	11513	—	74412	97.97	77.26
—	27673	7084	2074	2200	—	39765	60.97	100.00
2529	12051	9212	533	3507	—	37404	76.17	90.91
25632	6541	6823	653	4731	—	59658	82.08	42.24
3667	7889	6694	—	333	—	18889	79.48	80.27
1447	—	—	—	—	—	3100	98.01	—
58984	69151	28665	3981	5332	—	240769	91.00	64.49
1287	816	—	—	—	—	2236	10.66	39.79

各地区森林虫害

地　区	发生面积				寄主树种面积	发生率（%）	
	总计	轻度	中度	重度			总　计
全国合计	**9059658**	**6818629**	**1632959**	**608070**	**258871332**	**3.50**	**7144027**
北　京	28502	28394	108	—	1641080	1.74	28169
天　津	42437	32828	8444	1165	245079	17.32	40888
河　北	404382	354182	38448	11752	4933333	8.20	386559
山　西	174333	155578	17839	916	3316967	5.26	141584
内蒙古	721256	331361	241056	148839	21551569	3.35	480497
辽　宁	521590	438825	68181	14584	8257597	6.32	470134
吉　林	178790	141482	26961	10347	8237285	2.17	166734
黑龙江	212593	106750	82712	23132	17499414	1.21	168524
上　海	10476	9321	1092	62	93333	11.22	10437
江　苏	94630	87341	7108	181	1815333	5.21	89379
浙　江	173892	156271	14771	2849	2546084	6.83	161012
安　徽	418171	384136	24232	9802	3616640	11.56	392408
福　建	180569	165443	11172	3954	8961982	2.01	165132
江　西	214555	172095	26945	15516	9778764	2.19	183738
山　东	400115	384326	13042	2747	3906095	10.24	386949
河　南	475599	420302	45279	10017	4598884	10.34	413694
湖　北	363641	212220	74665	76756	8498500	4.28	336995
湖　南	431647	325324	70702	35621	5853465	7.37	255456
广　东	220024	197181	22036	807	14387296	1.53	113602
广　西	315779	263691	39161	12927	12527838	2.52	36094
海　南	9778	8357	1238	183	1720633	0.57	6704
重　庆	225157	195823	23673	5661	2764023	8.15	221698
四　川	558905	368479	128031	62396	22800000	2.45	398496
贵　州	172378	157353	13883	1141	4788715	3.60	159654
云　南	345417	235910	83292	26215	22735600	1.52	327663
西　藏	245007	98003	110253	36751	15443441	1.59	149457
陕　西	275059	225851	40222	8986	10139386	2.71	218786
甘　肃	170800	125345	38997	6458	7483925	2.28	127711
青　海	102335	76604	21238	4493	5853265	1.75	69849
宁　夏	115384	86881	22896	5608	4440747	2.60	44527
新　疆	1225355	852630	304789	67937	11239398	10.90	986884
大兴安岭	31103	20343	10493	267	7195660	0.43	4613

发生防治情况

单位:公顷

防治面积						累计防治面积（公顷次）	防治率（%）	无公害防治率（%）
化学药剂防治	无公害防治							
	生物化学农药防治	人工物理防治	生物防治	营造林措施防治	其 他			
511256	**3982049**	**1547733**	**715981**	**387008**	—	**12893065**	**78.86**	**92.84**
518	19324	8327	—	—	—	28569	98.83	98.16
379	36201	3545	743	20	—	229025	96.35	99.07
29725	336053	19618	33	1130	—	752242	95.59	92.31
13058	74250	43583	8268	2425	—	177472	81.21	90.78
18951	396393	38735	24211	2207	—	511852	66.62	96.06
17462	210881	161735	68335	11719	—	665898	90.13	96.29
2969	103914	51211	4313	4328	—	182140	93.26	98.22
13955	75322	55408	21380	2458	—	173244	79.27	91.72
1913	6809	1329	324	62	—	29868	99.63	81.68
36872	49928	2084	451	43	—	376017	94.45	58.75
4126	35438	29547	10905	80997	—	228319	92.59	97.44
33039	256207	56517	28921	17724	—	1254850	93.84	91.58
440	16025	21131	99540	27996	—	264004	91.45	99.73
8087	38792	44632	42715	49510	—	228940	85.64	95.60
27061	306370	32007	18991	2521	—	2324132	96.71	93.01
36249	350256	19191	5110	2887	—	873146	86.98	91.24
32176	238708	28435	31980	5696	—	485508	92.67	90.45
34698	96683	35527	85484	3065	—	317304	59.18	86.42
8532	47313	24871	20379	12508	—	159365	51.63	92.49
5309	61	6989	23592	144	—	42094	11.43	85.29
1747	1391	100	3467	—	—	7788	68.57	73.95
—	67661	121244	17273	15520	—	223677	98.46	100.00
16269	141027	195001	12294	33905	—	513001	71.30	95.92
1189	16368	84934	39792	17372	—	182287	92.62	99.26
15796	130869	103149	36761	41088	—	347899	94.86	95.18
—	52405	65639	30270	1143	—	150191	61.00	100.00
14363	80108	86252	16218	21844	—	359979	79.54	93.44
16114	69420	19704	7973	14500	—	160109	74.77	87.38
4171	33925	21342	2428	7983	—	75892	68.26	94.03
28568	2840	11013	34	2071	—	66846	38.59	35.84
87521	686593	154831	53796	4144	—	1496091	80.54	91.13
—	4513	100	—	—	—	5315	14.83	100.00

各地区森林鼠害

地　区	发生面积				寄主树种面积	发生率（%）	
	总计	轻度	中度	重度			总　计
全国合计	**1941963**	**1476634**	**393550**	**71779**	**205560129**	**0.94**	**1332427**
北　京	—	—	—	—	—	—	—
天　津	—	—	—	—	—	—	—
河　北	44906	26370	11484	7052	4933333	0.91	37284
山　西	51561	45679	5258	624	3316967	1.55	34261
内蒙古	213056	134765	55461	22830	21551569	0.99	120411
辽　宁	12987	11329	1658	—	8257597	0.16	10084
吉　林	40709	37464	2752	493	8237285	0.49	33082
黑龙江	177134	78792	96838	1504	17499414	1.01	151924
上　海	—	—	—	—	—	—	—
江　苏	—	—	—	—	—	—	—
浙　江	—	—	—	—	—	—	—
安　徽	—	—	—	—	—	—	—
福　建	—	—	—	—	—	—	—
江　西	—	—	—	—	—	—	—
山　东	—	—	—	—	—	—	—
河　南	—	—	—	—	—	—	—
湖　北	3291	2858	325	108	8498500	0.04	2276
湖　南	107	107	—	—	5853465	—	107
广　东	—	—	—	—	—	—	—
广　西	123	123	—	—	12527838	—	123
海　南	—	—	—	—	—	—	—
重　庆	58335	57111	1225	—	2764023	2.11	57905
四　川	41826	32838	7216	1772	22800000	0.18	30332
贵　州	3505	3471	33	—	4788715	0.07	3315
云　南	5652	3241	1485	926	22735600	0.02	5405
西　藏	50027	20011	22512	7504	15443441	0.32	30514
陕　西	85801	73383	10126	2292	10139386	0.85	69689
甘　肃	131314	107946	20549	2819	7483925	1.75	76663
青　海	138935	86758	39600	12576	5853265	2.37	111954
宁　夏	201577	163108	33934	4534	4440747	4.54	91934
新　疆	603531	566144	31043	6344	11239398	5.37	453180
大兴安岭	77589	25137	52052	400	7195660	1.08	11983

发生防治情况

单位:公顷

防治面积						累计防治面积（公顷次）	防治率（%）	无公害防治率（%）
化学药剂防治	无公害防治							
	生物化学农药防治	人工物理防治	生物防治	营造林措施防治	其 他			
62401	**249528**	**525142**	**435731**	**59624**	—	**1713152**	**68.61**	**95.32**
—	—	—	—	—	—	—	—	—
—	—	—	—	—	—	—	—	—
2271	13604	19917	800	692	—	37884	83.03	93.91
3392	—	28349	1900	620	—	144969	66.45	90.10
27326	64563	19186	3803	5533	—	120571	56.52	77.31
260	812	8660	352	—	—	10551	77.65	97.42
1061	30634	1292	95	—	—	52875	81.27	96.79
7707	30220	81919	19181	12898	—	152600	85.77	94.93
—	—	—	—	—	—	—	—	—
—	—	—	—	—	—	—	—	—
—	—	—	—	—	—	—	—	—
—	—	—	—	—	—	—	—	—
—	—	—	—	—	—	—	—	—
—	—	—	—	—	—	—	—	—
—	—	—	—	—	—	—	—	—
—	—	—	—	—	—	—	—	—
—	—	2151	126	—	—	2402	69.17	100
—	—	107	—	—	—	123	100	100
—	—	—	—	—	—	—	—	—
—	—	123	—	—	—	143	100	100
—	—	—	—	—	—	—	—	—
—	93	43353	10165	4293	—	58029	99.26	100
2382	2332	14659	193	10765	—	32813	72.52	92.15
—	—	2835	—	480	—	3320	94.60	100
211	942	2934	7	1311	—	5805	95.63	96.09
—	16974	8388	—	5152	—	30914	61.00	100
505	393	67613	—	1177	—	80642	81.22	99.28
6205	7413	49325	844	12876	—	92333	58.38	91.91
—	17946	90282	3726	—	—	114563	80.58	100
8047	27407	53262	367	2851	—	111021	45.61	91.25
2018	25228	30786	394173	975	—	643714	75.09	99.55
1016	10967	—	—	—	—	17881	15.44	91.52

各地区森林有害

地　区	发生面积				寄主树种面积	发生率（%）	
	总计	轻度	中度	重度			总　计
全国合计	**198761**	**161579**	**29681**	**7501**	**135563722**	**0.15**	**128165**
北　京	—	—	—	—	—	—	—
天　津	—	—	—	—	—	—	—
河　北	—	—	—	—	—	—	—
山　西	3008	3008	—	—	3316967	0.09	1707
内蒙古	—	—	—	—	—	—	—
辽　宁	—	—	—	—	—	—	—
吉　林	—	—	—	—	—	—	—
黑龙江	—	—	—	—	—	—	—
上　海	—	—	—	—	—	—	—
江　苏	1513	1407	106	—	1815333	0.08	274
浙　江	—	—	—	—	—	—	—
安　徽	—	—	—	—	—	—	—
福　建	—	—	—	—	—	—	—
江　西	15	14	1	—	9778764	—	2
山　东	—	—	—	—	—	—	—
河　南	—	—	—	—	—	—	—
湖　北	98567	80260	14680	3627	8498500	1.16	55417
湖　南	336	335	1	1	5853465	0.01	333
广　东	36845	32683	4068	94	14387296	0.26	33121
广　西	7142	4591	1661	891	12527838	0.06	5983
海　南	13764	9153	3322	1290	1720633	0.80	3791
重　庆	333	333	—	—	2764023	0.01	333
四　川	58	37	14	8	22800000	—	58
贵　州	9258	6657	1718	883	4788715	0.19	6685
云　南	19336	17910	1083	344	22735600	0.09	18057
西　藏	—	—	—	—	—	—	—
陕　西	—	—	—	—	—	—	—
甘　肃	4	4	—	—	7483925	—	4
青　海	8545	5155	3025	365	5853265	0.15	2400
宁　夏	—	—	—	—	—	—	—
新　疆	37	33	3	—	11239398	—	—
大兴安岭	—	—	—	—	—	—	—

植物发生防治情况

单位:公顷

防治面积						累计防治面积（公顷次）	防治率（%）	无公害防治率（%）
化学药剂防治	无公害防治							
	生物化学农药防治	人工物理防治	生物防治	营造林措施防治	其　他			
22695	—	**78545**	**4099**	**22826**	—	**144811**	**64.48**	**82.29**
—	—	—	—	—	—	—	—	—
—	—	—	—	—	—	—	—	—
—	—	—	—	—	—	—	—	—
167	—	1540	—	—	—	1907	56.74	90.23
—	—	—	—	—	—	—	—	—
—	—	—	—	—	—	—	—	—
—	—	—	—	—	—	—	—	—
—	—	—	—	—	—	—	—	—
—	—	—	—	—	—	—	—	—
—	—	154	—	120	—	336	18.11	100
—	—	—	—	—	—	—	—	—
—	—	—	—	—	—	—	—	—
—	—	—	—	—	—	—	—	—
—	—	2	—	—	—	2	10.96	100
—	—	—	—	—	—	—	—	—
—	—	—	—	—	—	—	—	—
1153	—	41596	321	12347	—	55417	56.22	97.92
—	—	333	—	—	—	407	99.10	100
17702	—	14531	58	829	—	44948	89.89	46.55
2224	—	39	3720	—	—	7821	83.77	62.83
314	—	698	—	2779	—	3991	27.54	91.73
—	—	333	—	—	—	493	100	100
—	—	58	—	—	—	60	100	100
14	—	3497	—	3174	—	8496	72.21	99.79
1121	—	15359	—	1577	—	18162	93.39	93.79
—	—	—	—	—	—	—	—	—
—	—	—	—	—	—	—	—	—
—	—	4	—	—	—	5	100	100
—	—	400	—	2000	—	2767	28.09	100
—	—	—	—	—	—	—	—	—
—	—	—	—	—	—	—	—	—
—	—	—	—	—	—	—	—	—

各地区林业有害生物

地区	林业有害生物防治检疫机构						林业植物检疫检查站		
	省级		地级		县级		检疫检查站		
	站数	人数	站数	人数	站数	人数	合计	固定	临时
全国合计	**35**	**678**	**354**	**2764**	**2973**	**18678**	**3108**	**1541**	**1567**
北京	1	31	—	—	16	197	11	11	—
天津	1	9	—	—	9	91	2	2	—
河北	1	17	11	108	163	962	70	43	27
山西	1	21	11	67	125	541	—	—	—
内蒙古	2	32	12	188	129	1450	192	119	73
辽宁	1	33	14	92	75	503	80	—	80
吉林	1	15	9	64	82	587	—	—	—
黑龙江	2	21	17	96	132	639	210	124	86
上海	1	18	—	—	9	231	10	10	—
江苏	1	15	13	147	84	693	65	42	23
浙江	1	18	11	69	82	384	30	20	10
安徽	1	29	16	127	105	501	125	113	12
福建	1	19	9	33	87	340	59	33	26
江西	1	42	11	82	105	595	151	75	76
山东	1	23	17	125	161	800	48	36	12
河南	1	18	17	161	151	1104	100	57	43
湖北	1	23	13	118	98	569	121	65	56
湖南	1	7	13	50	107	599	269	132	137
广东	1	25	20	136	135	492	53	31	22
广西	1	12	14	95	111	597	35	27	8
海南	1	20	2	20	22	68	15	11	4
重庆	1	48	—	—	39	307	190	49	141
四川	1	17	21	117	199	1002	315	114	201
贵州	1	9	9	52	94	393	142	63	79
云南	1	22	16	138	142	658	92	49	43
西藏	1	8	5	16	37	102	72	32	40
陕西	1	22	11	129	115	1755	211	134	77
甘肃	1	29	18	197	134	1122	261	110	151
青海	1	21	5	61	23	187	9	8	1
宁夏	1	8	8	47	34	275	14	14	—
新疆	2	30	31	229	151	748	122	5	117
大兴安岭	1	16	—	—	17	186	34	12	22

防治检疫机构情况

单位:个、人

检疫员			林业有害生物基层测报站点						
			基层测报站、点				测报员		
合计	专职	兼职	合计	国家级	省级	市(县)级	合计	专职	兼职
36587	**16747**	**19840**	**35042**	**1000**	**756**	**33286**	**72378**	**11410**	**60968**
538	357	181	3868	11	—	3857	1538	117	1421
128	82	46	118	9	1	108	189	64	125
1331	799	532	2544	37	19	2488	3260	935	2325
—	—	—	661	34	21	606	1960	370	1590
1831	975	856	874	44	34	796	6928	654	6274
1290	460	830	607	44	17	546	2826	179	2647
1506	403	1103	411	33	8	370	1192	172	1020
1529	501	1028	1075	48	31	996	1856	438	1418
153	128	25	87	7	—	80	147	74	73
1166	669	497	668	31	14	623	1088	263	825
1555	856	699	742	42	3	697	3433	340	3093
1668	1124	544	1835	37	10	1788	3365	432	2933
1560	738	822	3105	40	33	3032	1693	435	1258
1437	626	811	1930	36	68	1826	2876	527	2349
1563	845	718	1710	43	35	1632	3171	780	2391
1509	782	727	1532	38	13	1481	4211	688	3523
1000	397	603	981	36	33	912	1442	293	1149
1789	563	1226	1593	40	9	1544	2313	423	1890
752	439	313	834	43	2	789	2464	364	2100
1087	616	471	802	39	22	741	2818	431	2387
359	89	270	166	10	—	156	530	57	473
2023	730	1293	499	24	15	460	1843	191	1652
2301	713	1588	2166	40	44	2082	7975	711	7264
1395	398	997	850	35	129	686	1673	271	1402
2063	708	1355	1573	35	—	1538	4853	453	4400
173	58	115	40	3	4	33	238	45	193
1609	785	824	1026	35	20	971	2245	431	1814
1353	704	649	1328	35	36	1257	1743	317	1426
237	178	59	195	16	6	173	340	96	244
566	391	175	204	29	—	175	504	138	366
978	549	429	992	38	128	826	1456	611	845
138	84	54	26	8	1	17	208	110	98

各地区林业有害生物

地　　区	全国合计			
	合　计	地方财政资金	中央财政拨付资金	社会投入
全国合计	**421531**	**271036**	**28804**	**121690**
北　京	8301	7594	557	150
天　津	5093	2373	336	2384
河　北	21890	7655	1850	12385
山　西	4549	2273	600	1675
内蒙古	11319	4185	1250	5885
辽　宁	9275	4060	800	4414
吉　林	4678	2846	700	1132
黑龙江	5403	2340	1235	1828
上　海	3689	3325	28	337
江　苏	17426	10211	500	6715
浙　江	24065	19996	500	3568
安　徽	26382	19791	700	5891
福　建	23449	17925	2807	2717
江　西	18797	14458	994	3345
山　东	53520	33945	1565	18010
河　南	19564	10180	650	8734
湖　北	17842	11805	750	5288
湖　南	16626	11046	700	4880
广　东	17330	14399	500	2431
广　西	9234	5189	1780	2265
海　南	3008	2265	350	393
重　庆	19865	18214	500	1151
四　川	17649	10937	2050	4662
贵　州	6135	3973	975	1186
云　南	8785	2892	750	5143
西　藏	4277	3232	1034	10
陕　西	11045	8279	700	2065
甘　肃	5042	2621	1000	1421
青　海	1589	896	380	313
宁　夏	2774	1383	1350	42
新　疆	22157	10415	473	11269
大兴安岭	772	332	440	—

防治资金投入情况

单位:万元

省级		地(市)级		县(市、区)级	
本级财政资金投入	社会投入	本级财政资金投入	社会投入	本级财政资金投入	社会投入
55985	**—**	**34208**	**1675**	**180843**	**120016**
2334	—	—	—	5260	150
1217	—	—	—	1156	2384
815	—	1880	8	4960	12377
1758	—	128	—	387	1675
775	—	374	—	3036	5885
500	—	2346	60	1215	4354
1000	—	400	46	1446	1086
500	—	83	119	1757	1709
2216	—	—	—	1108	337
4000	—	885	220	5326	6495
2400	—	2274	—	15323	3568
2900	—	2283	20	14608	5871
5794	—	888	—	11243	2717
2080	—	464	—	11914	3345
3466	—	7824	—	22655	18010
1600	—	2036	185	6544	8549
1400	—	1582	330	8823	4958
1610	—	1027	—	8409	4880
3000	—	3617	192	7781	2240
2213	—	519	336	2457	1929
200	—	454	5	1611	388
3568	—	—	—	14646	1151
3054	—	1364	—	6519	4662
2362	—	330	10	1281	1176
496	—	614	25	1782	5118
140	—	—	—	3092	10
1300	—	692	5	6288	2060
650	—	359	96	1612	1325
350	—	107	18	439	295
1020	—	49	—	314	42
960	—	1630	—	7825	11269
307	—	—	—	25	—

附录四

全国分县造林情况

ANNEX Ⅳ

分县造林完成情况

单位:公顷

地 区	人工造林	飞播造林	新封山育林	退化林修复	人工更新
全国合计	**4295890**	**141220**	**1657169**	**1280993**	**305439**
北京市	**9280**	**—**	**12666**	**18333**	**60**
朝阳区	287	—	—	—	—
丰台区	67	—	—	—	—
门头沟区	1867	—	3800	3333	—
房山区	2344	—	—	667	—
通州区	668	—	—	—	—
顺义区	95	—	—	—	—
昌平区	1000	—	1600	1667	—
大兴区	1560	—	—	—	25
怀柔区	186	—	1800	2000	—
平谷区	67	—	1133	2267	35
密云区	1060	—	1600	3933	—
延庆区	79	—	1133	2000	—
西山试验林场	—	—	667	867	—
十三陵林场	—	—	500	1133	—
八达岭林场	—	—	433	333	—
松山国家级自然保护区管理处	—	—	—	133	—
天津市	**9557**	**—**	**2667**	**—**	**—**
蓟州区	—	—	2667	—	—
宝坻区	1674	—	—	—	—
武清区	2939	—	—	—	—
宁河区	604	—	—	—	—
静海区	2236	—	—	—	—
西青区	1667	—	—	—	—
津南区	188	—	—	—	—
北辰区	167	—	—	—	—
滨海新区	82	—	—	—	—
河北省	**371770**	**20239**	**84790**	**1672**	**2800**
石家庄市	**26695**	**—**	**20667**	**—**	**20**
井陉矿区	134	—	—	—	—
藁城区	674	—	—	—	—
鹿泉区	1078	—	1333	—	—
栾城区	267	—	—	—	—
井陉县	4000	—	4000	—	—
正定县	200	—	—	—	—
行唐县	3333	—	2667	—	—
灵寿县	4000	—	3334	—	—
高邑县	200	—	—	—	—
深泽县	533	—	—	—	—
赞皇县	3000	—	3333	—	—
无极县	467	—	—	—	—
平山县	4667	—	3334	—	20
元氏县	3067	—	2666	—	—
赵县	389	—	—	—	—
晋州市	333	—	—	—	—
新乐市	333	—	—	—	—

分县造林完成情况

单位:公顷

地　区	人工造林	飞播造林	新封山育林	退化林修复	人工更新
高新技术产业开发区	20	—	—	—	—
辛集市	**809**	**—**	**—**	**—**	**—**
唐山市	**16327**	**—**	**5476**	**36**	**386**
路南区	108	—	—	—	—
路北区	45	—	—	—	—
古冶区	516	—	143	—	—
开平区	914	—	200	—	—
丰南区	1276	—	—	—	359
丰润区	1900	—	1000	—	—
曹妃甸区	554	—	—	—	—
滦县	1960	—	333	—	—
滦南县	1120	—	—	—	—
乐亭县	807	—	—	—	—
迁西县	1347	—	1133	—	—
玉田县	921	—	667	—	—
芦台经济开发区	58	—	—	—	17
汉沽管理区	332	—	—	—	—
高新技术产业开发区	187	—	—	—	—
海港开发区	275	—	—	—	10
唐山湾国际旅游岛	73	—	—	—	—
遵化市	2467	—	1000	—	—
迁安市	1467	—	1000	36	—
秦皇岛市	**27274**	**—**	**6199**	**1045**	**39**
海港区	3680	—	1000	—	—
山海关区	173	—	—	—	—
北戴河区	635	—	—	164	39
抚宁区	3666	—	533	—	—
青龙满族自治县	7367	—	3000	600	—
昌黎县	4480	—	333	—	—
卢龙县	4893	—	1333	—	—
经济技术开发区	134	—	—	—	—
北戴河新区	2246	—	—	281	—
邯郸市	**27988**	**7240**	**17531**	**302**	**—**
邯山区	363	—	—	—	—
丛台区	512	—	66	—	—
复兴区	603	—	218	67	—
峰峰矿区	2211	440	2448	—	—
肥乡区	1520	—	—	—	—
永年区	1808	—	1407	200	—
临漳县	1244	—	—	—	—
成安县	1130	—	—	—	—
大名县	963	—	—	—	—
涉 县	4632	2933	6000	—	—
磁 县	1933	1000	1867	—	—
邱 县	1469	—	—	—	—
鸡泽县	658	—	—	—	—
广平县	744	—	—	35	—

分县造林完成情况

单位:公顷

地区	人工造林	飞播造林	新封山育林	退化林修复	人工更新
馆陶县	599	—	—	—	—
魏县	928	—	—	—	—
曲周县	1086	—	—	—	—
经济技术开发区	153	—	—	—	—
冀南新区	605	—	—	—	—
武安市	4827	2867	5525	—	—
邢台市	**21060**	**4666**	**5666**	**—**	**—**
桥东区	14	—	—	—	—
桥西区	83	—	—	—	—
邢台县	1367	3333	2666	—	—
临城县	840	—	1333	—	—
内丘县	2000	1333	1333	—	—
柏乡县	540	—	—	—	—
隆尧县	2151	—	—	—	—
任县	1138	—	—	—	—
南和县	410	—	—	—	—
宁晋县	934	—	—	—	—
巨鹿县	1020	—	—	—	—
新河县	491	—	—	—	—
广宗县	691	—	—	—	—
平乡县	1467	—	—	—	—
威县	2000	—	—	—	—
清河县	2667	—	—	—	—
临西县	740	—	—	—	—
南宫市	1334	—	—	—	—
沙河市	710	—	334	—	—
高开区	463	—	—	—	—
保定市	**28565**	**2333**	**14001**	**—**	**98**
竞秀区	53	—	—	—	—
莲池区	56	—	—	—	—
满城区	1169	—	1000	—	—
清苑区	826	—	—	—	—
徐水区	818	—	—	—	—
涞水县	3219	—	2000	—	—
阜平县	3669	—	2667	—	—
定兴县	792	—	—	—	10
唐县	2796	—	1667	—	—
高阳县	681	—	—	—	—
涞源县	3663	1333	2667	—	—
望都县	654	—	—	—	—
易县	3233	1000	1000	—	—
曲阳县	2187	—	2000	—	—
蠡县	355	—	—	—	—
顺平县	1409	—	1000	—	—
博野县	766	—	—	—	—
涿州市	839	—	—	—	18
安国市	542	—	—	—	—

分县造林完成情况

单位:公顷

地　区	人工造林	飞播造林	新封山育林	退化林修复	人工更新
高碑店市	739	—	—	—	70
高新区	3	—	—	—	—
白沟新城	96	—	—	—	—
定州市	**1390**	**—**	**—**	**—**	**—**
张家口市	**126453**	**6000**	**5332**	**—**	**—**
桥西区	820	—	—	—	—
宣化区	11741	1333	667	—	—
下花园区	200	—	—	—	—
万全区	8000	—	333	—	—
崇礼区	9733	—	667	—	—
张北县	10807	—	—	—	—
康保县	12258	—	—	—	—
沽源县	9353	—	—	—	—
尚义县	7333	—	—	—	—
蔚县	13000	667	333	—	—
阳原县	10654	—	333	—	—
怀安县	8247	—	333	—	—
怀来县	3947	—	1000	—	—
涿鹿县	4160	2000	1000	—	—
赤城县	16000	2000	666	—	—
高新技术产业开发区	200	—	—	—	—
承德市	**30747**	**—**	**9585**	**289**	**1324**
双桥区	773	—	213	—	—
双滦区	739	—	200	—	—
鹰手营子矿区	200	—	200	—	—
承德县	1566	—	2200	22	217
兴隆县	1663	—	266	—	—
平泉市	2426	—	1200	—	194
滦平县	5463	—	1467	133	—
隆化县	3600	—	867	67	165
丰宁满族自治县	8116	—	1440	67	108
宽城满族自治县	1667	—	866	—	—
围场满族蒙古族自治县	4267	—	666	—	640
高新区	267	—	—	—	—
沧州市	**31423**	**—**	**—**	**—**	**—**
新华区	214	—	—	—	—
运河区	282	—	—	—	—
沧县	1391	—	—	—	—
青县	1903	—	—	—	—
东光县	1576	—	—	—	—
海兴县	563	—	—	—	—
盐山县	491	—	—	—	—
肃宁县	2170	—	—	—	—
南皮县	635	—	—	—	—
吴桥县	1298	—	—	—	—
献县	1622	—	—	—	—
孟村回族自治县	486	—	—	—	—

分县造林完成情况

单位：公顷

地　区	人工造林	飞播造林	新封山育林	退化林修复	人工更新
中捷农场	601	—	—	—	—
南大港农场	308	—	—	—	—
泊头市	782	—	—	—	—
任丘市	12009	—	—	—	—
黄骅市	1401	—	—	—	—
河间市	3691	—	—	—	—
廊坊市	**15792**	**—**	**—**	**—**	**—**
安次区	2013	—	—	—	—
广阳区	401	—	—	—	—
固安县	1200	—	—	—	—
永清县	1667	—	—	—	—
香河县	532	—	—	—	—
大城县	3200	—	—	—	—
文安县	2881	—	—	—	—
大厂回族自治县	407	—	—	—	—
霸州市	2766	—	—	—	—
三河市	699	—	—	—	—
开发区	26	—	—	—	—
衡水市	**15623**	**—**	**—**	**—**	**581**
桃城区	722	—	—	—	—
冀州区	1807	—	—	—	—
枣强县	1020	—	—	—	219
武邑县	1119	—	—	—	—
武强县	1171	—	—	—	88
饶阳县	807	—	—	—	—
安平县	1099	—	—	—	—
故城县	1520	—	—	—	—
景县	1623	—	—	—	200
阜城县	1508	—	—	—	30
深州市	2445	—	—	—	—
高新技术产业开发区	264	—	—	—	—
滨湖新区	518	—	—	—	44
木兰林管局	**750**	**—**	**—**	**—**	**—**
塞罕坝机械林场	**674**	**—**	**—**	**—**	**352**
洪崖山国有林场	**200**	**—**	**333**	**—**	**—**
山西	**279968**	**—**	**32000**	**—**	**—**
太原市	**9679**	**—**	**2134**	**—**	**—**
杏花岭区	150	—	—	—	—
清徐县	700	—	—	—	—
阳曲县	833	—	—	—	—
娄烦县	5329	—	1267	—	—
古交市	2667	—	867	—	—
大同市	**15431**	**—**	**3333**	**—**	**—**
南郊区	67	—	—	—	—
新荣区	493	—	—	—	—
阳高县	1823	—	333	—	—
天镇县	2140	—	667	—	—

分县造林完成情况

单位：公顷

地 区	人工造林	飞播造林	新封山育林	退化林修复	人工更新
广灵县	4570	—	667	—	—
灵丘县	2376	—	333	—	—
浑源县	1247	—	1000	—	—
左云县	536	—	—	—	—
大同县	2107	—	333	—	—
市局直属单位	72	—	—	—	—
阳泉市	**3280**	**—**	**467**	**—**	**—**
郊区	940	—	67	—	—
平定县	726	—	333	—	—
盂县	1614	—	67	—	—
长治市	**10069**	**—**	**601**	**—**	**—**
襄垣县	466	—	—	—	—
屯留县	475	—	67	—	—
平顺县	2285	—	333	—	—
黎城县	1446	—	67	—	—
壶关县	213	—	67	—	—
长子县	566	—	—	—	—
武乡县	1534	—	—	—	—
沁县	1708	—	67	—	—
沁源县	843	—	—	—	—
潞城市	533	—	—	—	—
晋城市	**786**	**—**	**—**	**—**	**—**
沁水县	263	—	—	—	—
阳城县	87	—	—	—	—
陵川县	390	—	—	—	—
泽州县	20	—	—	—	—
高平市	26	—	—	—	—
朔州市	**5948**	**—**	**1066**	**—**	**—**
朔城区	1100	—	—	—	—
平鲁区	1511	—	333	—	—
山阴县	565	—	—	—	—
应县	1203	—	333	—	—
右玉县	1435	—	400	—	—
怀仁县	134	—	—	—	—
晋中市	**12114**	**—**	**400**	**—**	**—**
榆次区	200	—	—	—	—
榆社县	3787	—	333	—	—
左权县	3275	—	—	—	—
和顺县	2006	—	—	—	—
昔阳县	893	—	67	—	—
寿阳县	333	—	—	—	—
太谷县	424	—	—	—	—
祁县	477	—	—	—	—
平遥县	207	—	—	—	—
灵石县	512	—	—	—	—
运城市	**8017**	**—**	**1200**	**—**	**—**
盐湖区	286	—	—	—	—

分县造林完成情况

单位:公顷

地　区	人工造林	飞播造林	新封山育林	退化林修复	人工更新
临猗县	267	—	—	—	—
万荣县	299	—	133	—	—
闻喜县	614	—	—	—	—
稷山县	600	—	—	—	—
新绛县	687	—	267	—	—
绛县	679	—	—	—	—
垣曲县	665	—	—	—	—
夏县	3	—	—	—	—
平陆县	958	—	333	—	—
芮城县	1914	—	—	—	—
永济市	427	—	—	—	—
河津市	618	—	467	—	—
忻州市	**52481**	**—**	**4534**	**—**	**—**
忻府区	1000	—	267	—	—
定襄县	746	—	67	—	—
五台县	3247	—	67	—	—
代县	2467	—	—	—	—
繁峙县	4133	—	—	—	—
宁武县	3720	—	200	—	—
静乐县	10053	—	1000	—	—
神池县	2960	—	667	—	—
五寨县	2501	—	333	—	—
岢岚县	4314	—	667	—	—
河曲县	5087	—	333	—	—
保德县	4500	—	—	—	—
偏关县	5580	—	333	—	—
原平市	2173	—	600	—	—
临汾市	**36663**	**—**	**4200**	**—**	**—**
尧都区	159	—	—	—	—
曲沃县	133	—	—	—	—
翼城县	67	—	—	—	—
襄汾县	900	—	334	—	—
洪洞县	308	—	—	—	—
古县	1053	—	—	—	—
安泽县	1353	—	—	—	—
浮山县	376	—	—	—	—
吉县	3259	—	1000	—	—
乡宁县	2501	—	800	—	—
大宁县	8379	—	333	—	—
隰县	5980	—	1000	—	—
永和县	6253	—	333	—	—
蒲县	2387	—	200	—	—
汾西县	2402	—	200	—	—
侯马市	100	—	—	—	—
霍州市	1053	—	—	—	—
吕梁市	**73467**	**—**	**5932**	**—**	**—**
离石区	4733	—	400	—	—

分县造林完成情况

单位:公顷

地 区	人工造林	飞播造林	新封山育林	退化林修复	人工更新
文水县	200	—	400	—	—
交城县	1060	—	533	—	—
兴县	16960	—	800	—	—
临县	23281	—	333	—	—
柳林县	7873	—	533	—	—
石楼县	4740	—	200	—	—
岚县	6580	—	1000	—	—
方山县	3740	—	600	—	—
交口县	2046	—	533	—	—
孝义市	1533	—	400	—	—
汾阳市	721	—	200	—	—
管涔山林局	**3800**	**—**	**—**	**—**	**—**
五台山林局	**7867**	**—**	**1333**	**—**	**—**
关帝山林局	**9240**	**—**	**2133**	**—**	**—**
太行山林局	**5847**	**—**	**—**	**—**	**—**
太岳山林局	**4373**	**—**	**—**	**—**	**—**
吕梁山林局	**4713**	**—**	**1667**	**—**	**—**
中条山林局	**2993**	**—**	**—**	**—**	**—**
黑茶山林局	**5800**	**—**	**3000**	**—**	**—**
杨树局	**7267**	**—**	**—**	**—**	**—**
省直其他单位	**133**	**—**	**—**	**—**	**—**
内蒙古自治区	**346309**	**68313**	**138068**	**125597**	**2166**
呼和浩特市	**19357**	**—**	**667**	**6667**	**—**
新城区	153	—	—	667	—
回民区	3	—	—	—	—
玉泉区	21	—	—	—	—
赛罕区	225	—	—	—	—
土默特左旗	800	—	—	667	—
托克托县	800	—	—	667	—
和林格尔县	1334	—	667	2000	—
武川县	5100	—	—	1333	—
清水河县	10921	—	—	1333	—
包头市	**23033**	**—**	**9667**	**3000**	**—**
东河区	567	—	—	—	—
青山区	1400	—	—	—	—
昆都仑区	70	—	—	—	—
石拐区	1767	—	1667	1334	—
九原区	513	—	—	333	—
土默特右旗	3133	—	1334	—	—
固阳县	13402	—	666	—	—
达尔罕茂明安联合旗	2153	—	6000	1333	—
稀土高新区	28	—	—	—	—
乌海市	**255**	**—**	**—**	**—**	**—**
海勃湾区	35	—	—	—	—
海南区	167	—	—	—	—
乌达区	53	—	—	—	—
赤峰市	**40944**	**3333**	**25999**	**3221**	**1229**

分县造林完成情况

单位:公顷

地　区	人工造林	飞播造林	新封山育林	退化林修复	人工更新
红山区	280	—	—	—	—
元宝山区	934	—	—	400	—
松山区	3733	—	867	—	15
阿鲁科尔沁旗	4600	—	2619	941	507
巴林左旗	3734	—	1893	1333	440
巴林右旗	3831	—	6460	—	—
林西县	2653	—	2133	547	—
克什克腾旗	3773	—	5000	—	—
翁牛特旗	6067	3333	5227	—	—
宁城县	2673	—	467	—	193
敖汉旗	6000	—	1333	—	—
喀喇沁旗	2666	—	—	—	74
通辽市	**39464**	**4000**	**30000**	**21933**	**933**
科尔沁区	1090	—	—	—	—
霍林郭勒市	200	—	667	—	—
科尔沁左翼中旗	6000	—	2667	3000	—
科尔沁左翼后旗	13333	—	10000	5000	533
开鲁县	2000	—	2000	2333	—
库伦旗	3667	—	3333	1333	400
奈曼旗	11333	4000	10000	6000	—
扎鲁特旗	1841	—	1333	4267	—
鄂尔多斯市	**49441**	**4647**	**3099**	**23467**	**—**
东胜区	2333	—	—	—	—
达拉特旗	6246	—	533	667	—
准格尔旗	7201	—	833	666	—
鄂托克前旗	3016	—	—	3667	—
鄂托克旗	16015	—	1333	2000	—
杭锦旗	6544	4647	—	5667	—
乌审旗	2213	—	—	6400	—
伊金霍洛旗	3140	—	—	4400	—
造林总场	2200	—	400	—	—
康巴什新区	533	—	—	—	—
呼伦贝尔市	**28872**	**—**	**7900**	**4940**	**—**
海拉尔区	580	—	—	—	—
扎兰屯市	1913	—	1667	2407	—
牙克石市	1975	—	1667	2333	—
额尔古纳市	467	—	400	—	—
根河市	200	—	—	—	—
阿荣旗	4267	—	—	—	—
莫旗	5027	—	—	—	—
鄂伦春自治旗	965	—	—	—	—
鄂温克族自治旗	2200	—	333	—	—
新巴尔虎左旗	4213	—	1833	—	—
新巴尔虎右旗	203	—	1333	—	—
陈巴尔虎旗	2771	—	—	—	—
免渡河	265	—	—	—	—
乌奴耳	338	—	—	—	—

分县造林完成情况

单位:公顷

地　区	人工造林	飞播造林	新封山育林	退化林修复	人工更新
巴林	669	—	—	—	—
南木	269	—	—	200	—
红花尔基	2339	—	667	—	—
柴河	211	—	—	—	—
满洲里市	**—**	**—**	**—**	**200**	**—**
巴彦淖尔市	**16935**	**13000**	**20069**	**6670**	**—**
市直属单位	133	—	—	—	—
临河区	2667	—	—	667	—
五原县	2967	—	—	367	—
磴口县	2900	2667	5466	967	—
乌拉特前旗	2667	4000	2000	667	—
乌拉特中旗	2668	—	6670	3335	—
乌拉特后旗	933	5000	5933	667	—
杭锦后旗	2000	1333	—	—	—
乌兰察布市	**30128**	**—**	**5334**	**12999**	**—**
集宁区	1607	—	—	—	—
丰镇市	1280	—	—	1334	—
卓资县	3606	—	1333	1333	—
化德县	3514	—	667	1333	—
商都县	1675	—	—	1667	—
兴和县	5920	—	667	1333	—
凉城县	2553	—	667	1333	—
察哈尔右翼前旗	2313	—	—	1000	—
察哈尔右翼中旗	2733	—	667	1000	—
察哈尔右翼后旗	2213	—	667	1000	—
四子王旗	2714	—	666	1666	—
兴安盟	**23500**	**667**	**19666**	**4000**	**—**
乌兰浩特市	2333	—	—	667	—
阿尔山市	1333	—	2000	333	—
科尔沁右翼前旗	3267	—	1333	667	—
科尔沁右翼中旗	7901	667	1333	1333	—
扎赉特旗	4534	—	3333	667	—
突泉县	2133	—	2667	333	—
五岔沟	1333	—	5333	—	—
白狼	666	—	3667	—	—
锡林郭勒盟	**16000**	**6666**	**14000**	**13334**	**—**
锡林浩特市	1187	—	1000	—	—
阿巴嘎旗	394	667	2001	—	—
苏尼特左旗	67	2000	1333	—	—
苏尼特右旗	393	1333	2000	—	—
东乌珠穆沁旗	3400	—	333	—	—
西乌珠慕沁旗	467	—	1200	—	—
太仆寺旗	1533	—	—	4667	—
镶黄旗	733	—	2200	—	—
正镶白旗	773	1333	2266	—	—
正蓝旗	3020	1333	1667	2667	—
多伦县	4000	—	—	6000	—

分县造林完成情况

单位:公顷

地　区	人工造林	飞播造林	新封山育林	退化林修复	人工更新
乌拉盖开发区	33	—	—	—	—
阿拉善盟	**53616**	**36000**	**—**	**7133**	**4**
阿拉善盟直属单位	133	—	—	—	—
阿拉善左旗	23317	23333	—	4466	4
阿拉善右旗	12333	10667	—	2000	—
额济纳旗	16733	—	—	—	—
经济开发区	1100	—	—	—	—
生态示范区	—	2000	—	667	—
二连浩特市	**340**	**—**	**1667**	**—**	**—**
内蒙古森工集团	**4424**	**—**	**—**	**18033**	**—**
辽宁省	**56929**	**—**	**55330**	**25014**	**6950**
沈阳市	**2466**	**—**	**—**	**67**	**674**
市直属单位	—	—	—	67	7
浑南区	133	—	—	—	—
辽中区	133	—	—	—	—
康平县	1000	—	—	—	—
法库县	200	—	—	—	—
新民市	1000	—	—	—	667
大连市	**866**	**—**	**—**	**467**	**—**
金州区	133	—	—	—	—
瓦房店市	333	—	—	—	—
普兰店区	200	—	—	467	—
庄河市	200	—	—	—	—
鞍山市	**934**	**—**	**—**	**1333**	**333**
台安县	667	—	—	—	—
岫岩满族自治县	267	—	—	1333	333
抚顺市	**3106**	**—**	**1266**	**2026**	**2100**
新抚区	40	—	—	60	—
东洲区	200	—	—	300	100
抚顺县	533	—	333	333	667
新宾满族自治县	666	—	933	333	333
清原满族自治县	1667	—	—	1000	1000
本溪市	**221**	**—**	**—**	**1260**	**333**
市直属单位	—	—	—	47	153
平山区	7	—	—	213	—
溪湖区	7	—	—	—	—
明山区	7	—	—	—	13
南芬区	—	—	—	—	20
本溪满族自治县	200	—	—	667	100
桓仁满族自治县	—	—	—	333	47
丹东市	**753**	**—**	**1667**	**320**	**866**
振安区	—	—	—	67	—
宽甸满族自治县	253	—	—	140	333
东港市	233	—	—	113	—
凤城市	267	—	1667	—	533
锦州市	**4699**	**—**	**5400**	**1187**	**1166**
市直属单位	33	—	—	67	33

分县造林完成情况

单位:公顷

地　区	人工造林	飞播造林	新封山育林	退化林修复	人工更新
黑山县	1333	—	—	—	333
义县	1333	—	1333	1000	133
凌海市	1667	—	2267	53	667
北镇市	333	—	1800	67	—
营口市	**219**	**—**	**66**	**40**	**—**
鲅鱼圈区	20	—	—	13	—
盖州市	166	—	—	—	—
大石桥市	33	—	66	27	—
阜新市	**8101**	**—**	**67**	**2367**	**233**
清河门区	67	—	67	—	—
阜矿集团	—	—	—	234	33
阜新蒙古族自治县	2467	—	—	133	200
彰武县	5567	—	—	2000	—
辽阳市	**180**	**—**	**1800**	**133**	**—**
文圣区	20	—	—	—	—
宏伟区	7	—	—	—	—
弓长岭区	67	—	—	—	—
太子河区	20	—	—	—	—
辽阳县	—	—	1800	133	—
灯塔市	66	—	—	—	—
铁岭市	**3702**	**—**	**7732**	**1947**	**392**
银州区	—	—	—	33	—
开发区	14	—	—	13	—
清河区	67	—	—	—	13
铁岭县	680	—	3133	667	200
西丰县	200	—	2733	667	133
昌图县	2400	—	—	167	13
调兵山市	7	—	66	67	—
开原市	334	—	1800	333	33
朝阳市	**19001**	**—**	**26999**	**9333**	**633**
双塔区	1000	—	933	333	—
龙城区	667	—	1800	667	—
朝阳县	4667	—	6333	2667	333
建平县	3667	—	3600	1000	233
喀喇沁左翼蒙古族自治县	3333	—	7067	1333	67
北票市	3000	—	2733	2000	—
凌源市	2667	—	4533	1333	—
葫芦岛市	**12668**	**—**	**10333**	**4134**	**47**
连山区	667	—	467	67	—
龙港区	—	—	—	67	—
南票区	1334	—	2667	667	—
绥中县	1333	—	1733	333	47
建昌县	8667	—	2733	2333	—
兴城市	667	—	2733	667	—
省直属单位	**13**	**—**	**—**	**400**	**173**
实验林场	—	—	—	133	67
生态实验林场	13	—	—	33	73

分县造林完成情况

单位:公顷

地　区	人工造林	飞播造林	新封山育林	退化林修复	人工更新
林业职业技术学院	—	—	—	—	13
森林经营研究所林场	—	—	—	167	20
彰武章古台固沙造林实验林场	—	—	—	67	—
吉林省	**80840**	**—**	**—**	**62495**	**9703**
长春市	**5880**	**—**	**—**	**185**	**1232**
榆树市	1800	—	—	—	383
农安县	1333	—	—	128	417
德惠市	347	—	—	57	270
九台区	—	—	—	—	68
双阳区	2400	—	—	—	70
绿园区	—	—	—	—	14
净月开发区	—	—	—	—	10
吉林市	**19567**	**—**	**—**	**686**	**837**
桦甸市	4308	—	—	—	52
舒兰市	2000	—	—	—	107
蛟河市	5126	—	—	—	10
磐石市	5635	—	—	—	155
永吉县	1408	—	—	—	324
昌邑区	327	—	—	—	13
龙潭区	327	—	—	—	18
船营区	228	—	—	—	13
丰满区	200	—	—	19	145
上营森林经营局	—	—	—	667	—
直属林场	8	—	—	—	—
四平市	**11908**	**—**	**—**	**992**	**1164**
公主岭市	1280	—	—	200	206
双辽市	2933	—	—	633	30
梨树县	1740	—	—	159	843
伊通满族自治县	3704	—	—	—	76
铁东区	101	—	—	—	9
铁西区	77	—	—	—	—
辽河农垦区	33	—	—	—	—
直属林场	1663	—	—	—	—
新开区	377	—	—	—	—
辽源市	**2043**	**—**	**—**	**32**	**1075**
东辽县	1471	—	—	22	552
东丰县	467	—	—	—	500
西安区	96	—	—	—	14
龙山区	—	—	—	6	8
西站林场	9	—	—	4	1
通化市	**6872**	**—**	**—**	**16**	**820**
梅河口市	333	—	—	—	43
集安市	91	—	—	—	91
通化县	—	—	—	—	309
柳河县	1449	—	—	—	59
辉南县	4948	—	—	—	252
东昌区	12	—	—	3	22

分县造林完成情况

单位:公顷

地　区	人工造林	飞播造林	新封山育林	退化林修复	人工更新
二道江区	17	—	—	13	37
直属林场	17	—	—	—	7
哈泥自然保护区	5	—	—	—	—
白山市	**1919**	**—**	**—**	**534**	**324**
长白朝鲜族自治县	—	—	—	—	82
抚松县	392	—	—	—	126
靖宇县	499	—	—	—	30
临江市	337	—	—	—	12
江源区	134	—	—	—	58
浑江区	557	—	—	—	—
长白森林经营局	—	—	—	534	16
松原市	**11490**	**—**	**—**	**500**	**631**
长岭县	7773	—	—	—	—
前郭尔罗斯蒙古族自治县	1902	—	—	500	—
扶余市	200	—	—	—	—
乾安县	1333	—	—	—	569
宁江区	186	—	—	—	24
市直属单位	96	—	—	—	38
白城市	**16165**	**—**	**—**	**4067**	**1935**
大安市	800	—	—	—	453
洮南市	6151	—	—	1400	172
通榆县	8000	—	—	2000	1031
镇赉县	733	—	—	667	—
洮北区	354	—	—	—	270
经济开发区	16	—	—	—	3
查干浩特旅游经济开发区	111	—	—	—	6
延边朝鲜族自治州	**2845**	**—**	**—**	**1012**	**739**
延吉市	270	—	—	—	118
龙井市	526	—	—	—	332
和龙市	181	—	—	17	129
图们市	91	—	—	8	50
珲春市	286	—	—	—	—
敦化市	237	—	—	987	86
安图县	1204	—	—	—	18
汪清县	50	—	—	—	6
长白山森工集团	**1286**	**—**	**—**	**28323**	**573**
黄泥河	259	—	—	2534	—
敦化	100	—	—	3446	—
大石头	50	—	—	3081	516
八家子	26	—	—	2667	—
和龙	47	—	—	2667	17
汪清	—	—	—	2000	—
大兴沟	134	—	—	1467	6
天桥岭	125	—	—	2201	34
白河	41	—	—	3334	—
珲春	485	—	—	2923	—
安图森林经营局	19	—	—	2003	—

分县造林完成情况

单位:公顷

地　区	人工造林	飞播造林	新封山育林	退化林修复	人工更新
吉林森工集团	**673**	**—**	**—**	**25476**	**373**
临江	26	—	—	2800	353
三岔子	89	—	—	2867	—
湾沟	—	—	—	3334	—
松江河	15	—	—	2803	5
泉阳	—	—	—	3000	—
露水河	—	—	—	3335	—
白石山	—	—	—	3668	—
红石	543	—	—	3669	15
省直属单位	**192**	**—**	**—**	**672**	**—**
黑龙江省	**36579**	**—**	**42250**	**18688**	**74**
哈尔滨市	**8704**	**—**	**8560**	**—**	**5**
市直市郊	827	—	1200	—	5
五常市	1288	—	2000	—	—
尚志市	192	—	—	—	—
巴彦县	140	—	800	—	—
宾县	140	—	160	—	—
依兰县	240	—	533	—	—
延寿县	1067	—	2000	—	—
木兰县	47	—	267	—	—
通河县	4667	—	1333	—	—
方正县	96	—	267	—	—
齐齐哈尔市	**4825**	**—**	**1634**	**200**	**—**
市局机关	181	—	834	—	—
龙江县	334	—	—	—	—
依安县	400	—	—	—	—
泰来县	467	—	—	—	—
甘南县	133	—	—	—	—
富裕县	533	—	—	—	—
克山县	370	—	133	—	—
克东县	333	—	—	—	—
拜泉县	1067	—	—	—	—
讷河市	1007	—	667	200	—
鸡西市	**486**	**—**	**1066**	**—**	**—**
市局单位	96	—	1066	—	—
虎林市	9	—	—	—	—
密山市	381	—	—	—	—
鸡西绿海林业有限公司	133	—	667	—	—
鹤岗市	**972**	**—**	**1801**	**—**	**—**
市局单位	60	—	867	—	—
萝北县	24	—	267	—	—
绥滨县	888	—	667	—	—
双鸭山市	**429**	**—**	**3066**	**127**	**—**
市局单位	109	—	533	—	—
集贤县	120	—	533	127	—
饶河县	200	—	1333	—	—
宝清县	—	—	667	—	—

分县造林完成情况

单位：公顷

地　区	人工造林	飞播造林	新封山育林	退化林修复	人工更新
大庆市	**2138**	**—**	**867**	**—**	**—**
市局单位	172	—	—	—	—
肇州县	333	—	—	—	—
肇源县	333	—	—	—	—
林甸县	133	—	—	—	—
杜尔伯特蒙古族自治县	1167	—	867	—	—
伊春市	**1672**	**—**	**9715**	**1617**	**—**
嘉荫县	—	—	1860	667	—
铁力市	400	—	1333	950	—
市区	1272	—	6522	—	—
佳木斯市	**1375**	**—**	**2067**	**—**	**—**
市局单位	340	—	—	—	—
郊区	167	—	—	—	—
桦南县	367	—	333	—	—
桦川县	280	—	267	—	—
汤原县	48	—	1200	—	—
同江市	33	—	—	—	—
富锦市	140	—	267	—	—
抚远市	**133**	**—**	**1333**	**—**	**—**
七台河市	**491**	**—**	**—**	**—**	**69**
市局单位	491	—	—	—	8
勃利县	—	—	—	—	61
牡丹江市	**1625**	**—**	**3234**	**53**	**—**
市局单位	308	—	33	—	—
东宁市	144	—	800	53	—
林口县	837	—	1067	—	—
海林市	48	—	—	—	—
宁安市	96	—	534	—	—
穆棱市	192	—	800	—	—
黑河市	**1743**	**—**	**2300**	**316**	**—**
爱辉区	433	—	—	—	—
嫩江县	140	—	200	—	—
逊克县	67	—	—	—	—
孙吴县	800	—	—	316	—
北安市	140	—	667	—	—
五大连池市	163	—	900	—	—
五大连池风景名胜区自然保护区	—	—	533	—	—
绥化市	**7118**	**—**	**1640**	**—**	**—**
市局单位	40	—	—	—	—
海伦市	207	—	—	—	—
海伦市国有林场管理局	333	—	1133	—	—
绥棱县	39	—	—	—	—
绥棱国有林场管理局	33	—	—	—	—
庆安县	2433	—	—	—	—
北林区	300	—	—	—	—
望奎县	1233	—	—	—	—
兰西县	600	—	—	—	—

分县造林完成情况

单位:公顷

地　区	人工造林	飞播造林	新封山育林	退化林修复	人工更新
青冈县	667	—	—	—	—
明水县	480	—	507	—	—
安达市	480	—	—	—	—
肇东市	273	—	—	—	—
大兴安岭行署	**513**	**—**	**—**	**—**	**—**
尚志国有林场管理局	**134**	**—**	**1800**	**—**	**—**
庆安国有林场管理局	**507**	**—**	**500**	**—**	**—**
新江林场	**67**	**—**	**333**	**167**	**—**
双鸭山新苑林业有限公司	**134**	**—**	**1000**	**—**	**—**
鹤岗矿务局	**—**	**—**	**667**	**—**	**—**
龙江森工集团	**3380**	**—**	**—**	**16208**	**—**
上海市	**2680**	**—**	**—**	**—**	**—**
嘉定区	68	—	—	—	—
宝山区	22	—	—	—	—
奉贤区	435	—	—	—	—
松江区	225	—	—	—	—
浦东新区	194	—	—	—	—
青浦区	72	—	—	—	—
崇明区	1278	—	—	—	—
闵行区	149	—	—	—	—
金山区	237	—	—	—	—
江苏省	**33968**	**—**	**—**	**143**	**2461**
南京市	**800**	**—**	**—**	**—**	**—**
浦口区	43	—	—	—	—
栖霞区	49	—	—	—	—
雨花台区	10	—	—	—	—
江宁区	218	—	—	—	—
六合区	144	—	—	—	—
溧水县	173	—	—	—	—
高淳县	163	—	—	—	—
无锡市	**687**	**—**	**—**	**28**	**17**
市直单位	27	—	—	—	—
锡山区	67	—	—	—	—
惠山区	89	—	—	—	10
滨湖区	7	—	—	—	—
江阴市	332	—	—	—	—
宜兴市	165	—	—	28	7
徐州市	**3213**	**—**	**—**	**—**	**385**
贾汪区	203	—	—	—	—
丰县	414	—	—	—	—
沛县	371	—	—	—	—
铜山区	267	—	—	—	—
睢宁县	700	—	—	—	—
新沂市	619	—	—	—	150
邳州市	639	—	—	—	235
常州市	**1051**	**—**	**—**	**67**	**1**
新北区	302	—	—	—	—

分县造林完成情况

单位:公顷

地　区	人工造林	飞播造林	新封山育林	退化林修复	人工更新
武进区	204	—	—	—	—
溧阳市	312	—	—	59	1
金坛区	233	—	—	8	—
苏州市	**645**	**—**	**—**	**—**	**—**
高新区	2	—	—	—	—
吴中区	44	—	—	—	—
相城区	8	—	—	—	—
常熟市	38	—	—	—	—
张家港市	121	—	—	—	—
昆山市	253	—	—	—	—
吴江区	114	—	—	—	—
太仓市	51	—	—	—	—
工业园区	14	—	—	—	—
南通市	**7386**	**—**	**—**	**—**	**—**
经济技术开发区	507	—	—	—	—
崇川区	355	—	—	—	—
港闸区	607	—	—	—	—
海安县	1040	—	—	—	—
如东县	1073	—	—	—	—
启东市	842	—	—	—	—
如皋市	888	—	—	—	—
通州区	766	—	—	—	—
海门市	1046	—	—	—	—
通州湾江海联动开发示范区	262	—	—	—	—
连云港市	**3568**	**—**	**—**	**29**	**140**
市直单位	264	—	—	—	6
连云区	10	—	—	29	—
海州区	326	—	—	—	—
赣榆区	913	—	—	—	13
东海县	832	—	—	—	—
灌云县	797	—	—	—	104
灌南县	426	—	—	—	17
淮安市	**1426**	**—**	**—**	**—**	**451**
清江浦区	18	—	—	—	18
淮安区	272	—	—	—	—
淮阴区	122	—	—	—	81
涟水县	352	—	—	—	—
洪泽区	103	—	—	—	68
盱眙县	397	—	—	—	61
金湖县	162	—	—	—	223
盐城市	**7867**	**—**	**—**	**—**	**343**
亭湖区	515	—	—	—	—
响水县	734	—	—	—	—
滨海县	920	—	—	—	68
阜宁县	878	—	—	—	—
射阳县	1122	—	—	—	—
建湖县	756	—	—	—	50

分县造林完成情况

单位:公顷

地　区	人工造林	飞播造林	新封山育林	退化林修复	人工更新
盐都区	650	—	—	—	50
东台市	1106	—	—	—	—
大丰区	1186	—	—	—	175
扬州市	**1559**	**—**	**—**	**8**	**461**
市辖区	53	—	—	—	—
广陵区	163	—	—	—	—
邗江区	125	—	—	—	—
宝应县	248	—	—	—	145
仪征市	264	—	—	—	118
高邮市	487	—	—	—	90
江都区	219	—	—	8	108
镇江市	**733**	**—**	**—**	**11**	**9**
市直单位	28	—	—	—	—
京口区	5	—	—	—	2
润州区	12	—	—	—	—
丹徒区	124	—	—	—	2
丹阳市	236	—	—	11	5
扬中市	44	—	—	—	—
句容市	284	—	—	—	—
泰州市	**2169**	**—**	**—**	**—**	**158**
海陵区	83	—	—	—	—
高港区	108	—	—	—	—
兴化市	1007	—	—	—	66
靖江市	303	—	—	—	92
泰兴市	364	—	—	—	—
姜堰区	304	—	—	—	—
宿迁市	**2864**	**—**	**—**	**—**	**496**
宿城区	407	—	—	—	—
宿豫区	408	—	—	—	—
沭阳县	430	—	—	—	118
泗阳县	259	—	—	—	168
泗洪县	1360	—	—	—	210
浙江省	**8450**	**—**	**2223**	**24936**	**8445**
杭州市	**787**	**—**	**615**	**1699**	**1655**
萧山区	135	—	—	—	—
余杭区	8	—	—	27	39
桐庐县	103	—	—	1373	236
淳安县	89	—	248	—	426
建德市	306	—	167	266	614
富阳区	107	—	—	33	127
临安区	39	—	200	—	213
宁波市	**699**	**—**	**—**	**725**	**28**
海曙区	65	—	—	—	13
江北区	37	—	—	—	—
北仑区	27	—	—	—	—
鄞州区	103	—	—	98	14
镇海区	76	—	—	—	—

分县造林完成情况

单位:公顷

地　区	人工造林	飞播造林	新封山育林	退化林修复	人工更新
象山县	160	—	—	182	—
宁海县	162	—	—	—	—
余姚市	32	—	—	440	—
奉化区	37	—	—	5	1
温州市	**1376**	**—**	**—**	**5121**	**531**
鹿城区	21	—	—	—	—
龙湾区	34	—	—	—	—
瓯海区	138	—	—	3065	—
永嘉县	—	—	—	—	96
平阳县	308	—	—	1523	—
苍南县	565	—	—	—	57
文成县	49	—	—	533	113
泰顺县	43	—	—	—	188
瑞安市	134	—	—	—	—
乐清市	84	—	—	—	77
嘉兴市	**751**	**—**	**—**	**—**	**28**
南湖区	80	—	—	—	—
秀洲区	55	—	—	—	—
嘉善县	55	—	—	—	—
海盐县	52	—	—	—	28
海宁市	139	—	—	—	—
平湖市	336	—	—	—	—
桐乡市	34	—	—	—	—
湖州市	**469**	**—**	**682**	**2953**	**47**
吴兴区	36	—	—	533	2
南浔区	102	—	—	—	—
德清县	71	—	—	453	6
长兴县	132	—	—	633	19
安吉县	128	—	682	1334	20
绍兴市	**1646**	**—**	**330**	**3935**	**—**
越城区	27	—	—	1055	—
柯桥区	140	—	153	—	—
新昌县	151	—	—	—	—
诸暨市	832	—	171	67	—
上虞区	216	—	6	2813	—
嵊州市	280	—	—	—	—
金华市	**377**	**—**	**229**	**801**	**871**
婺城区	83	—	—	1	262
金东区	103	—	—	—	176
武义县	21	—	—	667	136
浦江县	14	—	13	—	67
磐安县	13	—	—	133	35
兰溪市	—	—	—	—	87
义乌市	86	—	—	—	19
东阳市	34	—	16	—	36
永康市	23	—	200	—	53
衢州市	**524**	**—**	**—**	**—**	**1448**

分县造林完成情况

单位:公顷

地　区	人工造林	飞播造林	新封山育林	退化林修复	人工更新
柯城区	28	—	—	—	8
衢江区	132	—	—	—	87
常山县	71	—	—	—	120
开化县	147	—	—	—	727
龙游县	123	—	—	—	153
江山市	23	—	—	—	353
舟山市	**106**	**—**	**—**	**—**	**—**
定海区	43	—	—	—	—
普陀区	27	—	—	—	—
岱山县	20	—	—	—	—
嵊泗县	16	—	—	—	—
台州市	**440**	**—**	**102**	**1353**	**513**
椒江区	20	—	—	46	—
黄岩区	47	—	—	—	4
路桥区	41	—	—	—	—
玉环市	60	—	—	—	—
三门县	14	—	—	—	20
天台县	74	—	—	—	67
仙居县	117	—	102	—	223
温岭市	33	—	—	—	10
临海市	34	—	—	1307	189
丽水市	**1275**	**—**	**265**	**8349**	**3324**
莲都区	193	—	—	1320	96
青田县	—	—	—	—	393
缙云县	11	—	20	6333	266
遂昌县	262	—	—	633	327
松阳县	154	—	—	22	337
云和县	72	—	—	41	207
庆元县	17	—	13	—	469
景宁畲族自治县	184	—	232	—	379
龙泉市	382	—	—	—	850
安徽省	**56667**	**—**	**41905**	**40241**	**6113**
合肥市	**2300**	**—**	**1600**	**874**	**—**
瑶海区	17	—	—	—	—
蜀山区	92	—	—	—	—
长丰县	215	—	—	—	—
肥东县	506	—	400	667	—
肥西县	668	—	400	—	—
庐江县	410	—	400	—	—
巢湖市	392	—	400	207	—
芜湖市	**4593**	**—**	**1950**	**600**	**—**
镜湖区	75	—	—	—	—
鸠江区	401	—	—	—	—
弋江区	80	—	—	—	—
三山区	143	—	—	—	—
芜湖县	378	—	—	200	—
繁昌县	410	—	550	—	—

分县造林完成情况

单位:公顷

地　区	人工造林	飞播造林	新封山育林	退化林修复	人工更新
南陵县	869	—	600	200	—
无为县	2237	—	800	200	—
蚌埠市	**1659**	**—**	**300**	**1660**	**480**
龙子湖区	57	—	—	—	—
蚌山区	44	—	—	—	—
禹会区	133	—	—	—	—
淮上区	97	—	—	—	—
怀远县	584	—	—	1000	310
五河县	427	—	300	660	—
固镇县	317	—	—	—	170
淮南市	**667**	**—**	**300**	**133**	**—**
大通区	26	—	—	—	—
田家庵区	39	—	—	—	—
谢家集区	10	—	—	—	—
八公山区	5	—	—	—	—
潘集区	23	—	—	—	—
毛集区	19	—	—	—	—
凤台县	217	—	100	133	—
寿县	328	—	200	—	—
马鞍山市	**717**	**—**	**2093**	**206**	**2**
博望区	42	—	206	—	—
花山区	22	—	—	—	—
当涂县	142	—	407	—	—
含山县	372	—	746	206	—
和县	139	—	734	—	—
市直单位	—	—	—	—	2
淮北市	**2439**	**—**	**—**	**333**	**—**
烈山区	322	—	—	—	—
杜集区	285	—	—	333	—
相山区	207	—	—	—	—
濉溪县	1625	—	—	—	—
铜陵市	**645**	**—**	**700**	**133**	**42**
铜官区	68	—	—	—	—
郊区	88	—	—	—	42
义安区	170	—	—	133	—
枞阳县	319	—	700	—	—
安庆市	**7709**	**—**	**7022**	**8132**	**292**
迎江区	67	—	—	—	—
大观区	98	—	—	—	—
宜秀区	249	—	900	533	—
桐城市	620	—	900	707	—
怀宁县	668	—	900	1000	—
潜山县	738	—	900	1333	—
太湖县	2479	—	900	1033	—
宿松县	1349	—	813	1353	—
望江县	622	—	709	340	292
岳西县	819	—	1000	1833	—

分县造林完成情况

单位:公顷

地　区	人工造林	飞播造林	新封山育林	退化林修复	人工更新
黄山市	**1610**	**—**	**5302**	**1866**	**—**
屯溪区	7	—	400	—	—
徽州区	43	—	400	333	—
黄山区	400	—	900	—	—
歙县	563	—	802	333	—
休宁县	293	—	800	200	—
黟县	154	—	1100	667	—
祁门县	133	—	900	333	—
市直单位	17	—	—	—	—
滁州市	**6849**	**—**	**4968**	**4007**	**619**
琅琊区	36	—	—	—	—
南谯区	161	—	900	533	619
天长市	173	—	—	—	—
明光市	1007	—	900	267	—
来安县	546	—	800	200	—
全椒县	519	—	800	270	—
定远县	2645	—	800	1333	—
凤阳县	1140	—	600	400	—
市直单位	622	—	168	1004	—
阜阳市	**4809**	**—**	**—**	**—**	**—**
颍州区	447	—	—	—	—
颍东区	285	—	—	—	—
颍泉区	658	—	—	—	—
界首市	835	—	—	—	—
临泉县	640	—	—	—	—
太和县	425	—	—	—	—
阜南县	767	—	—	—	—
颍上县	752	—	—	—	—
宿州市	**7840**	**—**	**2400**	**1733**	**—**
夹沟林场	33	—	300	—	—
埇桥区	3907	—	600	—	—
砀山县	445	—	—	133	—
萧县	815	—	1000	533	—
灵璧县	775	—	500	1000	—
泗县	1110	—	—	67	—
市局单位	755	—	—	—	—
六安市	**3792**	**—**	**6367**	**10003**	**188**
金安区	761	—	600	333	—
裕安区	587	—	600	3667	188
叶集区	254	—	—	667	—
霍邱县	464	—	600	670	—
舒城县	400	—	900	1333	—
金寨县	482	—	2667	2000	—
霍山县	844	—	1000	1333	—
亳州市	**5737**	**—**	**—**	**1943**	**—**
谯城区	1503	—	—	1338	—
涡阳县	1751	—	—	—	—

分县造林完成情况

单位:公顷

地　区	人工造林	飞播造林	新封山育林	退化林修复	人工更新
蒙城县	1311	—	—	—	—
利辛县	1172	—	—	605	—
池州市	**2908**	**—**	**3200**	**4400**	**4343**
贵池区	927	—	800	1333	—
九华山风景区	1	—	—	—	—
东至县	1410	—	800	2667	3997
石台县	224	—	700	—	—
青阳县	346	—	900	400	346
宣城市	**2393**	**—**	**5703**	**4218**	**147**
宣州区	417	—	1003	675	—
宁国市	522	—	1000	343	—
郎溪县	200	—	600	333	—
广德县	477	—	900	1333	—
泾县	345	—	800	200	147
绩溪县	334	—	600	667	—
旌德县	98	—	800	667	—
福建省	**8094**	**—**	**144338**	**20024**	**61129**
福州市	**2123**	**—**	**17166**	**2536**	**3997**
鼓楼区	—	—	—	—	7
仓山区	—	—	—	13	—
马尾区	—	—	217	102	85
平潭综合实验区	491	—	1733	—	—
晋安区	—	—	667	—	192
闽侯县	191	—	3316	696	707
连江县	59	—	1154	569	577
罗源县	153	—	2400	444	680
闽清县	74	—	3712	—	1253
永泰县	907	—	1800	—	42
福清市	41	—	1167	436	338
长乐县	207	—	1000	242	—
高新区	—	—	—	34	116
厦门市	**—**	**—**	**—**	**1483**	**—**
海沧区	—	—	—	541	—
集美区	—	—	—	355	—
同安区	—	—	—	336	—
翔安区	—	—	—	251	—
莆田市	**165**	**—**	**4254**	**864**	**2638**
城厢区	2	—	1333	395	194
涵江区	17	—	579	101	487
荔城区	6	—	68	28	23
秀屿区	65	—	340	86	17
仙游县	71	—	1767	202	1917
湄洲岛国家旅游度假区	3	—	67	7	—
北岸管委会	1	—	100	45	—
三明市	**1229**	**—**	**15851**	**2119**	**12093**
梅列区	—	—	67	77	265
三元区	—	—	667	103	381

分县造林完成情况

单位:公顷

地　区	人工造林	飞播造林	新封山育林	退化林修复	人工更新
明溪县	56	—	1333	285	1113
清流县	77	—	1333	200	1436
宁化县	285	—	1133	155	363
大田县	130	—	2253	138	1288
尤溪县	257	—	1133	268	1887
沙县	97	—	888	414	761
将乐县	103	—	1006	53	1236
泰宁县	42	—	2356	—	745
建宁县	173	—	2675	394	384
永安市	9	—	1007	32	2234
泉州市	**1118**	**—**	**16611**	**2871**	**4947**
鲤城区	—	—	—	—	19
丰泽区	10	—	53	—	3
洛江区	56	—	53	3	10
泉港区	13	—	107	98	—
惠安县	240	—	1741	127	5
安溪县	274	—	4601	826	1183
永春县	344	—	4485	415	630
德化县	84	—	4333	445	1012
台商投资区	7	—	133	87	—
石狮市	5	—	54	—	3
晋江市	56	—	247	144	161
南安市	29	—	804	726	1921
漳州市	**266**	**—**	**6066**	**1183**	**13918**
芗城区	—	—	68	—	85
龙文区	24	—	67	—	—
云霄县	15	—	713	192	698
漳浦县	38	—	867	166	1371
诏安县	14	—	680	112	2260
长泰县	10	—	666	73	1551
东山县	31	—	174	102	24
南靖县	33	—	937	95	3072
平和县	67	—	667	94	1568
华安县	7	—	726	245	2022
龙海市	27	—	501	104	1267
南平市	**772**	**—**	**31986**	**2590**	**13274**
延平区	50	—	900	219	1947
顺昌县	44	—	4047	167	1088
浦城县	73	—	3219	80	1423
光泽县	14	—	4200	151	680
松溪县	50	—	2233	134	676
政和县	170	—	4200	407	581
邵武市	5	—	3300	374	1037
武夷山市	124	—	4200	187	695
建瓯市	76	—	4040	420	3266
建阳区	166	—	1647	451	1881
龙岩市	**1562**	**—**	**32722**	**3100**	**8106**

分县造林完成情况

单位:公顷

地　区	人工造林	飞播造林	新封山育林	退化林修复	人工更新
新罗区	334	—	3353	335	1182
长汀县	303	—	5667	1264	935
永定区	298	—	4073	394	1918
上杭县	307	—	4333	367	679
武平县	90	—	6271	343	1137
连城县	120	—	4792	268	895
漳平市	110	—	4233	129	1360
宁德市	**859**	**—**	**19682**	**3278**	**2156**
蕉城区	138	—	1036	693	74
霞浦县	206	—	6400	866	439
古田县	23	—	1733	—	194
屏南县	80	—	400	—	319
寿宁县	111	—	2813	—	332
周宁县	—	—	533	—	304
柘荣县	—	—	—	103	234
福安市	27	—	2200	142	160
福鼎市	274	—	4567	1474	100
江西省	**89405**	**—**	**68592**	**118066**	**6344**
南昌市	**1814**	**—**	**1060**	**1299**	**—**
市辖区	—	—	—	133	—
湾里区	27	—	200	126	—
南昌县	320	—	60	—	—
新建区	523	—	267	267	—
安义县	333	—	200	333	—
进贤县	611	—	333	440	—
景德镇市	**1391**	**—**	**1266**	**1103**	**100**
市辖区	494	—	133	280	—
昌江区	20	—	133	20	—
浮梁县	403	—	667	470	100
乐平市	474	—	333	333	—
萍乡市	**3701**	**—**	**3560**	**7262**	**—**
市辖区	20	—	200	567	—
安源区	—	—	200	433	—
经济开发区	25	—	—	213	—
湘东区	778	—	533	1188	—
莲花县	1938	—	1334	2087	—
上栗县	400	—	333	1107	—
芦溪县	540	—	960	1667	—
九江市	**11968**	**—**	**10580**	**11052**	**—**
市辖区	—	—	—	67	—
濂溪区	85	—	—	—	—
柴桑区	334	—	—	280	—
武宁县	2547	—	4380	2000	—
修水县	3040	—	3333	2360	—
永修县	1432	—	667	280	—
德安县	469	—	333	833	—
庐山市	240	—	67	413	—

分县造林完成情况

单位:公顷

地　区	人工造林	飞播造林	新封山育林	退化林修复	人工更新
都昌县	1067	—	400	313	—
湖口县	608	—	133	533	—
彭泽县	1151	—	600	2133	—
瑞昌市	867	—	667	1840	—
共青城市	128	—	—	—	—
新余市	**2000**	**—**	**867**	**1866**	**—**
渝水区	667	—	400	80	—
仙女湖	233	—	67	433	—
高新开发区	167	—	—	20	—
分宜县	933	—	400	1333	—
鹰潭市	**1829**	**—**	**1400**	**2607**	**—**
月湖区	60	—	—	—	—
龙虎山	140	—	67	500	—
余江县	576	—	333	867	—
贵溪市	1053	—	1000	1240	—
赣州市	**22769**	**—**	**20688**	**34835**	**2381**
市辖区	—	—	67	67	—
章贡区	216	—	—	367	—
赣县区	1136	—	481	3067	—
信丰县	1371	—	533	3117	304
大余县	1667	—	1000	1000	33
上犹县	669	—	672	1467	—
崇义县	1867	—	1667	1467	2
安远县	1533	—	4000	2240	—
龙南县	747	—	267	833	—
定南县	1842	—	1333	1067	109
全南县	1000	—	2400	2073	—
宁都县	2000	—	2534	3000	1322
于都县	1333	—	1400	3333	—
兴国县	2060	—	1667	4300	—
会昌县	740	—	400	2067	—
寻乌县	1000	—	667	687	—
石城县	855	—	400	1560	51
瑞金市	1733	—	867	2163	560
南康区	1000	—	333	960	—
吉安市	**14129**	**—**	**7818**	**23589**	**1278**
市辖区	—	—	—	67	—
吉州区	92	—	—	213	—
青原区	338	—	—	333	103
吉安县	1040	—	515	3087	112
吉水县	1533	—	867	1200	70
峡江县	928	—	333	2107	133
新干县	800	—	667	2467	—
永丰县	1067	—	267	2440	—
泰和县	1066	—	1004	2514	40
遂川县	1667	—	1000	1667	490
万安县	667	—	1000	1200	—

分县造林完成情况

单位:公顷

地　区	人工造林	飞播造林	新封山育林	退化林修复	人工更新
安福县	2666	—	738	2826	109
永新县	1504	—	1093	2700	172
井冈山市	761	—	334	768	49
宜春市	**12034**	**—**	**9786**	**13211**	**2050**
袁州区	2487	—	1867	2333	—
明月山温泉风景名胜区	53	—	600	367	—
奉新县	800	—	400	467	73
万载县	1000	—	800	2434	167
上高县	1846	—	667	1000	367
宜丰县	1793	—	1000	1600	1310
靖安县	334	—	680	1234	—
铜鼓县	584	—	1334	1763	—
丰城市	1438	—	1334	820	—
樟树市	540	—	134	393	—
高安市	1159	—	970	800	133
抚州市	**7227**	**—**	**4966**	**8714**	**—**
临川区	565	—	400	567	—
南城县	527	—	400	1000	—
黎川县	1032	—	400	586	—
南丰县	526	—	685	820	—
崇仁县	866	—	533	1333	—
乐安县	1007	—	400	67	—
宜黄县	700	—	747	920	—
金溪县	680	—	134	594	—
资溪县	354	—	467	67	—
东乡区	550	—	467	1593	—
广昌县	420	—	333	1167	—
上饶市	**10543**	**—**	**6601**	**12528**	**535**
信州区	67	—	133	460	—
三清山风景名胜区	55	—	67	533	—
上饶县	1630	—	667	1667	300
广丰区	1032	—	467	1533	37
玉山县	592	—	400	553	—
铅山县	560	—	367	840	198
横峰县	543	—	267	867	—
弋阳县	281	—	233	418	—
余干县	2047	—	333	533	—
鄱阳县	1460	—	800	1750	—
万年县	967	—	667	700	—
婺源县	707	—	2000	1207	—
德兴市	602	—	200	1467	—
山东省	**92306**	**—**	**534**	**17882**	**31473**
济南市	**1721**	**—**	**—**	**1567**	**521**
市直属单位	—	—	—	67	—
市中区	—	—	—	160	—
槐荫区	67	—	—	67	—
天桥区	67	—	—	87	—

分县造林完成情况

单位:公顷

地　区	人工造林	飞播造林	新封山育林	退化林修复	人工更新
历城区	36	—	—	9	—
长清区	267	—	—	—	145
高新区	—	—	—	129	—
平阴县	208	—	—	200	—
济阳县	371	—	—	382	200
商河县	289	—	—	333	176
章丘区	416	—	—	133	—
青岛市	**2329**	**—**	**—**	**3774**	**802**
西海岸新区	224	—	—	533	134
崂山区	—	—	—	133	254
城阳区	20	—	—	333	40
胶州市	207	—	—	620	82
即墨区	210	—	—	732	67
平度市	1250	—	—	533	134
莱西市	418	—	—	890	91
淄博市	**4531**	**—**	**—**	**—**	**658**
高新区	34	—	—	—	—
文昌湖省级旅游度假区	72	—	—	—	128
淄川区	1254	—	—	—	147
张店区	148	—	—	—	22
博山区	505	—	—	—	—
临淄区	134	—	—	—	—
周村区	106	—	—	—	28
桓台县	145	—	—	—	—
高青县	133	—	—	—	333
沂源县	2000	—	—	—	—
枣庄市	**2503**	**—**	**—**	**1710**	**1035**
市中区	333	—	—	200	200
薛城区	334	—	—	—	134
峄城区	200	—	—	200	—
台儿庄区	161	—	—	143	—
山亭区	605	—	—	667	483
滕州市	870	—	—	500	218
东营市	**9172**	**—**	**—**	**—**	**540**
东营区	335	—	—	—	—
河口区	2950	—	—	—	—
垦利区	2643	—	—	—	—
利津县	2288	—	—	—	—
广饶县	956	—	—	—	540
烟台市	**2618**	**—**	**534**	**5333**	**1378**
开发区	—	—	—	200	—
芝罘区	—	—	—	100	—
福山区	68	—	—	200	68
牟平区	234	—	—	667	67
莱山区	35	—	—	133	—
长岛县	—	—	—	266	133
龙口市	140	—	—	667	172

分县造林完成情况

单位:公顷

地　区	人工造林	飞播造林	新封山育林	退化林修复	人工更新
莱阳市	475	—	—	667	79
莱州市	400	—	—	400	214
蓬莱市	98	—	—	267	177
招远市	227	—	—	533	207
栖霞市	180	—	—	667	220
海阳市	761	—	534	533	41
昆嵛山保护区	—	—	—	33	—
潍坊市	**2586**	**—**	**—**	**2132**	**2957**
高新区	18	—	—	—	—
滨海区	35	—	—	13	—
峡山区	152	—	—	7	70
保税区	10	—	—	—	—
潍城区	36	—	—	15	12
寒亭区	132	—	—	24	53
坊子区	24	—	—	14	74
奎文区	—	—	—	13	13
临朐县	140	—	—	467	303
昌乐县	80	—	—	167	334
青州市	257	—	—	515	334
诸城市	415	—	—	377	809
寿光市	273	—	—	—	334
安丘市	600	—	—	375	261
高密市	177	—	—	71	228
昌邑市	237	—	—	74	132
济宁市	**5481**	**—**	**—**	**—**	**8512**
任城区	255	—	—	—	197
微山县	339	—	—	—	337
鱼台县	134	—	—	—	401
金乡县	358	—	—	—	243
嘉祥县	726	—	—	—	742
汶上县	376	—	—	—	773
泗水县	1378	—	—	—	1919
梁山县	663	—	—	—	396
曲阜市	173	—	—	—	941
兖州区	195	—	—	—	296
邹城市	884	—	—	—	2267
泰安市	**3793**	**—**	**—**	**1066**	**1254**
市直属单位	—	—	—	400	—
岱岳区	207	—	—	66	110
宁阳县	966	—	—	67	356
东平县	185	—	—	133	365
新泰市	1143	—	—	267	266
肥城市	1292	—	—	133	157
威海市	**2216**	**—**	**—**	**834**	**1732**
环翠区	200	—	—	210	172
文登区	545	—	—	218	411
荣成市	533	—	—	133	583

分县造林完成情况

单位：公顷

地　区	人工造林	飞播造林	新封山育林	退化林修复	人工更新
乳山市	600	—	—	233	500
临港经济技术开发区	269	—	—	20	14
经济开发区	34	—	—	—	33
高新区	35	—	—	20	17
海滨林场	—	—	—	—	2
日照市	**4043**	**—**	**—**	**666**	**1349**
东港区	876	—	—	133	203
岚山区	467	—	—	133	267
五莲县	1339	—	—	200	400
莒县	1361	—	—	200	479
莱芜市	**2354**	**—**	**—**	**667**	**672**
农高区	153	—	—	—	—
莱城区	494	—	—	200	247
雪野旅游区	620	—	—	267	234
高新区	13	—	—	—	14
经济开发区	2	—	—	—	27
钢城区	1072	—	—	200	150
临沂市	**7600**	**—**	**—**	**133**	**3240**
经济技术开发区	67	—	—	—	74
蒙山旅游度假区	220	—	—	—	172
临港经济开发区	227	—	—	—	209
高新区	—	—	—	—	168
兰山区	241	—	—	—	103
罗庄区	158	—	—	—	202
河东区	300	—	—	—	—
沂南县	660	—	—	—	—
郯城县	812	—	—	—	—
沂水县	600	—	—	—	1033
兰陵县	530	—	—	—	538
费县	716	—	—	133	127
平邑县	1205	—	—	—	—
莒南县	816	—	—	—	161
蒙阴县	524	—	—	—	453
临沭县	524	—	—	—	—
德州市	**12504**	**—**	**—**	**—**	**—**
经济技术开发区	780	—	—	—	—
德城区	222	—	—	—	—
陵城区	1133	—	—	—	—
宁津县	295	—	—	—	—
庆云县	1067	—	—	—	—
临邑县	1261	—	—	—	—
齐河县	1824	—	—	—	—
平原县	1145	—	—	—	—
夏津县	1034	—	—	—	—
武城县	1202	—	—	—	—
乐陵市	1337	—	—	—	—
禹城市	1204	—	—	—	—

分县造林完成情况

单位:公顷

地　区	人工造林	飞播造林	新封山育林	退化林修复	人工更新
聊城市	**16792**	**—**	**—**	**—**	**3172**
开发区	557	—	—	—	43
高新区	869	—	—	—	173
度假区	533	—	—	—	125
东昌府区	1750	—	—	—	82
阳谷县	2180	—	—	—	133
莘县	1190	—	—	—	270
茌平县	1969	—	—	—	633
东阿县	1421	—	—	—	652
冠县	2420	—	—	—	347
高唐县	2513	—	—	—	437
临清市	1390	—	—	—	277
滨州市	**5886**	**—**	**—**	**—**	**1213**
市直属单位	135	—	—	—	21
滨城区	645	—	—	—	—
惠民县	954	—	—	—	470
阳信县	654	—	—	—	—
无棣县	1606	—	—	—	—
沾化县	700	—	—	—	—
博兴县	536	—	—	—	266
邹平县	260	—	—	—	456
北海新区	196	—	—	—	—
高新区	200	—	—	—	—
菏泽市	**6177**	**—**	**—**	**—**	**2438**
市直属单位	53	—	—	—	—
牡丹区	616	—	—	—	185
曹县	1284	—	—	—	722
单县	1031	—	—	—	805
成武县	469	—	—	—	61
巨野县	904	—	—	—	—
郓城县	488	—	—	—	393
鄄城县	456	—	—	—	100
定陶区	603	—	—	—	172
东明县	273	—	—	—	—
河南省	**126281**	**13733**	**19836**	**21079**	**—**
郑州市	**4638**	**—**	**—**	**741**	**—**
金水区	13	—	—	—	—
惠济区	100	—	—	—	—
中牟县	897	—	—	186	—
巩义市	481	—	—	100	—
荥阳市	743	—	—	27	—
新密市	1026	—	—	200	—
新郑市	660	—	—	—	—
登封市	718	—	—	228	—
开封市	**3506**	**—**	**—**	**—**	**—**
龙亭区	28	—	—	—	—
顺河回族区	7	—	—	—	—

分县造林完成情况

单位:公顷

地 区	人工造林	飞播造林	新封山育林	退化林修复	人工更新
鼓楼区	13	—	—	—	—
杞县	524	—	—	—	—
通许县	470	—	—	—	—
尉氏县	646	—	—	—	—
祥符区	722	—	—	—	—
兰考县	1096	—	—	—	—
洛阳市	**7500**	**2670**	**—**	**499**	**—**
西工区	69	—	—	—	—
洛龙区	67	—	—	—	—
孟津县	522	—	—	—	—
新安县	272	1334	—	—	—
栾川县	848	668	—	53	—
嵩县	1327	—	—	40	—
汝阳县	890	668	—	—	—
宜阳县	703	—	—	19	—
洛宁县	1510	—	—	387	—
伊川县	786	—	—	—	—
偃师市	506	—	—	—	—
平顶山市	**14916**	**—**	**6569**	**—**	**—**
新华区	121	—	—	—	—
卫东区	123	—	—	—	—
石龙区	61	—	—	—	—
湛河区	110	—	—	—	—
城乡一体化示范区	95	—	—	—	—
高新区	47	—	—	—	—
宝丰县	2060	—	—	—	—
叶县	3110	—	—	—	—
鲁山县	1858	—	5601	—	—
郏县	3027	—	—	—	—
舞钢市	1304	—	—	—	—
汝州市	3000	—	968	—	—
安阳市	**5145**	**1334**	**601**	**358**	**—**
文峰区	26	—	—	—	—
北关区	15	—	—	—	—
殷都区	367	—	67	—	—
龙安区	333	—	67	—	—
安阳县	162	—	—	—	—
汤阴县	267	—	—	—	—
滑县	627	—	—	358	—
内黄县	395	—	—	—	—
林州市	2953	1334	467	—	—
鹤壁市	**4335**	**688**	**—**	**60**	**—**
鹤山区	253	—	—	—	—
山城区	187	—	—	—	—
淇滨区	1046	—	—	—	—
浚县	973	688	—	—	—
淇县	1876	—	—	60	—

分县造林完成情况

单位:公顷

地 区	人工造林	飞播造林	新封山育林	退化林修复	人工更新
新乡市	**12911**	**2194**	**2426**	**—**	**—**
红旗区	14	—	—	—	—
凤泉区	83	—	—	—	—
牧野区	10	—	—	—	—
新乡县	667	—	—	—	—
获嘉县	831	—	—	—	—
原阳县	2282	—	—	—	—
延津县	1908	—	—	—	—
封丘县	1871	—	—	—	—
长垣县	576	—	—	—	—
卫辉市	2357	784	851	—	—
辉县市	2312	1410	1575	—	—
焦作市	**3785**	**1502**	**334**	**109**	**—**
市辖区	28	—	—	109	—
解放区	138	—	33	—	—
中站区	137	—	67	—	—
马村区	133	—	33	—	—
高新区	139	—	—	—	—
山阳区	139	—	—	—	—
修武县	1028	812	67	—	—
博爱县	766	—	67	—	—
武陟县	267	—	—	—	—
温县	247	—	—	—	—
沁阳市	416	690	67	—	—
孟州市	347	—	—	—	—
濮阳市	**2607**	**—**	**—**	**—**	**—**
华龙区	32	—	—	—	—
开发区	76	—	—	—	—
清丰县	520	—	—	—	—
南乐县	484	—	—	—	—
范县	449	—	—	—	—
台前县	522	—	—	—	—
濮阳县	524	—	—	—	—
许昌市	**2121**	**—**	**—**	**187**	**—**
魏都区	7	—	—	—	—
东城区	7	—	—	—	—
开发区	7	—	—	—	—
建安区	359	—	—	—	—
鄢陵县	248	—	—	—	—
襄城县	434	—	—	66	—
禹州市	783	—	—	121	—
长葛市	276	—	—	—	—
漯河市	**1028**	**—**	**—**	**—**	**—**
源汇区	100	—	—	—	—
郾城区	110	—	—	—	—
召陵区	126	—	—	—	—
舞阳县	337	—	—	—	—

分县造林完成情况

单位:公顷

地　区	人工造林	飞播造林	新封山育林	退化林修复	人工更新
临颍县	355	—	—	—	—
三门峡市	**11347**	**2004**	**—**	**213**	**—**
湖滨区	333	—	—	—	—
渑池县	1533	669	—	53	—
陕州区	467	—	—	47	—
卢氏县	5948	—	—	60	—
义马市	400	—	—	—	—
灵宝市	2666	1335	—	53	—
南阳市	**22426**	**2674**	**3666**	**15691**	**—**
市辖区	162	—	—	56	—
宛城区	990	—	—	—	—
卧龙区	260	—	—	—	—
南召县	1628	669	—	3400	—
方城县	1187	—	—	—	—
西峡县	2634	—	333	3133	—
镇平县	757	—	—	400	—
内乡县	954	—	333	200	—
淅川县	7020	2005	867	1168	—
社旗县	474	—	133	—	—
唐河县	793	—	—	667	—
新野县	406	—	—	—	—
桐柏县	2986	—	2000	6667	—
邓州市	2175	—	—	—	—
商丘市	**3751**	**—**	**—**	**80**	**—**
民权林场	43	—	—	—	—
梁园区	259	—	—	—	—
睢阳区	153	—	—	—	—
民权县	269	—	—	—	—
睢县	141	—	—	—	—
宁陵县	321	—	—	80	—
柘城县	439	—	—	—	—
虞城县	193	—	—	—	—
夏邑县	489	—	—	—	—
永城市	1444	—	—	—	—
信阳市	**12221**	**—**	**3705**	**2602**	**—**
市辖区	66	—	—	—	—
浉河区	1767	—	200	702	—
平桥区	1391	—	1032	440	—
罗山县	1557	—	—	64	—
光山县	1889	—	1806	667	—
新县	1076	—	400	215	—
商城县	1720	—	267	267	—
固始县	556	—	—	80	—
潢川县	627	—	—	—	—
淮滨县	516	—	—	—	—
息县	1056	—	—	167	—
周口市	**2087**	**—**	**—**	**282**	**—**

分县造林完成情况

单位:公顷

地　区	人工造林	飞播造林	新封山育林	退化林修复	人工更新
扶沟县	374	—	—	—	—
西华县	194	—	—	—	—
商水县	137	—	—	—	—
沈丘县	173	—	—	—	—
郸城县	156	—	—	—	—
淮阳县	323	—	—	82	—
太康县	263	—	—	—	—
鹿邑县	271	—	—	200	—
项城市	196	—	—	—	—
驻马店市	**8897**	**—**	**1804**	**106**	**—**
驿城区	892	—	200	—	—
西平县	383	—	—	—	—
上蔡县	469	—	—	—	—
平舆县	463	—	—	—	—
正阳县	750	—	—	—	—
确山县	1570	—	667	—	—
泌阳县	2383	—	804	106	—
汝南县	938	—	—	—	—
遂平县	642	—	133	—	—
新蔡县	407	—	—	—	—
济源市	**3060**	**667**	**731**	**151**	**—**
湖北省	**162328**	**—**	**67459**	**167049**	**4004**
武汉市	**3021**	**—**	**3383**	**3466**	**—**
东西湖区	27	—	—	—	—
汉南区	388	—	—	—	—
蔡甸区	211	—	—	333	—
江夏区	447	—	—	733	—
黄陂区	1048	—	2050	1533	—
新洲区	900	—	1333	867	—
黄石市	**3060**	**—**	**373**	**3200**	**—**
大冶市	1147	—	—	2000	—
阳新县	1913	—	373	1200	—
十堰市	**14825**	**—**	**14845**	**22134**	**—**
市直单位	35	—	466	—	—
茅箭区	77	—	233	667	—
张湾区	94	—	533	—	—
郧阳区	3752	—	1440	4467	—
郧西县	3187	—	1987	—	—
竹山县	487	—	2107	—	—
竹溪县	3327	—	1633	—	—
房县	1940	—	2993	13133	—
丹江口市	1913	—	3400	3867	—
武当山特区	13	—	53	—	—
宜昌市	**3407**	**—**	**11079**	**33266**	**100**
大老岭自然保护区	50	—	—	1133	—
点军区	60	—	333	—	—
猇亭区	73	—	—	—	—

分县造林完成情况

单位:公顷

地　区	人工造林	飞播造林	新封山育林	退化林修复	人工更新
夷陵区	160	—	867	6200	—
远安县	133	—	853	4267	—
兴山县	244	—	1833	5600	—
秭归县	567	—	1786	4532	—
长阳土家族自治县	1060	—	500	6733	—
五峰土家族自治县	606	—	1753	—	—
宜都市	34	—	2648	2267	—
当阳市	213	—	353	2267	—
枝江市	207	—	153	267	100
襄阳市	**5153**	**—**	**2533**	**10507**	**758**
市直单位	740	—	—	—	—
高新区	7	—	—	—	—
襄城区	147	—	—	—	—
樊城区	456	—	—	200	—
襄州区	147	—	—	133	—
南漳县	133	—	573	7267	745
谷城县	114	—	820	—	—
保康县	1021	—	680	107	—
老河口市	320	—	—	400	—
枣阳市	80	—	147	600	—
宜城市	1988	—	313	1800	13
鄂州市	**653**	**—**	**—**	**—**	**—**
荆门市	**3849**	**—**	**1501**	**13354**	**549**
东宝区	127	—	447	3134	—
掇刀区	80	—	—	353	14
漳河新区	138	—	—	—	—
京山县	373	—	507	4800	333
沙洋县	1213	—	—	867	80
钟祥市	1333	—	547	4067	122
屈家岭管理区	585	—	—	133	—
孝感市	**6174**	**—**	**713**	**2689**	**307**
市直单位	40	—	—	—	—
孝南区	840	—	—	135	132
孝昌县	2000	—	200	667	—
大悟县	1020	—	333	—	—
云梦县	565	—	—	—	—
应城市	667	—	—	—	—
安陆市	487	—	180	1780	—
汉川市	555	—	—	107	175
荆州市	**17925**	**—**	**153**	**3294**	**473**
市直单位	1938	—	—	—	—
沙市区	1033	—	—	—	—
荆州区	880	—	—	—	—
公安县	3440	—	—	667	—
监利县	4327	—	—	27	206
江陵县	600	—	—	—	—
石首市	800	—	—	—	—

分县造林完成情况

单位:公顷

地区	人工造林	飞播造林	新封山育林	退化林修复	人工更新
洪湖市	3280	—	—	867	—
松滋市	1627	—	153	1733	267
黄冈市	**14348**	**—**	**4339**	**7566**	**1239**
黄州区	387	—	—	—	—
团风县	1110	—	200	—	—
红安县	1865	—	760	—	—
罗田县	287	—	686	—	—
英山县	1227	—	433	—	—
浠水县	3673	—	360	1400	1082
蕲春县	1080	—	200	419	157
黄梅县	1590	—	200	1000	—
麻城市	2796	—	1500	4747	—
武穴市	133	—	—	—	—
龙感湖管理区	200	—	—	—	—
咸宁市	**27089**	**—**	**5794**	**9973**	**351**
市直单位	133	—	—	—	—
咸安区	1090	—	333	2067	348
嘉鱼县	281	—	—	—	—
通城县	3813	—	653	333	—
崇阳县	5407	—	1427	1569	—
通山县	12600	—	3067	3667	—
赤壁市	3765	—	314	2334	—
九宫山自然保护区	—	—	—	3	3
随州市	**20408**	**—**	**2873**	**10200**	**—**
大洪山林场	78	—	61	—	—
高新区	294	—	46	—	—
曾都区	767	—	767	—	—
广水市	5778	—	820	—	—
随县	13334	—	1133	10200	—
大洪山管理区	157	—	46	—	—
恩施土家族苗族自治州	**40416**	**—**	**18753**	**39066**	**60**
恩施市	1213	—	1660	6933	—
利川市	10151	—	3188	7533	38
建始县	6377	—	2906	5133	12
巴东县	9600	—	2878	5867	—
宣恩县	9764	—	2807	3800	—
咸丰县	787	—	2393	4600	10
来凤县	1261	—	1154	—	—
鹤峰县	1263	—	1767	5200	—
仙桃市	**267**	**—**	**—**	**—**	**—**
潜江市	**600**	**—**	**—**	**667**	**—**
天门市	**613**	**—**	**—**	**—**	**167**
神农架林区	**440**	**—**	**1120**	**7467**	**—**
省直单位	**80**	**—**	**—**	**200**	**—**
湖南省	**186088**	**—**	**160876**	**198630**	**8545**
长沙市	**4266**	**—**	**2800**	**2733**	**2**
雨花区	80	—	—	—	—

分县造林完成情况

单位:公顷

地　区	人工造林	飞播造林	新封山育林	退化林修复	人工更新
长沙县	533	—	667	333	—
望城区	267	—	133	—	2
宁乡市	1333	—	667	667	—
浏阳市	2053	—	1333	1733	—
株洲市	**11350**	**—**	**5420**	**12087**	**435**
株洲县	1280	—	620	1420	60
攸县	3000	—	1467	3000	242
茶陵县	3003	—	1467	3000	—
炎陵县	1467	—	333	2000	—
醴陵市	2600	—	1533	2667	133
湘潭市	**2961**	**—**	**4667**	**2134**	**—**
雨湖区	67	—	667	267	—
岳塘区	27	—	67	—	—
湘潭县	1267	—	1333	800	—
湘乡市	1233	—	1333	667	—
韶山市	67	—	667	200	—
经济技术开发区	200	—	133	—	—
高新区	67	—	67	—	—
昭山示范区	33	—	400	200	—
衡阳市	**20559**	**—**	**21625**	**30200**	**1149**
珠晖区	53	—	7	—	—
雁峰区	20	—	7	—	—
石鼓区	27	—	7	—	—
蒸湘区	33	—	6	—	—
南岳区	100	—	67	—	—
衡阳县	3733	—	3333	7067	133
衡南县	3273	—	3333	4667	133
衡山县	1333	—	2333	2333	—
衡东县	2833	—	2866	3333	350
祁东县	2687	—	2800	4667	67
耒阳市	3101	—	3533	1000	133
常宁市	3366	—	3333	7133	333
邵阳市	**24286**	**—**	**20067**	**32122**	**—**
双清区	200	—	67	653	—
大祥区	333	—	—	1267	—
北塔区	200	—	—	580	—
邵东县	2473	—	1333	3107	—
新邵县	2333	—	1667	3187	—
邵阳县	2820	—	1667	3307	—
隆回县	2400	—	2333	3180	—
洞口县	2934	—	3000	3574	—
绥宁县	2920	—	3000	3507	—
新宁县	2467	—	3000	3340	—
城步苗族自治县	2673	—	2333	3407	—
武冈市	2533	—	1667	3013	—
岳阳市	**12594**	**—**	**6207**	**12132**	**968**
岳阳楼区	47	—	67	—	—

分县造林完成情况

单位:公顷

地　区	人工造林	飞播造林	新封山育林	退化林修复	人工更新
云溪区	400	—	133	333	—
君山区	867	—	67	200	—
岳阳县	1800	—	2667	2000	—
华容县	1000	—	333	1334	—
湘阴县	1333	—	133	1333	40
平江县	5000	—	2000	3666	928
汨罗市	127	—	33	1333	—
临湘市	1467	—	667	1600	—
屈原管理区	553	—	107	333	—
常德市	**16126**	**—**	**11334**	**12020**	**—**
武陵区	260	—	1000	333	—
鼎城区	2153	—	1000	1800	—
安乡县	2593	—	333	1400	—
汉寿县	3634	—	1333	1600	—
澧县	2333	—	1667	1467	—
临澧县	1000	—	1333	667	—
桃源县	2793	—	2334	3686	—
石门县	667	—	1667	667	—
津市市	693	—	667	400	—
张家界市	**6667**	**—**	**9333**	**8001**	**—**
永定区	2000	—	2334	2567	—
武陵源区	167	—	333	100	—
慈利县	2167	—	3333	2667	—
桑植县	2333	—	3333	2667	—
益阳市	**13354**	**—**	**6000**	**9867**	**13**
资阳区	1200	—	667	—	—
赫山区	1200	—	800	1333	13
南县	1380	—	—	—	—
桃江县	1667	—	1533	2000	—
安化县	4000	—	3000	3867	—
沅江市	3200	—	—	2667	—
大通湖	667	—	—	—	—
高新区	40	—	—	—	—
郴州市	**17980**	**—**	**20095**	**23334**	**1474**
北湖区	467	—	200	1667	—
苏仙区	467	—	1067	1667	—
桂阳县	3873	—	2867	2667	133
宜章县	1940	—	2667	2333	126
永兴县	2833	—	2067	2333	150
嘉禾县	1740	—	1267	1667	80
临武县	1800	—	2667	2000	—
汝城县	1227	—	2293	2333	499
桂东县	666	—	1133	2000	265
安仁县	1667	—	1667	2000	—
资兴市	1300	—	2200	2667	221
永州市	**19946**	**—**	**18667**	**24706**	**4168**
零陵区	1353	—	1334	2667	200

分县造林完成情况

单位:公顷

地　区	人工造林	飞播造林	新封山育林	退化林修复	人工更新
冷水滩区	900	—	1333	1333	—
祁阳县	1973	—	1334	3067	67
东安县	1540	—	1333	2000	133
双牌县	1553	—	1333	3640	—
道县	2040	—	2000	2000	333
江永县	887	—	1467	1333	340
宁远县	2847	—	2000	2000	187
蓝山县	1727	—	2000	2000	133
新田县	2133	—	2000	1333	1740
江华瑶族自治县	2200	—	1333	2000	823
金洞管理区	573	—	667	667	172
回龙圩管理区	153	—	333	333	—
经济技术开发区	67	—	200	333	—
市直单位	—	—	—	—	40
怀化市	**16665**	**—**	**12940**	**22167**	**203**
鹤城区	400	—	267	333	—
中方县	1000	—	1000	1667	—
沅陵县	2000	—	1200	2266	133
辰溪县	1333	—	1200	1867	67
溆浦县	2333	—	1333	2734	—
会同县	1533	—	1200	2000	—
麻阳苗族自治县	1333	—	1000	1867	—
新晃侗族自治县	1000	—	1000	1667	—
芷江侗族自治县	1333	—	1333	2000	—
靖州苗族侗族自治县	1333	—	867	1666	—
通道侗族自治县	1667	—	1140	2000	—
洪江市	1333	—	1067	1800	—
洪江管理区	67	—	333	200	—
市直单位	—	—	—	100	3
娄底市	**10000**	**—**	**8024**	**6667**	**133**
娄星区	660	—	426	533	—
双峰县	1547	—	633	1680	—
新化县	3147	—	2073	2487	133
冷水江市	1526	—	1506	1467	—
涟源市	3120	—	3386	500	—
湘西土家族苗族自治州	**9334**	**—**	**13697**	**426**	**—**
吉首市	800	—	1133	40	—
泸溪县	1333	—	1467	253	—
凤凰县	1000	—	1443	—	—
花垣县	800	—	2039	—	—
保靖县	1067	—	1600	—	—
古丈县	1000	—	1400	80	—
永顺县	1667	—	2548	—	—
龙山县	1667	—	2067	53	—
湖南省森林植物园	**—**	**—**	**—**	**34**	**—**
广东省	**80739**	**—**	**89007**	**66025**	**34817**
广州市	**—**	**—**	**1334**	**—**	**934**

分县造林完成情况

单位:公顷

地　区	人工造林	飞播造林	新封山育林	退化林修复	人工更新
白云区	—	—	—	—	167
花都区	—	—	—	—	67
增城区	—	—	667	—	467
从化区	—	—	667	—	233
韶关市	**8472**	**—**	**7710**	**8727**	**1919**
武江区	107	—	220	27	173
浈江区	—	—	133	17	—
曲江区	268	—	300	—	50
始兴县	322	—	1400	763	23
仁化县	271	—	142	351	—
翁源县	2060	—	1433	1276	167
乳源瑶族自治县	1201	—	1893	1405	207
新丰县	1098	—	200	859	145
乐昌市	1535	—	1920	2066	187
南雄市	1610	—	—	1915	200
韶关林场	—	—	—	48	133
曲江林场	—	—	69	—	243
仁化林场	—	—	—	—	246
河口林场	—	—	—	—	40
九曲水林场	—	—	—	—	65
华溪林场	—	—	—	—	40
珠海市	**139**	**—**	**451**	**266**	**249**
香洲区	—	—	—	132	—
斗门区	40	—	—	67	92
金湾区	75	—	—	—	—
万山海洋开发实验区	—	—	337	—	40
高新技术产业开发区	—	—	—	—	17
高栏港经济区	24	—	87	67	—
横琴新区	—	—	27	—	100
汕头市	**1775**	**—**	**2667**	**827**	**251**
濠江区	—	—	—	60	27
潮阳区	617	—	1467	347	140
潮南区	890	—	1067	287	84
南澳县	268	—	133	133	—
佛山市	**255**	**—**	**134**	**408**	**900**
南海区	18	—	—	18	408
顺德区	—	—	—	—	80
三水区	—	—	100	34	67
高明区	237	—	27	356	345
云勇林场	—	—	7	—	—
江门市	**227**	**—**	**1953**	**2168**	**10150**
蓬江区	—	—	—	—	311
新会区	—	—	300	—	1333
台山市	227	—	567	1147	261
开平市	—	—	333	867	2800
鹤山市	—	—	186	20	2600
恩平市	—	—	567	134	1666

分县造林完成情况

单位:公顷

地　区	人工造林	飞播造林	新封山育林	退化林修复	人工更新
大沙林场	—	—	—	—	240
狮山林场	—	—	—	—	135
河排林场	—	—	—	—	198
西坑林场	—	—	—	—	340
古斗林场	—	—	—	—	21
四堡林场	—	—	—	—	245
湛江市	**1275**	**—**	**1181**	**2536**	**1382**
坡头区	—	—	—	100	33
麻章区	—	—	—	—	133
遂溪县	—	—	380	123	261
徐闻县	161	—	—	1000	325
廉江市	537	—	267	1040	133
雷州市	210	—	467	200	67
吴川市	167	—	—	—	237
防护林场	—	—	—	73	73
东海林场	—	—	—	—	20
吴川林场	200	—	—	—	100
市直单位	—	—	67	—	—
茂名市	**3932**	**—**	**4880**	**4803**	**846**
茂南区	—	—	—	—	138
高州市	2173	—	2504	1000	—
化州市	268	—	333	135	200
信宜市	1175	—	1710	2962	267
电白区	316	—	333	706	33
新田林场	—	—	—	—	40
荷塘林场	—	—	—	—	80
文楼林场	—	—	—	—	40
平定林场	—	—	—	—	48
肇庆市	**3858**	**—**	**1900**	**4445**	**1192**
端州区	—	—	—	—	33
广宁县	807	—	200	1060	133
怀集县	1073	—	940	1060	500
封开县	1878	—	233	1400	200
德庆县	—	—	500	395	200
高要区	—	—	—	167	—
四会市	—	—	—	280	—
北岭山林场	27	—	27	16	40
清桂林场	—	—	—	20	33
葵洞林场	—	—	—	—	26
大南山林场	20	—	—	—	—
大水口林场	26	—	—	—	—
大坑山林场	—	—	—	47	27
新岗林场	27	—	—	—	—
惠州市	**459**	**—**	**3867**	**5689**	**1055**
惠城区	33	—	—	750	—
惠阳区	—	—	333	800	200
仲恺高新技术产业开发区	—	—	—	—	67

分县造林完成情况

单位:公顷

地　区	人工造林	飞播造林	新封山育林	退化林修复	人工更新
博罗县	—	—	667	1667	153
惠东县	274	—	1883	2372	410
龙门县	—	—	317	100	67
梁化林场	52	—	—	—	—
九龙峰林场	—	—	—	—	11
象头山林场	—	—	—	—	47
水东陂林场	—	—	—	—	100
油田林场	100	—	—	—	—
南昆山省级自然保护区	—	—	667	—	—
梅州市	**15365**	**—**	**6633**	**8216**	**4511**
梅江区	268	—	—	600	307
梅县区	1151	—	300	361	667
大埔县	500	—	—	772	253
丰顺县	4562	—	1102	1333	400
五华县	4025	—	1533	2653	1067
平远县	1127	—	533	513	167
蕉岭县	83	—	200	651	117
兴宁市	3649	—	2965	1333	1533
汕尾市	**13958**	**—**	**11068**	**4121**	**905**
城区	507	—	1667	287	232
红海湾经济开发区	427	—	720	100	120
海丰县	3859	—	3200	647	233
陆河县	2360	—	666	478	66
陆丰市	5681	—	3795	2195	167
黄羌林场	413	—	667	—	—
吉溪林场	253	—	20	80	87
红岭林场	200	—	333	127	—
罗经嶂林场	67	—	—	—	—
东海岸林场	124	—	—	120	—
湖东林场	67	—	—	87	—
河源市	**12737**	**—**	**12574**	**7578**	**1872**
市辖区	—	—	—	—	333
源城区	—	—	67	—	—
紫金县	4403	—	8287	2359	—
龙川县	3649	—	2000	1666	333
连平县	1967	—	833	867	667
和平县	2149	—	1387	1776	393
东源县	—	—	—	377	—
新丰江	—	—	—	533	—
牛岭水林场	—	—	—	—	133
下石林场	—	—	—	—	13
黎明林场	130	—	—	—	—
桂山林场	2	—	—	—	—
红星林场	305	—	—	—	—
坪山林场	132	—	—	—	—
阳江市	**3087**	**—**	**1716**	**2534**	**172**
海陵岛实验区	—	—	—	—	25

分县造林完成情况

单位:公顷

地　区	人工造林	飞播造林	新封山育林	退化林修复	人工更新
阳西县	537	—	333	1000	—
阳东区	805	—	1000	467	—
阳春市	1664	—	333	1000	147
阳江林场	81	—	25	—	—
花滩林场	—	—	25	67	—
清远市	**4912**	**—**	**18412**	**6035**	**2265**
清城区	—	—	53	333	—
佛冈县	11	—	373	687	27
阳山县	1198	—	6385	340	1333
连山壮族瑶族自治县	267	—	334	334	—
连南瑶族自治县	267	—	600	334	133
清新区	1127	—	2500	1800	182
英德市	1369	—	7133	1700	257
连州市	640	—	933	400	333
笔架山林场	—	—	26	—	—
天堂山林场	—	—	5	—	—
长江坝林场	12	—	7	—	—
铁溪林场	—	—	42	—	—
小龙林场	—	—	—	107	—
杨梅林场	21	—	21	—	—
东莞市	**—**	**—**	**—**	**—**	**239**
大岭山森林公园	—	—	—	—	29
市直单位	—	—	—	—	210
中山市	**—**	**—**	**—**	**220**	**—**
潮州市	**556**	**—**	**644**	**320**	**243**
湘桥区	40	—	—	—	—
潮安区	83	—	50	120	63
饶平县	433	—	594	200	180
揭阳市	**4610**	**—**	**6761**	**2013**	**713**
榕城区	—	—	307	—	—
揭东区	33	—	667	186	133
揭西县	2529	—	3367	884	260
惠来县	886	—	1400	525	107
普宁市	1020	—	1020	400	213
大南山侨区	133	—	—	—	—
蓝城区	9	—	—	18	—
云浮市	**4554**	**—**	**2629**	**4794**	**824**
云城区	477	—	167	206	188
新兴县	723	—	67	441	113
郁南县	897	—	967	1579	240
云安区	1184	—	695	1180	133
罗定市	1020	—	733	1388	13
大云雾林场	67	—	—	—	—
龙埇林场	86	—	—	—	—
飞马林场	100	—	—	—	40
水台林场	—	—	—	—	97
雷州林业局	**—**	**—**	**—**	**—**	**2906**

分县造林完成情况

单位:公顷

地　区	人工造林	飞播造林	新封山育林	退化林修复	人工更新
省直林场	**568**	**—**	**2493**	**238**	**1289**
西江林业局	349	—	695	55	303
乳阳林业局	—	—	93	—	—
天井山林场	48	—	1611	—	509
樟木头林场	—	—	—	—	73
乐昌林场	—	—	47	83	20
连山林场	133	—	—	50	63
东江林场	—	—	—	—	284
九连山林场	38	—	47	50	37
湛江红树林国家级自然保护区	**—**	**—**	**—**	**87**	**—**
广西壮族自治区	**54578**	**—**	**26095**	**2740**	**92668**
南宁市	**1506**	**—**	**2093**	**—**	**2329**
兴宁区	37	—	—	—	88
青秀区	135	—	—	—	234
江南区	36	—	—	—	90
西乡塘区	70	—	—	—	157
良庆区	67	—	—	—	67
邕宁区	137	—	—	—	67
武鸣区	90	—	—	—	1224
隆安县	70	—	—	—	67
马山县	222	—	2093	—	—
上林县	68	—	—	—	66
宾阳县	74	—	—	—	142
横县	500	—	—	—	—
高新开发区	—	—	—	—	27
经济开发区	—	—	—	—	100
柳州市	**2324**	**—**	**1088**	**373**	**4222**
城中区	—	—	—	—	4
柳南区	—	—	—	—	10
柳北区	—	—	—	—	100
柳江区	201	—	—	—	106
柳东新区	—	—	—	—	55
柳城县	67	—	—	—	—
鹿寨县	969	—	341	62	52
融安县	404	—	747	—	1785
融水苗族自治县	683	—	—	18	1202
三江侗族自治县	—	—	—	293	908
桂林市	**5987**	**—**	**7872**	**224**	**4455**
雁山区	14	—	—	—	—
阳朔县	—	—	2067	—	133
临桂区	404	—	—	—	159
灵川县	423	—	600	—	342
全州县	4133	—	1000	133	333
兴安县	84	—	—	—	683
永福县	345	—	800	—	630
灌阳县	63	—	—	—	231
龙胜各族自治县	358	—	—	18	593

分县造林完成情况

单位:公顷

地　区	人工造林	飞播造林	新封山育林	退化林修复	人工更新
资源县	81	—	—	—	401
平乐县	15	—	1220	—	690
荔浦县	—	—	1113	—	67
恭城瑶族自治县	67	—	1072	73	193
梧州市	**2219**	**—**	**—**	**3**	**12459**
万秀区	—	—	—	—	441
长洲区	88	—	—	—	329
龙圩区	325	—	—	—	762
苍梧县	798	—	—	3	2603
藤县	813	—	—	—	3055
蒙山县	138	—	—	—	1519
岑溪市	57	—	—	—	3750
北海市	**38**	**—**	**—**	**—**	**2639**
市辖区	23	—	—	—	—
银海区	15	—	—	—	127
铁山港区	—	—	—	—	112
合浦县	—	—	—	—	2400
防城港市	**1738**	**—**	**333**	**157**	**962**
防城区	1126	—	333	133	303
上思县	260	—	—	24	659
东兴市	352	—	—	—	—
钦州市	**805**	**—**	**—**	**—**	**2805**
钦南区	66	—	—	—	1371
钦北区	164	—	—	—	551
灵山县	409	—	—	—	740
浦北县	166	—	—	—	143
贵港市	**1179**	**—**	**—**	**—**	**6472**
港北区	170	—	—	—	1091
港南区	—	—	—	—	2077
覃塘区	235	—	—	—	—
平南县	86	—	—	—	1704
桂平市	688	—	—	—	1600
玉林市	**635**	**—**	**—**	**—**	**2682**
玉州区	—	—	—	—	17
福绵区	—	—	—	—	153
容县	143	—	—	—	1229
陆川县	160	—	—	—	189
博白县	120	—	—	—	302
兴业县	28	—	—	—	425
北流市	184	—	—	—	367
百色市	**13913**	**—**	**10922**	**913**	**16915**
右江区	1702	—	—	173	1218
田阳县	1500	—	1227	—	1513
田东县	667	—	130	—	1537
平果县	479	—	1120	—	1542
德保县	179	—	1442	—	341
靖西市	67	—	3480	67	333

分县造林完成情况

单位:公顷

地　区	人工造林	飞播造林	新封山育林	退化林修复	人工更新
那坡县	1906	—	219	373	467
凌云县	1333	—	1493	—	600
乐业县	2913	—	736	—	133
田林县	2057	—	1075	200	5608
西林县	503	—	—	—	1830
隆林各族自治县	607	—	—	100	1793
贺州市	**6006**	**—**	**—**	**331**	**6034**
八步区	3562	—	—	—	4204
平桂区	900	—	—	—	229
昭平县	689	—	—	—	1203
钟山县	467	—	—	—	380
富川瑶族自治县	388	—	—	331	18
河池市	**12149**	**—**	**1489**	**618**	**5497**
金城江区	564	—	69	—	451
宜州区	69	—	—	—	434
南丹县	1474	—	—	185	203
天峨县	1722	—	—	165	1194
凤山县	1667	—	67	200	733
东兰县	2573	—	200	68	510
罗城仫佬族自治县	667	—	67	—	733
环江毛南族自治县	1011	—	289	—	488
巴马瑶族自治县	1201	—	67	—	334
都安瑶族自治县	1050	—	—	—	283
大化瑶族自治县	151	—	730	—	134
来宾市	**748**	**—**	**—**	**—**	**7866**
兴宾区	206	—	—	—	4848
忻城县	72	—	—	—	236
象州县	61	—	—	—	803
武宣县	330	—	—	—	541
金秀瑶族自治县	79	—	—	—	1302
合山市	—	—	—	—	136
崇左市	**3798**	**—**	**2298**	**—**	**6550**
江州区	487	—	—	—	1929
扶绥县	667	—	1386	—	2491
宁明县	1306	—	—	—	630
龙州县	867	—	—	—	300
大新县	56	—	482	—	723
天等县	80	—	430	—	267
凭祥市	335	—	—	—	210
高峰林场	**—**	**—**	**—**	**—**	**517**
七坡林场	**—**	**—**	**—**	**—**	**672**
东门林场	**674**	**—**	**—**	**—**	**—**
派阳山林场	**215**	**—**	**—**	**—**	**—**
钦廉林场	**238**	**—**	**—**	**—**	**1154**
六万林场	**—**	**—**	**—**	**—**	**827**
博白林场	**—**	**—**	**—**	**54**	**3218**
维都林场	**—**	**—**	**—**	**—**	**269**

分县造林完成情况

单位:公顷

地　区	人工造林	飞播造林	新封山育林	退化林修复	人工更新
三门江林场	—	—	—	—	181
黄冕林场	—	—	—	—	1492
大桂山林场	—	—	—	—	1626
雅长林场	401	—	—	—	—
南宁树木园	—	—	—	67	164
热林中心	—	—	—	—	604
沙塘林场	5	—	—	—	57
海南省	**4626**	**—**	**—**	**200**	**8053**
海口市	972	—	—	—	369
三亚市	59	—	—	—	30
儋州市	16	—	—	—	1051
五指山市	31	—	—	—	33
琼海市	96	—	—	—	316
文昌市	367	—	—	—	177
万宁市	229	—	—	—	497
东方市	849	—	—	—	221
定安县	133	—	—	—	345
屯昌县	9	—	—	—	1038
澄迈县	126	—	—	—	762
临高县	190	—	—	—	261
白沙黎族自治县	99	—	—	—	641
昌江黎族自治县	348	—	—	—	277
乐东黎族自治县	245	—	—	—	605
陵水黎族自治县	113	—	—	—	95
保亭黎族苗族自治县	4	—	—	—	274
琼中黎族苗族自治县	—	—	—	—	1018
霸王岭	65	—	—	—	—
南高岭林场	—	—	—	200	—
岛东林场	551	—	—	—	—
上埇林场	—	—	—	—	7
澄迈林场	67	—	—	—	36
佛罗林场	57	—	—	—	—
重庆市	**100792**	**—**	**63263**	**63364**	**633**
万州区	2667	—	2667	2000	—
涪陵区	2000	—	2667	1333	—
九龙坡区	42	—	—	—	—
綦江区	1333	—	1333	1333	—
大足区	667	—	1333	1333	—
渝北区	667	—	—	667	—
巴南区	800	—	—	967	33
黔江区	2667	—	2667	1333	—
长寿区	1333	—	667	1333	—
江津区	1400	—	1333	1067	600
合川区	667	—	—	1333	—
永川区	667	—	1333	1333	—
南川区	2667	—	1333	1333	—
潼南区	1567	—	1334	1333	—

分县造林完成情况

单位:公顷

地　区	人工造林	飞播造林	新封山育林	退化林修复	人工更新
铜梁区	667	—	1334	1334	—
荣昌区	747	—	1333	1333	—
璧山区	667	—	1333	1333	—
梁平区	4000	—	—	2000	—
城口县	8667	—	3333	3333	—
丰都县	4667	—	2667	2000	—
垫江县	766	—	1333	2000	—
武隆区	1467	—	2667	2667	—
忠县	3333	—	1333	2667	—
开州区	5333	—	2667	2667	—
云阳县	13333	—	3334	3333	—
奉节县	6667	—	3333	3333	—
巫山县	5333	—	4000	3333	—
巫溪县	6000	—	5333	3333	—
石柱土家族自治县	4000	—	2667	2667	—
秀山土家族苗族自治县	2667	—	2667	2667	—
酉阳土家族苗族自治县	6667	—	3928	3333	—
彭水苗族土家族自治县	6000	—	2667	3333	—
万盛经济技术开发区	667	—	667	—	—
四川	**483900**	**—**	**61548**	**107986**	**4936**
成都市	**3608**	**—**	**—**	**1553**	**122**
龙泉驿区	181	—	—	—	—
青白江区	40	—	—	—	—
金堂县	659	—	—	667	—
大邑县	143	—	—	—	—
新津县	—	—	—	13	—
都江堰市	374	—	—	—	—
彭州市	434	—	—	—	122
邛崃市	—	—	—	513	—
崇州市	627	—	—	—	—
简阳市	1150	—	—	360	—
自贡市	**4374**	**—**	**874**	**1222**	**—**
自流井区	133	—	—	67	—
贡井区	557	—	—	67	—
大安区	474	—	73	68	—
沿滩区	471	—	68	67	—
荣县	2166	—	400	400	—
富顺县	573	—	333	553	—
攀枝花市	**3890**	**—**	**180**	**5734**	**—**
市辖区	133	—	—	—	—
东区	89	—	—	—	—
西区	67	—	—	—	—
仁和区	867	—	—	2067	—
米易县	1067	—	180	3667	—
盐边县	1667	—	—	—	—
泸州市	**14236**	**—**	**1334**	**5680**	**66**
江阳区	230	—	—	—	—

分县造林完成情况

单位:公顷

地　区	人工造林	飞播造林	新封山育林	退化林修复	人工更新
纳溪区	1133	—	—	2267	—
龙马潭区	73	—	—	—	—
泸县	400	—	—	13	66
合江县	3200	—	—	1400	—
叙永县	4867	—	667	2000	—
古蔺县	4333	—	667	—	—
德阳市	**2773**	**—**	**133**	**486**	**307**
旌阳区	587	—	—	13	—
中江县	1200	—	133	333	—
罗江区	380	—	—	—	—
广汉市	133	—	—	—	—
什邡市	273	—	—	7	240
绵竹市	200	—	—	133	67
绵阳市	**7546**	**—**	**7712**	**3761**	**—**
涪城区	159	—	133	327	—
游仙区	453	—	100	200	—
三台县	1467	—	400	300	—
盐亭县	667	—	—	667	—
安州区	1000	—	667	667	—
梓潼县	667	—	746	667	—
北川羌族自治县	2000	—	1933	133	—
平武县	933	—	3733	667	—
江油市	200	—	—	133	—
广元市	**11367**	**—**	**1665**	**16172**	**267**
利州区	1333	—	333	1666	267
昭化区	2200	—	333	1666	—
朝天区	1000	—	—	4067	—
旺苍县	2000	—	333	393	—
青川县	1667	—	—	3313	—
剑阁县	1200	—	333	3067	—
苍溪县	1967	—	333	2000	—
遂宁市	**4873**	**—**	**—**	**1000**	**—**
船山区	407	—	—	—	—
安居区	533	—	—	—	—
蓬溪县	1333	—	—	—	—
射洪县	1400	—	—	400	—
大英县	1200	—	—	600	—
内江市	**2353**	**—**	**246**	**473**	**—**
市中区	580	—	—	113	—
东兴区	500	—	—	—	—
威远县	800	—	80	67	—
资中县	273	—	166	—	—
隆昌市	200	—	—	293	—
乐山市	**10072**	**—**	**5333**	**4654**	**2733**
市中区	—	—	—	—	2400
沙湾区	60	—	—	—	333
五通桥区	133	—	—	200	—

分县造林完成情况

单位:公顷

地　区	人工造林	飞播造林	新封山育林	退化林修复	人工更新
金口河区	320	—	—	67	—
犍为县	713	—	—	1000	—
井研县	1300	—	—	—	—
夹江县	133	—	—	867	—
沐川县	2000	—	—	—	—
川南林业局	—	—	5333	—	—
峨边彝族自治县	1880	—	—	387	—
马边彝族自治县	2667	—	—	133	—
峨眉山市	866	—	—	2000	—
南充市	**21045**	**—**	**5599**	**3529**	**667**
顺庆区	667	—	533	267	—
高坪区	4093	—	1733	667	—
嘉陵区	4000	—	1000	333	—
南部县	2667	—	—	—	—
营山县	3333	—	1333	667	—
蓬安县	2246	—	—	—	667
仪陇县	1733	—	333	342	—
西充县	2040	—	667	253	—
阆中市	266	—	—	1000	—
眉山市	**4460**	**—**	**2533**	**1932**	**—**
东坡区	340	—	400	400	—
仁寿县	1420	—	333	333	—
彭山县	533	—	333	333	—
洪雅县	1333	—	867	200	—
丹棱县	367	—	333	333	—
青神县	467	—	267	333	—
宜宾市	**22586**	**—**	**4367**	**7853**	**133**
翠屏区	1600	—	120	933	—
宜宾县	2567	—	667	1067	—
南溪区	1667	—	—	—	—
江安县	1853	—	20	1400	—
长宁县	667	—	880	1866	—
高县	2652	—	—	53	—
珙县	2967	—	—	1307	—
筠连县	3000	—	—	—	133
兴文县	3200	—	—	160	—
屏山县	2413	—	2680	1067	—
广安市	**8528**	**—**	**1799**	**3760**	**—**
广安区	1267	—	—	1333	—
前锋区	967	—	1133	667	—
岳池县	1667	—	533	600	—
武胜县	1627	—	133	160	—
邻水县	2133	—	—	333	—
华蓥市	867	—	—	667	—
达州市	**14906**	**—**	**1786**	**5253**	**—**
通川区	533	—	333	1800	—
达川区	2427	—	653	160	—

分县造林完成情况

单位:公顷

地　区	人工造林	飞播造林	新封山育林	退化林修复	人工更新
宣汉县	3867	—	—	40	—
开江县	3200	—	467	—	—
大竹县	733	—	—	1333	—
渠县	3433	—	—	—	—
万源市	713	—	333	1920	—
雅安市	**9041**	**—**	**8733**	**5532**	**—**
雨城区	380	—	—	—	—
名山区	480	—	787	1333	—
荥经县	1333	—	—	800	—
汉源县	1000	—	1533	1133	—
石棉县	2527	—	2933	600	—
天全县	2147	—	1000	333	—
芦山县	507	—	733	333	—
宝兴县	667	—	1747	1000	—
巴中市	**27386**	**—**	**—**	**1333**	**—**
巴州区	1953	—	—	—	—
恩阳区	3334	—	—	—	—
通江县	7233	—	—	—	—
南江县	7333	—	—	1333	—
平昌县	7533	—	—	—	—
资阳市	**4980**	**—**	**—**	**2801**	**—**
雁江区	3733	—	—	667	—
安岳县	867	—	—	1067	—
乐至县	380	—	—	1067	—
阿坝藏族羌族自治州	**16855**	**—**	**6795**	**—**	**—**
汶川县	561	—	333	—	—
理县	33	—	—	—	—
茂县	136	—	—	—	—
松潘县	4063	—	—	—	—
九寨沟县	1366	—	—	—	—
金川县	1374	—	—	—	—
小金县	78	—	—	—	—
黑水县	1843	—	333	—	—
马尔康市	—	—	333	—	—
壤塘县	3058	—	333	—	—
阿坝县	2103	—	333	—	—
若尔盖县	371	—	333	—	—
红原县	71	—	—	—	—
林业筑路工程处	—	—	533	—	—
松潘林业局	320	—	533	—	—
川西林业局	—	—	533	—	—
黑水林业局	200	—	533	—	—
小金林业局	133	—	533	—	—
马尔康林业局	38	—	533	—	—
壤塘林业局	355	—	533	—	—
观音桥林业局	—	—	533	—	—
南坪林业局	752	—	533	—	—

分县造林完成情况

单位:公顷

地　区	人工造林	飞播造林	新封山育林	退化林修复	人工更新
甘孜藏族自治州	**17722**	**—**	**6813**	**15307**	**—**
康定市	757	—	—	1446	—
泸定县	1465	—	334	2096	—
丹巴县	672	—	—	939	—
九龙县	181	—	—	1221	—
雅江县	990	—	680	1290	—
道孚县	1386	—	334	600	—
炉霍县	1381	—	334	1832	—
甘孜县	2199	—	333	289	—
新龙县	410	—	333	1000	—
德格县	1926	—	333	213	—
白玉县	603	—	333	710	—
石渠县	504	—	333	98	—
色达县	653	—	333	1033	—
理塘县	1436	—	334	180	—
巴塘县	631	—	333	867	—
乡城县	603	—	334	427	—
稻城县	886	—	333	417	—
得荣县	768	—	333	247	—
白玉局	133	—	333	6	—
力邱河	—	—	—	4	—
丹巴局	—	—	—	14	—
道孚局	5	—	333	20	—
炉霍局	—	—	467	18	—
翁达局	133	—	—	11	—
新龙局	—	—	333	323	—
工程处	—	—	—	4	—
州林科所	—	—	—	2	—
凉山彝族自治州	**270300**	**—**	**2446**	**19951**	**641**
西昌市	7452	—	—	—	641
木里藏族自治县	6667	—	333	5160	—
盐源县	26211	—	—	—	—
德昌县	10213	—	—	257	—
会理县	18460	—	—	—	—
会东县	18931	—	421	—	—
宁南县	13122	—	408	6893	—
普格县	7167	—	—	833	—
布拖县	15333	—	333	—	—
金阳县	22699	—	284	867	—
昭觉县	25133	—	333	—	—
喜德县	12773	—	—	—	—
冕宁县	19547	—	—	—	—
越西县	25133	—	334	—	—
甘洛县	11233	—	—	1747	—
美姑县	9267	—	—	2667	—
雷波县	19333	—	—	1527	—
木里林业局	313	—	—	—	—

分县造林完成情况

单位:公顷

地　区	人工造林	飞播造林	新封山育林	退化林修复	人工更新
凉北林业局	1000	—	—	—	—
第五筑路工程处	313	—	—	—	—
省直单位	**999**	**—**	**3200**	**—**	**—**
长江造林局	666	—	1667	—	—
大渡河造林局	333	—	1533	—	—
贵州省	**584549**	**—**	**82151**	**11600**	**—**
贵阳市	**10456**	**—**	**4481**	**—**	**—**
市直单位	453	—	—	—	—
花溪区	867	—	—	—	—
经开区	164	—	—	—	—
乌当区	236	—	—	—	—
白云区	14	—	—	—	—
观山湖区	25	—	—	—	—
开阳县	2953	—	1500	—	—
息烽县	1333	—	1617	—	—
修文县	2627	—	—	—	—
清镇市	1783	—	1364	—	—
贵安新区	**87**	**—**	**—**	**105**	**—**
六盘水市	**84859**	**—**	**5520**	**5195**	**—**
市直单位	118	—	—	—	—
钟山区	2091	—	—	172	—
六枝特区	18275	—	1600	926	—
水城县	34496	—	2000	1659	—
盘州市	29879	—	1920	2439	—
遵义市	**77165**	**—**	**6277**	**—**	**—**
市直单位	439	—	—	—	—
红花岗区	173	—	—	—	—
汇川区	2067	—	—	—	—
播州区	3383	—	—	—	—
桐梓县	13333	—	—	—	—
绥阳县	8715	—	—	—	—
正安县	6324	—	1653	—	—
道真仡佬族苗族自治县	7580	—	1611	—	—
务川仡佬族苗族自治县	6035	—	1475	—	—
凤冈县	3000	—	—	—	—
湄潭县	3333	—	—	—	—
余庆县	1589	—	1538	—	—
习水县	6667	—	—	—	—
赤水市	805	—	—	—	—
仁怀市	12242	—	—	—	—
新蒲新区	1481	—	—	—	—
安顺市	**38821**	**—**	**9673**	**—**	**—**
市直单位	138	—	—	—	—
西秀区	2548	—	1534	—	—
平坝区	1767	—	1616	—	—
普定县	7275	—	1596	—	—
镇宁布衣族苗族自治县	10527	—	1719	—	—

分县造林完成情况

单位:公顷

地　区	人工造林	飞播造林	新封山育林	退化林修复	人工更新
关岭布衣族苗族自治县	6522	—	1696	—	—
紫云苗族布衣族自治县	10045	—	1513	—	—
毕节市	**133358**	**—**	**5949**	**6300**	**—**
市直单位	408	—	—	175	—
七星关区	26213	—	1312	—	—
大方县	16936	—	1955	963	—
黔西县	10617	—	1683	263	—
金海湖新区	58	—	—	44	—
金沙县	9853	—	—	1006	—
织金县	16714	—	667	—	—
纳雍县	21619	—	333	700	—
威宁彝族回族苗族自治县	22414	—	—	1050	—
赫章县	8526	—	—	963	—
铜仁市	**81567**	**—**	**11971**	**—**	**—**
市直单位	1613	—	—	—	—
碧江区	2133	—	—	—	—
万山区	2445	—	—	—	—
江口县	4794	—	—	—	—
玉屏侗族自治县	640	—	—	—	—
石阡县	8883	—	2604	—	—
思南县	11107	—	1312	—	—
印江土家族苗族自治县	12617	—	4134	—	—
德江县	13103	—	1088	—	—
沿河土家族自治县	15746	—	2133	—	—
松桃苗族自治县	8486	—	700	—	—
黔西南布依族苗族自治州	**96607**	**—**	**19462**	**—**	**—**
州直单位	334	—	—	—	—
兴义市	19568	—	2001	—	—
兴仁县	9753	—	2231	—	—
普安县	6841	—	2813	—	—
晴隆县	11464	—	1720	—	—
贞丰县	13400	—	3065	—	—
望谟县	13604	—	1354	—	—
册亨县	12034	—	3500	—	—
安龙县	9608	—	1333	—	—
义龙试验区	—	—	1444	—	—
黔东南苗族侗族自治州	**10577**	**—**	**5402**	**—**	**—**
州直单位	161	—	—	—	—
凯里市	2365	—	1615	—	—
黄平县	300	—	1473	—	—
施秉县	325	—	1253	—	—
三穗县	833	—	—	—	—
镇远县	1628	—	—	—	—
岑巩县	311	—	—	—	—
天柱县	400	—	—	—	—
锦屏县	462	—	—	—	—
剑河县	629	—	1000	—	—

分县造林完成情况

单位:公顷

地　区	人工造林	飞播造林	新封山育林	退化林修复	人工更新
台江县	1667	—	—	—	—
黎平县	113	—	—	—	—
从江县	183	—	—	—	—
雷山县	673	—	—	—	—
麻江县	90	—	—	—	—
丹寨县	333	—	—	—	—
凯里开发区	103	—	—	—	—
黔南布依族苗族自治州	**51024**	**—**	**13415**	**—**	**—**
州直单位	2014	—	1017	—	—
都匀市	3108	—	—	—	—
都匀经济开发区	3358	—	—	—	—
福泉市	2138	—	1600	—	—
荔波县	2083	—	1633	—	—
贵定县	2978	—	333	—	—
瓮安县	7667	—	—	—	—
独山县	4071	—	1806	—	—
平塘县	8153	—	1597	—	—
罗甸县	1713	—	1808	—	—
长顺县	4000	—	1533	—	—
龙里县	2690	—	600	—	—
惠水县	3333	—	1488	—	—
三都水族自治县	3718	—	—	—	—
省直单位	**28**	**—**	**—**	**—**	**—**
云南省	**277716**	**—**	**72461**	**36972**	**9**
昆明市	**7461**	**—**	**6120**	**163**	**—**
东川区	2667	—	—	—	—
富民县	67	—	133	—	—
宜良县	1000	—	—	163	—
石林彝族自治县	449	—	2065	—	—
禄劝彝族苗族自治县	2187	—	1933	—	—
寻甸回族彝族自治县	1091	—	1989	—	—
曲靖市	**21788**	**—**	**9394**	**1999**	**—**
麒麟区	93	—	—	666	—
马龙县	1137	—	—	333	—
陆良县	1607	—	700	—	—
师宗县	1620	—	2067	667	—
罗平县	3720	—	2133	333	—
富源县	1053	—	1267	—	—
会泽县	4044	—	60	—	—
沾益区	2107	—	1327	—	—
宣威市	6407	—	1840	—	—
玉溪市	**9282**	**—**	**3742**	**1334**	**—**
红塔区	128	—	—	—	—
江川区	490	—	—	200	—
澄江县	806	—	1875	467	—
通海县	433	—	—	—	—
华宁县	1552	—	—	—	—

分县造林完成情况

单位:公顷

地 区	人工造林	飞播造林	新封山育林	退化林修复	人工更新
易门县	1067	—	1867	—	—
峨山彝族自治县	553	—	—	—	—
新平彝族傣族自治县	1293	—	—	667	—
元江哈尼族彝族傣族自治县	2960	—	—	—	—
保山市	**8313**	**—**	**2500**	**3334**	**—**
隆阳区	1780	—	2500	667	—
施甸县	1773	—	—	933	—
腾冲市	2120	—	—	667	—
龙陵县	1507	—	—	400	—
昌宁县	1133	—	—	667	—
昭通市	**35432**	**—**	**6666**	**2659**	**9**
昭阳区	967	—	1353	—	—
鲁甸县	2220	—	200	—	—
巧家县	1120	—	2200	—	—
盐津县	1133	—	—	333	—
大关县	1747	—	1180	—	—
永善县	1532	—	1000	—	—
绥江县	827	—	—	—	—
镇雄县	10673	—	400	666	—
彝良县	9946	—	133	1333	—
威信县	5267	—	200	—	—
水富县	—	—	—	327	9
丽江市	**12391**	**—**	**5847**	**1334**	**—**
古城区	1173	—	1500	—	—
玉龙纳西族自治县	240	—	667	—	—
永胜县	1587	—	267	—	—
华坪县	5176	—	2000	667	—
宁蒗彝族自治县	4215	—	1413	667	—
普洱市	**18131**	**—**	**37**	**—**	**—**
思茅区	233	—	—	—	—
宁洱哈尼族彝族自治县	1769	—	37	—	—
墨江哈尼族自治县	2940	—	—	—	—
景东彝族自治县	1033	—	—	—	—
景谷傣族彝族自治县	693	—	—	—	—
镇沅彝族哈尼族拉祜族自治县	1727	—	—	—	—
江城哈尼族彝族自治县	2780	—	—	—	—
孟连傣族拉祜族佤族自治县	1380	—	—	—	—
澜沧拉祜族自治县	4873	—	—	—	—
西盟佤族自治县	703	—	—	—	—
临沧市	**47025**	**—**	**3387**	**4421**	**—**
临翔区	8213	—	—	862	—
凤庆县	9460	—	—	333	—
云县	7560	—	—	333	—
永德县	7059	—	267	776	—
镇康县	5753	—	1200	333	—
双江拉祜族佤族布朗族傣族自治县	2867	—	—	667	—
耿马傣族佤族自治县	1553	—	—	784	—

分县造林完成情况

单位:公顷

地　区	人工造林	飞播造林	新封山育林	退化林修复	人工更新
沧源佤族自治县	4560	—	1920	333	—
楚雄彝族自治州	**16003**	**—**	**999**	**8663**	**—**
元谋县	1267	—	—	333	—
楚雄市	4100	—	—	1666	—
双柏县	1133	—	333	1333	—
牟定县	1541	—	—	533	—
南华县	1760	—	333	1000	—
姚安县	1753	—	—	333	—
大姚县	540	—	—	1666	—
永仁县	1689	—	—	800	—
武定县	1613	—	333	666	—
禄丰县	607	—	—	333	—
红河哈尼族彝族自治州	**24081**	**—**	**4000**	**4664**	**—**
个旧市	1946	—	600	333	—
开远市	1587	—	333	333	—
蒙自市	1641	—	—	866	—
屏边苗族自治县	820	—	—	267	—
建水县	1328	—	1580	400	—
石屏县	1553	—	—	467	—
弥勒县	2333	—	667	333	—
泸西县	2660	—	820	333	—
元阳县	880	—	—	333	—
红河县	3640	—	—	267	—
金平苗族瑶族傣族自治县	3100	—	—	266	—
绿春县	2433	—	—	333	—
河口瑶族自治县	160	—	—	133	—
文山壮族苗族自治州	**21603**	**—**	**10987**	**2668**	**—**
文山市	1186	—	1667	—	—
砚山县	5966	—	1000	—	—
西畴县	1751	—	1533	667	—
麻栗坡县	555	—	1800	—	—
马关县	2032	—	87	—	—
丘北县	3247	—	1400	667	—
广南县	3043	—	1833	667	—
富宁县	3823	—	1667	667	—
西双版纳傣族自治州	**10707**	**—**	**467**	**666**	**—**
景洪市	3653	—	—	—	—
勐海县	4574	—	467	333	—
勐腊县	2480	—	—	333	—
大理白族自治州	**11225**	**—**	**6334**	**2400**	**—**
市直单位	329	—	—	—	—
漾濞彝族自治县	1437	—	—	400	—
祥云县	73	—	1000	533	—
宾川县	467	—	667	667	—
弥渡县	409	—	—	—	—
南涧彝族自治县	786	—	—	—	—
巍山彝族回族自治县	1427	—	1000	—	—

分县造林完成情况

单位:公顷

地　区	人工造林	飞播造林	新封山育林	退化林修复	人工更新
永平县	1407	—	—	400	—
云龙县	2547	—	—	—	—
洱源县	182	—	667	—	—
剑川县	776	—	—	400	—
鹤庆县	1385	—	3000	—	—
德宏傣族景颇族自治州	**2252**	**—**	**—**	**—**	**—**
瑞丽市	251	—	—	—	—
芒市	514	—	—	—	—
梁河县	92	—	—	—	—
盈江县	1031	—	—	—	—
陇川县	364	—	—	—	—
怒江傈僳族自治州	**21073**	**—**	**333**	**1334**	**—**
泸水市	11980	—	—	667	—
福贡县	7100	—	—	667	—
贡山独龙族怒族自治县	1020	—	—	—	—
兰坪白族普米族自治县	973	—	333	—	—
迪庆藏族自治州	**10949**	**—**	**11648**	**1333**	**—**
香格里拉市	4680	—	5647	333	—
德钦县	1100	—	2000	333	—
维西傈僳族自治县	5169	—	4001	667	—
西藏自治区	**37480**	**—**	**45187**	**—**	**—**
陕西省	**163099**	**34002**	**58403**	**75057**	**4225**
西安市	**2116**	**—**	**—**	**—**	**—**
灞桥区	63	—	—	—	—
阎良区	141	—	—	—	—
长安区	234	—	—	—	—
蓝田县	813	—	—	—	—
周至县	489	—	—	—	—
鄠邑区	139	—	—	—	—
高陵区	237	—	—	—	—
西咸新区	**18**	**—**	**—**	**—**	**—**
铜川市	**3325**	**1000**	**2067**	**2000**	**—**
市辖区	86	—	—	—	—
王益区	425	—	—	—	—
印台区	327	—	—	200	—
耀州区	1287	—	1200	1000	—
宜君县	1200	1000	867	800	—
宝鸡市	**3268**	**4333**	**7132**	**6780**	**3925**
金台区	67	—	—	100	200
陈仓区	467	—	800	—	—
凤翔县	400	—	533	667	433
岐山县	400	1333	533	1000	433
扶风县	134	—	333	—	—
眉县	333	—	667	507	633
陇县	133	667	1067	2260	713
千阳县	400	—	—	713	640
麟游县	867	1000	1466	900	386

分县造林完成情况

单位:公顷

地区	人工造林	飞播造林	新封山育林	退化林修复	人工更新
凤县	67	1333	734	633	240
太白县	—	—	333	—	247
辛家山林业局	—	—	333	—	—
马头滩林业局	—	—	333	—	—
咸阳市	**12197**	**2666**	**5934**	**4667**	**—**
礼泉县	1333	—	533	—	—
市辖区	133	—	—	—	—
秦都区	133	—	—	—	—
三原县	933	—	200	—	—
泾阳县	600	333	333	667	—
乾县	1266	—	467	—	—
永寿县	1000	533	1800	666	—
彬县	2067	667	800	667	—
长武县	1339	—	467	1333	—
旬邑县	1067	800	867	667	—
淳化县	1606	333	467	667	—
武功县	200	—	—	—	—
兴平市	520	—	—	—	—
渭南市	**15714**	**2000**	**6734**	**6747**	**—**
临渭区	2487	—	867	727	—
华州区	800	—	867	587	—
潼关县	567	—	134	333	—
大荔县	3200	—	333	733	—
合阳县	1067	—	1200	667	—
澄城县	867	—	133	533	—
蒲城县	1760	—	600	934	—
白水县	1866	1000	1133	967	—
富平县	2200	—	1000	933	—
华阴市	900	1000	467	333	—
韩城市	**3074**	**—**	**800**	**1340**	**—**
延安市	**42821**	**4668**	**9532**	**13332**	**—**
宝塔区	967	—	—	1333	—
延长县	12527	—	67	2000	—
延川县	4600	—	—	1333	—
子长县	4000	—	400	1333	—
安塞区	1666	667	667	667	—
志丹县	6833	667	1133	3333	—
吴起县	4667	—	933	3333	—
甘泉县	1867	—	933	—	—
富县	1367	1000	533	—	—
洛川县	147	667	467	—	—
宜川县	2853	1000	667	—	—
黄龙县	940	667	466	—	—
黄陵县	387	—	333	—	—
劳山林业局	—	—	600	—	—
桥北林业局	—	—	533	—	—
桥山林业局	—	—	333	—	—

分县造林完成情况

单位:公顷

地　区	人工造林	飞播造林	新封山育林	退化林修复	人工更新
黄龙山林业局	—	—	1467	—	—
汉中市	**6330**	**4335**	**5200**	**6668**	**—**
汉台区	100	—	467	200	—
南郑区	333	1000	267	667	—
城固县	367	—	333	800	—
洋县	846	667	333	200	—
西乡县	1733	667	267	667	—
勉县	600	667	600	800	—
宁强县	467	667	400	800	—
略阳县	418	—	533	400	—
镇巴县	1133	667	933	800	—
留坝县	333	—	400	667	—
佛坪县	—	—	667	667	—
榆林市	**30114**	**—**	**6339**	**10003**	**—**
榆阳区	7700	—	—	667	—
神木市	3399	—	733	3600	—
府谷县	2360	—	1133	—	—
横山区	3667	—	733	667	—
靖边县	3533	—	1473	667	—
定边县	2159	—	1867	667	—
绥德县	1333	—	—	200	—
米脂县	1067	—	—	—	—
佳县	867	—	—	1667	—
吴堡县	629	—	—	200	—
清涧县	1467	—	400	1334	—
子洲县	1933	—	—	334	—
安康市	**31807**	**7667**	**5466**	**16854**	**300**
化保局	—	—	333	—	—
汉滨区	6867	1333	600	1766	100
汉阴县	1733	667	600	667	—
石泉县	3647	1000	667	980	—
宁陕县	1640	—	300	7067	—
紫阳县	2273	1667	467	1467	—
岚皋县	2775	1000	600	1373	—
平利县	3067	—	533	1600	—
镇坪县	1300	—	533	534	—
旬阳县	5700	1333	500	600	200
白河县	2805	667	333	800	—
商洛市	**12246**	**7333**	**4599**	**6666**	**—**
商州区	2093	1000	533	1067	—
洛南县	1526	1333	534	933	—
丹凤县	2080	1000	533	933	—
商南县	2087	1000	600	933	—
山阳县	1600	1333	666	1067	—
镇安县	1860	1000	533	933	—
柞水县	1000	667	1200	800	—
杨凌农业高新技术产业示范区	**69**	**—**	**—**	**—**	**—**

分县造林完成情况

单位:公顷

地　区	人工造林	飞播造林	新封山育林	退化林修复	人工更新
省森林资源管理局	**—**	**—**	**4600**	**—**	**—**
甘肃	**280346**	**—**	**35419**	**9666**	**—**
兰州市	**11947**	**—**	**333**	**—**	**—**
皋兰县	400	—	—	—	—
城关区	213	—	—	—	—
永登县	583	—	—	—	—
榆中县	9832	—	—	—	—
安宁区	27	—	—	—	—
南北两山环境绿化工程指挥部	67	—	333	—	—
红古区	183	—	—	—	—
生态建设管理局	533	—	—	—	—
七里河区	109	—	—	—	—
嘉峪关市	**2109**	**—**	**—**	**—**	**—**
金昌市	**918**	**—**	**2333**	**—**	**—**
市辖区	267	—	533	—	—
永昌县	318	—	800	—	—
金川区	333	—	1000	—	—
白银市	**23861**	**—**	**1867**	**—**	**—**
白银区	333	—	—	—	—
平川区	1773	—	667	—	—
会宁县	4013	—	—	—	—
靖远县	10187	—	533	—	—
景泰县	7555	—	667	—	—
天水市	**8887**	**—**	**667**	**2000**	**—**
秦州区	400	—	—	—	—
麦积区	1787	—	—	1000	—
甘谷县	2295	—	467	1000	—
清水县	2200	—	—	—	—
武山县	1067	—	—	—	—
张家川回族自治县	738	—	200	—	—
秦安县	400	—	—	—	—
武威市	**34798**	**—**	**4099**	**—**	**—**
凉州区	4400	—	1333	—	—
天祝藏族自治县	1333	—	666	—	—
石羊河林业总场	846	—	366	—	—
民勤县	19213	—	1067	—	—
国家林业局甘肃濒危动物保护中心	66	—	—	—	—
古浪县	8940	—	667	—	—
张掖市	**10233**	**—**	**4767**	**—**	**—**
甘州区	1533	—	800	—	—
临泽县	2067	—	933	—	—
高台县	2633	—	867	—	—
山丹县	2213	—	333	—	—
民乐县	1550	—	767	—	—
肃南裕固族自治县	217	—	1067	—	—
林业科学研究院	20	—	—	—	—
平凉市	**31293**	**—**	**4499**	**2666**	**—**

分县造林完成情况

单位:公顷

地　区	人工造林	飞播造林	新封山育林	退化林修复	人工更新
华亭县	2760	—	400	—	—
灵台县	4273	—	667	—	—
关山林管局	133	—	433	—	—
静宁县	5840	—	1333	—	—
崇信县	1420	—	667	—	—
泾川县	3634	—	333	1333	—
崆峒区	3540	—	333	—	—
庄浪县	9693	—	333	1333	—
酒泉市	**10511**	**—**	**5333**	**—**	**—**
瓜州县	1327	—	1000	—	—
玉门市	2886	—	667	—	—
敦煌市	1352	—	1166	—	—
阿克塞哈萨克族自治县	140	—	667	—	—
肃北蒙古族自治县	80	—	667	—	—
金塔县	3931	—	500	—	—
肃州区	795	—	666	—	—
庆阳市	**65140**	**—**	**—**	**2667**	**—**
合水林业总场	3413	—	—	—	—
庆城县	8773	—	—	1334	—
西峰区	3473	—	—	—	—
华池林业总场	4133	—	—	—	—
湘乐林业总场	2027	—	—	—	—
正宁县	4007	—	—	—	—
镇原县	8820	—	—	1333	—
合水县	2587	—	—	—	—
宁县	8940	—	—	—	—
华池县	8674	—	—	—	—
正宁林业总场	133	—	—	—	—
环县	10160	—	—	—	—
定西市	**21013**	**—**	**5800**	**1333**	**—**
市直单位	533	—	666	—	—
安定区	193	—	467	—	—
通渭县	10407	—	1667	—	—
陇西县	847	—	333	1333	—
渭源县	733	—	667	—	—
漳县	4793	—	667	—	—
临洮县	1240	—	666	—	—
岷县	2267	—	667	—	—
陇南市	**30518**	**—**	**—**	**—**	**—**
文县	2054	—	—	—	—
武都区	8067	—	—	—	—
宕昌县	4400	—	—	—	—
康县	1760	—	—	—	—
徽县	267	—	—	—	—
成县	2440	—	—	—	—
礼县	6420	—	—	—	—
两当县	89	—	—	—	—

分县造林完成情况

单位:公顷

地　区	人工造林	飞播造林	新封山育林	退化林修复	人工更新
西和县	4289	—	—	—	—
岷江林业总场	133	—	—	—	—
康南林业总场	133	—	—	—	—
市辖区	466	—	—	—	—
临夏回族自治州	**20408**	**—**	**4387**	**1000**	**—**
积石山保安族东乡族撒拉族自治县	3334	—	1000	—	—
永靖县	3753	—	667	—	—
和政县	2140	—	667	1000	—
州林技站	133	—	—	—	—
广河县	2213	—	—	—	—
临夏县	4040	—	1200	—	—
康乐县	1497	—	333	—	—
临夏市	247	—	187	—	—
东乡族自治县	3051	—	333	—	—
甘南藏族自治州	**5244**	**—**	**—**	**—**	**—**
碌曲县	67	—	—	—	—
卓尼县	667	—	—	—	—
迭部县	267	—	—	—	—
临潭县	2074	—	—	—	—
玛曲县	133	—	—	—	—
夏河县	206	—	—	—	—
舟曲县	1830	—	—	—	—
兰州新区	**913**	**—**	**—**	**—**	**—**
莲花山国家级自然保护区	**133**	**—**	**—**	**—**	**—**
民勤连古城国家级自然保护区	**147**	**—**	**—**	**—**	**—**
太统－崆峒山国家级自然保护区	**200**	**—**	**—**	**—**	**—**
太子山自然保护区	**133**	**—**	**—**	**—**	**—**
小陇山林业实验局	**940**	**—**	**667**	**—**	**—**
白龙江林业管理局	**1000**	**—**	**667**	**—**	**—**
青海省	**56631**	**—**	**138844**	**3334**	**—**
西宁市	**11814**	**—**	**6201**	**1867**	**—**
城东区	100	—	—	—	—
城中区	187	—	—	—	—
南山办	—	—	—	1200	—
大通回族土族自治县	5995	—	2667	667	—
湟中县	4466	—	2867	—	—
湟源县	1066	—	667	—	—
省直单位	**133**	**—**	**467**	**—**	**—**
海东市	**20479**	**—**	**5266**	**1467**	**—**
平安区	572	—	666	—	—
民和回族土族自治县	1974	—	—	133	—
乐都区	4922	—	2000	667	—
互助土族自治县	7100	—	—	667	—
化隆回族自治县	4305	—	1267	—	—
循化撒拉族自治县	1367	—	1333	—	—
市直单位	239	—	—	—	—
海北藏族自治州	**2487**	**—**	**533**	**—**	**—**

分县造林完成情况

单位:公顷

地 区	人工造林	飞播造林	新封山育林	退化林修复	人工更新
门源回族自治县	197	—	—	—	—
祁连县	2133	—	533	—	—
海晏县	157	—	—	—	—
黄南藏族自治州	**1463**	**—**	**26199**	**—**	**—**
同仁县	212	—	2199	—	—
尖扎县	1184	—	1334	—	—
泽库县	—	—	14666	—	—
河南蒙古族自治县	67	—	8000	—	—
海南藏族自治州	**13200**	**—**	**36813**	**—**	**—**
共和县	11006	—	11147	—	—
贵德县	417	—	667	—	—
同德县	—	—	3000	—	—
兴海县	46	—	18000	—	—
贵南县	1731	—	3999	—	—
果洛藏族自治州	**100**	**—**	**34666**	**—**	**—**
班玛县	100	—	14666	—	—
玛沁县	—	—	11333	—	—
久治县	—	—	667	—	—
玛多县	—	—	2667	—	—
甘德县	—	—	3333	—	—
达日县	—	—	2000	—	—
玉树藏族自治州	**1433**	**—**	**24666**	**—**	**—**
州直单位	1433	—	—	—	—
治多县	—	—	5333	—	—
囊谦县	—	—	5333	—	—
杂多县	—	—	4000	—	—
曲麻莱县	—	—	10000	—	—
海西蒙古族藏族自治州	**5389**	**—**	**3366**	**—**	**—**
州直单位	23	—	—	—	—
格尔木市	764	—	—	—	—
德令哈市	1867	—	1100	—	—
都兰县	1542	—	667	—	—
乌兰县	1150	—	333	—	—
大柴旦	—	—	933	—	—
茫崖	43	—	333	—	—
省三江集团	**133**	**—**	**667**	**—**	**—**
湖东种羊场	—	—	667	—	—
贵南草业	133	—	—	—	—
宁夏回族自治区	**45531**	**—**	**19062**	**7198**	**6447**
银川市	**1001**	**—**	**1666**	**667**	**—**
市直单位	7	—	—	—	—
金凤区	21	—	—	—	—
西夏区	31	—	—	—	—
永宁县	320	—	333	—	—
贺兰县	257	—	—	—	—
灵武市	36	—	—	667	—
白芨滩保护区	153	—	1333	—	—

分县造林完成情况

单位:公顷

地　区	人工造林	飞播造林	新封山育林	退化林修复	人工更新
滨河新区	176	—	—	—	—
石嘴山市	**674**	**—**	**800**	**562**	**—**
市直单位	150	—	—	—	—
大武口区	63	—	—	—	—
惠农区	174	—	133	—	—
平罗县	287	—	667	562	—
吴忠市	**8742**	**—**	**7064**	**4364**	**—**
市直单位	22	—	—	—	—
利通区	409	—	667	655	—
红寺堡区	3212	—	3007	887	—
青铜峡市	735	—	667	467	—
盐池县	2815	—	1333	1333	—
同心县	1549	—	1390	1022	—
固原市	**20418**	**—**	**3867**	**—**	**6447**
市直单位	70	—	—	—	—
原州区	3600	—	533	—	—
西吉县	5000	—	1334	—	2000
隆德县	3334	—	667	—	—
泾源县	1267	—	—	—	4447
彭阳县	6747	—	1333	—	—
六盘山保护区	400	—	—	—	—
中卫市	**14376**	**—**	**999**	**938**	**—**
市直单位	5467	—	—	—	—
中宁县	1090	—	333	—	—
海原县	6118	—	666	938	—
沙坡头区	1701	—	—	—	—
哈巴湖保护区	**—**	**—**	**1333**	**667**	**—**
贺兰山保护区	**—**	**—**	**2666**	**—**	**—**
罗山国家级自然保护区	**—**	**—**	**667**	**—**	**—**
自治区农垦集团	**320**	**—**	**—**	**—**	**—**
新疆维吾尔自治区	**149313**	**4933**	**85861**	**12609**	**2563**
乌鲁木齐市	**1064**	**—**	**667**	**—**	**66**
天山区	105	—	—	—	—
沙依巴克区	133	—	—	—	—
高新区	78	—	—	—	—
水磨沟区	18	—	—	—	—
经济技术开发区	—	—	—	—	66
达坂城区	209	—	667	—	—
米东区	94	—	—	—	—
乌鲁木齐县	427	—	—	—	—
克拉玛依市	**2002**	**—**	**1000**	**—**	**—**
吐鲁番市	**5273**	**—**	**4000**	**—**	**—**
高昌区	1933	—	1333	—	—
鄯善县	1333	—	2000	—	—
托克逊县	2007	—	667	—	—
哈密市	**1546**	**—**	**1511**	**—**	**—**
伊州区	457	—	—	—	—

分县造林完成情况

单位:公顷

地　区	人工造林	飞播造林	新封山育林	退化林修复	人工更新
巴里坤哈萨克自治县	599	—	844	—	—
伊吾县	490	—	667	—	—
昌吉回族自治州	**22774**	**1067**	**11333**	**2446**	**—**
昌吉市	1267	—	3067	—	—
阜康市	3000	—	1333	—	—
阜康国有林管理局	393	—	—	—	—
国家农业科技园区	67	—	—	—	—
呼图壁县	7533	—	2000	—	—
玛纳斯县	2200	1067	400	—	—
奇台县	4000	—	2000	1333	—
吉木萨尔县	2647	—	533	1113	—
木垒哈萨克自治县	1667	—	2000	—	—
博尔塔拉蒙古自治州	**1279**	**—**	**3667**	**1000**	**57**
博乐市	379	—	1334	1000	10
精河县	667	—	2000	—	47
温泉县	100	—	333	—	—
阿拉山口市	133	—	—	—	—
巴音郭楞蒙古自治州	**13603**	**—**	**11906**	**1333**	**25**
库尔勒市	2667	—	667	1333	—
轮台县	1667	—	3333	—	—
尉犁县	3648	—	3333	—	—
若羌县	1359	—	573	—	4
且末县	1578	—	—	—	—
焉耆回族自治县	741	—	—	—	17
和静县	271	—	—	—	—
和硕县	1193	—	3333	—	4
博湖县	479	—	667	—	—
阿克苏地区	**33676**	**—**	**20998**	**164**	**278**
阿克苏市	4672	—	3333	164	93
温宿县	10756	—	1333	—	107
库车县	5031	—	3333	—	8
沙雅县	4016	—	4333	—	67
新和县	3999	—	2000	—	—
拜城县	799	—	1333	—	—
乌什县	1500	—	2666	—	—
阿瓦提县	2403	—	2000	—	3
柯坪县	500	—	667	—	—
克孜勒苏柯尔克孜自治州	**5760**	**—**	**1446**	**—**	**—**
阿图什市	1374	—	—	—	—

分县造林完成情况

单位:公顷

地 区	人工造林	飞播造林	新封山育林	退化林修复	人工更新
阿克陶县	2840	—	—	—	—
阿合奇县	1146	—	1446	—	—
乌恰县	400	—	—	—	—
喀什地区	**28640**	**—**	**3001**	**2667**	**1328**
喀什市	662	—	—	—	—
疏附县	1534	—	—	—	—
疏勒县	1200	—	—	—	—
英吉沙县	5334	—	667	—	—
泽普县	1067	—	—	—	—
莎车县	5334	—	—	1334	22
叶城县	1867	—	—	—	1290
麦盖提县	3817	—	667	—	16
岳普湖县	2632	—	—	—	—
伽师县	3060	—	1000	1333	—
巴楚县	1467	—	667	—	—
塔什库尔干塔吉克自治县	666	—	—	—	—
和田地区	**11839**	**—**	**2667**	**2666**	**172**
和田市	800	—	—	—	2
和田县	2067	—	2000	1333	18
墨玉县	1801	—	—	—	4
皮山县	1500	—	—	—	—
洛浦县	1405	—	—	—	11
策勒县	2267	—	—	1333	15
于田县	1666	—	667	—	122
民丰县	333	—	—	—	—
伊犁哈萨克自治州	**12134**	**—**	**6667**	**1333**	**602**
伊宁市	867	—	—	—	25
奎屯市	133	—	—	—	—
霍尔果斯市	933	—	—	—	—
伊宁县	1469	—	333	1333	84
察布查尔锡伯自治县	2260	—	1000	—	17
霍城县	933	—	1333	—	8
巩留县	1333	—	1333	—	421
新源县	1442	—	667	—	30
昭苏县	680	—	667	—	—
特克斯县	1348	—	667	—	9
尼勒克县	736	—	667	—	8
塔城地区	**3033**	**—**	**11333**	**1000**	**—**
塔城市	600	—	1000	—	—

分县造林完成情况

单位:公顷

地　区	人工造林	飞播造林	新封山育林	退化林修复	人工更新
乌苏市	1000	—	667	—	—
额敏县	433	—	—	—	—
沙湾县	1000	—	4333	1000	—
托里县	—	—	1333	—	—
裕民县	—	—	1333	—	—
和布克赛尔蒙古自治县	—	—	2667	—	—
阿勒泰地区	**5168**	**—**	**5665**	**—**	**—**
阿勒泰市	533	—	1666	—	—
布尔津县	1987	—	—	—	—
富蕴县	455	—	1333	—	—
福海县	375	—	1000	—	—
哈巴河县	1041	—	666	—	—
青河县	549	—	1000	—	—
吉木乃县	228	—	—	—	—
区直单位	**1375**	**3866**	**—**	**—**	**—**
天山西部国有林管理局	515	400	—	—	—
阿尔泰山国有林管理局	153	1666	—	—	—
天山东部国有林管理局	40	1800	—	—	—
野马繁殖研究中心	667	—	—	—	—
石河子市	**147**	**—**	**—**	**—**	**35**
新疆生产建设兵团	**16424**	**—**	**6334**	**3526**	**821**
第一师	**2328**	**—**	**—**	**—**	**25**
1 团	34	—	—	—	—
2 团	48	—	—	—	—
3 团	41	—	—	—	—
4 团	133	—	—	—	—
5 团	920	—	—	—	—
6 团	9	—	—	—	25
7 团	107	—	—	—	—
8 团	192	—	—	—	—
阿拉尔农场	34	—	—	—	—
10 团	180	—	—	—	—
11 团	400	—	—	—	—
12 团	81	—	—	—	—
13 团	47	—	—	—	—
14 团	34	—	—	—	—
16 团	34	—	—	—	—
幸福农场	34	—	—	—	—
第二师	**2910**	**—**	**—**	**96**	**108**

分县造林完成情况

单位:公顷

地　区	人工造林	飞播造林	新封山育林	退化林修复	人工更新
21 团	83	—	—	—	39
22 团	439	—	—	36	—
24 团	13	—	—	—	—
25 团	340	—	—	—	—
27 团	14	—	—	30	4
29 团	203	—	—	—	—
30 团	167	—	—	—	5
31 团	86	—	—	—	—
33 团	685	—	—	—	—
34 团	136	—	—	30	—
36 团	20	—	—	—	7
38 团	508	—	—	—	53
223 团	216	—	—	—	—
第三师	**3069**	**—**	**—**	**—**	**—**
41 团	81	—	—	—	—
42 团	92	—	—	—	—
44 团	368	—	—	—	—
45 团	343	—	—	—	—
46 团	67	—	—	—	—
48 团	23	—	—	—	—
49 团	255	—	—	—	—
50 团	433	—	—	—	—
51 团	73	—	—	—	—
53 团	49	—	—	—	—
伽师总场	246	—	—	—	—
东风农场	13	—	—	—	—
红旗农场	33	—	—	—	—
叶城二牧场	166	—	—	—	—
小海子水管处	14	—	—	—	—
莎车农场	813	—	—	—	—
第四师	**2515**	**—**	**—**	**103**	**62**
61 团	154	—	—	—	—
62 团	104	—	—	—	—
63 团	45	—	—	—	27
64 团	67	—	—	—	—
66 团	742	—	—	—	—
67 团	1099	—	—	—	—
68 团	26	—	—	—	—
69 团	13	—	—	—	—

分县造林完成情况

单位:公顷

地　区	人工造林	飞播造林	新封山育林	退化林修复	人工更新
70 团	4	—	—	—	20
71 团	11	—	—	—	10
72 团	28	—	—	—	5
73 团	40	—	—	—	—
74 团	20	—	—	—	—
75 团	20	—	—	—	—
76 团	19	—	—	—	—
77 团	11	—	—	—	—
78 团	88	—	—	103	—
79 团	24	—	—	—	—
第五师	**517**	**—**	**—**	**—**	**136**
81 团	33	—	—	—	20
83 团	30	—	—	—	24
84 团	31	—	—	—	10
86 团	51	—	—	—	5
87 团	—	—	—	—	23
88 团	16	—	—	—	10
89 团	15	—	—	—	23
90 团	194	—	—	—	21
91 团	147	—	—	—	—
第六师	**690**	**—**	**333**	**—**	**—**
101 团	7	—	—	—	—
102 团	133	—	—	—	—
103 团	34	—	—	—	—
105 团	33	—	—	—	—
106 团	17	—	—	—	—
新湖农场	80	—	133	—	—
芳草湖农场	102	—	200	—	—
红旗农场	133	—	—	—	—
军户农场	33	—	—	—	—
共青团农场	27	—	—	—	—
六运湖农场	11	—	—	—	—
土墩子农场	33	—	—	—	—
奇台农场	33	—	—	—	—
北塔山牧场	7	—	—	—	—
师直单位	7	—	—	—	—
第七师	**1191**	**—**	**—**	**—**	**33**
123 团	32	—	—	—	—
124 团	159	—	—	—	3

分县造林完成情况

单位:公顷

地 区	人工造林	飞播造林	新封山育林	退化林修复	人工更新
125 团	216	—	—	—	—
126 团	55	—	—	—	—
127 团	99	—	—	—	—
128 团	46	—	—	—	—
129 团	293	—	—	—	—
130 团	248	—	—	—	—
131 团	7	—	—	—	30
137 团	28	—	—	—	—
奎东农场	8	—	—	—	—
第八师	**1114**	**—**	**—**	**1753**	**252**
121 团	168	—	—	335	31
133 团	114	—	—	—	—
134 团	83	—	—	647	33
136 团	91	—	—	—	—
141 团	52	—	—	67	—
142 团	91	—	—	—	—
143 团	75	—	—	—	—
144 团	47	—	—	20	45
石河子总场	81	—	—	—	66
147 团	65	—	—	—	—
148 团	48	—	—	464	—
149 团	54	—	—	—	34
150 团	138	—	—	220	43
152 团	7	—	—	—	—
第九师	**551**	**—**	**4668**	**—**	**—**
161 团	3	—	1000	—	—
162 团	3	—	—	—	—
163 团	7	—	—	—	—
164 团	23	—	—	—	—
165 团	10	—	1000	—	—
166 团	27	—	667	—	—
167 团	21	—	667	—	—
168 团	110	—	667	—	—
170 团	340	—	667	—	—
团结农场	7	—	—	—	—
第十师	**502**	**—**	**1333**	**736**	**15**
181 团	13	—	—	—	4
182 团	25	—	—	173	7
183 团	27	—	—	233	—

分县造林完成情况

单位:公顷

地　区	人工造林	飞播造林	新封山育林	退化林修复	人工更新
184 团	22	—	—	13	—
185 团	21	—	—	84	—
186 团	7	—	1333	—	4
187 团	367	—	—	—	—
188 团	20	—	—	233	—
第十二师	**163**	**—**	**—**	**5**	**15**
头屯河农场	12	—	—	—	3
三坪农场	23	—	—	—	—
104 团	27	—	—	—	6
五一农场	33	—	—	5	—
西山农场	39	—	—	—	—
221 团	9	—	—	—	6
222 团	20	—	—	—	—
第十三师	**50**	**—**	**—**	**—**	**41**
红星 1 场	9	—	—	—	5
红星 2 场	5	—	—	—	6
红星 4 场	29	—	—	—	10
黄田农场	—	—	—	—	7
火箭农场	1	—	—	—	3
柳树泉农场	4	—	—	—	—
红山农场	2	—	—	—	3
淖毛湖农场	—	—	—	—	7
第十四师	**824**	**—**	**—**	**833**	**134**
47 团	213	—	—	—	—
皮山农场	466	—	—	—	—
一牧场	78	—	—	—	—
224 团	67	—	—	833	134
大兴安岭	**2667**	**—**	**—**	**20867**	**—**

附录五

全国历年主要统计指标完成情况

ANNEX Ⅴ

全国历年

年 份	人工 造林	飞播 造林	新封山 育林	更新 造林	森林 抚育
1949～1952	170.73			2.25	
1953	111.29			1.65	
1954	116.62			3.88	
1955	171.05			3.92	
1956	572.33			9.41	
1957	435.51			5.58	
1958	609.87			39.11	
1959	544.27	0.70		56.03	
1960	413.69	0.70		48.37	
1961	143.23	0.90		15.71	
1962	118.87	1.00		10.63	
1963	151.60	1.41		18.30	
1964	289.32	1.81		20.65	
1965	340.32	2.21		23.89	
1966	435.18	18.15		32.10	
1967	354.10	36.30		30.30	
1968	285.88	55.45		24.00	
1969	275.33	72.60		23.30	
1970	297.65	90.75		32.50	
1971	340.44	112.07		30.75	
1972	347.33	116.24		31.90	
1973	392.55	105.74		35.67	
1974	411.47	88.77		36.20	
1975	443.77	53.61		42.20	
1976	432.31	60.27		42.08	
1977	421.85	57.47		41.64	
1978	412.57	37.06		45.84	
1979	391.03	57.90		40.93	
1980	394.00	61.20		42.19	
1981	368.10	42.91		44.26	
1982	411.58	37.98		43.88	
1983	560.31	72.13		50.88	
1984	729.07	96.29		55.20	
1985	694.88	138.80		63.83	
1986	415.82	111.58		57.74	
1987	420.73	120.69		70.35	
1988	457.48	95.85		63.69	

注:1. 1985 年以前,造林成活率达到 40% 即统计造林面积,以后为达到 85% 以上统计。

2. 本表自 2015 年新封山育林面积包含有林地和灌木林地封育,飞播造林面积包含飞播营林。

3. 森林抚育面积特指中、幼龄林抚育。

营造林面积

单位:万公顷

年 份	人工造林	飞播造林	新封山育林	更新造林	森林抚育
1989	410.95	91.38		71.91	
1990	435.33	85.51		67.15	
1991	475.18	84.27		66.41	262.27
1992	508.37	94.67		67.36	262.68
1993	504.44	85.90		73.92	297.59
1994	519.02	80.24		72.27	328.75
1995	462.94	58.53		75.10	366.60
1996	431.50	60.44		79.48	418.76
1997	373.78	61.72		79.84	432.04
1998	408.60	72.51		80.63	441.30
1999	427.69	62.39		104.28	612.01
2000	434.50	76.01		91.98	501.30
2001	397.73	97.57		51.53	457.44
2002	689.60	87.49		37.90	481.68
2003	843.25	68.64		28.60	457.77
2004	501.89	57.92		31.93	527.15
2005	322.13	41.64		40.75	501.06
2006	244.61	27.18	112.09	40.82	550.96
2007	273.85	11.87	105.05	39.09	649.76
2008	368.43	15.41	151.54	42.40	623.53
2009	415.63	22.63	187.97	34.43	636.26
2010	387.28	19.59	184.12	30.67	666.17
2011	406.57	19.69	173.40	32.66	733.45
2012	382.07	13.64	163.87	30.51	766.17
2013	420.97	15.44	173.60	30.31	784.72
2014	405.29	10.81	138.86	29.25	901.96
2015	436.18	12.84	215.29	29.96	781.26
2016	382.37	16.23	195.36	27.28	850.04
2017	429.59	14.12	165.72	30.54	885.64
1949 ~ 1990	14728.44	1925.44		1379.90	
1991 ~ 1995	2469.95	403.61		355.06	1517.89
1996 ~ 2000	2076.06	333.06		436.21	2405.41
2001 ~ 2005	2754.60	353.26		190.71	2425.10
2006 ~ 2010	1689.80	96.68	740.77	187.41	3126.69
2011 ~ 2015	2051.08	72.42	865.02	152.68	3967.56
2016 ~ 2017	811.95	30.35	361.08	57.82	1735.68
1949 ~ 2017	26581.88	3214.83	1966.87	2759.80	15178.34

全国历年林业重点

年　份	合　计	天然林资源保护工程	退耕还林工程		京津风沙源治理工程	
			小计	其中：退耕地造林		小　计
1979～1985年	**1010.98**					**1010.98**
“七五”小计	**589.93**					**589.93**
“八五”小计	**1186.04**				**44.12**	**1141.92**
1996年	248.17				16.50	231.67
1997年	244.94				21.60	223.35
1998年	271.80	29.04			23.16	219.60
1999年	316.95	47.76	44.79	38.15	21.16	203.25
2000年	309.90	42.64	68.36	32.84	28.03	170.88
“九五”小计	**1391.76**	**119.43**	**113.15**	**70.99**	**110.43**	**1048.75**
2001年	307.13	94.81	87.10	38.61	21.73	103.49
2002年	673.17	85.61	442.36	203.98	67.64	77.56
2003年	824.24	68.83	619.61	308.59	82.44	53.35
2004年	478.06	64.15	321.75	82.49	47.33	44.83
2005年	309.96	42.48	189.84	66.74	40.82	36.82
“十五”小计	**2592.56**	**355.87**	**1660.66**	**700.41**	**259.96**	**316.06**
2006年	280.17	77.48	105.05	21.85	40.95	56.68
2007年	267.83	73.29	105.60	5.95	31.51	57.42
2008年	343.35	100.90	118.97	0.22	46.90	76.58
2009年	457.55	136.09	88.67	0.07	43.48	189.31
2010年	366.79	88.55	98.26	0.03	43.91	136.06
“十一五”小计	**1715.68**	**476.31**	**516.55**	**28.12**	**206.77**	**516.05**
2011年	309.30	55.36	73.02	0.01	54.52	126.40
2012年	275.39	48.52	65.53		54.17	107.18
2013年	256.90	46.03	62.89		62.61	85.36
2014年	192.69	41.05	37.86	0.01	23.91	89.87
2015年	284.05	64.48	63.60	44.63	22.33	133.64
“十二五”小计	**1318.32**	**255.44**	**302.90**	**44.64**	**217.53**	**542.46**
2016年	250.55	48.73	68.33	55.85	23.00	110.50
2017年	299.12	39.03	121.33	121.33	20.72	94.79
总　计	**10354.94**	**1294.80**	**2782.93**	**1021.34**	**882.53**	**5371.43**

注：1. 京津风沙源治理工程1993～2000年数据为原全国防沙治沙工程数据；

2. 自2006年起将无林地和疏林地封育面积计入造林总面积，2015年起将有林地和灌木林地封育计入造林总面积；

3. 2016年三北及长江流域等重点防护林体系工程造林面积包括林业血防工程3.67万公顷造林面积。2017年林业重点工程造林面积合计包括石漠化治理工程23.25万公顷。

生态工程完成造林面积

单位:万公顷

三北及长江流域等重点防护林体系工程					
三北防护林工程	长江流域防护林工程	沿海防护林工程	珠江流域防护林工程	太行山绿化工程	平原绿化工程
1010.98					
517.49	**36.99**			**35.46**	
617.44	**270.17**	**84.67**		**151.86**	**17.78**
134.23	46.40	7.22		40.25	3.59
126.61	44.78	6.35	5.67	36.63	3.31
124.40	44.86	6.03	3.99	34.37	5.96
124.54	36.98	4.45	3.21	29.34	4.73
105.32	20.69	5.69	3.07	29.85	6.26
615.09	**193.71**	**29.73**	**15.93**	**170.44**	**23.84**
54.17	16.27	9.09	2.71	14.13	7.13
45.38	11.03	5.57	4.66	7.62	3.32
27.53	10.88	3.86	4.47	5.00	1.62
23.23	11.33	3.02	3.18	3.09	0.98
21.79	6.59	2.27	3.07	2.85	0.25
172.10	**56.10**	**23.80**	**18.07**	**32.69**	**13.29**
32.68	7.87	1.70	2.88	11.47	0.09
38.15	7.64	2.39	1.74	7.39	0.11
49.79	7.23	7.42	3.70	8.03	0.41
125.59	22.21	21.22	8.21	11.92	0.17
92.82	11.88	17.32	6.68	6.92	0.43
339.04	**56.83**	**50.05**	**23.21**	**45.73**	**1.20**
73.78	20.48	20.99	7.23	3.66	0.26
67.87	15.79	14.54	5.16	3.81	
51.86	13.04	11.86	4.40	3.57	0.64
59.63	10.74	9.69	2.69	4.92	2.19
76.60	23.72	18.85	9.66	4.81	
329.74	**83.78**	**75.92**	**29.14**	**20.77**	**3.10**
64.85	21.78	10.87	5.73	3.59	
62.64	17.40	6.81	4.80	3.14	
3729.38	**736.75**	**281.85**	**96.89**	**463.68**	**59.22**

全国历年林业重点生态工程实际

年份	指标名称	合计	天然林资源保护工程	退耕还林工程	京津风沙源治理工程	
						小计
1979～1995 年	**实际完成投资**	**417515**			**17432**	**400083**
	其中:国家投资	**196633**			**8501**	**188132**
1996 年	实际完成投资	140461			15741	124720
	其中:国家投资	51939			4506	47433
1997 年	实际完成投资	186106			33782	152324
	其中:国家投资	64741			12247	52494
1998 年	实际完成投资	441717	227761		37741	176215
	其中:国家投资	280338	206365		10176	63797
1999 年	实际完成投资	713818	409225	33595	35477	235521
	其中:国家投资	501534	351309	33595	8198	108432
2000 年	实际完成投资	1106412	608414	154075	43102	300821
	其中:国家投资	881704	582886	146623	15655	136540
"九五"小计	**实际完成投资**	**2588514**	**1245400**	**187670**	**165843**	**989601**
	其中:国家投资	**1780256**	**1140560**	**180218**	**50782**	**408696**
2001 年	实际完成投资	1771124	949319	314547	183275	303066
	其中:国家投资	1353311	887717	248459	59283	145743
2002 年	实际完成投资	2519018	933712	1106096	123238	316711
	其中:国家投资	2249185	881617	1061504	120022	157582
2003 年	实际完成投资	3307863	679020	2085573	258781	232083
	其中:国家投资	2977684	650304	1926019	239513	136239
2004 年	实际完成投资	3489682	681985	2142905	267666	352661
	其中:国家投资	2981364	640983	1920609	261857	135782
2005 年	实际完成投资	3600892	620148	2404111	332625	192556
	其中:国家投资	3211855	584777	2185928	325408	91292
"十五"小计	**实际完成投资**	**14688579**	**3864184**	**8053232**	**1165585**	**1397077**
	其中:国家投资	**12773399**	**3645398**	**7342519**	**1006083**	**666638**
2006 年	实际完成投资	3527084	643750	2321449	327666	179501
	其中:国家投资	3254930	604120	2224633	310029	85398
2007 年	实际完成投资	3470969	820496	2084085	320929	165879
	其中:国家投资	3027545	666496	1915544	298768	91273

完成投资及国家投资情况(一)

单位:万元

三北及长江流域等重点防护林体系工程						野生动植物保护及自然保护区建设工程
三北防护林工程	长江流域防护林工程	沿海防护林工程	珠江流域防护林工程	太行山绿化工程	平原绿化工程	
231652	**77939**	**41990**		**32622**	**15880**	
132779	**27148**	**10930**		**8780**	**8495**	
71169	23114	16548		7371	6518	
30802	7455	2531		2085	4560	
80567	21095	12653	16430	12247	9332	
34704	7196	2198	502	2853	5041	
90289	27774	21029	12060	11970	13093	
37206	11154	3340	1557	5411	5129	
118754	31384	22897	16463	24232	21791	
57383	16345	5717	2775	14195	12017	
143682	31273	31551	14392	23781	56142	
71602	18427	13768	6831	13327	12585	
504461	**134640**	**104678**	**59345**	**79601**	**106876**	
231697	**60577**	**27554**	**11665**	**37871**	**39332**	
102468	53406	40026	10678	16169	80319	20917
56163	22736	14425	6499	8832	37088	12109
139272	45837	41164	17657	17151	55630	39261
66512	27942	13839	15481	10920	22888	28460
85437	41442	29155	13136	10436	52477	52406
49105	27758	20127	11083	8097	20069	25609
86645	109028	51946	11922	13048	80072	44465
44014	26017	29705	9797	11268	14981	22133
85231	53607	23029	9134	14620	6936	51452
41252	12808	19704	7039	10095	394	24450
499053	**303320**	**185320**	**62527**	**71423**	**275434**	**208501**
257046	**117261**	**97800**	**49899**	**49212**	**95420**	**112761**
84328	24386	42553	6509	13949	7776	54718
38539	8262	20637	4647	13108	205	30750
94026	13912	37819	3994	13213	2915	79580
48202	9964	23290	2811	6541	465	55464

全国历年林业重点生态工程实际

年　份	指标名称	合计	天然林资源保护工程	退耕还林工程	京津风沙源治理工程	小　计
2008 年	实际完成投资	4193747	973000	2489727	323871	337349
	其中:国家投资	3625728	923500	2210195	310795	139275
2009 年	实际完成投资	5075170	817253	3217569	403175	557076
	其中:国家投资	4179436	688199	2886310	355377	209602
2010 年	实际完成投资	4711990	731299	2927290	382406	570888
	其中:国家投资	3616315	591086	2499773	329166	138550
“十一五”小计	**实际完成投资**	**20978960**	**3985798**	**13040120**	**1758047**	**1810693**
	其中:国家投资	**17703954**	**3473401**	**11736455**	**1604135**	**664098**
2011 年	实际完成投资	5319584	1826744	2463373	250395	664819
	其中:国家投资	4342817	1696826	1949855	223978	394431
2012 年	实际完成投资	5283825	2186318	1977649	356646	630274
	其中:国家投资	4050116	1710230	1545329	321863	380467
2013 年	实际完成投资	5361512	2301529	1962668	378669	569772
	其中:国家投资	4378163	2020503	1557260	357304	354732
2014 年	实际完成投资	6659502	2610936	2230905	106583	1512854
	其中:国家投资	5448154	2204105	1916113	81217	1098931
2015 年	实际完成投资	7056599	2983638	2752809	111595	954103
	其中:国家投资	6299919	2838326	2520733	107268	637340
“十二五”小计	**实际完成投资**	**29681022**	**11909165**	**11387404**	**1203888**	**4331822**
	其中:国家投资	**24519169**	**10469990**	**9489290**	**1091630**	**2865901**
2016 年	实际完成投资	6754068	3400322	2366719	152729	678829
	其中:国家投资	6304925	3334513	2149296	141944	533251
2017 年	实际完成投资	7180115	3763641	2221446	174385	676739
	其中:国家投资	6702046	3615667	2055317	158962	546891
总　计	**实际完成投资**	**82288773**	**28168510**	**37256591**	**4637909**	**10284844**
	其中:国家投资	**69980382**	**25679529**	**32953095**	**4062037**	**5873607**

注：2016 年三北及长江流域等重点防护林体系工程投资包括林业血防工程 17507 万元，其中国家投资 14887 万元。2017 年林业重点工程投资合计包括石漠化治理工程 89829 万元，其中国家投资 88524 万元。

完成投资及国家投资情况(二)

单位:万元

三北及长江流域等重点防护林体系工程						野生动植物保护及自然保护区建设工程
三北防护林工程	长江流域防护林工程	沿海防护林工程	珠江流域防护林工程	太行山绿化工程	平原绿化工程	
184078	34916	94009	7142	16804	400	69800
99184	13119	18429	4043	4275	225	41963
270310	101057	140019	23828	21663	199	80097
133198	27000	35953	8979	4422	50	39948
284589	49422	192579	27177	16471	650	100107
68632	19557	33802	12519	4000	40	57740
917331	**223693**	**506979**	**68650**	**82100**	**11940**	**384302**
387755	**77902**	**132111**	**32999**	**32346**	**985**	**225865**
322215	98832	200344	26204	12948	4276	114253
208105	42627	117478	14984	11167	70	77727
325088	99667	165824	25796	13899		132938
210938	40869	96239	19977	12444		92227
274469	65806	178784	21154	17539	12020	148874
170664	33863	116389	11354	10442	12020	88364
406704	98569	278075	21229	13196	695081	198224
253193	33154	140431	14930	12664	644559	147788
551846	103717	247150	31420	19970		254454
370283	85227	138168	23913	19749		196252
1880322	**466591**	**1070177**	**125803**	**77552**	**711377**	**848743**
1213183	**235740**	**608705**	**85158**	**66466**	**656649**	**602358**
355827	96009	145345	38195	25946		155469
322104	83955	66275	20084	25946		145921
397780	129902	95172	31473	22412	254075	
294678	120732	88841	20611	22029	236685	
4786426	**1432094**	**2149661**	**385993**	**391657**	**1121507**	**1851090**
2839242	**723315**	**1032216**	**220416**	**242650**	**800881**	**1323590**

全国历年木材、竹材及木材加工、林产化学主要产品产量

时期	木材（万立方米）	竹材（万根）	锯材（万立方米）	人造板（万立方米）				木竹地板（万平方米）	松香（吨）
				总计	其中				
					胶合板	纤维板	刨花板		
1949～1977 年	**90947.00**	**210405**	**26285.10**	**500.06**	**324.28**	**143.10**	**32.68**		**3884994**
1978 年	5162.30	11181	1105.50	62.45	25.22	32.88	4.36		282027
1979 年	5438.93	10507	1271.40	77.46	29.24	42.93	5.29		297034
1980 年	5359.31	9621	1368.70	91.43	32.99	50.62	7.82		327283
1981 年	4942.31	8656	1301.06	99.61	35.11	56.83	7.67		406214
1982 年	5041.25	10183	1360.85	116.67	39.41	66.99	10.27		400784
1983 年	5232.32	9601	1394.48	138.95	45.48	73.45	12.74		246916
1984 年	6384.81	9117	1508.59	151.38	48.97	73.59	16.48		307993
1985 年	6323.44	5641	1590.76	165.93	53.87	89.50	18.21		255736
“六五”时期	**27924.13**	**43198**	**7155.74**	**672.54**	**222.84**	**360.36**	**65.37**		**1617643**
1986 年	6502.42	7716	1505.20	189.44	61.08	102.70	21.03		293500
1987 年	6407.86	11855	1471.91	247.66	77.63	120.65	37.78		395692
1988 年	6217.60	26211	1468.40	289.88	82.69	148.41	48.31		376482
1989 年	5801.80	15238	1393.30	270.56	72.78	144.27	44.20		409463
1990 年	5571.00	18714	1284.90	244.60	75.87	117.24	42.80		344003
“七五”时期	**30500.68**	**79734**	**7123.71**	**1242.14**	**370.05**	**633.27**	**194.12**		**1819140**
1991 年	5807.30	29173	1141.50	296.01	105.40	117.43	61.38		343300
1992 年	6173.60	40430	1118.70	428.90	156.47	144.45	115.85		419503
1993 年	6392.20	43356	1401.30	579.79	212.45	180.97	157.13		503681
1994 年	6615.10	50430	1294.30	664.72	260.62	193.03	168.20		437269
1995 年	6766.90	44792	4183.80	1684.60	759.26	216.40	435.10		481264
“八五”时期	**31755.10**	**208181**	**9139.60**	**3654.02**	**1494.20**	**852.28**	**937.66**		**2185017**
1996 年	6710.27	42175	2442.40	1203.26	490.32	205.50	338.28	2293.70	501221
1997 年	6394.79	44921	2012.40	1648.48	758.45	275.92	360.44	1894.39	675758
1998 年	5966.20	69253	1787.60	1056.33	446.52	219.51	266.30	2643.17	416016
1999 年	5236.80	53921	1585.94	1503.05	727.64	390.59	240.96	3204.58	434528
2000 年	4723.97	56183	634.44	2001.66	992.54	514.43	286.77	3319.25	386760
“九五”时期	**29032.03**	**266453**	**8462.78**	**7412.78**	**3415.47**	**1605.95**	**1492.75**	**13355.09**	**2414283**
2001 年	4552.03	58146	763.83	2111.27	904.51	570.11	344.53	4849.06	377793
2002 年	4436.07	66811	851.61	2930.18	1135.21	767.42	369.31	4976.99	395273
2003 年	4758.87	96867	1126.87	4553.36	2102.35	1128.33	547.41	8642.46	443306
2004 年	5197.33	109846	1532.54	5446.49	2098.62	1560.46	642.92	12300.47	485863
2005 年	5560.31	115174	1790.29	6392.89	2514.97	2060.56	576.08	17322.79	606594
“十五”时期	**24504.61**	**446844**	**6065.13**	**21434.19**	**8755.66**	**6086.88**	**2480.25**	**48091.77**	**2308829**
2006 年	6611.78	131176	2486.46	7428.56	2728.78	2466.60	843.26	23398.99	915364
2007 年	6976.65	139761	2829.10	8838.58	3561.56	2729.85	829.07	34343.25	1183556
2008 年	8108.34	126220	2840.95	9409.95	3540.86	2906.56	1142.23	37689.43	1067293
2009 年	7068.29	135650	3229.77	11546.65	4451.24	3488.56	1431.00	37753.20	1117030
2010 年	8089.62	143008	3722.63	15360.83	7139.66	4354.54	1264.20	47917.15	1332798
“十一五”时期	**36854.68**	**675814**	**15108.92**	**52584.57**	**21422.11**	**15946.12**	**5509.76**	**181102.03**	**5616041**
2011 年	8145.92	153929	4460.25	20919.29	9869.63	5562.12	2559.39	62908.25	1413041
2012 年	8174.87	164412	5568.19	22335.79	10981.17	5800.35	2349.55	60430.54	1409995
2013 年	8438.50	187685	6297.60	25559.91	13725.19	6402.10	1884.95	68925.68	1642308
2014 年	8233.30	222440	6836.98	27371.79	14970.03	6462.63	2087.53	76022.40	1700727
2015 年	7218.21	235466	7430.38	28679.52	16546.25	6618.53	2030.19	77355.85	1742521
“十二五”时期	**40210.79**	**963932**	**30593.39**	**124866.30**	**66092.26**	**30845.74**	**10911.62**	**345642.72**	**7908592**
2016 年	7775.87	250630	7716.14	30042.22	17755.62	6651.22	2650.10	83798.66	1838691
2017 年	8398.17	272013	8602.37	29485.87	17195.21	6297.00	2777.77	82568.31	1664982
总　计	**343863.60**	**3448513**	**129998.48**	**272126.03**	**137135.15**	**69548.34**	**27069.53**	**754558.58**	**32164556**

注：自 2006 年起松香产量包括深加工产品。

全国历年林业投资完成情况

单位:万元

年 份	林业投资完成额	其中:国家投资
1950～1977 年	**1453357**	**1105740**
1978 年	108360	65604
1979 年	141326	91364
1980 年	144954	68481
1981 年	140752	64928
1982 年	168725	70986
1983 年	164399	77364
1984 年	180111	85604
1985 年	183303	81277
“六五”时期	**837291**	**380159**
1986 年	231994	83613
1987 年	247834	97348
1988 年	261413	91504
1989 年	237553	90604
1990 年	246131	107246
“七五”时期	**1224925**	**470315**
1991 年	272236	134816
1992 年	329800	138679
1993 年	409238	142025
1994 年	476997	141198
1995 年	563972	198678
“八五”时期	**2052243**	**755396**
1996 年	638626	200898
1997 年	741802	198908
1998 年	874648	374386
1999 年	1084077	594921
2000 年	1677712	1130715
“九五”时期	**5016865**	**2499828**
2001 年	2095636	1551602
2002 年	3152374	2538071
2003 年	4072782	3137514
2004 年	4118669	3226063
2005 年	4593443	3528122
“十五”时期	**18032904**	**13981372**
2006 年	4957918	3715114
2007 年	6457517	4486119
2008 年	9872422	5083432
2009 年	13513349	7104764
2010 年	15533217	7452396
“十一五”时期	**50334423**	**27841825**
2011 年	26326068	11065990
2012 年	33420880	12454012
2013 年	37822690	13942080
2014 年	43255140	16314880
2015 年	42901420	16298683
“十二五”时期	**183726198**	**70075645**
2016 年	45095738	21517308
2017 年	48002639	22592278
总 计	**356171222**	**161445315**

附录六

2008～2017年主要林产品进出口情况

ANNEX Ⅵ

2008～2017 年主要林产

产品			2008 年	2009 年	2010 年	2011 年
总计		出口	33488310	36316317	46316686	55033714
		进口	38439466	33902486	47506554	65299100
原木	针叶原木	出口	17	21	274	51
		进口	2404879	2414186	2234430	3240796
	阔叶原木	出口	965	4306	10475	6730
		进口	2769073	1852088	2830298	3408524
	合计	出口	986	4580	10526	6768
		进口	5183259	4086518	6071094	8273132
锯材		出口	412265	346344	342001	360493
		进口	2039427	2327863	3878172	5721322
单板		出口	243925	172678	210865	273559
		进口	98504	63736	88064	118568
特形材		出口	448662	371345	433189	377244
		进口	19774	15547	19708	29668
刨花板		出口	34758	45873	32712	41387
		进口	106352	91859	88913	114283
纤维板		出口	1094538	884401	1114253	1435693
		进口	140415	119570	124654	107114
胶合板		出口	3400530	2523949	3402140	4339929
		进口	167469	89042	116042	119681
木制品		出口	3522246	3324597	4114612	4536235
		进口	75033	84081	121953	156709
家具		出口	11017339	12035202	16157214	17118709
		进口	311952	297671	387711	546457
木片		出口	9034	887	558	726
		进口	182490	353802	673817	1159600
木浆		出口	6916	22351	11344	34119
		进口	6660933	6795615	8774104	11852421
废纸		出口	1	48	119	616
		进口	5556926	3796054	5352897	6967452
纸和纸制品		出口	2070567	6129326	7554688	10454553
		进口	4363240	3879784	4610590	5055272
木炭		出口	22979	26065	35748	39094
		进口	14663	17552	22952	44877
松香		出口	271944	181729	486750	593328
		进口	4739	6104	8830	8577

品进出口金额(一)

单位:千美元

2012 年	2013 年	2014 年	2015 年	2016 年	2017 年
58690787	64454614	71412007	74262543	72676670	73405906
61948082	64088332	67605223	63603710	62425744	74983984
1724	—	289	—	—	—
7250935	5114048	5440581	3657984	4111591	5138718
—	6656	7773	4140	29793	30155
3760576	4203304	6341506	4402247	3973686	4781965
1724	6656	8062	4140	29793	30155
3490359	9317352	11782087	8060231	8085277	9920683
331346	325737	298200	206795	194220	204445
5524195	6829924	8088849	7506603	8137933	10067066
234420	235983	276757	283714	280009	382999
135155	142005	183822	162113	157597	156892
359769	334364	355706	293881	234461	213652
30988	28193	35357	41178	51055	36828
66454	93181	136337	114107	120502	97400
116921	127891	141666	141018	184022	241020
1613657	1523620	1630949	1425474	1228476	1146604
93740	100575	110055	108396	125490	135017
4795625	5033698	5813258	5487696	5275773	5097387
119546	103104	131966	121126	138484	150851
4854951	5160484	5932432	6457198	6308242	6289577
274723	500161	715093	763723	771224	740539
18331201	19440770	22091885	22854641	22209363	22692178
596047	707904	888821	884025	961700	1183797
30	57	21	102	823	
1331814	1554275	1545100	1693669	1912019	1897517
12694	14008	12433	16818	17267	16600
10904715	11316770	12004565	12701792	12196424	15266065
691	418	265	280	495	385
6275973	5930000	5347795	5283161	4988961	5874652
11800706	14232066	15859260	17097590	16403632	16733385
4600238	4373700	4308915	4046869	3945233	4981667
44428	64472	89129	108964	101677	104079
58017	62857	62022	50057	46031	50264
268287	272145	296592	194439	104297	
17549	47616	25367	40434	64510	

2008～2017 年主要林产

产品			2008 年	2009 年	2010 年	2011 年
水果	柑橘属	出口	437373	592697	615797	726457
		进口	67312	74224	106072	148576
	鲜苹果	出口	698398	713518	831627	914326
		进口	45188	54108	75932	115830
	鲜梨	出口	215087	220716	243263	285559
		进口	27	23	75	1043
	鲜葡萄	出口	47437	85926	104943	162273
		进口	95018	172077	189471	324280
	鲜猕猴桃	出口	22309	33082	44719	2803
		进口	1537	1900	2571	81910
	山竹果	出口	—	—	1	1
		进口	69565	144383	147018	145837
	鲜榴莲	出口	—	—	1	4
		进口	92850	124373	149562	234304
	鲜龙眼	出口	2770	857	711	2451
		进口	124192	157334	193182	314287
	鲜火龙果	出口	121	161	300	719
		进口	55236	94538	105305	200154
坚果	核桃	出口	60224	19849	24536	47654
		进口	12624	28502	48596	55204
	板栗	出口	62981	68208	73434	75865
		进口	18531	18108	22090	17893
	松子仁	出口	47675	142974	159277	153902
		进口	6955	7875	5619	21990
	开心果	出口	13098	5622	7334	10889
		进口	76554	77461	203136	116623
干果	梅干及李干	出口	1942	2311	3844	4943
		进口	1783	2865	4942	8274
	龙眼干、肉	出口	1005	1249	1742	1674
		进口	53530	88737	64630	86455
	柿饼	出口	10630	9098	13896	11100
		进口	—	—	—	1
	红枣	出口	12187	17399	17447	22611
		进口	14	20	90	58
	葡萄干	出口	47225	65311	69960	102067
		进口	19686	18340	23010	34943
果汁	柑橘属果汁	出口	14424	14218	16064	19946
		进口	97790	106311	109036	172899
	苹果汁	出口	1130079	655526	747088	1081240
		进口	4634	718	606	1087
其他		出口	8116983	7640042	9459801	11782556
		进口	7559270	6718656	9727522	23016281

注：1. 资料来源：海关总署信息中心；
2. 木浆中未包括从回收纸与纸板中提取的木浆；
3. 纸和纸制品中未包括回收纸和纸板及印刷品等；
4. 2007～2008 年以造纸工业纸浆消耗价值中原生木浆价值的比例将从回收的纸与纸板中提取的纤维桨、回收纸与纸板 2007 年取 0.214；2008 年取 0.221；2009 年取 0.80；2010 年为 0.78；2011 年为 0.8；2012 年为 0.85；2013 年为 0.88；
5. 2007～2008 年以造纸工业纸浆消耗价值中原生木浆价值的比例将纸和纸制品出口额折算为木制林产品价值，2009～年取 0.81；2010 年取 0.79；2011 年取 0.81；2012 年取 0.86；2013 年取 0.89；2014 年取 0.89；2015 年为 0.91；
6. 将印刷品、手稿、打字稿等的进(出)口额＝进(出)口折算量×纸和纸制品的平均价格。

品进出口金额(二)

单位:千美元

2011 年	2012 年	2013 年	2014 年	2015 年	2016 年
971902	1155959	1170064	1258434	1303841	1071605
150776	166152	229953	267179	354846	552051
959913	1030074	1027619	1031232	1452932	1456372
92578	67465	46278	146957	123220	115215
325154	361737	350656	442537	487011	
3793	6041	10148	12935	13300	
336036	268561	358756	761873	663604	735140
425205	514608	602607	586628	629772	590728
1592	3026	4646	4463	—	7061
138843	121626	195481	266718	145952	350104
1	—	—	—	12932	28
196000	231455	158470	238200	343079	147070
—	—	—	—	—	3
399762	543165	592625	567943	693302	552171
2813	2158	3105	10187	8763	9936
395965	448088	328267	341923	270213	437722
1093	736	329	345	538	1781
326473	410163	529932	662882	381121	389512
54660	63087	71524	60735	30301	106052
73373	61000	62120	42335	31916	33817
85864	84255	82517	77858	76939	
26937	24578	18360	10504	15222	
174671	212315	234068	258135	272137	243249
22467	26953	53440	64841	88809	96659
35959	28830	13482	10306	9956	
134940	80886	66195	75964	118898	
6766	6479	4235	2294	2405	2096
9718	9745	4251	3267	6282	7722
1868	1535	1657	2392	1905	1713
82020	86062	56678	26565	60613	91308
16040	13476	14826	8830	11904	7764
—	—	—	—	2	17
26808	24638	28535	35320	37290	33361
70	8	8	4	16	49
73901	83392	74344	56891	62245	29387
41525	37881	37952	50952	55113	43633
11107	11209	10880	10914	9353	10808
153505	155367	153185	124160	115084	160369
1142004	906622	638698	561250	546813	648227
1383	2269	3209	4454	4811	6438
11746517	13455234	14525425	15122709	15176770	16032475
14830100	10756768	19280066	18504906	17208212	20706541

出口额折算为木制林产品价值，2009 ~ 2015 年按木纤维浆(原生木浆和废纸中的木浆)价值比例折算，各年的折算系数为：
2013 年为 0.89；2014 年为 0.89；2015 年为 0.90；2016 年为 0.92；2017 年为 0.93；
2015 年按木纤维浆(原生木浆和废纸中的木浆)价值比例折算，各年的折算系数为：2007 年取 0.26，2008 年取 0.26，2009
2016 年为 0.93；2017 年为 0.93；

2008～2017年主要林产

产品			单位	2008年	2009年	2010年	20011年
原木	针叶原木	出口	立方米	100	851	174	41
		进口	立方米	18577008	20302606	24274023	31465280
	阔叶原木	出口	立方米	2725	11885	28208	14339
		进口	立方米	10992626	7756655	10073466	10860568
	合计	出口	立方米	2825	12736	28382	14380
		进口	立方米	29569634	28059261	34347489	42325848
锯材		出口	立方米	717475	561106	539433	544194
		进口	立方米	7181828	9935167	14812175	21606705
单板		出口	立方米	146283	114327	158158	246914
		进口	立方米	91894	72327	109517	200231
特形材		出口	吨	310052	251560	302159	254144
		进口	吨	12333	7953	10513	13442
刨花板		出口	立方米	193171	124944	165527	86786
		进口	立方米	374137	446543	539368	547030
纤维板		出口	立方米	2382562	2031141	2569456	3291031
		进口	立方米	504505	452979	400071	306210
胶合板		出口	立方米	7185060	5634800	7546940	9572461
		进口	立方米	293937	179178	213672	188371
木制品		出口	吨	1750049	1563994	1858712	1876915
		进口	吨	60187	39734	43652	55484
家具		出口	件	242633034	247470421	298327198	289157492
		进口	件	3147981	3298999	4361353	5497244
木片		出口	吨	73014	7247	5342	5094
		进口	吨	1056387	2766012	4631704	6565328
木浆		出口	吨	10628	35045	14433	31520
		进口	吨	9460349	13578483	11299952	14354611
废纸		出口	吨	4	220	621	2853
		进口	吨	24205826	27501707	24352214	27279353
纸和纸制品		出口	吨	1356450	4802753	5157993	5997827
		进口	吨	3735959	3495948	3536533	3477712
木炭		出口	吨	50976	54922	63398	67463
		进口	吨	136266	156678	175518	188697
松香		出口	吨	276517	193291	249801	231148
		进口	吨	1076	2927	3589	2659

品进出口数量(一)

2012 年	2013 年	2014 年	2015 年	2016 年	2017 年
—	—	2042	—	—	—
26769151	33163602	35839252	30059122	33665605	38236224
3569	13128	9702	12070	94565	92491
11123565	11995831	15355616	14509893	15059132	17162103
3569	13128	11744	12070	94565	92491
37892716	45159433	51194868	44569015	48724737	55398327
479847	458284	408970	288288	262053	285640
20669661	24042966	25739161	26597691	31526379	37402136
205644	204347	255744	265447	246424	335140
342983	599518	986173	998698	880574	738810
247267	225281	212089	176867	162298	148973
14108	11818	16072	21624	27295	18896
216685	271316	372733	254430	288177	305917
540749	586779	577962	638947	903089	1093961
3609069	3068658	3205530	3014850	2649206	2687649
211524	226156	238661	220524	241021	229508
10032149	10263412	11633086	10766786	11172980	10835369
178781	154695	177765	165884	196145	185483
1865571	1935606	2175183	2269553	2302459	2420625
198006	445186	670641	760350	796138	753180
286991126	287405234	316268837	327246688	332626587	367209974
6368316	7384560	9845973	10191956	11101311	11888758
69	69	42	85	5531	
7580364	9157137	8850785	9818990	11569916	11401753
19504	22759	18393	25441	27790	24417
16380763	16781790	17893771	19791810	21019085	23652174
2067	923	661	631	2142	1394
30067145	29236781	27518476	29283876	28498407	25717692
6444274	7622315	8520484	8358720	9422457	9313991
3254368	2971246	2945544	2986103	3091659	4874085
64192	75550	80373	74075	68170	76533
167655	209273	219758	172780	159338	170718
167784	133136	122469	85322	58433	
9918	30413	11343	23357	45857	

2008～2018 年主要林产

产品			产品	2008 年	2009 年	2010 年	2011 年
水果	柑橘属	出口	吨	862105	1113002	933089	901557
		进口	吨	79946	91652	105275	131739
	鲜苹果	出口	吨	1153326	1174191	1122953	1034635
		进口	吨	42395	54116	66882	77085
	鲜梨	出口	吨	446656	463159	437804	402778
		进口	吨	9	13	13	527
	鲜葡萄	出口	吨	63303	100225	89359	106477
		进口	吨	51613	89775	81744	122909
	鲜猕猴桃	出口	吨	18769	26835	33162	1891
		进口	吨	1669	1749	2041	43114
	山竹果	出口	吨	—	—	1	4
		进口	吨	41084	91719	90918	83573
	鲜榴莲	出口	吨	—	—	4	11
		进口	吨	138929	196147	172205	210938
	鲜龙眼	出口	吨	2221	945	1177	1704
		进口	吨	196451	256037	291336	338846
	出口	吨	282	418	440	430	
		进口	吨	118248	195044	218355	339710
坚果	核桃	出口	吨	26179	10582	12086	17952
		进口	吨	9033	21102	25918	22837
	板栗	出口	吨	40920	46640	37002	37767
		进口	吨	11890	10820	11983	9197
	松子仁	出口	吨	4178	7862	7027	9633
		进口	吨	882	935	503	2481
	开心果	出口	吨	7691	2469	3382	5178
		进口	吨	29605	21545	52781	24952
干果	梅干及李干	出口	吨	475	551	954	1157
		进口	吨	1552	3034	5635	9065
	龙眼干、肉	出口	吨	222	232	283	264
		进口	吨	76117	133616	62036	77370
	柿饼	出口	吨	5660	5001	6505	4657
		进口	吨	—	—	—	—
	红枣	出口	吨	7884	8668	7686	6873
		进口	吨	17	5	51	37
	葡萄干	出口	吨	30620	41345	39850	47959
		进口	吨	12570	11743	13855	20624
果汁	柑橘属果汁	出口	吨	16895	20220	22563	20541
		进口	吨	47566	65108	71364	78156
	苹果汁	出口	吨	692574	799505	788409	613912
		进口	吨	2270	467	464	819

注：1. 资料来源：海关总署信息中心；

2. 表中数据体积与重量按刨花板 650 千克/立方米，单板 750 千克/立方米的标准换算，纤维板折算标准：密度 >800 千度 <500 千克/立方米的取 425 千克/立方米、密度 <350 千克/立方米的取 250 千克/立方米；

3. 木浆中未包括从回收纸和纸板中提取的木浆；

4. 纸和纸制品中未包括回收的废纸和纸板、印刷品、手稿等；

5. 2007～2008 年废纸、纸和纸制品出口量按纸和纸产品中的原生木浆比例折算，2009～2016 年按木纤维浆（原生木浆为 0.221；2009 年为 0.80；2010 年为 0.78；2011 年为 0.80；2012 年为 0.85；2013 年为 0.88；2014 年为 0.89；

6. 核桃进(出)口量包括未去壳核桃和核桃仁的折算量，其中核桃仁的折算量是以 40% 的出仁率将核桃仁数量折算为壳板栗数量折算为未去壳板栗数量；开心果进(出)口量包括未去壳开心果和去壳开心果的折算量，其中去壳开心果

7. 柑橘属水果中包括橙、葡萄柚、柚、蕉柑、其他柑橘、柠檬酸橙、其他柑橘属水果。

品进出口数量(二)

2012 年	2013 年	2014 年	2015 年	2016 年	2017 年
1082217	1041421	979882	920513	934320	775228
126154	128621	161833	214890	295641	466751
975878	994664	865070	833017	1322042	1334636
61505	38642	28148	87563	67109	68850
409584	381374	297260	373125	452435	
2479	3122	7379	7930	8224	
152292	105152	125879	208015	254452	280391
168409	185228	211019	215899	252396	233931
934	1478	2175	2007	—	4304
51979	48243	62829	90178	66247	112532
1	0	—	—	4133	27
101141	112945	82798	104480	125988	71141
—	—	—	—	—	3
286510	321950	315509	298793	292310	224382
1894	1892	1754	3915	2760	3170
323328	365227	326079	354149	348455	528806
607	347	179	146	240	1092
469245	538542	603876	813480	523373	533448
18024	18189	17571	13660	9151	33826
27801	28385	26409	13137	12380	12334
35081	39046	35594	34590	32884	
10666	11788	9874	6694	7213	
11579	10683	11428	13444	13771	16153
2279	1948	3750	4228	6638	12980
11008	5193	3360	2596	2082	
28039	13651	10779	11348	18331	
1522	1504	935	469	497	421
8269	6838	1613	1171	3421	4362
248	193	216	297	291	246
58551	64471	35810	16203	33729	57850
6080	5036	5492	3113	4013	2614
—	—	—	—	—	4
8522	7784	7822	9573	11027	9886
17	1	1	—	4	9
30633	36005	30201	25500	28770	13792
22358	20073	22592	34818	37087	33132
6102	5661	5265	5076	4323	4741
61904	70459	69701	64356	66268	82451
591633	601490	458590	474959	507390	655527
1034	1769	2747	4770	5600	7712

克/立方米的取 950 千克/立方米、500 千克/立方米 < 密度 < 800 千克/立方米的取 650 千克/立方米、350 千克/立方米 < 密

和废纸中的木浆)比例折算，纸和纸制品出口量按纸和纸产品中木浆比例折算，出口量的折算系数：2007 年为 0.214；2008 年
2015 年为 0.90；2016 年为 0.92；2017 年为 0.92；
未去壳的核桃数量；板栗进(出)口量包括未去壳板栗和去壳板栗的折算量，其中去壳板栗的折算量是以 80% 的出仁率将去
的折算量是以 50% 的出仁率将去壳开心果数量折算为未去壳开心果数量；

附录七

野生动植物进出口情况

ANNEX Ⅶ

全国野生动植物进出口情况(一)

指标名称				单位	2017 年
一、进出口证明书核发数量				**份**	**71025**
1. 进口	小计			份	55939
	动物			份	18962
	植物			份	36977
2. 出口	小计			份	7595
	动物			份	2823
	植物			份	4772
3. 再出口	小计			份	7491
	动物			份	1065
	植物			份	6426
二、物种证明核发数量				**份**	**8465**
1. 进口	小计			份	4980
	动物			份	3384
	植物			份	1596
2. 出口	小计			份	3485
	动物			份	355
	植物			份	3130
三、进出口贸易额				**万元**	**2547127**
(一)进出口证明书贸易额	合计			万元	1919579
	1. 进口	小计		万元	1454186
		动物	计	万元	209450
			观赏活体类	万元	24888
			实验类	万元	603
			毛皮类	万元	80311
			食用类	万元	1943
			药用或中成药类	万元	2603
			其他	万元	99102
		植物	计	万元	1244736
			观赏类	万元	7546
			食用类	万元	22548
			用材类	万元	1107891
			药用或中成药类	万元	7337
			其他	万元	99414

全国野生动植物进出口情况(二)

指标名称				单位	2017 年
(一)进出口证明书贸易额	2. 出口	小计		万元	294726
		动物	计	万元	172802
			观赏活体类	万元	4721
			实验类	万元	18258
			毛皮类	万元	460
			食用类	万元	35931
			药用或中成药类	万元	92720
			其他	万元	20712
		植物	计	万元	121924
			观赏类	万元	12254
			食用类	万元	58993
			用材类	万元	—
			药用或中成药类	万元	31313
			其他	万元	19364
	3. 再出口	小计		万元	170667
		动物	计	万元	42315
			观赏活体类	万元	—
			实验类	万元	69
			毛皮类	万元	2148
			食用类	万元	12096
			药用或中成药类	万元	5787
			其他	万元	22215
		植物	计	万元	128351
			观赏类	万元	3482
			食用类	万元	14434
			用材类	万元	94341
			药用或中成药类	万元	2060
			其他	万元	14035
(二)物种证明贸易额	合计			万元	627548
	1. 进口	小计		万元	249597
		动物		万元	49228
		植物		万元	200368
	2. 出口	小计		万元	377951
		动物		万元	12908
		植物		万元	365043

各办事处野生动植

单　位	进出口证明书核发数量(份)						
	合计	进口			出口		
		小计	动物	植物	小计	动物	植物
总计	**71025**	**55939**	**18962**	**36977**	**7595**	**2823**	**4772**
濒管办北京办事处	2024	1217	855	362	572	456	116
濒管办内蒙古自治区办事处	13	6	6	—	7	2	5
濒管办长春办事处	4559	2144	297	1847	1163	18	1145
濒管办黑龙江省办事处	11948	11662	13	11649	25	6	19
濒管办上海办事处	21979	19845	12442	7403	1094	887	207
濒管办福州办事处	2460	816	484	332	641	49	592
濒管办合肥办事处	2394	1370	210	1160	256	122	134
濒管办武汉办事处	144	45	39	6	82	82	—
濒管办广州办事处	23538	18759	4547	14212	1925	987	938
濒管办成都办事处	1724	49	46	3	1674	185	1489
濒管办云南省办事处	—	—	—	—	—	—	—
濒管办西安办事处	147	10	9	1	130	11	119
濒管办乌鲁木齐办事处	13	8	7	1	5	3	2
濒管办贵阳办事处	82	8	7	1	21	15	6

注:北京办事处下辖北京、天津、河北、山西核发点,长春办事处下辖吉林、辽宁核发点,上海办事处下辖上海、浙江、江苏核辖广东、广西、海南核发点,成都办事处下辖四川、重庆、西藏核发点,西安办事处下辖陕西、甘肃、青海、宁夏核发点,乌鲁木齐

物进出口情况(一)

			物种证明核发数量(份)						
再出口			合计	进口			出口		
小计	动物	植物		小计	动物	植物	小计	动物	植物
7491	**1065**	**6426**	**8465**	**4980**	**3384**	**1596**	**3485**	**355**	**3130**
235	78	157	389	246	41	205	143	1	142
—	—	—	5	3	3	—	2	—	2
1252	—	1252	418	119	104	15	299	3	296
261	—	261	65	7	7	—	58	—	58
1040	472	568	4301	2982	2125	857	1319	150	1169
1003	113	890	434	131	44	87	303	—	303
768	102	666	283	79	3	76	204	—	204
17	—	17	67	1	1	—	66	—	66
2854	299	2555	2137	1365	1038	327	772	197	575
1	1	—	83	24	8	16	59	1	58
—	—	—	—	—	—	—	—	—	—
7	—	7	251	2	2	—	249	—	249
—	—	—	23	15	6	9	8	2	6
53	—	53	9	6	2	4	3	1	2

发点，福州办事处下辖福建、江西核发点，合肥办事处下辖安徽、山东核发点，武汉办事处下辖湖北、河南核发点，广州办事处下
办事处下辖新疆、新疆生产建设兵团核发点，贵阳办事处下辖贵州、湖南核发点。

各办事处野生动植

单位	进出口									
	总计	进出口证明书								
		合计	进口							
			小计	动物						
				计	观赏活体类	实验类	毛皮类	食用类	药用或中成药类	其他
总　计	**2547127**	**1919579**	**1454186**	**209450**	**24888**	**603**	**80311**	**1943**	**2603**	**99102**
濒管办北京办事处	529360	384395	317439	57891	1596	310	419	39	—	55528
濒管办内蒙古自治区办事处	867	833	626	626	528	—	—	—	—	99
濒管办长春办事处	264540	43746	21264	4475	2938	185	95	—	—	1257
濒管办黑龙江省办事处	175678	169753	155445	167	82	—	85	—	—	—
濒管办上海办事处	619095	534135	480592	104408	1272	96	65453	—	—	37588
濒管办福州办事处	85885	80584	25987	2944	862	—	—	—	2081	—
濒管办合肥办事处	264200	155862	50170	7118	6310	—	706	—	—	102
濒管办武汉办事处	7051	3344	624	498	467	—	—	—	—	31
濒管办广州办事处	493490	465626	396671	28476	8609	12	13390	1904	522	4039
濒管办成都办事处	29349	28320	2482	623	64	—	133	—	—	426
濒管办云南省办事处	50684	37509	598	—	—	—	—	—	—	—
濒管办西安办事处	20746	13211	1589	1562	1558	—	4	—	—	—
濒管办乌鲁木齐办事处	3201	402	339	316	281	—	—	—	—	34
濒管办贵阳办事处	2980	1860	360	347	321	—	25	—	—	—

物进出口情况(二)

贸易额(万元)													
贸易额													
						出口							
植物						小计	动物						
计	观赏类	食用类	用材类	药用或中成药类	其他		计	观赏活体类	实验类	毛皮类	食用类	药用或中成药类	其他
1244736	**7546**	**22548**	**1107891**	**7337**	**99414**	**294726**	**172802**	**4721**	**18258**	**460**	**35931**	**92720**	**20712**
259548	—	5260	165113	1548	87628	39519	35542	—	214	—	5936	11285	18108
—	—	—	—	—	—	206	5	—	—	—	5	—	—
16789	—	—	15022	4	1764	12685	1012	—	—	65	366	581	—
155278	—	—	155278	—	—	10836	109	—	—	—	109	—	—
376184	246	3638	368470	1181	2648	26682	22718	24	1395	92	20865	99	243
23043	6722	—	9721	1257	5343	25518	20679	—	—	—	—	19328	1351
43052	87	—	42853	—	112	76138	60659	20	—	302	—	60337	—
126	—	—	—	126	—	2526	2526	244	—	—	1725	557	—
368195	486	13617	351420	975	1697	25733	20098	492	16272	—	2930	375	29
1859	—	—	—	1859	—	25829	3875	—	—	—	3797	—	78
598	5	6	1	363	223	36894	5222	3941	378	—	—	—	903
27	—	27	—	—	—	11595	123	—	—	—	—	123	—
24	—	—	—	24	—	62	35	—	—	—	—	35	—
13	—	—	13	—	—	503	200	—	—	1	199	—	—

各办事处野生动植

单位	进出口								
	进出口证明书								
	出口								
	植物						小计		
	计	观赏类	食用类	用材类	药用或中成药类	其他		计	观赏活体类
总计	**121924**	**12254**	**58993**	**—**	**31313**	**19364**	**170667**	**42315**	**—**
濒管办北京办事处	3976	—	105	—	3132	740	27438	22171	—
濒管办内蒙古自治区办事处	201	201	—	—	—	—	—	—	—
濒管办长春办事处	11673	—	7894	—	2222	1556	9796	—	—
濒管办黑龙江省办事处	10727	—	—	—	10727	—	3472	—	—
濒管办上海办事处	3964	1018	2326	—	620	—	26860	1491	—
濒管办福州办事处	4839	—	—	—	4839	—	29079	17646	—
濒管办合肥办事处	15479	42	—	—	2624	12813	29554	58	—
濒管办武汉办事处	—	—	—	—	—	—	195	—	—
濒管办广州办事处	5635	4577	32	—	1025	1	43222	940	—
濒管办成都办事处	21954	1209	15295	—	4859	591	10	10	—
濒管办云南省办事处	31673	5103	22078	—	828	3663	16	—	—
濒管办西安办事处	11472	—	11063	—	409	—	27	—	—
濒管办乌鲁木齐办事处	27	—	—	—	27	—	—	—	—
濒管办贵阳办事处	303	104	199	—	—	—	997	—	—

物进出口情况(三)

贸易额(万元)										
贸易额										
再出口										
动物					植物					
实验类	毛皮类	食用类	药用或中成药类	其他	计	观赏类	食用类	用材类	药用或中成药类	其他
69	**2148**	**12096**	**5787**	**22215**	**128351**	**3482**	**14434**	**94341**	**2060**	**14035**
—	—	74	163	21933	5267	—	—	—	—	5267
—	—	—	—	—	—	—	—	—	—	—
—	—	—	—	—	9796	—	—	2290	—	7506
—	—	—	—	—	3472	—	—	3466	—	6
69	1150	—	—	272	25369	—	4372	20771	180	47
—	—	12022	5624	—	11434	3482	—	6513	1439	—
—	58	—	—	—	29496	—	—	29496	—	—
—	—	—	—	—	195	—	—	—	—	195
—	940	—	—	—	42282	—	10036	31805	441	—
—	—	—	—	10	—	—	—	—	—	—
—	—	—	—	—	16	—	—	—	—	16
—	—	—	—	—	27	—	27	—	—	—
—	—	—	—	—	—	—	—	—	—	—
—	—	—	—	—	997	—	—	—	—	997

各办事处野生动植物进出口情况(四)

单位	进出口贸易额(万元)						
	物种证明贸易额						
	合计	进口			出口		
		小计	动物	植物	小计	动物	植物
总计	**627548**	**249597**	**49228**	**200368**	**377951**	**12908**	**365043**
濒管办北京办事处	144965	93137	4220	88917	51827	123	51705
濒管办内蒙古自治区办事处	34	21	21	—	13	—	13
濒管办长春办事处	220794	12493	12381	112	208301	32	208270
濒管办黑龙江省办事处	5925	346	346	—	5579	—	5579
濒管办上海办事处	84961	42840	12392	30448	42121	456	41665
濒管办福州办事处	5302	1404	253	1150	3898	—	3898
濒管办合肥办事处	108338	61212	387	60825	47126	10279	36847
濒管办武汉办事处	3707	14	14	—	3693	—	3693
濒管办广州办事处	27864	21563	18055	3508	6301	1938	4364
濒管办成都办事处	1029	376	281	95	653	—	653
濒管办云南省办事处	13175	13030	—	13030	144	—	144
濒管办西安办事处	7535	284	284	—	7251	—	7251
濒管办乌鲁木齐办事处	2799	2584	387	2196	216	63	152
濒管办贵阳办事处	1120	292	206	86	828	18	810

附录八

世界主要国家林业情况

ANNEX Ⅷ

2015 年世界主要国家森林面积及变化

国家(地区)	土地面积(千公顷)	2015 年森林面积		2010～2015 年森林面积变化		2015 年森林立木蓄积量(百万立方米带皮材积)	2010～2015 年森林立木蓄积量变化	
		森林面积(千公顷)	占国土面积的百分比(%)	年变化量(千公顷/年)	年变化率(%)		年变化量(千立方米/年)	年变化率(%)
非洲								
中非	62298	22170	35.6	-16	-0.1	3751	-5	-0.1
刚果(金)	226705	152578	67.3	-311	-0.2	35115	-72	-0.2
加蓬	25767	23000	89.3	200	0.9	5405	47	0.9
苏丹	186665	19210	10.3	-174	-0.9	1378	-9	-0.6
亚洲								
日本	36450	24958	68.5	-2	—	—	—	—
蒙古	155356	12553	8.1	-97	-0.8	1406	11	0.8
韩国	9710	6184	63.7	-8	-0.1	918	24	2.8
印度尼西亚	171857	91010	53.0	-684	-0.7	10227	-223	-2.1
老挝	23080	18761	81.3	189	1.0	920	-4	-0.4
马来西亚	32855	22195	67.6	14	0.1	5034	90	1.9
缅甸	65755	29041	44.2	-546	-1.8	1342	-18	-1.3
泰国	51089	16399	32.1	30	0.2	1506	-6	-0.4
越南	31007	14773	47.6	129	0.9	878	7	0.8
欧洲								
芬兰	30390	22218	73.1	—	—	2320	—	—
法国	54766	16989	31.0	113	0.7	2935	57	2.1
德国	34861	11419	32.8	2	—	3663	9	0.3
意大利	29414	9297	31.6	54	0.6	1385	21	1.6
俄罗斯	1637687	814931	49.8	-41	—	81488	-7	—
西班牙	49880	18418	36.9	34	0.2	1212	19	1.6
瑞典	41034	28073	68.4	—	—	2989	8	0.3
北美洲和中美洲								
加拿大	909351	347069	38.2	-47	—	—	—	—
墨西哥	194395	66040	34.0	-92	-0.1	4727	-5	-0.1
美国	916192	310095	33.8	275	0.1	40699	423	1.1
大洋洲								
澳大利亚	768230	124751	16.2	308	0.2	—	—	—
新西兰	26331	10152	38.6	—	—	3975	15	0.4
巴布亚新几内亚	46312	33559	72.5	-3	—	5195	—	—
南美洲								
巴西	835814	493538	59.0	-984	-0.2	96745	-120	-0.1
智利	74353	17735	23.9	301	1.8	—	—	—
哥伦比亚	110950	58502	52.7	-27	—	—	—	—
苏里南	16066	15332	95.4	-4	—	3816	-1	—
委内瑞拉	88205	46683	52.9	-164	-0.3	—	—	—

说明:资料来源为联合国粮食及农业组织《2015 年全球森林资源评估报告》。

2016年世界主要国家林产品产量、贸易量和消费量(一)

国家(地区)	工业原木(千立方米)				锯　材(千立方米)			
	产　量	进口量	出口量	消费量	产　量	进口量	出口量	消费量
世界总计	**3736977**	**133393**	**131549**	**3738821**	**467572**	**140826**	**146545**	**461853**
非洲合计	**746004**	**1612**	**6852**	**740764**	**10446**	**9469**	**2383**	**17531**
刚果(金)	88149	—	148	88001	150	1	71	80
加蓬	3270	—	19	3251	650	—	636	14
乌干达	47195	—	14	47180	440	—	3	437
南非	26446	895	312	27029	2138	254	185	2207
尼日利亚	75605	1	414	75192	2002	—	21	1981
亚洲合计	**1115559**	**66311**	**4648**	**1177223**	**128982**	**56624**	**9115**	**176491**
日本	21325	3652	651	24326	9569	6315	87	15796
韩国	4913	4103	2	9014	2417	1945	24	4338
印度	355051	5512	27	360536	6889	693	12	7570
印度尼西亚	120250	563	17	120795	4169	219	443	3945
马来西亚	16390	23	2863	13549	3423	228	2026	1625
泰国	33303	47	16	33334	3700	940	4162	478
越南	26654	1594	69	28178	6000	1244	440	6805
欧洲合计	**745924**	**59401**	**74061**	**731264**	**156480**	**39886**	**86356**	**110010**
芬兰	62291	5940	900	67331	11410	488	8624	3274
法国	50971	1631	4608	47995	7580	2585	1347	8818
德国	52194	9138	3871	57461	22177	5268	7987	19458
意大利	12928	4067	206	16789	1500	4733	402	5831
波兰	42136	2403	2397	42142	4911	959	869	5002
俄罗斯	213800	—	20126	193674	36794	20	26348	10467
瑞典	74200	6995	600	80595	18000	472	13015	5457
北美洲合计	**564677**	**5720**	**18785**	**551611**	**127875**	**31089**	**39924**	**119040**
加拿大	162640	4320	7002	159958	49724	1278	33171	17832
美国	402036	1400	11784	391653	78151	29798	6753	101196
大洋洲合计	**75939**	**28**	**25599**	**50367**	**9619**	**888**	**2112**	**8395**
澳大利亚	34134	1	3981	30153	5104	687	282	5509
新西兰	28663	2	15951	12714	4242	75	1771	2546
巴布亚新几内亚	9573	—	3834	5739	82	—	27	56
拉美和加勒比合计	**488874**	**321**	**1604**	**487591**	**34170**	**2870**	**6655**	**30386**
巴西	256809	19	172	256656	14597	30	2515	12112
智利	60677	—	49	60628	8455	28	3176	5307
墨西哥	44125	4	90	44039	2471	1876	17	4330
乌拉圭	14126	4	238	13891	435	4	199	240

说明:资料来源为联合国粮食及农业组织《森林产品2016年鉴》。

2016 年世界主要国家林产品产量、贸易量和消费量(二)

国家(地区)	人造板(千立方米)				纸　浆(千吨)				纸张和纸板(千吨)			
	产 量	进口量	出口量	消费量	产 量	进口量	出口量	消费量	产 量	进口量	出口量	消费量
世界总计	**415602**	**83946**	**90890**	**408658**	**179502**	**62766**	**63780**	**178488**	**409030**	**109524**	**111222**	**407332**
非洲合计	**3469**	**2315**	**588**	**5195**	**2412**	**682**	**1062**	**2032**	**4192**	**4705**	**632**	**8265**
刚果(金)	4	1	3	2	—	—	—	—	3	11	1	14
加蓬	365	—	125	240	—	—	—	—	—	5	3	3
乌干达	21	2	3	20	—	—	—	—	—	36	—	35
南非	1523	210	155	1578	2222	168	1046	1343	2248	517	444	2320
尼日利亚	97	215	—	312	23	24	—	47	19	337	1	354
亚洲合计	**254901**	**25390**	**30549**	**249742**	**32240**	**33362**	**5369**	**60233**	**192301**	**27112**	**20862**	**198550**
日本	4659	4138	68	8729	8802	1634	345	10091	26055	1622	1709	25969
韩国	3378	2533	55	5857	500	2240	13	2728	11569	1187	3222	9534
印度	3126	945	70	4000	3362	1435	11	4786	14961	2991	765	17188
印度尼西亚	5096	434	3386	2144	6677	1414	3805	4286	10247	646	3796	7097
马来西亚	5964	1516	4323	3157	131	165	65	231	1750	1637	329	3058
泰国	5400	451	4727	1124	1111	673	163	1621	5084	1084	969	5199
越南	2020	1229	1333	1916	540	300	1	839	1742	1484	71	3156
欧洲合计	**85822**	**36018**	**42457**	**79383**	**47095**	**20420**	**17727**	**49788**	**104432**	**55163**	**66546**	**93049**
芬兰	1304	386	1062	628	10920	424	3506	7838	10150	369	9557	962
法国	5271	2194	3119	4345	1720	1950	600	3070	7988	4784	4067	8705
德国	12661	5586	6115	12132	2485	4879	1217	6147	22633	11248	13332	20549
意大利	4017	3026	945	6098	392	3418	85	3725	8888	5045	3387	10546
波兰	10064	2483	2917	9630	1206	997	155	2048	4614	3700	1942	6372
俄罗斯	15049	1301	5584	10766	8352	147	2300	6199	8547	1141	2833	6854
瑞典	695	1085	181	1599	11569	534	3251	8851	10092	874	9560	1406
北美洲合计	**47715**	**16274**	**10648**	**53341**	**66614**	**5911**	**17709**	**54817**	**82002**	**11927**	**18331**	**75598**
加拿大	13199	3394	8436	8158	17080	298	9910	7468	10100	2635	7268	5467
美国	34516	12876	2212	45180	49534	5613	7799	47349	71902	9292	11064	70130
大洋洲合计	**3777**	**875**	**1064**	**3588**	**2868**	**348**	**929**	**2287**	**4074**	**1812**	**1581**	**4306**
澳大利亚	1837	684	197	2324	1385	279	—	1664	3395	1287	1142	3540
新西兰	1829	149	850	1128	1483	64	928	619	679	458	433	705
巴布亚新几内亚	91	5	12	84	—	—	—	—	—	22	1	21
拉美和加勒比合计	**19918**	**3074**	**5584**	**17408**	**28273**	**2044**	**20984**	**9332**	**22029**	**8805**	**3270**	**27564**
巴西	11578	15	3620	7973	19409	374	13586	6197	10335	617	1944	9008
智利	3180	320	1273	2227	5145	19	4652	512	1191	603	470	1324
墨西哥	1279	1225	27	2477	258	965	—	1223	5675	3520	316	8879
乌拉圭	229	48	176	100	2604	7	2567	44	108	59	30	137